쉽게 외우고! 오래 기억하고! 모르면 유추하는!

HSK 5~6급 VOCA 礼物

리 우

다락원

HSK 5~6급 필수 어휘, 무작정 외우다 지쳐요!

HSK 5~6급 출제 경향을 살펴보면, 급수별 공식 지정 필수 어휘 외의 어휘들이 상당수 출제됩니다. 특히 HSK 6급의 경우에는 지정된 필수 어휘 중 시험에 거의 출제되지 않는 단어도 많습니다. 본 교재는 이 점에 착안하여 집필한 것으로, 급수별 공식 지정 어휘를 A부터 Z까지 기계적으로 외우는 소모적인 어휘 암기에서 벗어나 효율적인 단어 공부법을 제시하고 있습니다. 『HSK 5~6급 VOCA 礼物』는 출현 빈도가 높은 핵심 글자(字) 500개를 중심으로 시험에 필요한 최우선 필수 어휘 3000여 개를 마스터하는 것을 목표로 합니다.

쉽게 외우고! 오래 기억하고! 모르는 단어는 유추하고!

우리는 모르는 단어가 있으면 보통 사전(词典)을 찾지만, 중국인들은 자전(字典)을 봅니다. '자(字) 개념'으로 접근해서 단어를 이해하는 것이 효과적이기 때문입니다. HSK 4급 어휘 중 '误会'라는 단어로 예를 들어 볼까요? '误会-오해하다', 이렇게 통으로 외우기보다 한 자(字)씩 의미를 공부하면 '会'에 '이해하다, 깨닫다'라는 뜻이 있다는 것을 알게 됩니다. 이후 5급 단어 '体会'를 보면 각 글자의 의미를 조합해 '체험해서 깨닫다'라고 유추할 수 있고, 6급 단어 '领会'에도 '이해하다, 깨닫다'라는 뜻이 있다는 것을 유추할 수 있게 되지요.

하나의 자(字)를 알면 열 단어(词)를 알게 되는 신개념 '자(字) 학습법'으로 효과적인 단어 학습을 시작하세요. 좀 더 쉽게 단어를 외우고, 오래 기억하고, 모르는 단어도 유추할 수 있다는 사실을 몸소 체험하게 될 것입니다.

합격생들이 극찬한 字 학습법으로 공부합시다!

리우HSK 카페(cafe.daum.net/liuhsk) '명예의 전당' 게시판에는 자(字) 학습법으로 공부한 학생들이 생생한 HSK 합격 후기로 그 효과를 증명하고 있습니다. 저는 현장에서 자(字) 학습법을 15년 넘게 가르치면서 수많은 학생들이 효과를 보는 것을 매일 목격합니다. 제가 이 책을 출간하고, 여러분께 자신 있게 소개할 수 있는 이유입니다. 이제 여러분도 자(字) 학습법의 기적 같은 학습 효과를 직접 경험하세요!

이 책의 출간에 도움을 주신 리우HSK연구소 선생님들께 감사의 뜻을 전합니다. 언제나 리우HSK를 사랑해 주시는 학생 여러분께도 감사드립니다.

HSK 최다 합격자 배출
한국인 강사 **리우**

차례

Chapter 3 출제 빈도 높은 글자와 단어

이 책의 특징

기적의 字 학습법

글자 하나를 외우면 단어 열 개를 알게 되는 기적의 字 학습법을 소개합니다. **'쉽게 암기! 오래 기억! 모르는 단어도 유추!'**하는 단어 학습의 '나비효과'를 약속 드려요.

어휘 학습 30일 완성 플랜

HSK 5~6급 출제 빈도가 가장 높은 최우선 필수 어휘를 바탕으로 포인트 글자 500字와 이로부터 파생된 단어들을 엄선했습니다. **하루 20개 미만의 字 학습으로 HSK 5~6급 최우선 필수 어휘를 30일만에 마스터**하세요.

꿀자료 투척하는 온라인 카페

매달 리우HSK 카페(cafe.daum.net/liuhsk)에서는 이 책을 학습하는 학생들을 모집하여 **카톡 스터디를 진행**하고, 책에 실린 예문과 관련된 **추가 학습자료도 제공** 중입니다. 리우HSK 카페를 통해 이 책을 200% 활용해 보세요.

베테랑 강사의 단어 학습 엑기스

HSK 베테랑 강사 리우의 단어 공부 노하우를 전격 공개합니다. 글자 형태 해부와 글자 풀이로 쉽고 재미있게 단어를 외우고, 시험 TIP과 유의어 비교, 기출 예문으로 실전에 완벽 대비하세요.

복습까지 책임지는 확인문제와 MP3 파일

일정 학습량 암기 후 **SPEED CHECK가 제공**됩니다. 단순하지만 효과적인 형태의 복습으로 스스로 습득 정도를 체크하고 학습 효율을 높이세요. **언제 어디서나 들으며 복습할 수 있는 MP3 파일도 무료로 제공**됩니다. 다락원 홈페이지에서 내려받으셔서 복습과 듣기 실력 향상의 두 마리 토끼를 잡으세요.(www.darakwon.co.kr)

사전처럼 활용 가능한 색인

책에 실린 모든 단어가 색인에 정리되어 있으니 적극적으로 활용하세요. **사전처럼 필요한 단어를 찾아보며 공부**하면 학습 효과가 훨씬 좋겠지요? 급수별 공식 지정 필수 어휘에 포함되는 단어의 경우 해당 급수를 병기하였으니, 최종 단어 학습 확인용으로 활용해도 좋습니다.

최우선 필수 어휘가 담긴 핸드북

HSK 최우선 필수 어휘 5급 700개, 6급 800개 목록을 휴대하기 쉬운 핸드북 형태로 제공합니다. 가방에 쏙 넣어 어디나 들고 다니면서 공부할 수 있어요.

이 책의 구성

HSK 5급~6급(200점)을 가장 빨리 취득하는 데 필요한 필수 어휘들을 최우선으로 암기하도록 구성되었습니다. 핵심 글자 500字를 중심으로 약 3천 개의 단어가 실려 있습니다. 아래의 구성을 미리 한번 보고 이 책을 십분 활용하시길 바랍니다.

Chapter 1 기본 중의 기본 글자

Day 01 | HSK 5급~6급(200점) 단어 중 꼭 알아야 할 중요 동사와 형용사 20개를 학습합니다. 본격적 단어 학습에 앞선 워밍업입니다. 동사는 목적어를 뒤에 수반하기 때문에 동사와 목적어를 짝꿍으로 함께 외우고, 형용사는 유의어와 반의어를 함께 외우는 방법으로 단어를 짧은 시간 내에 효율적으로 외울 수 있도록 했습니다.

Chapter 2 핵심 중의 핵심 글자

Day 02~07 | HSK 5급~6급(200점) 단어 중 단독으로 사용하는 빈도가 높은 133개의 핵심 글자를 학습합니다. 이 또한 문장 이해에 핵심이 되는 동사와 형용사를 위주로 정리했습니다.

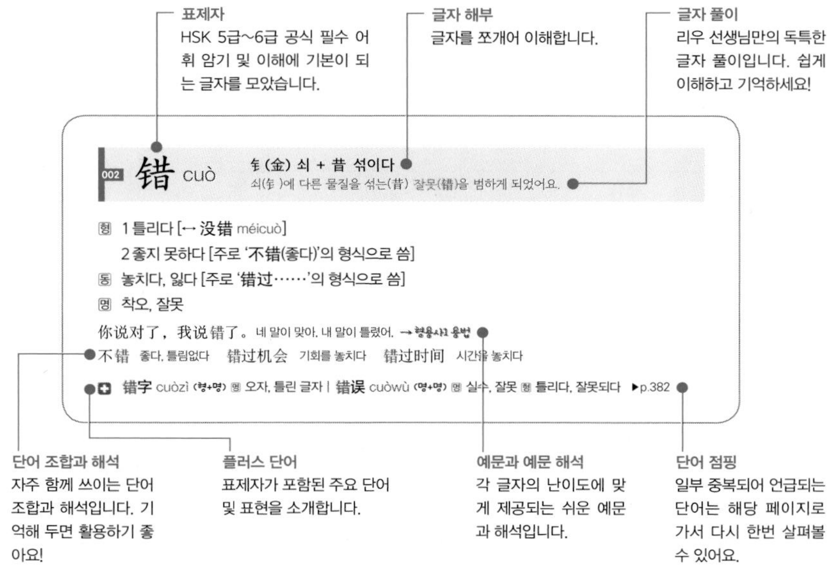

표제자
HSK 5급~6급 공식 필수 어휘 암기 및 이해에 기본이 되는 글자를 모았습니다.
글자 해부
글자를 쪼개어 이해합니다.
글자 풀이
리우 선생님만의 독특한 글자 풀이입니다. 쉽게 이해하고 기억하세요!
002 错 cuò
钅(金) 쇠 + 昔 섞이다
쇠(钅)에 다른 물질을 섞는(昔) 잘못(错)을 범하게 되었어요.
형 1 틀리다 [↔ 没错 méicuò]
2 좋지 못하다 [주로 '不错(좋다)'의 형식으로 씀]
동 놓치다, 잃다 [주로 '错过……'의 형식으로 씀]
명 착오, 잘못
你说对了，我说错了。 네 말이 맞아. 내 말이 틀렸어. → 형용사 용법
不错 좋다, 틀림없다 错过机会 기회를 놓치다 错过时间 시간을 놓치다
错字 cuòzì (형+명) 명 오자, 틀린 글자 | 错误 cuòwù (명+명) 명 실수, 잘못 형 틀리다, 잘못되다 ▶p.382
단어 조합과 해석
자주 함께 쓰이는 단어 조합과 해석입니다. 기억해 두면 활용하기 좋아요!
플러스 단어
표제자가 포함된 주요 단어 및 표현을 소개합니다.
예문과 예문 해석
각 글자의 난이도에 맞게 제공되는 쉬운 예문과 해석입니다.
단어 점핑
일부 중복되어 언급되는 단어는 해당 페이지로 가서 다시 한번 살펴볼 수 있어요.

Chapter 3 출제 빈도 높은 글자와 단어

Day 08~30 | 347개의 글자를 중심으로 시험에 자주 출제되고 반드시 알아야 하는 대표 단어들을 표제어로 정리했습니다. 기출 예문, 단어 조합, 유의어 비교 등으로 시험 적응력을 높입니다.

표제어
출제 빈도가 높은 347개의 글자와 함께 꼭 외워두어야 할 대표 단어입니다.

표제자의 뜻과 관련 표제어
하나의 글자는 여러 가지 뜻을 가질 수 있죠. 글자의 뜻과 그에 관련된 대표 단어를 소개합니다.

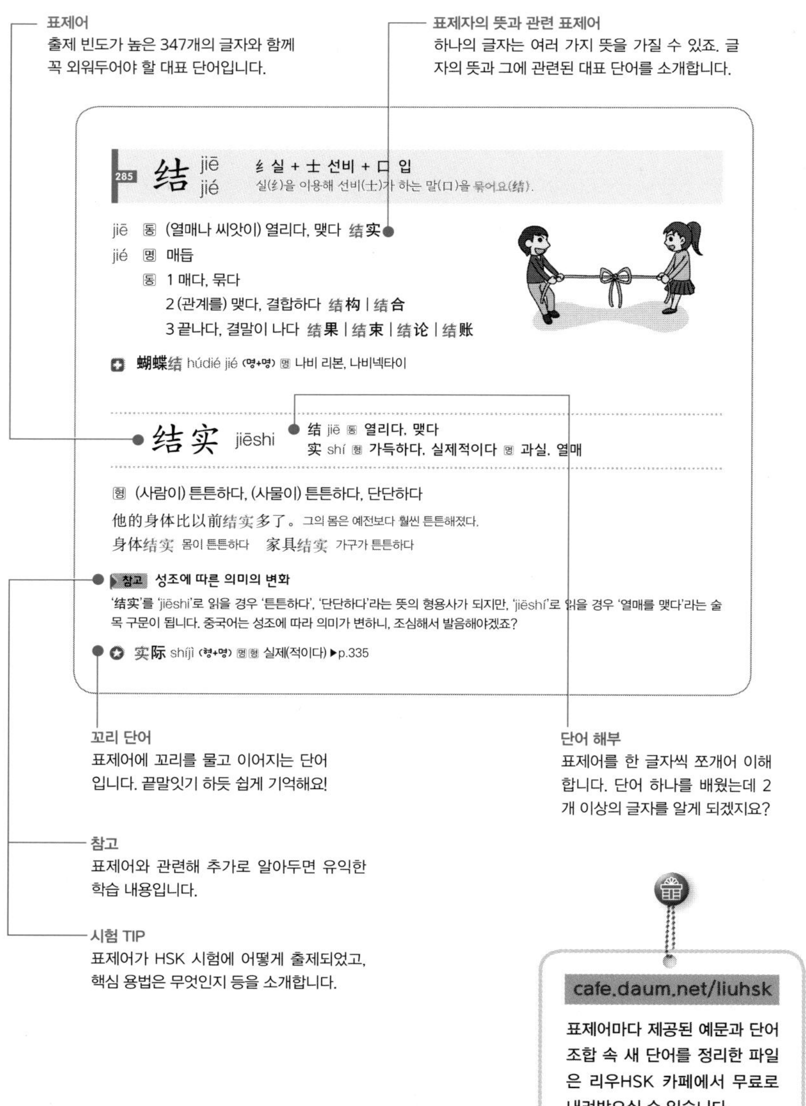

285 结 jiē jié
纟실 + 士 선비 + 口 입
실(纟)을 이용해 선비(士)가 하는 말(口)을 묶어요(结).
jiē 동 (열매나 씨앗이) 열리다, 맺다 结实
jié 명 매듭
동 1 매다, 묶다
2 (관계를) 맺다, 결합하다 结构 | 结合
3 끝나다, 결말이 나다 结果 | 结束 | 结论 | 结账
蝴蝶结 húdié jié (명+명) 명 나비 리본, 나비넥타이
结实 jiēshi
结 jiē 동 열리다, 맺다
实 shí 형 가득하다, 실제적이다 명 과실, 열매
형 (사람이) 튼튼하다, (사물이) 튼튼하다, 단단하다
他的身体比以前结实多了。 그의 몸은 예전보다 훨씬 튼튼해졌다.
身体结实 몸이 튼튼하다 家具结实 가구가 튼튼하다
참고 성조에 따른 의미의 변화
'结实'를 'jiēshi'로 읽을 경우 '튼튼하다', '단단하다'라는 뜻의 형용사가 되지만, 'jiēshí'로 읽을 경우 '열매를 맺다'라는 술목 구문이 됩니다. 중국어는 성조에 따라 의미가 변하니, 조심해서 발음해야겠죠?
实际 shíjì (형+명) 명형 실제(적이다) ▶p.335

꼬리 단어
표제어에 꼬리를 물고 이어지는 단어입니다. 끝말잇기 하듯 쉽게 기억해요!

단어 해부
표제어를 한 글자씩 쪼개어 이해합니다. 단어 하나를 배웠는데 2개 이상의 글자를 알게 되겠지요?

참고
표제어와 관련해 추가로 알아두면 유익한 학습 내용입니다.

시험 TIP
표제어가 HSK 시험에 어떻게 출제되었고, 핵심 용법은 무엇인지 등을 소개합니다.

cafe.daum.net/liuhsk

표제어마다 제공된 예문과 단어 조합 속 새 단어를 정리한 파일은 리우HSK 카페에서 무료로 내려받으실 수 있습니다.

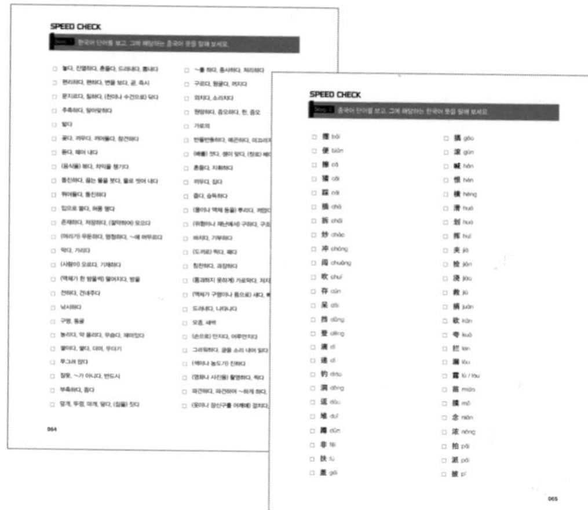

SPEED CHECK

일정 정도의 학습이 끝나면 표제자와 표제어 중심으로 다시 한번 떠올리고 기억할 수 있도록 복습 확인문제를 수록했습니다. 1단계로 주어진 한글 뜻을 보고 중국어 단어를 떠올리고, 2단계로는 반대로 중국어 단어를 보고 한글 뜻을 떠올리는 단순하지만 효과적인 연습입니다.

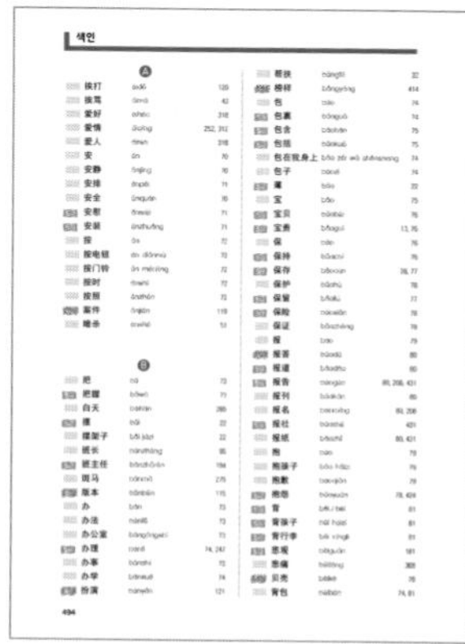

색인

책에 실린 표제어, 표제자, 플러스 단어, 꼬리 단어 모두를 찾아보기 쉽도록 알파벳순으로 정리했습니다. HSK 5·6급 공식 지정 어휘의 경우 단어 앞에 해당 급수가 병기되어 있으니 최종 단어 학습 확인용으로 사용할 수 있고, 공부할 때도 사전 찾듯이 적극 활용할 수 있습니다.

MP3 파일

Day별로 '표제자/표제어-한글 뜻-예문·단어 조합-꼬리 단어·플러스 단어'를 들으면서 암기할 수 있는 MP3 파일을 **다락원 홈페이지**와 **콜롬북스 APP**에서 무료 제공합니다.(www.darakwon.co.kr)

스마트폰으로 **QR코드를 스캔**하면 MP3 다운로드 및 실시간 재생 가능한 페이지로 바로 연결됩니다.

이 책의 표기법 및 학습법

■ 표기법

❶ 이 책에 나오는 인명, 지명은 중국어 발음을 한국어로 표기하였습니다.

小明 → 샤오밍, 上海 → 상하이

❷ 품사와 문장성분은 다음과 같은 약어로 표기하였습니다.

품사	약자	품사	약자	품사	약자
명사	명	부사	부	감탄사	감
고유명사	고유	수사	수	조사	조
대사	대	양사	양	동사	동
성어	성	조동사	조동	개사	개
형용사	형	접속사	접	관용어	관용
접미사	접미	접두사	접두		

문장성분	약자	문장성분	약자	문장성분	약자
주어	(주)	목적어	(목)	부사어	(부)
술어	(술)	관형어	(관)	보어	(보)

■ 학습법

이 책은 단순 암기용 단어장이 아닙니다. '字(글자)'를 이해하고, '词(단어)'를 자연스럽게 내 것으로 만들 수 있게 하는 단어장입니다. 처음부터 교재에 수록된 모든 단어를 암기하려고 하지 말고, 다음과 같이 학습자 개인의 내공에 따라 부담 없이 학습하세요.

❶ 이 책에서 권장하는 Day별 학습 진도대로 학습합니다.
❷ 모르는 글자나 단어가 나오면 형광펜이나 색깔 있는 펜으로 표시합니다.
❸ 표시한 글자나 단어는 표시한 날짜 이후 5일 동안 반복해서 읽습니다.
❹ 5일 후에도 기억에 남지 않는 글자나 단어는 자신만의 암기카드에 정리합니다.

암기카드 만들기

① 시중에서 손에 쥘 수 있는 크기의, 링으로 된 수첩을 구입합니다.
② 수첩 한 장의 앞면에는 중국어로 字나 词를 적고, 뒷면에는 발음과 한국어 뜻을 적습니다.
③ 정리한 암기카드의 내용은 반복해 들춰 보면서 완전히 내 것으로 만듭니다.

CHAPTER 1

기본 중의 기본 글자

001 穿 chuān

穴 구멍 + 牙 치아
우리 집 강아지가 이빨(牙)로 물어뜯어 구멍(穴) 난 옷을 입었어요(穿).

동 1 (옷, 신발, 양말을) 입다, 신다 [↔ 脱 tuō]
2 (공간을) 통과하다

天冷了，多穿点儿衣服。 날이 추워졌으니 옷을 좀 더 입어라. → 동사1 용법

穿衣服 옷을 입다　穿袜子 양말을 신다　穿马路 길을 통과하다

시험 TIP '穿'의 파생적 의미

'穿'의 기본 뜻은 '(구멍, 틈 등을) 뚫다'입니다. 옷을 입는 것도 옷의 공간을 뚫어서 입는 것이므로 '입다, 신다'라는 뜻이 파생되었고, '穿马路'도 길 위의 공간을 뚫고 지나가는 것이므로 '통과하다'라는 뜻이 파생되었습니다. 5급과 6급 독해 지문에서 '통과하다'라는 뜻으로 자주 보이니 잘 기억해 두세요.

002 错 cuò

钅(金) 쇠 + 昔 섞이다
쇠(钅)에 다른 물질을 섞는(昔) 잘못(错)을 범하게 되었어요.

형 1 틀리다 [↔ 没错 méicuò]
2 좋지 못하다 [주로 '不错(좋다)'의 형식으로 씀]
동 놓치다, 잃다 [주로 '错过……'의 형식으로 씀]
명 착오, 잘못

你说对了，我说错了。 네 말이 맞아. 내 말이 틀렸어. → 형용사1 용법

不错 좋다, 틀림없다　错过机会 기회를 놓치다　错过时间 시간을 놓치다

➕ **错字** cuòzì (형+명) 명 오자, 틀린 글자 | **错误** cuòwù (명+명) 명 실수, 잘못 형 틀리다, 잘못되다 ▶p.382

003 低 dī

亻(人) 사람 + 氐 근본
사람(亻)의 근본(氐)은 자신을 낮추고 고개를 숙이는(低) 것이에요.

형 (높이, 등급, 정도가) 낮다
동 (고개를) 숙이다

我的外语水平很低。 나의 외국어 수준은 낮다. → 형용사 용법

➕ **高低** gāodī (형+형) 명 고저, 높낮이 | **低头** dītóu (동+명) 동 고개를 숙이다

004 短 duǎn

矢 화살 + 豆 콩
화살(矢)이 콩(豆)을 맞히려면 길이가 짧아야(短) 해요.

형 (시간의 길이나 공간적 거리가) 짧다 [↔ 长 cháng ▶p.95]
명 결점, 단점

这条裙子比那条短得多。 이 치마가 저것보다 훨씬 짧다. → 형용사 용법

➕ **短期** duǎnqī (형+명) 명 단기간 | **缩短** suōduǎn (동+형) 동 줄이다, 단축하다 ▶p.356 | **取长补短** qǔ cháng bǔ duǎn (동+명+동+명) 성 장점을 취해 단점을 보완하다

005 跟 gēn

足 발 + 艮 딱딱하다
발(足)의 딱딱(艮)한 부분은 뒤꿈치(跟)이죠.

동 뒤따르다, 따라가다
명 뒤꿈치, 신발 굽
개 ~와/과

自行车后边跟着一辆出租汽车。 자전거 뒤에 택시 한 대가 뒤따르고 있다. → 동사 용법
这双鞋跟儿太高了。 이 신발은 굽이 너무 높다. → 명사 용법
我跟男朋友一起去看电影。 나는 남자 친구와 함께 영화를 보러 간다. → 개사 용법

시험 TIP 다양한 용법의 '跟'
많은 학생들이 '跟'의 개사 용법만 알고 있는데, 동사 용법과 명사 용법도 듣기에서 자주 출제되니 꼭 알아 두세요.

➕ **高跟鞋** gāogēnxié (형+명+명) 명 하이힐, 굽이 높은 신발

006 贵 guì

부수: 贝(貝) 조개
선사시대에는 조개(贝)로 물물교환을 했기 때문에 조개는 굉장히 귀한(贵) 것이었죠.

형 가격이 비싸다 [↔ 便宜 piányi], 가치가 크다, 지위가 높다

这个商店的东西比较贵。 이 상점의 물건은 비교적 비싸다.

시험 TIP 단어 의미 유추하기
'가격이 비싸다'라는 표현으로 '贵' 앞에 '昂 áng'을 써서 '昂贵'라고 쓰기도 하는데, 이는 6급 단어입니다. 하지만 형용사의 90%는 같은 의미의 글자로 이루어져 있기 때문에 '昂贵'에서 '贵'만 보고도 '가격이 비싸다'라는 의미를 유추할 수 있습니다. '가격이 오르다'라는 표현의 동사로는 '涨价 zhǎngjià'가 있는데 5급 듣기에서 출제된 단어입니다.

➕ **贵宾** guìbīn (형+명) 명 귀빈, 귀한 손님 | **贵族** guìzú (형+명) 명 귀족 | **宝贵** bǎoguì (형+형) 형 귀중하다, 매우 가치가 있다 ▶p.76

007 红 hóng

纟 실 + 工 장인
실(纟)을 가지고 장인(工)이 붉게(红) 물을 들였어요.

형 1 빨갛다
2 인기 있다, 성공적이다

她的脸红得真好看。 그녀의 얼굴이 빨개진 게 정말 예쁘다. → 형용사1 용법
她现在很红了。 그녀는 이제 매우 인기 있어졌다. → 형용사2 용법

시험 TIP 암기하세요! '生意红火'
'红火'는 '生意红火(장사가 잘되다)'라는 구문으로 5급 독해 제1부분 시험에 출제된 적이 있으니, 꼭 기억해 두세요.

▶참고
'西红柿'의 '柿'는 과일 '감'을 나타냅니다. '감'을 중국어로 '柿子 shìzi'라고 하지요.

➕ **红茶** hóngchá (형+명) 명 홍차 | **西红柿** xīhóngshì (명+형+명) 명 토마토 | **鲜红** xiānhóng (형+형) 형 새빨갛다 | **红火** hónghuǒ (형+형) 형 (장사, 사업이) 잘되다, 번창하다

008 花 huā

艹 풀 + 化 되다
풀(艹)이 자라서 꽃(花)이 될(化) 수 있어요.

명 꽃
동 (돈이나 시간을) 쓰다, 소비하다

花园里的花真漂亮。 화원의 꽃이 정말 아름답다. → 명사 용법
买一台电脑要花我好几个月的工资。 컴퓨터 한 대를 사려면 나의 몇 달치 월급을 써야 한다. → 동사 용법
花钱 돈을 쓰다, 소비하다

시험 TIP 듣기 시험에 자주 출제되는 '花'
'花'의 동사 용법인 '(돈이나 시간을) 쓰다'라는 의미가 5급 듣기에서 자주 출제되니 꼭 기억해 두세요.

➕ **花园** huāyuán (명+명) 명 화원 | **棉花** miánhua (명+명) 명 목화, 면화 | **花生** huāshēng (명+동) 명 땅콩 | **花费** huāfèi (동+동) 동 돈을 쓰다, 소비하다

009 换 huàn

扌(手) 손 + 奂 크다, 성대하다
손(扌)으로 큰(奂) 물건을 교환해요(换).

동 바꾸다, 교환하다

我有2万人民币，快带我去银行换钱去吧。
나는 2만 위안이 있는데, 빨리 나와 같이 은행에 환전하러 가자.
换工作 일자리를 바꾸다, 직업을 바꾸다

시험 TIP 시험에 자주 출제되는 '换工作'

'换工作'는 '직업을 바꾸다'라는 뜻으로, 듣기와 독해에서 자주 출제되고 있습니다. 같은 의미의 관용어인 '**跳槽** tiàocáo'도 종종 출제되니 꼭 기억해 두세요.

➕ **换钱** huànqián (동+명) 동 돈을 바꾸다, 환전하다 | **交换** jiāohuàn (부+동) 동 교환하다 ▶p.226

010 旧 jiù

부수: 日 날
날짜(日)가 오래되어서(旧) 왼쪽에 막대기(丨)를 하나 표시했어요.

형 1 옛날의, 과거의
2 이전의, 오래되다 [↔ 新 xīn]

厂里的设备都很旧了。 공장 설비는 모두 오래되었다. → 형용사2 용법

➕ **陈旧** chénjiù (형+형) 형 오래되다, 낡다 | **仍旧** réngjiù 부 여전히, 변함없이 [= **依旧** yījiù] | **旧时代** jiù shídài (형+명) 명 구시대

011 渴 kě

氵(水) 물 + 曷 어떻게
갈증이 나면(渴) 물(氵)을 어떻게(曷) 마셔야 할지 모르겠어요.

형 목마르다, 갈증 나다
부 절실하게, 간절하게

我渴极了，冰箱里有什么喝的？ 목이 너무 말라. 냉장고에 뭐 마실 거 있어? → 형용사 용법

➕ **口渴** kǒukě (명+형) 동 목마르다, 갈증 나다 | **解渴** jiěkě (동+형) 동 갈증을 해소하다 | **渴望** kěwàng (부+동) 동 간절히 바라다, 갈망하다

012 累 lěi lèi

田 밭 + 糸 실
밭(田)에서 실(糸)을 묶으려니 힘이 드네요(累).

lěi 동 쌓다, 누적되다
lèi 형 피곤하다

我累得不想吃饭。 나는 피곤해서 밥 먹기도 싫다. → 형용사 용법

➕ **积累** jīlěi (동+동) 동 쌓이다, 쌓다, 누적되다 ▶p.211 | **日积月累** rì jī yuè lěi (명+동+명+동) 성 (자료, 경험 등이) 날마다 조금씩 쌓이다, 갈수록 더해 가다

013 晴 qíng

日 날 + 青 푸르다
날(日)이 푸르면(青) 맑은(晴) 날이죠.

형 (날씨가) 맑다, 개다 [↔ 阴 yīn]

明天又是个大晴天。 내일 또한 매우 맑은 날씨이다.

➕ **晴天** qíngtiān (형+명) 명 맑은 날씨 | **晴朗** qínglǎng (형+형) 형 (날씨가 구름 한 점 없이) 쾌청하다, 맑다

014 瘦 shòu

疒 병들다 + 叟 노인
노인(叟)이 되면 쉽게 병들고(疒) 야위어요(瘦).

형 1 마르다 [↔ 胖 pàng]
2 (옷, 신발 등이) 작아서 끼다 [↔ 肥 féi]

最近我又瘦了一公斤。 최근 나는 또 1킬로그램이 빠졌다. → 형용사1 용법
这件衣服我穿瘦了些。 이 옷은 내가 입으니 좀 낀다. → 형용사2 용법

시험 TIP 암기하세요! '瘦'
'(옷, 신발이) 작아서 끼다'라는 의미의 '瘦'가 듣기에서 출제된 적이 있으니 꼭 기억해 두세요.
반대로 '(옷, 신발이) 커서 헐렁하다'라는 의미의 '肥 féi'도 세트로 암기해 두세요.

➕ **瘦弱** shòuruò (형+형) 형 (몸이) 마르고 허약하다

015 疼 téng

疒 병들다 + 冬 겨울
겨울(冬)에는 감기 등 병(疒)에 잘 걸려서 자주 아파요(疼).

형 (다쳐서) 아프다 [= 痛 tòng ▶p.368]
동 몹시 귀여워하다, 아끼다

今天胃疼得厉害，吃不下东西。 오늘 위가 너무 아파서 음식을 먹을 수가 없다. → 형용사 용법
小时候爷爷最疼我了。 어렸을 때, 할아버지께서는 나를 가장 귀여워하셨다. → 동사 용법

➕ **头疼** tóuténg (명+형) 형 머리가 아프다 명 두통 | **牙疼** yáténg (명+형) 형 이가 아프다 명 치통 | **疼爱** téng'ài (동+동) 동 매우 사랑하다, 매우 귀여워하다

016 甜 tián

舌 혀 + 甘 달다
혀(舌)로 단맛(甘)을 느껴요.

형 1 (맛이) 달다 [↔ 苦 kǔ]
2 (생활이) 행복하다, 즐겁다

这种巧克力不太甜，我喜欢吃。 이 초콜릿은 별로 달지 않아서 내가 좋아한다. → 형용사로 용법

➕ **甜味** tiánwèi (형+명) 명 단맛 | **甜蜜** tiánmì (형+형) 형 달콤하다, 행복하다 [사람이 느끼는 감정을 뜻함]

017 玩 wán

王 임금 + 元 으뜸
정치를 못하는 왕(王)은 노는(玩) 것을 으뜸(元)으로 여겼어요.

동 놀다, 놀이하다

这孩子不爱读书，就喜欢玩儿。
이 아이는 책 읽는 것은 좋아하지 않고, 노는 것만 좋아한다.

玩儿电脑游戏 컴퓨터 게임을 하다

시험 TIP 듣기에서 자주 출제되는 '玩耍'
듣기에서는 '玩' 대신 서면어인 '玩耍'가 자주 출제되니 꼭 익혀 두세요.

➕ **玩具** wánjù (동+명) 명 완구, 장난감 | **玩耍** wánshuǎ (동+동) 동 놀다, 장난하다 | **贪玩(儿)** tānwán(r) (동+동) 동 노는 데만 열중하다, 노는 것을 지나치게 좋아하다

018  喂 wèi

口 입 + 畏 무서워하다
동물이나 아이에게는 입(口)에 먹을 것을 줘야(喂) 무서워하지(畏) 않아요.

감 (다른 사람을 부르거나 전화할 때) 여보세요
동 먹이를 주다, 먹이다

她每天要给孩子喂奶。 그녀는 매일 아이에게 젖을 먹여야 한다. → 동사 용법

喂饭 밥을 먹이다

시험 TIP 여보세요? wèi? wéi?
전화상에서 '여보세요?'라고 말할 때의 '喂'는 일반적으로 'wèi(4성)'가 아닌, 'wéi(2성)'로 발음합니다.

➕ **喂奶** wèinǎi (동+명) 동 젖을 먹이다

019 笑 xiào

竹 대나무 + 夭 요절하다
대나무(竹)가 사람도 아닌데 요절한다(夭)니 참 웃기죠(笑)?

동 웃다 [↔ 哭 kū]

他笑得合不上嘴了。 그는 웃느라 입을 다물지 못했다.

➕ **笑容** xiàoróng (동+명) 명 웃는 얼굴 | **微笑** wēixiào (부+동) 동 미소 짓다 | **笑话** xiàohua (동+명) 명 우스갯소리, 농담 동 비웃다 ▶p.250 | **嘲笑** cháoxiào (동+동) 동 조소하다, 비웃다

020 站 zhàn

立 서다 + 占 차지하다
서서(立) 자리를 차지하고(占) 있어요.

동 1 서다, 일어서다 [↔ 坐 zuò]
 2 멈추다
명 정류장, 역

警察站在十字路口指挥交通。→ 동사1 용법
경찰이 교차로에 서서 교통을 지휘하고 있다.

시험 TIP **不怕慢，只怕站** bú pà màn, zhǐ pà zhàn
이 속담은 '천천히 가는 것을 두려워 말고, 멈춰 서는 것을 두려워 하라'라는 뜻입니다. 공부나 일을 할 때 꾸준히 하는 것이 중요하며, 중도에 포기하거나 멈추지 말라는 뜻을 담고 있습니다. HSK에서 자주 나오는 속담이니 외워 두세요.

➕ **站台** zhàntái (동+명) 명 플랫폼 | **车站** chēzhàn (명+명) 명 정류장 | **火车站** huǒchēzhàn (명+명+명) 명 기차역

SPEED CHECK

Step 1 한국어 단어를 보고, 그에 해당하는 중국어 뜻을 말해 보세요.

□ (옷, 신발, 양말을) 입다, 신다

□ 틀리다, 좋지 못하다, 놓치다, 잃다

□ (높이, 등급, 정도가) 낮다, (고개를) 숙이다

□ (시간의 길이나 공간적 거리가) 짧다, 단점

□ 뒤따르다, 따라가다, 뒤꿈치, 신발 굽, ~와/과

□ 가격이 비싸다

□ 빨갛다, 인기 있다, 성공적이다

□ 꽃, (돈이나 시간을) 쓰다, 소비하다

□ 바꾸다, 교환하다

□ 옛날의, 과거의, 이전의, 오래되다

□ 목마르다, 갈증 나다

□ 피곤하다, 쌓다, 누적하다

□ (날씨가) 맑다, 개다

□ 마르다, (옷, 신발 등이) 작아서 끼다

□ (다쳐서) 아프다, 몹시 귀여워하다, 아끼다

□ (맛이) 달다, (생활이) 행복하다

□ 놀다, 놀이하다

□ (다른 사람을 부르거나 전화할 때) 여보세요

□ 웃다

□ 서다, 일어서다, 멈추다, 정류장, 역

SPEED CHECK

Step 2 중국어 단어를 보고, 그에 해당하는 한국어 뜻을 말해 보세요.

- □ 穿 chuān
- □ 错 cuò
- □ 低 dī
- □ 短 duǎn
- □ 跟 gēn
- □ 贵 guì
- □ 红 hóng
- □ 花 huā
- □ 换 huàn
- □ 旧 jiù
- □ 渴 kě
- □ 累 lèi
- □ 晴 qíng
- □ 瘦 shòu
- □ 疼 téng
- □ 甜 tián
- □ 玩 wán
- □ 喂 wèi
- □ 笑 xiào
- □ 站 zhàn

CHAPTER 

핵심 중의 핵심 글자

021 摆 bǎi

扌(手) 손 + 罢 그만두다
손(扌)으로 그만(罢) 좀 흔들(摆) 수 없니?

동 1 놓다, 진열하다 [= 放 fàng ▶p.156]
2 흔들다
3 드러내다, 뽐내다

书架上摆了许多工艺品。 책꽂이에 많은 공예품을 진열하였다. → 동사1 용법
摆摊子 노점을 벌이다(차리다)　摆一桌菜 한상 가득 차리다
摆手 손을 흔들다 [헤어질 때 혹은 거절할 때]

시험 TIP 듣기 시험에서 자주 출제되는 '摆'
'摆'는 듣기에서 자주 출제되는 중요한 단어입니다. 동의어 '放'과 조합하여 '摆放(놓다, 두다)'으로도 자주 쓰입니다.

+ 摆架子 bǎi jiàzi (동+명) 관용 잘난 척하다

022 薄 báo

艹 풀 + 氵(水) 물 + 尃 퍼지다
풀(艹)이 물(氵)에 가라앉지 않고 얇게(薄) 퍼져(尃) 있어요.

형 얇다 [↔ 厚 hòu]

这件衣服很薄。 이 옷은 얇다.
薄纸 얇은 종이

시험 TIP 薄의 발음 báo / bó
厚薄에서는 薄 báo의 발음이 bó로 바뀝니다. '厚薄均匀 jūnyún(두께가 균일하다)'는 5급과 6급에서 자주 보이니 기억해 두세요.

+ 厚薄 hòubó (형+형) 명 두께

023 被 bèi

衤 옷 + 皮 피부
옷(衤)으로 피부(皮)를 덮는 것이 이불(被)이죠.

명 이불 [= 被子 bèizi]
개 ~에게 ~를 당하다

孩子晚上睡觉应该盖被子。 아이는 저녁에 잘 때 이불을 덮어야 한다. → 명사 용법
我的自行车被小偷偷走了。 내 자전거는 도둑이 훔쳐 갔다. → 개사 용법

시험 TIP **被자문**

'被자문'은 '被'를 이용해, 동사 뒤에 위치하는 목적어를 맨 앞으로 빼서 '목적어가 ~를 당하다'라는 의미를 나타내는 피동 구문입니다. 예를 들어, '小偷偷走了我的自行车。'에서 목적어 '我的自行车'를 맨 앞으로 빼서 '我的自行车被小偷偷走了。'로 '被자문'을 만들 수 있습니다. '被자문'은 쓰기 제1부분에 자주 출제될 뿐만 아니라 HSK 전반에 걸쳐 자주 등장하는 구문이므로 잘 익혀 두어야 합니다.

024 便 biàn pián

亻(人) 사람 + 更 바꾸다
사람(亻)은 불편한 것이 있으면 바꾸어(更) 편리하게(便) 하죠.

biàn 부 곧, 즉시 [= 就 jiù]
형 편리하다, 편하다
동 변을 보다

天刚亮，他便起床了。 날이 밝자 그는 즉시 일어났다. → 부사 용법

참고 다양한 발음의 '便'

- '便'을 'pián'으로 발음하는 경우는 단어 '便宜'를 구성할 때 뿐입니다. 단독으로 쓸 때는 'biàn'으로 발음해요.
- 5급과 6급에서는 便이 부사 就를 대신해서 사용되는 경우가 많으니 잘 기억해두세요.

➕ **方便** fāngbiàn (명+형) 형 편리하다 동 편리하게 하다 [= **便利** biànlì] | **便利店** biànlìdiàn (형+형+명) 명 편의점 | **大便** dàbiàn (형+동) 명동 대변(을 보다) | **便宜** piányi (형+형) 형 값이 싸다

025 擦 cā

扌(手) 손 + 察 관찰하다
손(扌)으로 물건이 잘 닦였는지(擦) 관찰해요(察).

동 1 문지르다, 칠하다
2 (천이나 수건으로) 닦다

他每天替老师擦黑板。 그는 매일 선생님을 대신해서 칠판을 닦는다. → 동사2 용법

擦脸 얼굴을 닦다　擦汗 땀을 닦다

026 猜 cāi

犭 큰 개 + 青 푸르다
개(犭)가 무슨 색인지 맞혀 보라고(猜) 하니까 푸른색(青)이라고 해요.

동 추측하다, 알아맞히다

今天晚上有猜谜语游戏。 오늘 저녁에 수수께끼를 알아맞히는 게임이 있다.

猜中了 [= 猜对了] 알아맞혔다　猜谜语 수수께끼를 맞히다

➕ **猜测** cāicè (동+동) 동 추측하다

027 踩 cǎi

足 발 + 采 따다
꽃을 따려고(采) 하다가 발(足)로 밟는(踩) 경우가 많아요.

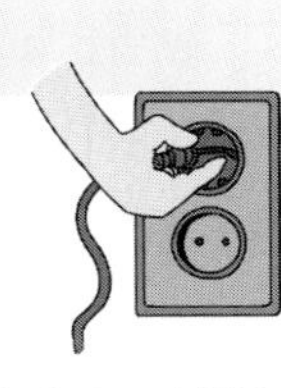

동 밟다 [= 踏 tà]

你不要踩草。 풀을 밟지 마라.

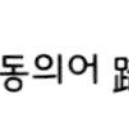

시험 TIP 踩의 동의어 踏

踏가 들어간 '踏实 tāshi 형 (일, 학습태도가) 착실하다, 성실하다'가 핵심단어로 종종 출제됩니다. 踏는 원래 4성이지만 踏实에서는 1성이라는 점도 유의하세요.

028 插 chā

扌(手) 손 + 臿 가래
농기구의 일종인 가래(臿)를 손(扌)으로 들어 흙더미에 꽂아요(插).

동 1 꽂다, 끼우다
　2 끼어들다, 참견하다

请你把花插到花瓶里。 꽃을 화병에 좀 꽂아 주세요. → 동사1 용법

➕ 插嘴 chāzuǐ (동+명) 동 말참견하다 | 插手 chāshǒu (동+명) 동 개입하다 | 插座 chāzuò (동+명) 명 콘센트

029 拆 chāi

扌(手) 손 + 斥 꾸짖다
손(扌)으로 물건을 마음대로 해체해서(拆) 부모님께 꾸짖음(斥)을 당했어요.

동 1 뜯다, 떼어 내다
　2 (쌓아 놓은 것을) 해체하다, 허물다

不能随便拆别人的信。 다른 사람의 편지를 마음대로 뜯어서는 안 된다. → 동사1 용법

拆信 편지를 뜯다

➕ 拆开 chāikāi (동+동) 동 뜯어서 열다

030 尝 cháng

小 작다 + 冖 덮다 + 云 구름
작은(小) 손으로 입을 덮고서(冖) 음식을 맛보죠(尝).

동 1 (음식을) 맛보다
　2 (인생을) 맛보다, 몸소 경험하다

你尝尝这个菜的味道。 이 요리의 맛 좀 보세요. → 동사1 용법

尝苦头 고통을 겪다

➕ 品尝 pǐncháng (명+동) 동 맛보다, 시식하다 | 尝试 chángshì (동+동) 동 시험 삼아 해 보다

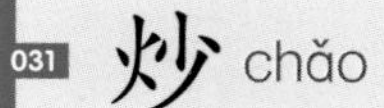

031 炒 chǎo

火 불 + 少 적다
적은(少) 양의 음식을 불(火)에 볶아요(炒).

동 1 (음식을) 볶다
　2 차익을 챙기다

每顿饭他都炒四个菜。 매 끼니 식사에 그는 네 가지 요리를 한다. → 동사1 용법

참고 표현plus '해고하다'

'炒鱿鱼'는 직역하면 '오징어를 볶다'입니다. 오징어는 열이 가해지면 오그라들면서 말리는데, 그 모습이 마치 해고당한 사람이 이불을 둘둘 말아 회사를 떠나는 모습과 같다는 데서 '해고하다'라는 뜻이 유래하였습니다.

➕ **炒菜** chǎocài (동+명) 동 야채를 볶다, 요리하다 | **炒股** chǎogǔ (동+명) 동 주식 거래를 하다 | **炒鱿鱼** chǎo yóuyú (동+명) 관용 해고하다

032 冲 chōng

冫 얼음 + 中 가운데
겨울에 추위를 이기기 위해 얼음(冫) 속(中)으로 돌진하는(冲) 경우가 있죠.

동 1 돌진하다
　2 끓는 물을 붓다
　3 물로 씻어 내다

胡同里突然冲出来一辆自行车。 골목에서 갑자기 자전거 한 대가 돌진해 나왔다. → 동사1 용법

冲茶 차를 타다　冲水 물을 내리다, 물로 헹구다

시험 TIP '冲'의 파생적 의미

'冲'과 '洗'에는 각각 '물로 씻다'라는 의미에서 파생된 '사진을 현상하다'라는 의미가 있습니다. 주로 '洗' 또는 '冲洗'가 많이 쓰입니다. 다만 요즘은 필름(**胶卷** jiāojuǎn)이 없는 디지털카메라(**数码相机** shùmǎ xiàngjī)가 유행이다 보니 시험에서도 이 단어들이 점점 사라지고 있는 추세입니다. 대신 '**数码相机**(디지털카메라)'가 듣기에 자주 출제됩니다.

➕ **冲洗** chōngxǐ (동+동) 동 사진을 현상하다, 물로 씻다

033  闯 chuǎng

门 문 + 马 말
문(门)으로 말(马)이 돌진해 와요(闯).

동 1 (갑자기) 뛰어들다, 돌진하다
　2 (몸소 겪으면서) 연마하다, 닦다

家里闯进来了个怪人。 집에 괴상한 사람이 침입했다. → 동사1 용법

闯出自己的路来 자신의 길을 연마하다

➕ **闯红灯** chuǎng hóngdēng (동+명) 관용 신호를 무시하고 뛰어들다 | **闯入** chuǎngrù (동+동) 동 느닷없이 뛰어들다

034 **吹** chuī

口 입 + 欠 하품
입(口)을 하품하듯이(欠) 크게 벌리고 불면(吹) 촛불을 끄기 힘들겠죠?

동 1 (입으로) 불다, (바람이) 불다
2 허풍 떨다

屋里太热，我们到外面吹吹风吧。 방 안이 너무 더우니 우리 밖으로 나가서 바람을 좀 쐬자. → 동사1 용법
吹笛子 피리를 불다

➕ **吹风** chuīfēng (동+명) 동 바람을 쐬다, 머리를 드라이하다 | **吹牛** chuīniú (동+명) 동 허풍 떨다

035 **催** cuī

亻(人) 사람 + 崔 드높고 웅장하다
사람(亻)에게 자꾸 높아지라고(崔) 재촉해요(催).

동 재촉하다

大家都在催我快点做。 모두 나에게 빨리 하라고 재촉하고 있다.

➕ **催促** cuīcù (동+동) 동 재촉하다, 다그치다 | **催眠** cuīmián (동+명) 동 잠들게 하다, 최면을 걸다

036 **存** cún

一 하나 + 亻(人) 사람 + 子 아들
한(一) 사람(亻)에게 아들(子)이 존재해요(存).

동 1 존재하다
2 저장하다, 보존하다
3 (절약하여) 모으다

冰箱里存了好多肉和菜。 냉장고에 많은 고기와 야채를 저장하였다. → 동사2 용법

➕ **存在** cúnzài (동+동) 동 존재하다 | **保存** bǎocún (동+동) 동 저장하다, 보관하다 ▶p.77 | **存折** cúnzhé (동+명) 명 예금통장 | **存款** cúnkuǎn (동+명) 동 예금하다, 저금하다 [= **存钱** cúnqián] | **储存** chǔcún (동+동) 동 저장하다, 모아 두다

037 **呆** dāi

口 입 + 木 나무
나무(木)로 지은 집에 머물면(呆) 아이들 입(口)이 딱 벌어져요.

형 (머리가) 우둔하다, 멍청하다
동 ~에 머무르다 [= 待 dāi]

我在北京已经呆了两年了。 나는 베이징에서 이미 2년째 머물고 있다. → 동사 용법

시험 TIP **멍하다, 어리둥절하다**

呆는 '멍하다, 어리둥절하다'라는 의미도 있는데, 동의어인 愣 lèng과 함께 시험에 자주 출제되니 꼭 기억해 두세요.

⊕ **发呆** fādāi (동+형) 동 넋을 잃다, 멍해지다 | **书呆子** shūdāizi (명+형+접미) 명 책벌레 [공부만 할 줄 알고 세상물정을 모르는 사람]

038 带 dài

부수: 巾 수건
여름에는 땀이 많이 나서 수건(巾)을 휴대하조(带).

명 1 띠, 벨트
 2 지대, 지역
동 1 (몸에) 지니다, 휴대하다
 2 인솔하다, 데리고 가다

我忘带手机了。 나는 휴대전화 챙기는 것을 깜박했다. → 동사1 용법
你放心，我带你去吧。 안심해. 내가 널 데리고 갈게. → 동사2 용법

시험 TIP **비슷한 표현 비교**

'我带你去'는 '내가 너를 데리고 가다'라는 뜻이고 '我陪你去'는 '내가 너를 따라 가다'라는 뜻으로, '我带你去'는 '我'가 중심이 되고, '我陪你去'는 '你'가 중심이 됩니다. 학생들이 쓰기 영역에서 많이 틀리는 내용이니 유의하세요.

⊕ **磁带** cídài (명+명) 명 카세트테이프 | **腰带** yāodài (명+명) 명 허리띠 | **领带** lǐngdài (명+명) 명 넥타이 ▶p.270 | **热带** rèdài (형+명) 명 열대 | **带头** dàitóu (동+명) 동 앞장서다, 솔선하다 | **带路** dàilù (동+명) 동 길을 안내하다

039 戴 dài

十 열 + 異 다르다 + 戈 창
열(十) 개의 다른(異) 국가끼리 창(戈)을 들고 싸울 때는 갑옷을 착용했어요(戴).

동 (물건을 머리, 얼굴, 목, 팔 등에) 착용하다, 끼다, 차다 [↔ 摘 zhāi ▶p.61]

他头上戴着一顶帽子。 그는 머리에 모자를 하나 쓰고 있다.
戴项链 목걸이를 차다　　戴眼镜 안경을 쓰다　　戴手套 장갑을 끼다

040 淡 dàn

氵(水) 물 + 炎 무덥다
무더운(炎) 날 음식에 물(氵)을 많이 넣으면 음식이 싱거워져요(淡).

형 1 (맛이) 싱겁다 [↔ 咸 xián ▶p.58]
 2 (색이나 농도가) 연하다 [↔ 浓 nóng ▶p.44]
 3 영업이 왕성하지 못하다 [↔ 旺 wàng]

这个菜太淡了点儿。 이 요리는 너무 싱겁다. → 형용사1 용법

시험 TIP **듣기 시험에서 자주 출제되는 '淡'**

'淡'은 듣기 영역에서 '음식 맛이 싱겁다'라는 의미로 자주 출제되며, 필수 어휘 '清淡'도 같은 의미이니 함께 기억해 두세요.

➕ 淡季 dànjì (형+명) 명 비수기

041 挡 dǎng

扌(手) 손 + 当 마땅히
여름에는 마땅히(当) 손(扌)으로 햇볕을 잘 가려야(挡) 주근깨가 안 생겨요.

동 막다, 가리다 [= 阻 zǔ]

你挡着我，我怎么看得见？ 네가 날 막고 있는데, 내가 어떻게 볼 수 있어?

➕ **挡雨** dǎng yǔ (술+목) 비를 막다 | **阻挡** zǔdǎng (동+동) 동 가로막다, 저지하다

042 登 dēng

癶 필발머리 + 豆 콩
머리(癶)에 콩(豆)을 이고서 산을 올라요(登).

동 1 (사람이) 오르다, 올라가다
2 기재하다, 게재하다

乘坐CA123航班的乘客开始登机了。 CA123편을 타는 승객은 탑승을 시작했습니다. → 동사1 용법

➕ **登记** dēngjì (동+동) 동 등기하다, 기재하다, 체크인하다 ▶p.216 | **登机牌** dēngjīpái (동+명+명) 명 탑승권 | **登录** dēnglù (동+동) 동 등록하다, (컴퓨터) 로그인하다

043 **滴** dī

氵(水) 물 + 啇 밑동
물(氵)이 밑동(啇)으로 떨어질 때는 한 방울씩 떨어져요(滴).

동 (액체가 한 방울씩) 떨어지다
양 방울

滴下来的雨水把衣服弄湿了。 떨어지는 빗물이 옷을 적셨다. → 동사 용법
滴眼药 안약을 떨어뜨리다　一滴汗 땀 한 방울

044 **递** dì

辶 가다 + 弟 동생
가서(辶) 동생(弟)에게 물건을 전해 줘야죠(递).

동 전하다, 건네 주다 [= 传 chuán ▶p.117]

请把书递给我。 책을 제게 건네 주세요.

 传递 chuándì (동+동) 동 전달하다, 전하다 ▶p.117 | 快递 kuàidì (부+동) 명 특급우편, 택배 | 快递公司 kuàidì gōngsī (명+명) 명 택배회사

045 **电** diàn

电의 번체자는 電인데 电만 써서 간체자를 만들었어요.

명 전기, 번개, 배터리

我的手机没电了。 내 휴대전화의 배터리가 없다.
停电 정전이 되다

电池 diànchí (명+명) 명 배터리 | 电台 diàntái (명+명) 명 라디오 방송국 | 电梯 diàntī (명+명) 명 엘리베이터 | 电脑 diànnǎo (명+명) 명 컴퓨터 [= 计算机 jìsuànjī] | 电子邮件 diànzǐ yóujiàn (명+명) 명 전자우편, 이메일 | 充电 chōngdiàn (동+명) 동 충전하다, 자기 계발하다 ▶p.109 | 闪电 shǎndiàn (명+명) 명 번개

046 **钓** diào

钅(金) 쇠 + 勺 국자
낚싯대에는 쇠(钅)로 만든 국자(勺) 모양의 고리가 있어야 고기를 낚을(钓) 수 있죠.

동 낚시하다

几乎每个星期他都去钓鱼。 거의 매주 그는 낚시를 간다.

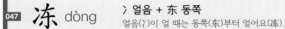

시험 TIP **듣기 시험에서 자주 출제되는 주제 '낚시'**

낚시와 관련된 내용은 듣기 영역에서 자주 출제됩니다. 관련 단어를 잘 암기해 두세요.

➕ **钓鱼** diàoyú (동+명) 동 물고기를 낚다, 낚시하다 | **钓竿** diàogān (동+명) 명 낚싯대 | **钓饵** diào'ěr (동+명) 명 (낚시할 때의) 미끼

047 冻 dòng

冫 얼음 + 东 동쪽
얼음(冫)이 얼 때는 동쪽(东)부터 얼어요(冻).

동 1 얼다
2 춥다

西湖很多年没冻过。 시후는 여러 해 동안 언 적이 없다. → 동사1 용법

冻死 얼어 죽다, 동사하다

시험 TIP **표현plus '얼어 죽겠어!'**

'冻死我了'는 '추워 죽겠다'라는 의미로, '매우 춥다'를 강조하는 관용적 표현입니다. 단, 동물이나 사람이 얼어 죽었을 경우에 쓰는 '冻死了'의 '死'는 결과보어로 '(실제로) 얼어 죽었다'라는 의미를 나타냅니다.

048 洞 dòng

氵 물 + 同 같다
물(氵)이 같은(同) 자리에 계속 떨어지면 구멍(洞)이 생기겠죠?

명 구멍, 동굴

裤子破了一个洞。 바지에 구멍이 하나 났다.

➕ **山洞** shāndòng (명+명) 명 (산의) 동굴 | **漏洞** lòudòng (동+명) 명 틈새, 새는 구멍

049 逗 dòu

辶 가다 + 豆 콩
친구 집에 가서(辶) 콩(豆)을 얻어 오라니 정말 나를 놀리는구나(逗).

동 1 놀리다, 약 올리다
2 웃기다, 터무니없다
3 멈추다, 머무르다

형 우습다, 재미있다

别逗了，他不是那种人。 웃기지 마. 그는 그런 사람이 아니야. → 동사2 용법

你说这话可真逗。 네가 이 말을 하니 정말 우습다. → 형용사 용법

➕ **逗号** dòuhào (동+명) 명 쉼표

050 堆 duī

土 흙 + 隹 새
흙(土)이 산더미처럼 쌓인(堆) 곳에 새(隹)가 날아들죠.

동 쌓이다, 쌓다
양 더미, 무더기

我的书桌上堆着很多书。 내 책상 위에 많은 책이 쌓여 있다. → 동사 용법
一堆文件 한 무더기의 서류

堆积 duījī (동+동) 동 (사물이) 쌓이다, 쌓여 있다

051 蹲 dūn

足 발 + 尊 존경하다
존경하는(尊) 사람을 만나면 발(足)을 모으고 쪼그려 앉는(蹲) 괴짜가 있대요.

동 쪼그려 앉다

他喜欢蹲着吃饭。 그는 쪼그리고 앉아서 밥 먹는 것을 좋아한다.

052 非 fēi

새가 좌우로 날개를 벌린 모양이 연상되는 글자예요.

명 잘못
동 ~가 아니다
부 반드시

这件事是非分明。 이 일은 시비(옳고 그름)가 분명하다. → 명사 용법
爱情并非一件困难的事。 사랑은 결코 어려운 일이 아니다. → 동사 용법
他非要去，你就让他去吧。 그가 반드시 가야 한다고 하니 너는 그를 보내 줘라. → 부사 용법

시험 TIP 암기하세요! '非'의 용법
동사로서의 '非'는 '并非……(결코 ~가 아니다)' 형태로 강조해 쓰일 때가 많습니다. '非……不可'는 이중 부정으로 '~가 아니면 안 된다', 즉 '반드시 ~여야 한다'라는 의미로 사용되는데, 사용 빈도가 높으니 꼭 기억해 두세요.

是非 shìfēi (명+명) 명 옳고 그름, 시비 | **非常** fēicháng (동+형) 형 평범하지 않다, 비상하다 부 매우 | **非常口** fēichángkǒu (동+형+명) 명 비상구 | **非常时期** fēichángshíqī (동+형+명+명) 명 비상 시기 | **非法** fēifǎ (동+명) 형 불법의

053 扶 fú

扌(手) 손 + 夫 남편
손(扌)으로 몸이 아픈 남편(夫)을 부축해요(扶).

동 1 부축하다
2 돕다

你扶这位老人下火车吧。 너는 이 노인을 부축해서 기차에서 내려라. → 동사1 용법

➕ 帮扶 bāngfú (동+동) 동 도와주다, 거들다

054 盖 gài

부수: 皿 그릇
그릇(皿)에는 뚜껑(盖)이 있어서 음식을 덮을(盖) 수 있죠.

명 덮개, 뚜껑, 마개
동 1 (위에서 아래로) 덮다
2 (집을) 짓다

我给我弟弟盖上了被子。 나는 남동생에게 이불을 덮어 주었다. → 동사1 용법
盖房子 집을 짓다

➕ 瓶盖 pínggài (명+명) 명 병뚜껑 | 覆盖 fùgài (동+동) 동 덮다

055 敢 gǎn

부수: 攵 치다
당구도 칠(攵)줄 모르면서 감히(敢) 나에게 덤비다니!

형 용기가 있다, 용감하다
조동 감히 ~하다

你敢不敢跟小王进行乒乓球比赛? 당신은 샤오왕과 탁구 시합을 할 수 있겠습니까? → 형용사 용법
医生也不敢保证他的病马上就好。 의사도 감히 그의 병이 곧 좋아지리라 보장하지 못했다. → 조동사 용법

➕ 勇敢 yǒnggǎn (형+형) 형 용감하다 ▶p.425 | 不敢 bùgǎn (부+조동) 감히 ~하지 못하다

056 搞 gǎo

扌(手) 손 + 高 높다
높은(高) 곳에 올라가려고 손(扌)으로 무엇인가를 해요(搞).

동 ~를 하다, 종사하다, 처리하다

我弟弟把我的房间搞得乱七八糟。 남동생은 내 방을 엉망진창으로 만들었다.
搞错 실수하다, 잘못하다 搞卫生 청소하다 搞清楚 분명히 하다

搞体育活动 체육 활동을 하다　搞关系 관계를 맺다　搞对象 결혼 상대를 찾다
搞科研工作 과학 연구 업무에 종사하다

시험 TIP 포괄적인 의미를 지닌 '搞'

'搞'는 매우 포괄적인 의미를 가지고 있기 때문에 목적어에 따라 의미와 해석이 달라집니다. 그러니 평소 공부하다가 '搞'가 나오면 어떠한 상황에서 쓰였는지, 우리말로 어떻게 해석되었는지 주의해서 보고 그때그때 익히세요.

057 够 gòu

句 문장 + 多 많다
기억해 두면 좋은 문장(句)이 충분히(够) 많아요(多).

동 1 충분하다, 넉넉하다
2 손이 닿다
부 매우, 아주

你带的钱够不够? 네가 가지고 있는 돈은 충분하니? → 동사1 용법
这些粮食够我们吃一个月。 이 식량들은 우리가 한 달 동안 먹기에 충분하다. → 동사1 용법
我个子矮，够不着! 나는 키가 작아서 손이 닿지 않아! → 동사2 용법
最近天气够热的。 요즘 날씨가 매우 덥다. → 부사 용법

시험 TIP '够'의 쓰임

우리말에서 '충분하다'는 형용사이지만, 중국어에서 '够'는 동사임에 유의하세요. '够'는 자동사, 타동사로 모두 쓰일 수 있습니다. 특히 '够我们吃一个月'처럼 하나의 문장을 목적어로 갖는 경우도 있습니다. 또한 동사로 '손이 닿다'라는 의미가 있는데, 주로 '够不着(닿을 수 없다)'로 사용합니다. 정도부사로 쓰일 때는 '够+형용사+的'의 형태로 사용합니다.

+ 足够 zúgòu (형+동) 형 충분하다 | 不够 búgòu (부+동) 동 형 부족하다, 모자라다

058 逛 guàng

辶 가다 + 狂 미치다
거리로 나가서(辶) 미친(狂)듯이 쇼핑하고 구경을 해요(逛).

동 거닐다, 구경하다, 산보하다

你明天没事儿吧? 跟我一起去逛街吧。 너 내일 별일 없지? 나랑 함께 쇼핑 가자.
逛街 거리를 거닐며 구경하다, 아이쇼핑하다

059 滚 gǔn

氵(水) 물 + 衮 끝이 없다
물방울(氵)이 끝이 없이(衮) 굴러 내리는(滚) 것이 원래 의미예요.

동 1 구르다, 뒹굴다
2 꺼지다

你给我滚开，我不想再见到你！ 꺼져. 나는 너와 다시는 만나고 싶지 않아! → 동사2 용법

财源滚滚 돈이 끊임없이 들어오다

➕ **滚开** gǔnkāi (동+동) 동 꺼져! 사라져! | **滚滚** gǔngǔn (동+동) 형 세차게 출렁이는 모양, 끊임없는 모양

060 喊 hǎn

口 입 + 咸 짜다

입(口)으로 음식이 짜다고(咸) 소리쳐요(喊).

동 외치다, 소리치다

别大声喊，人家都休息了。 소리 지르지 마세요. 사람들이 쉬고 있어요.

➕ **喊叫** hǎnjiào (동+동) 동 큰 소리로 외치다, 고함치다 [= **叫喊** jiàohǎn] | **高喊** gāohǎn (형+동) 동 큰 소리로 외치다

061 恨 hèn

忄(心) 마음 + 艮 딱딱하다

사람이 한(恨)을 품으면 마음(忄)이 딱딱해지죠(艮).

동 원망하다, 증오하다

명 한, 증오

我恨死你了。 나는 너를 엄청 증오한다. → 동사 용법

➕ **悔恨** huǐhèn (동+동) 동 뉘우치다, 후회하다 | **恨不得** hèn bude (동+부+조) 동 간절히 ~하고 싶다

062 横 héng

木 나무 + 黄 노랗다

나무(木)가 가로(横)로 오래 눕혀져 있으면 노랗게(黄) 돼요.

형 가로의

在这些词下边划一条横线。 이 단어들 아래쪽에 가로줄을 그으세요.

➕ **人行横道** rénxíng héngdào (동+명) 명 횡단보도 | **纵横** zònghéng (형+형) 형 종횡의, 가로세로의

063 滑 huá

氵(水) 물 + 骨 뼈
물(氵)이 있는 곳에서 잘못 미끄러지면(滑) 뼈(骨)가 부러져요.

형 1 반들반들하다, 매끈하다
　2 교활하다
동 미끄러지다

下雨后的路很滑。 비 온 뒤의 길은 매우 미끄럽다. → 형용사1 용법
我不小心滑了一跤。 나는 조심하지 않아 미끄러졌다. → 동사 용법

➕ **滑冰** huábīng (동+명) 명동 스케이트(를 타다) | **滑雪** huáxuě (동+명) 명동 스키(를 타다) | **光滑** guānghuá (형+형) 형 (물체의 표면이) 매끄럽다, 반들반들하다 ▶p.183

064 划 huá huà

戈 창 + 刂 칼
창(戈)과 칼(刂)은 모두 물건을 자르는(划) 데 쓰는 물건이죠.

huá 동 1 (배를) 젓다
　　　2 셈이 맞다, 수지가 맞다
　　　3 (칼로) 베다, 긋다
huà 동 1 (금을) 긋다, 구분하다
　　　2 계획하다, 설계하다

你们快把船划过来。 빨리 배를 저어 오세요. → 동사1 용법

➕ **划船** huáchuán (동+명) 동 배를 젓다 | **划得来** huá delái (술+보) 수지가 맞다, 타산이 맞다 | **计划** jìhuà (동+동) 명동 계획(하다) ▶p.213

065 挥 huī

扌(手) 손 + 军 군대
손(扌)을 흔들어서(挥) 군대(军)를 지휘해요(挥).

동 1 흔들다
2 지휘하다

当他离去时，我挥手告别。 → 동사1 용법
그가 떠나갈 때, 나는 손을 흔들어 작별 인사를 했다.

참고 단어plus '发挥'

'发挥'는 '发挥优势(강점을 발휘하다)', '发挥作用(효과를 발휘하다)'과 같이 '내재된 성질이나 능력을 발휘하다'라는 의미로 사용됩니다. 호응 구문을 통째로 암기해 두세요.

➕ **挥手** huīshǒu (동+명) 동 손을 흔들다 | **发挥** fāhuī (동+동) 동 발휘하다 ▶p.149 | **指挥** zhǐhuī (동+동) 동 지휘하다 명 (상급) 지휘자, (음악) 지휘자 ▶p.462

066 夹 jiā

부수: 大 사람이 양팔을 크게 벌린 자세
글자를 보면 사람이 양팔을 크게 벌리고(大) 겨드랑이에 물건을 낀(夹) 모습이 연상되죠.

동 1 끼우다, 집다
2 겨드랑이에 끼다
3 둘 사이에 끼어 있다
명 클립, 집게

用筷子夹菜。 젓가락으로 음식을 집다. → 동사1 용법
两座大山夹着一条小沟。 두 산 사이에 작은 계곡이 있다. → 동사3 용법

시험 TIP 듣기 시험에서 자주 출제되는 '夹'

'夹'는 5급 듣기에서 종종 들리는 단어입니다. 가령, 여권을 찾는 상황의 대화에서 '여권이 어떤 물건 사이에 끼어 있지 않은지 찾아 봐'라고 말을 할 때 '夹'가 사용됩니다. '夹'를 얼핏 보면 '来'로 착각할 수 있으니 지문이나 선택항에 나왔을 때는 특히 주의해야 합니다.

➕ **夹子** jiāzi (명+접미) 명 집게, 끼우개

067 煎 jiān

前 앞 + 灬(火) 불
음식을 앞(前)에 놓고 불(灬)로 지져요(煎).

동 (음식물을 기름에) 지지다, 부치다

妈妈正在厨房里煎鱼。 엄마는 지금 주방에서 생선을 지지고 계신다.

➕ **煎饼** jiānbing (동+명) 명 전병 | **煎熬** jiān'áo (동+동) 동 시달리다, 괴로움을 당하다

068 捡 jiǎn

扌(手) 손 + 佥 모두
손(扌)으로 물건을 모두(佥) 주워요(捡).

동 줍다, 습득하다 [= 拾 shí ↔ 扔 rēng ▶p.50]

我以前在这里捡过一台照相机。
나는 예전에 이곳에서 카메라를 한 대 주운 적이 있다.

捡垃圾 쓰레기를 줍다

시험 TIP 독해 시험에서 자주 출제되는 '捡'

'捡'과 '拾'는 독해 지문에 자주 등장하는 핵심 글자이므로 꼭 기억해 두어야 합니다. 또 '捡'은 의미와 발음이 같은 '拣'과 바꿔 쓰기도 합니다.

➕ **捡拾** jiǎnshí (동+동) 동 줍다, 습득(拾得)하다 | **捡了芝麻，丢了西瓜** jiǎn le zhīma, diū le xīguā (동+조+명, 동+조+명) 속 참깨를 줍다가 수박을 잃어버리다, 소탐대실하다, 작은 것에 신경 쓰다가 큰 것을 잃어버리다

069 剪 jiǎn

前 앞 + 刀 칼
앞(前)쪽에 칼(刀) 두 개가 있는 것이 가위(剪)죠.

명 가위
동 (가위로) 자르다, 끊다

谁给你剪的头发？都没剪齐。 → 동사 용법
누가 네 머리 잘라 줬어? 가지런하게 잘라지지 않았어.

시험 TIP 듣기 시험에서 자주 출제되는 '剪'

미용실(美发厅 měifàtīng)에서 이발사(理发师 lǐfàshī)가 머리를 자르는 상황의 녹음에 '剪'이 자주 등장합니다. 대화의 장소나 화자의 직업을 유추할 수 있겠죠?

➕ **剪刀** jiǎndāo (명+명) 명 가위

070 浇 jiāo

氵(水) 물 + 尧 요 임금
옛날에 요 임금(尧)이 물(氵)을 잘 다스려서 백성들이 식물에 물을 잘 줄 수(浇) 있었어요.

동 1 (물이나 액체 등을) 뿌리다, 끼얹다
2 (식물에) 물을 주다

我每天早上给植物浇水。 나는 매일 아침 식물에 물을 준다. → 동사2 용법

071 救 jiù

求 구하다 + 攵 치다
위험에 빠진 사람을 구하기(救) 위해서 손으로 북을 쳤겠죠(攵).

동 (위험이나 재난에서) 구하다, 구조하다

我把她从水里救了上来。 나는 그녀를 물속에서 구해 냈다.

➕ **救命** jiùmìng (동+명) 동 목숨을 구하다 | **救火** jiùhuǒ (동+명) 동 불을 끄다 | **抢救** qiǎngjiù (동+동) 동 서둘러 구하다, 응급 처치하다 | **救护车** jiùhùchē (동+동+명) 명 구급차

072 捐 juān

扌(手) 손 + 口 입 + 月 달
손(扌)이 아닌 입(口)으로만 달(月)을 바치죠(捐).

동 바치다, 기부하다

他为灾民捐了三十万元。 그는 이재민을 위해 30만 위안을 기부했다.

➕ **捐钱** juānqián (동+명) 동 돈을 기부하다 명 기부금 [= **捐款** juānkuǎn] | **捐献** juānxiàn (동+동) 동 기부하다, 바치다

073 卷 juǎn juàn

부수: 㔾 무릎을 꿇은 모양
무릎을 꿇은 모양(㔾)처럼 시험 답안지도 원통형으로 말려 있어요(卷).

juǎn 동 (원통형으로) 말다, 감다 명 원통형으로 말아 놓은 물건

juàn 명 시험 답안지

我把画儿卷歪了。 나는 그림을 삐뚤게 말았다. → 동사 용법

➕ **胶卷** jiāojuǎn (명+명) 명 필름 | **试卷** shìjuàn (명+명) 명 시험지 | **答卷** dájuàn (동+명) 명 답안지 동 답안을 쓰다

074 砍 kǎn

石 돌 + 欠 하품하다
나무꾼이 돌(石)로 만든 도끼로 나무를 베다(砍) 말고 하품(欠)을 하네요.

동 (도끼로) 찍다, 패다

这树枝我砍不下来。 이 나뭇가지가 나는 패지지 않는다.

砍柴 장작을 패다

시험 TIP 세트 단어 암기하기

'砍'은 도끼로 나무를 베는 행위이므로 '도끼(斧子 fǔzi)'도 알아 두어야 합니다.
독해 제1부분에서 두 단어 중 하나를 제시하고 나머지 한 단어를 묻는 문제가 종종 출제됩니다.

075 夸 kuā

大 크다 + 亏 손해 보다
아주 크게(大) 손해를 봤다고(亏) 과장해서(夸) 말해요.

동 1 칭찬하다
　 2 과장하다

老师夸他学习有进步。 선생님은 그가 성적이 향상되었다고 칭찬했다. → 동사1 용법

시험 TIP '夸'의 형식

'夸'는 '칭찬하다'라는 의미로, 주로 '주어+夸+사람+동작'의 형식으로 씁니다.

➕ **夸张** kuāzhāng (동+동) 동 과장하다 | **夸奖** kuājiǎng (동+동) 동 칭찬하다

076  宽 kuān

宀 집 + 艹 풀 + 见 보다
집(宀)이 아주 넓어서(宽) 풀(艹)을 보려면(见) 한참 걸려요.

형 (폭, 범위, 면적이) 넓다 [↔ 窄 zhǎi ▶p.62]
명 폭, 너비

这张床太宽了，房间里放不下。 이 침대는 (폭이) 너무 넓어서 방에 놓을 수 없다. → 형용사 용법

➕ **宽阔** kuānkuò (형+형) 형 (면적, 범위가) 넓다, 광활하다 | **宽大** kuāndà (형+형) 형 (면적이) 넓다

 077  困 kùn

口 에워싸다 + 木 나무
나무(木)를 벽으로 에워싸면(口) 나무들도 피곤하겠죠(困)?

동 가두어 놓다, 포위하다
형 1 피곤하다, 졸리다
　 2 곤란하다, 난처하다

他被困在电梯里了。 그는 엘리베이터에 갇혔다. → 동사 용법

▶참고 표현plus '졸려 죽겠네~'

공부를 하다 보면 졸릴 때가 많죠? 이럴 때는 '我困死了(졸려 죽겠다)'라고 하면 됩니다.

➕ **困难** kùnnan (형+형) 형 (사정이) 어렵다, 힘들다, 곤란하다 명 곤란, 어려움 ▶p.292 |
困境 kùnjìng (형+명) 명 곤경, 궁지 | **困倦** kùnjuàn (형+형) 형 피곤해서 졸리다

078 拉 lā

扌(手) 손 + 立 세우다
손(手)으로 텐트를 바로 세우기(立) 위해 잡아당겨요(拉).

동 1 (손으로) 당기다 [↔ 推 tuī ▶p.370]
2 (악기를) 켜다
3 배설하다

他爷爷拉了一辈子车。 그의 할아버지는 평생 수레를 끄셨다. → 동사1 용법

拉小提琴 바이올린을 켜다 拉肚子 설사하다

079 辣 là

辛 맵다 + 束 묶음
매운(辛) 음식을 묶음(束)으로 먹으니 아주 맵다(辣).

형 맵다

这个菜带点儿辣味儿，很好吃。 이 음식은 조금 매운 게 아주 맛이 있다.

+ 辣椒 làjiāo (형+명) 명 고추 | **辣味** làwèi (형+명) 명 매운 맛

080 拦 lán

扌(手) 손 + 兰 난초
사람들이 난초(兰)를 못 가져가게 손(扌)으로 막아요(拦).

동 (통과하지 못하게) 가로막다, 저지하다

你要去找他，我绝不拦你。 네가 그를 찾아가겠다면 난 절대로 너를 막지 않아.

+ 拦路 lánlù (동+명) 동 길을 막다 | **阻拦** zǔlán (동+동) 동 저지하다

081 懒 lǎn

忄(心) 마음 + 赖 의지하다
마음(忄)을 자꾸 남에게 의지하면(赖) 나태하고 게을러지죠(懒).

형 게으르다 [↔ 勤 qín ▶p.310]

你太懒了，你以后到底想干什么？
넌 너무 게을러. 앞으로 도대체 뭘 하려고 그러니?

睡懒觉 잠을 실컷 자다 伸懒腰 기지개를 켜다

▶ 참고 표현 비교 '睡懒觉'와 '睡过头'

'睡懒觉'는 자신의 의지로 늦게까지 자는 것을 말합니다. 우리가 흔히 말하는 '(자기도 모르게) 늦잠을 자다'라는 표현은 '睡过头(정해진 시간을 넘겨서까지 자다)'라고 합니다.

+ 懒得 lǎnde (형+조) 동 ~하기 귀찮아 하다 | **懒惰** lǎnduò (형+형) 형 게으르다

082 烂 làn

火 불 + 兰 난초
불(火) 근처에 난초(兰)를 두면 썩어요(烂).

형 1 (음식물이) 썩다
2 (옷 등이) 너덜너덜하다, 헐다

你的衣服烂成这个样子，也该买件新的了。 네 옷이 이렇게 낡았으니, 새것으로 사야겠다. → 형용사2 용법

➕ **腐烂** fǔlàn (형+형) 형 썩다, 부패하다 | **破烂** pòlàn (형+형) 형 낡아빠지다, 해져서 너덜너덜하다 명 폐품, 쓰레기

083 亮 liàng

亠 돼지머리 + 口 입 + 冖 덮다 + 几 몇
돼지머리(亠)와 입(口)을 천으로 덮고(冖) 몇(几) 배로 행복하도록 밝은(亮) 달에 빌어요.

형 1 (빛이) 밝다
2 (소리가) 우렁차다

명 빛

屋里的灯光很亮。 방 안의 불빛이 매우 밝다. → 형용사1 용법

➕ **月亮** yuèliang (명+명) 명 달 | **明亮** míngliàng (형+형) 형 (빛이) 밝다, 환하다 | **洪亮** hóngliàng (형+형) 형 소리가 낭랑하다, 우렁차다 [= **响亮** xiǎngliàng]

084 留 liú

부수: 田 밭
밭(田)에 남아(留) 농작물을 지켜요.

동 1 남기다
2 유학하다
3 주의하다

姐姐让我留下来陪父母。 누나는 나에게 남아서 부모님을 모시라고 한다. → 동사1 용법

➕ **留念** liúniàn (동+명) 동 기념으로 남기다 | **留言** liúyán (동+명) 동 메모를 남기다 명 메모 | **留学** liúxué (동+명) 동 유학하다 | **停留** tíngliú (동+동) 동 잠시 머물다, 멈추다

085 漏 lòu

氵(水) 물 + 尸 시체 + 雨 비
비(雨)가 오니 죽은(尸) 물(氵)이 새네요(漏).

동 1 (액체가 구멍이나 틈으로) 새다, 빠지다
2 (비밀을) 누설하다

锅里的水漏光了。 냄비 안의 물이 모조리 샜다. → 동사1 용법

➕ **漏雨** lòuyǔ (동+명) 동 비가 새다 | **漏水** lòushuǐ (동+명) 동 물이 새다 | **泄漏** xièlòu (동+동) 동 누설하다, 폭로하다

086 露 lù lòu

雨 비 + 路 길
길(路) 위의 빗방울(雨)을 이슬(露)로 비유한 거죠.

lù 명 이슬

lù 동 1 노숙하다

lù / lòu 2 드러내다, 나타나다

姐姐的脸上露出了甜美的笑容。 누나 얼굴에 달콤한 웃음이 어리었다. → 동사2 용법

▶참고 부수로 외우는 관련 단어

기상(气象)을 나타내는 단어 중 비와 관련된 글자에는 '雨'가 부수로 쓰입니다. '雪 xuě 눈', '雾 wù 안개', '雷 léi 천둥', '雹 báo 우박', '霜 shuāng 서리' 등의 단어를 외울 때 부수 '雨'를 연상하며 외우세요.

➕ **露宿** lùsù (동+동) 동 노숙하다 | **露面** lòumiàn (동+명) 동 나타나다, 출현하다

087 骂 mà

口 입 + 口 입 + 马 말
입(口)으로 말(马)에게 말 잘 들으라고 욕해요(骂). 욕할 때는 침 튀기며 하니 입(口)이 두 개죠.

동 1 욕하다
2 꾸짖다

妈妈把我大骂了一顿。 어머니께서 나를 한차례 크게 꾸짖으셨다. → 동사2 용법

시험 TIP 동량보어 '一顿'
'骂'나 '批评' 뒤에는 동량보어 '一顿(한차례)'이 자주 결합해서, '骂了一顿(한차례 혼나다)'과 같이 씁니다. '顿'은 끼니를 세는 단위일 뿐 아니라 질책이나 비판 등을 세는 단위로도 쓰이지요. 5급 독해 제1부분에 출제된 적이 있습니다.

➕ **挨骂** áimà (동+동) 동 꾸지람을 듣다

088 苗 miáo

艹 풀 + 田 밭
풀(艹)이 밭(田)에서 자라려면 새싹(苗)이 필요해요.

명 모종, 새싹

今年的麦苗长得不错。 올해는 보리 모종이 잘 자란다.

➕ **苗条** miáotiao (명+명) 형 (여성의 몸매가) 아름답고 날씬하다

089 摸 mō

扌(手) 손 + 莫 없다
주머니에 손(扌)을 넣어 돈이 있는지 없는지(莫) 만지작거려요(摸).

동 1 (손으로) 만지다, 어루만지다
2 (손으로 무언가를 찾기 위해) 더듬다

我轻轻地摸了一下她的手。 나는 가볍게 그녀의 손을 어루만졌다. → 동사1 용법

➕ **摸索** mōsuǒ (동+동) 동 (방법, 경험 등을) 모색하다 | **抚摸** fǔmō (동+동) 동 (손으로 가볍게) 쓰다듬다, 어루만지다

090 嫩 nèn

女 여자 + 朿 묶음 + 攵 치다
여자(女)가 북어를 묶음(朿)으로 놓고 두드려 치니(攵) 연하고 부드러워졌어요(嫩).

형 연하다, 부드럽다

小宝宝皮肤嫩嫩的，真可爱。 갓난아기의 피부가 부드러운 게 정말 귀엽다.

➕ **嫩叶** nènyè (형+명) 명 부드러운 잎, 새로 돋아난 잎 | **嫩肉** nènròu (형+명) 명 연한 고기

091 念 niàn

今 지금 + 心 마음
지금(今) 보고 싶은 마음(心)이 있는 것이 그리워하는 거예요(念).

동 1 그리워하다, 생각하다
2 글을 소리 내어 읽다
3 학교에 가다, 공부하다

명 생각, 염두

从中文系毕业以后，她又念起英文来了。 → 동사3 용법
중문과를 졸업한 후, 그녀는 또 영어를 공부하기 시작했다.

시험 TIP 유의어 비교 '想念 / 思念 / 怀念'과 '挂念'

	想念 xiǎngniàn / **思念** sīniàn / **怀念** huáiniàn	**挂念** guàniàn
비교	사람이나 장소를 그리워함	사람이나 상황을 그리워함+걱정함

➕ **想念** xiǎngniàn (동+동) 동 그리워하다, 생각하다 ▶p.391 | **思念** sīniàn (동+동) 동 그리워하다 | **怀念** huáiniàn (동+동) 동 그리워하다, 추억하다 ▶p.201 | **挂念** guàniàn (동+동) 동 (마음에 걸려) 걱정하다, 그리워하다 | **念头** niàntou (명+접미) 명 생각 | **念书** niànshū (동+명) 동 책을 읽다, 공부하다, 학교에 다니다

092 浓 nóng

氵(水) 물 + 农 농사
농사일(农)로 지칠 때는 물(氵)을 적게 탄 진한(浓) 커피를 마셔요.

형 (색이나 농도가) 진하다 [↔ 淡 dàn ▶p.27]

这茶太浓了，我喝不了。 이 차는 너무 진해서 마실 수가 없다.

➕ **浓度** nóngdù (형+명) 명 농도 | **浓烟** nóngyān (형+명) 명 짙은 연기

093 弄 nòng

王 임금 + 廾 양손 모양
어린 왕(王)이 양손(廾)으로 흙을 가지고 놀아요(弄).

동 1 만지다, 만지작거리다
2 ~를 하다 [구체적인 동작을 다시 말할 필요가 없거나 언급하지 않을 때 씀]
3 (물건을) 구하다, 마련하다

听说那个话剧不错，你去弄几张票吧。→ 동사3 용법
듣자하니 그 연극 괜찮다던데, 네가 가서 표 몇 장 구해 봐.

➕ **弄脏** nòngzāng (동+동) 동 더럽히다 [주로 把자문에서 씀] | **弄坏** nònghuài (동+동) 동 망가뜨리다 [주로 把자문에서 씀] | **弄钱** nòngqián (동+명) 동 돈을 마련하다

094 拍 pāi

扌(手) 손 + 白 희다
손(扌)으로 빨래할 때 하얗게(白) 될 때까지 두드리죠(拍).

동 1 (손으로) 치다, 두드리다
2 (영화나 사진을) 촬영하다, 찍다
명 라켓, 채

我拍拍他的肩膀说: "别担心!"。→ 동사1 용법
나는 그의 어깨를 두드리며 '걱정 마!'라고 말했다.

拍电影 영화를 촬영하다

시험 TIP 듣기 시험에서 자주 출제되는 '拍'

'拍'는 HSK 듣기에서 자주 들리는 단어이므로 아래의 ➕단어들을 모두 암기해 두어야 합니다.

➕ **拍手** pāishǒu (동+명) 동 박수 치다 | **拍摄** pāishè (동+동) 동 (영화나 사진을) 촬영하다 | **拍照** pāizhào (동+동) 동 사진을 찍다 ▶ p.445 | **球拍** qiúpāi (명+명) 명 라켓, 채 | **网球拍** wǎngqiúpāi (명+명+명) 명 테니스 라켓

095 派 pài

부수: 氵(水) 물
물(氵)을 얻기 위해 사람을 파견해요(派).

동 파견하다, 파견하여 ~하게 하다
명 파, 파벌 [입장, 견해, 풍격, 습성 등이 같은 사람의 무리]

学校派王老师出国教汉语。 학교는 왕 선생님을 외국에 파견하여 중국어를 가르치게 했다. → 동사 용법

시험 TIP 겸어문 구조의 '派'

'派'는 '주어1+派+주어2+동사2……'의 겸어문 구조로 쓰입니다. 주어1은 주로 학교나 회사 등 단체가 되며, 주어2는 개인이 됩니다. 따라서 '파견하다'보다는 '파견하여 ~하게 하다'의 의미로 공부해 두는 것이 좋습니다.

➕ **学派** xuépài (명+명) 명 학파 | **派出所** pàichūsuǒ (동+동+명) 명 파출소

096 陪 péi

阝 언덕 + 立 서다 + 口 입
언덕(阝)까지 함께 가서(陪) 서서(立) 경치를 보니 입(口)에서 절로 감탄이 나와요.

동 모시다, 함께 가다

我陪着代表团参观了故宫。 나는 대표단을 모시고 고궁을 참관했다.

시험 TIP '陪'의 문장 형식

'陪'는 '주어+陪+대상+동사……'의 형식으로 쓰입니다. 앞에 나오는 주어는 '陪' 뒤에 나오는 대상(사람이나 단체)을 모시거나 함께 해 주는 부차적인 인물입니다.

➕ **陪同** péitóng (동+부) 동 함께 가다, 동행하다 | **陪客** péikè (동+명) 동 손님을 모시다, 시중들다

097 披 pī

扌(手) 손 + 皮 가죽
손(扌)을 이용해서 가죽(皮) 옷을 어깨에 걸쳐요(披).

동 (옷이나 장신구를 어깨에) 걸치다, 감싸다

你快把大衣披上。 빨리 외투를 걸쳐라.

098 骗 piàn

马 말 + 扁 납작하다
말(马)이 납작하게(扁) 생겼다고 속여요(骗).

동 (남을) 속이다, 기만하다

你骗得了他，可骗不了我。 너는 그를 속일 수는 있어도 나는 속일 수 없다.

➕ **骗人** piànrén (동+명) 동 남을 속이다 | **骗子** piànzi (동+접미) 명 사기꾼 | **欺骗** qīpiàn (동+동) 동 속이다, 기만하다

099 飘 piāo

票 표 + 风 바람
표(票)가 바람(风)에 날아가서 나부껴요(飘).

동 날리다, 나부끼다, 흩날리다

外面飘着雪花。 밖에 눈송이가 흩날리고 있다.

▶참고 주의하세요! '飘'와 '漂'

'飘'와 발음과 성조가 같은 '漂'는 글자에 물(氵)이 있기 때문에 '물에 뜨다, 떠다니다'라는 의미입니다. '漂'도 함께 공부해 두세요.

➕ **飘扬** piāoyáng (동+동) 동 바람에 펄럭이다, 나부끼다

100 票 piào

覀 덮다 + 示 보이다
손으로 덮어도(覀) 보이는(示) 부분이 있는 것이 바로 표(票)에요.

명 표

你拿到火车票了吗？ 너 기차표 구했니?

➕ **发**票 fāpiào (동+명) 명 영수증 | **股**票 gǔpiào (명+명) 명 주식 | **支**票 zhīpiào (동+명) 명 수표 ▶p.459 | **邮**票 yóupiào (명+명) 명 우표

101 牵 qiān

大 크다 + 冖 덮다 + 牛 소
큰(大) 힘으로 소(牛)를 덮쳐서(冖) 잡아끌고(牵) 가요.

동 잡아끌다, 잡아당기다

那个杂技演员牵着一条狗走到台上。 그 서커스 연기자는 개 한 마리를 끌고 무대로 걸어 올라갔다.

➕ **牵手** qiānshǒu (동+명) 동 손을 잡다 | **牵引** qiānyǐn (동+동) 동 끌어당기다, 견인하다

102 浅 qiǎn

氵(水) 물 + 戋 적다
물(氵)이 적어서(戋) 깊이가 얕아요(浅).

형 1 (물이) 얕다 [↔ 深 shēn ▶p.326]
2 (지식, 경험, 학문이) 얕다, 부족하다
3 (색상, 빛깔이) 연하다

这里的水不算浅。 이곳의 물은 얕은 편이 아니다. → 형용사1 용법

➕ **深浅** shēnqiǎn (형+형) 명 깊이, 심도 | **短浅** duǎnqiǎn (형+형) 형 (사물에 대한 인식과 분석이) 짧고 얕다, 피상적이다

103 欠 qiàn

欠 사람이 크게 하품하는 모양을 본뜬 글자

동 1 하품하다
2 빚지다

他们欠了我们公司一大笔钱。 그들은 우리 회사에 큰 돈을 빚졌다. → 동사2 용법

打哈欠 하품을 하다　欠人情 신세를 지다

104 抢 qiǎng

扌(手) 손 + 仓 창고
손(扌)으로 다른 사람 창고(仓)의 물건을 빼앗아요(抢).

동 1 (다른 사람의 것을 강제로) 빼앗다, 약탈하다
2 앞다투어 ~를 하다
3 (일을 빨리 끝내려고) 서두르다, 다그치다

大家都抢着把这个好消息告诉老师。 → 동사2 용법
모두들 이 좋은 소식을 앞다투어 선생님께 알렸다.

시험 TIP '抢'의 문장 형식
'抢'은 주로 '주어+抢着+동사……'의 형식으로 써서 '(어떤 동작을) 앞다투어 하다'라는 의미를 나타냅니다.
예 **抢着回答问题** 앞다투어 대답하다

➕ **抢球** qiǎngqiú (동+명) 동 (운동경기에서) 공을 빼앗다 | **抢救** qiǎngjiù (동+동) 동 서둘러 구하다, 응급 처치하다

105 瞧 qiáo

目 눈 + 焦 초조하다
눈(目)으로 초조하게(焦) 뭔가를 바라보고(瞧) 있어요.

동 보다 [= 看 kàn]

瞧，孩子们玩儿得多么高兴！ 보세요, 애들이 얼마나 신나게 놀고 있는지!

참고 표현plus '주목!'
'瞧'는 위의 예문에서처럼 주로 주의를 환기시킬 때 씁니다.

➕ **瞧不起** qiáo buqǐ (술+보) 얕보다, 업신여기다

106  穷 qióng

穴 구멍 + 力 힘
가난해서(穷) 가계부에 난 구멍(穴)을 메우기 너무 힘들어요(力).

형 1 가난하다, 빈곤하다 [↔ 富 fù ▶p.162]
2 다하다, 다 쓰다

他家一直很穷，所以无法供孩子读大学。
그의 집은 줄곧 가난해서 아이를 대학에 보낼 방법이 없다.

➕ **贫穷** pínqióng (형+형) 형 가난하다 | **穷人** qióngrén (형+명) 명 가난한 사람 | **无穷** wúqióng (동+형) 형 무궁하다, 끝이 없다

107 劝 quàn

又 또 + 力 힘

또(又) 힘들게(力) 그를 설득하고 권고해(劝) 봐요.

동 충고하다, 권고하다, 설득하다

老师劝我认真学习。 선생님은 나에게 열심히 공부하라고 충고하셨다.

시험 TIP '劝'의 문장 형식

'劝'은 주로 위의 예문처럼 '주어1+劝+주어2+동사2……'의 겸어문 형식으로 쓰입니다.

+ **劝告** quàngào (동+동) 동 권고하다, 충고하다 | **劝说** quànshuō (동+동) 동 권고하다, 설득하다

108 嚷 rǎng

口 입 + 襄 돕다

입(口)으로 도와(襄) 달라고 고함쳐요(嚷).

동 고함치다, 큰 소리로 외치다

外面是谁在嚷? 发生了什么事? 바깥에 누가 고함치고 있어? 무슨 일이 생긴 거야?

+ **叫嚷** jiàorǎng (동+동) 동 고함치다, 떠들어 대다 [= **喊叫** hǎnjiào]

109 绕 rào

纟 실, 끈 + 尧 요 임금
전쟁 때 적군이 요 임금(尧)을 끈(纟)으로 둘둘 감았어요(绕).

동 1 (실, 끈으로 물건을) 감다, 휘감다
2 (빙빙) 돌다
3 돌아가다, 우회하다

今天晚上我绕着操场跑了三圈。 오늘 저녁에 나는 운동장을 돌며 세 바퀴를 뛰었다. → 동사2 용법
绕圈子 빙빙 돌려 말하다, 에둘러 말하다

➕ 围绕 wéirào (동+동) 동 둘러싸다 ▶p.377 | 绕道 ràodào (동+명) 동 길을 돌아가다, 우회하다

110 扔 rēng

扌(手) 손 + 乃 바로 ~이다
손(扌)으로 던지고 버려야(扔) 하는 것이 바로(乃) 쓰레기예요.

동 던지다, 버리다, 내버리다

我决定把破衣服扔掉。 나는 낡은 옷을 버리기로 결심했다.
乱扔垃圾 쓰레기를 함부로 버리다

111 弱 ruò

弓 활 + 弓 활 + 羽 날개
활(弓) 두 개와 날개(羽)를 합친 글자예요. 활을 너무 세게 구부리면 약해져서(弱) 부러지죠.

형 (힘, 세력이) 약하다 [↔ 强 qiáng ▶p.307]

他的身体太弱。 그의 몸은 너무 약해.

➕ 弱点 ruòdiǎn (형+명) 명 약점 | 软弱 ruǎnruò (형+형) 형 연약하다, 가냘프다 | 衰弱 shuāiruò (형+형) 형 (신체가) 쇠약하다

112 洒 sǎ

氵(水) 물 + 西 서쪽
물(氵)을 서쪽(西)을 향해 뿌리고 살포해요(洒).

동 1 (물을) 뿌리다
2 (음식 등을) 엎지르다

咖啡不小心洒到衣服上了。 커피가 부주의로 옷에 엎질러졌다. → 동사2 용법

113 杀 shā

부수: 木 나무
나무(木)를 X자로 만들어 동물을 죽여요(杀).

동 죽이다

药量太小，杀不死虫子。 약의 양이 너무 적어서 벌레를 죽일 수 없다.

➕ **自杀** zìshā (부+동) 동 자살하다 | **暗杀** ànshā (부+동) 동 암살하다

114 晒 shài

日 해 + 西 서쪽
해(日)가 서쪽(西)으로 지기 전에 햇볕에 옷을 말려야(晒) 해요.

동 햇볕을 쬐다, (옷을) 말리다

衣服已经晒干了。 옷은 이미 다 말랐다.
晒太阳 일광욕하다

➕ **晾晒** liàngshài (동+동) 동 (물건을 펼쳐 놓고) 햇볕에 말리다

Day 06

115 伸 shēn

亻(人) 사람 + 申 설명하다
사람(亻)이 손을 뻗어서(伸) 뭔가를 설명해요(申).

동 (신체 일부를) 내밀다, 펴다

我不想向他伸手请求帮助。 나는 그에게 손을 내밀어 도움을 구하고 싶지 않다.

시험 TIP '伸手'의 파생적 의미
'伸手'는 '돈을 요구하다'라는 비유적인 의미로도 쓰입니다.

➕ **伸手** shēnshǒu (동+명) 동 손을 뻗다, 손을 내밀다, 요구하다

116 升 shēng

千 천 + 十 열
1,000(千)에 10(十)을 곱하면 10,000으로 등급이 올라가죠(升).

동 (낮은 곳에서 높은 곳으로) 오르다, 올라가다

太阳从东边升起，由西边落下。 태양은 동쪽에서 떠서 서쪽으로 진다.

➕ **上升** shàngshēng (동+동) 동 (등급, 정도, 수량 등이) 오르다, 상승하다 | **升学** shēngxué (동+명) 동 상급 학교에 가다, 진학하다

117 剩 shèng

乘 타다 + 刂(刀) 칼
버스에 탄(乘) 사람들을 칼(刂)로 위협해서 승객들이 버스에 남았어요(剩).

동 남다

快点儿写，剩的时间不多了。빨리 쓰세요. 남은 시간이 얼마 없어요.

시험 TIP '剩'의 용법
듣기에서는 '剩' 뒤에 보어 '下'가 결합한 '剩下'의 형태로 많이 출제됩니다. 의미는 똑같이 '남다'입니다.

➕ **剩饭** shèngfàn (동+명) 명 먹다 남은 밥 | **剩余** shèngyú (동+동) 동 (어떤 수량에서 일부분을 제하고) 남다

118 试 shì

讠(言) 말 + 式 양식
말(讠)로 시험 양식(式)을 테스트해요(试).

동 (어떤 일을) 시험 삼아 해 보다, 시험하다

명 시험, 테스트

我试过了，这双鞋太大了。내가 신어 봤는데, 이 신발은 너무 크다. → 동사 용법

➕ **尝试** chángshì (동+동) 동 시험 삼아 해 보다 | **考试** kǎoshì (동+명) 동 시험을 치다 명 시험 | **试卷** shìjuàn (명+명) 명 시험지 | **笔试** bǐshì (명+명) 명 필기시험 | **口试** kǒushì (명+명) 명 구술시험 | **试验** shìyàn (명+동) 명 동 시험(하다), 테스트(하다)

119 摔 shuāi

扌(手) 손 + 率 경솔하다
손(扌)에 들고 있던 물건을 경솔하게도(率) 떨어뜨려서 깨뜨렸어요(摔).

동 1 (몸의 균형을 잃어서) 넘어지다
2 (힘껏 땅에) 내던지다
3 떨어뜨려 부수다, 깨뜨리다

他摔破了三个茶杯。그는 찻잔 세 개를 떨어뜨려 깨뜨렸다. → 동사3 용법

摔倒 (몸이 균형을 잃고) 쓰러지다, 넘어지다

시험 TIP 다양한 의미의 '摔'
'摔'는 '넘어지다'라는 의미로 많이 쓰는데, 이때는 항상 결과보어를 붙여서 '摔倒'라고 합니다. 하지만 독해 지문에서는 '손으로 내던지다' 또는 '물건을 떨어뜨리다'라는 의미로도 자주 나오기 때문에 어떤 의미로 쓰였는지 앞뒤 문맥을 잘 살펴서 판단해야 합니다.

120 甩 shuǎi

부수: 用 이용하다
연인을 이용하고(用) 나서 차 버리는(甩) 사람은 가까이 하면 안 돼요.

동 1 흔들다, 휘두르다
2 떼어 놓다, 떨구다, (연인을) 차다

我怎样才能甩掉我不喜欢的男朋友呢? 내가 어떻게 하면 싫어하는 남자 친구를 찰 수 있을까? → 동사2 용법

시험 TIP 표현plus '나 차였어…'

연인이 헤어지는 것은 '**分手** fēnshǒu'라고 하며, 듣기에 종종 출제됩니다. 좀 더 구체적으로 '한쪽이 다른 한쪽을 차다'라고 말할 때는 '**甩**'를 씁니다. 따라서 '나는 차였다'라는 표현은 '**我被甩了**'라고 하죠. '사용하다'라는 의미의 '用'과 매우 비슷하게 생겼으므로 혼동하지 않도록 주의하세요!

121 撕 sī

扌(手) 손 + 斯 이것
손(扌)으로 종이를 찢을(撕) 때 나는 소리 '쓰(斯 sī)'를 연상하세요.

동 (천, 종이, 물건 등을 손으로) 찢다, 뜯다

请撕开试卷封面上的密封条。 시험지 표지에 있는 밀봉 종이를 찢어서 펼쳐 주세요.

122 死 sǐ

부수: 歹 부서진 뼈
죽으면(死) 당연히 뼈(歹)도 땅속에 묻히겠죠.

동 1 죽다 [↔ 生 shēng ▶p.327]
2 (생각, 바람 등을) 버리다, 그만두다
형 매우 ~하다 [정도가 극에 달하는 것을 뜻함]

我的电脑突然死机了。 내 컴퓨터가 갑자기 다운되었다. → 동사1 용법
打死了 때려 죽였다　饿死了 매우 배고프다

▶참고 보어 '死'

'**死了**'가 동사 뒤에 놓일 경우에는 결과보어로 쓰이고, 형용사 뒤에 놓일 경우에는 정도보어로 쓰입니다. 즉, '**打死了**'는 결과보어로 '때려 죽였다'라는 의미이고, '**饿死了**'는 배가 고픈 정도를 나타내는 정도보어로 '매우 배고프다', '배가 고파 죽겠다'라는 의미입니다.

➕ **死亡** sǐwáng (동+동) 동 사망하다 | **死机** sǐjī (동+명) 동 (컴퓨터나 시스템이) 다운되다, 멈추다 | **死心** sǐxīn (동+명) 동 단념하다, 희망을 버리다

Day 06

123 碎 suì

石 돌 + 卒 병사
날아오는 돌(石)들이 병사(卒)들에 의해 부서졌어요(碎).

동 부서지다, 깨지다, 깨부수다

这种玻璃是一碰就碎的。 이런 종류의 유리는 건드리면 깨진다.

心碎 xīnsuì (명+동) 형 (마음이 찢어질 듯이) 슬프다 | **粉碎** fěnsuì (동+동) 형 가루가 되다, 산산조각이 나다 동 분쇄하다, 가루로 만들다

124 锁 suǒ

부수: 钅(金) 쇠
자물쇠(锁)는 보통 쇠(钅)로 만들죠?

명 자물쇠

동 (자물쇠를) 채우다, 잠그다

别忘了锁门。 문 잠그는 것 잊지 마라. → 동사 용법

참고 다양한 의미의 '锁'

'锁'는 두 가지 의미를 동시에 가지기 때문에 문장의 위치를 파악하여 어떤 품사로 쓰였는지 살펴 봐야 합니다. 명사로 쓰일 경우는 자물쇠를 세는 양사 '把'와 결합하여 주로 '一把锁(자물쇠 하나)'로 쓰입니다.

车锁 chēsuǒ (명+명) 명 자전거 자물쇠

125 抬 tái

扌(手) 손 + 台 받침대
손(扌)으로 받침대(台)를 대고 물건을 들어 올려요(抬).

동 (위를 향해) 쳐들다, 들어 올리다

他抬头看了一会儿，然后继续画。 그는 고개를 들어 잠시 쳐다본 다음 계속해서 그렸다.

抬头 머리를 위로 들다 抬脚 다리를 들어 올리다

시험 TIP 시험에 자주 나오는 '抬头'와 '低头'

'抬头(고개를 들다)'와 상대어 '低头(고개를 숙이다)'는 HSK에 자주 등장하니 꼭 함께 외워 두세요.

126 弹 tán

弓 활 + 单 단독의
활(弓)을 하나씩(单) 쏠 때 탄성을 이용해서 발사하조(弹).

동 1 (탄성을 이용하여) 발사하다, 튕기다
2 (손가락으로 악기를) 타다, 켜다

乒乓球在桌上弹了几下。 탁구공이 탁자에서 몇 번 튕겨졌다. → 동사1 용법
弹钢琴 피아노를 치다

➕ **弹琴** tánqín (동+명) 동 거문고를 타다

127 烫 tàng

汤 국 + 火 불
국물(汤)이 불(火)을 만나면 뜨거워지고(烫) 잘못하면 델(烫) 수가 있어요.

형 뜨겁다
동 1 데다, 화상을 입다
2 다림질하다
3 파마하다

开水太烫了，凉一凉再喝吧。 끓인 물이 너무 뜨거우니, 좀 식혀서 마셔라. → 형용사 용법
汤太热，把舌头都烫疼了。 국이 너무 뜨거워서 혀를 데어 아프다. → 동사1 용법

➕ **烫手** tàngshǒu (동+명) 동 손을 데다 | **烫发** tàngfà (동+명) 동 파마하다

128 吐 tǔ tù

口 입 + 土 흙
입(口)에 흙(土)이 들어가면 뱉어내야죠(吐).

tǔ 동 1 (입안의 것을) 내뱉다, 말하다
tù 2 (자신의 의지와 상관없이) 구토하다, 게우다

你嘴里吃什么呢？快吐掉！ 너 입안에 뭘 먹고 있니? 빨리 뱉어! → 동사1 용법

➕ **吐痰** tǔtán (동+명) 동 가래를 뱉다 | **吐露** tǔlù (동+동) 동 털어놓다, 토로하다 | **呕吐** ǒutù (동+동) 동 구토하다

129 歪 wāi

不 아니다 + 正 바르다
글자 자체에 '바르지(正) 않다(不)'라는 뜻이 그대로 드러나 있네요.

형 비뚤다, 바르지 않다, 기울다

这幅画挂歪了点儿。 이 그림은 조금 비뚤게 걸려 있다.

시험 TIP '歪'의 용법
'歪'는 동사 뒤에서 결과보어로 자주 쓰이며, 동작이 비뚤어짐을 의미합니다.
예 写歪了 비뚤게 썼다 挂歪了 비뚤게 걸었다

Day 06

130 **弯** wān

亦 또 + 弓 활

활(弓) 또한(亦) 잘 구부러지죠(弯).

형 굽다, 휘어 있다, 구불구불하다 [↔ 直 zhí]

동 구부리다, 굽히다

명 모퉁이

爷爷弯着腰走路。 할아버지는 허리를 굽힌 채 길을 걷고 있다. → **동사 용법**

拐弯儿 모퉁이를 돌다

✚ **弯曲** wānqū (형+형) 형 꼬불꼬불하다, 구불구불하다 | **走弯路** zǒuwānlù (동+형+명) 동 굽은 길로 가다, 시행착오를 겪다

131 闻 wén

门 문 + 耳 귀
문(门)에 귀(耳)를 대고 소리를 들어요(闻).

동 1 듣다
2 (코로) 냄새를 맡다

명 뉴스, 소식

百闻不如一见，长城果然雄伟极了。 백문이 불여일견이라더니, 만리장성은 과연 매우 웅장했다. → 동사1 용법

我从来没闻到过我的脚味儿。 나는 지금까지 나의 발 냄새를 맡아 본 적이 없다. → 동사2 용법

➕ **闻讯** wénxùn (동+명) 동 소식을 듣다 | **新闻** xīnwén (형+명) 명 새로운 소식, 뉴스 | **传闻** chuánwén (동+명) 명 전해지는 말, 뜬소문, 루머 | **闻名** wénmíng (동+명) 동 명성을 듣다 (형+형) 형 유명하다

132 吻 wěn

口 입 + 勿 말다, 아니하다
지저분한 입(口)으로 하지 말아야(勿) 할 것은 입맞춤(吻)이죠.

명 입술

동 키스하다, 입맞춤하다

父亲吻了一下儿子的脸。 아버지는 아들의 얼굴에 입맞춤을 했다. → 동사 용법

➕ **接吻** jiēwěn (동+명) 동 키스하다, 입맞춤하다 | **亲吻** qīnwěn (동+동) 동 입맞춤하다, 뽀뽀하다

133 瞎 xiā

目 눈 + 害 해하다
눈(目)을 다치면(害) 실명하게(瞎) 되죠.

동 눈이 멀다, 실명하다

부 제멋대로, 함부로

奶奶的眼睛瞎得一点儿也看不见了。 → 동사 용법
할머니 눈은 실명하여 아무것도 보이지 않게 되었다.

▶ 참고 단어plus '맹인'

'瞎子'는 '눈이 먼 사람'을 낮잡아 부르는 말로 비속어에 포함됩니다. 따라서 '맹인'은 '盲人 mángrén'이라고 표현해야 합니다.

➕ **瞎子** xiāzi (동+접미) 명 장님, 눈이 먼 사람 | **瞎说** xiāshuō (부+동) 동 함부로 말하다

134 吓 xià

口 입 + 下 아래

놀라면(吓) '악~'하고 입(口)이 아래(下)로 딱 벌어지죠.

동 깜짝 놀라다, 놀라게 하다

你进来时怎么不敲门啊，吓死人了！

너 들어올 때 왜 노크 안 해? 놀라 죽는 줄 알았잖아!

吓死了 매우 놀라다　吓了一跳 매우 놀라다

시험 TIP 유의어 비교 '吓'와 '吃惊'

'吓'는 자동사와 타동사로 모두 쓰이기 때문에 把자문이나 被자문에도 자주 쓰입니다. 반면에 유의어 '吃惊(chījīng 놀라다 ▶p.107)'은 '동사+목적어' 구조의 이합사이기 때문에 把자문이나 被자문에 사용하지 않습니다.

135  咸 xián

부수: 口 입

'减(줄이다)'이라는 글자에서 수분 가득한 얼음(冫)을 빼면 음식이 짠맛(咸)을 내죠.

형 맛이 짜다 [↔ 淡 dàn ▶p.27]

我爸爸做的菜太咸了。우리 아빠가 만든 음식은 너무 짜다.

➕ **咸菜** xiáncài (형+명) 명 (소금에 절인) 장아찌

136  响 xiǎng

口 입 + 向 향하다

입(口)으로 산을 향해(向) 소리치니 메아리가 울려요(响).

동 소리가 나다, 소리가 울리다

형 소리가 크다, 우렁차다

명 소리, 음향, 메아리, 반향(反响)

从早上7点起，手机就响个不停。아침 7시부터 휴대전화가 쉴 새 없이 울렸다. → 동사 용법

➕ **影响** yǐngxiǎng (명+동) 명동 영향(을 끼치다) ▶p.423 | **音响** yīnxiǎng (명+명) 명 음향 [소리가 만들어 내는 효과] | **响亮** xiǎngliàng (형+형) 형 (소리가) 우렁차다, 소리가 크다

137  歇 xiē

曷 왜, 어찌 + 欠 하품하다

왜(曷) 하품(欠)을 하냐면 쉬고(歇) 싶어서죠.

동 쉬다, 휴식하다, (피로를) 풀다 [= 休息 xiūxi]

工程完了，大家都回家好好歇歇吧。프로젝트도 끝났는데, 여러분 모두 집에 가서 푹 좀 쉬세요.

➕ **歇息** xiēxi (동+동) 동 쉬다, 휴식하다

138 斜 xié

余 나머지 + 斗 싸우다
나머지(余)를 서로 차지하겠다고 싸우다가(斗) 몸이 기울어지면(斜) 넘어지죠.

형 비스듬하다, 기울다, 비뚤다

他斜躺在沙发上看电视。 그는 소파에 비스듬히 누워서 텔레비전을 보고 있다.

➕ **斜坡** xiépō (형+명) 명 비탈, 경사

139 痒 yǎng

疒 병 + 羊 양
양(羊)을 만지고 나면 병(疒)이 난 것처럼 가려워요(痒).

형 1 가렵다, 근질근질하다
2 어떤 일을 매우 하고 싶어 하다 [비유의 표현으로 씀]

我觉得浑身都痒。 나는 온몸이 간지러운 것 같다. → 형용사1 용법

好长时间不打球了，看到别人打球，我不禁有点儿手痒。 → 형용사2 용법
오랫동안 야구를 안 했다. 다른 사람들이 야구를 하는 것을 보니 나는 저절로 손이 좀 근질근질하다.

➕ **发痒** fāyǎng (동+형) 동 가렵다, 근질근질하다 | **手痒** shǒuyǎng (명+형) 형 (어떤 일이 하고 싶어서) 손이 근질근질하다

140 摇 yáo

扌(手) 손 + ⺤ 손톱 + 缶 질그릇
손(扌)과 손톱(⺤)을 이용해 질그릇(缶)을 흔들어요(摇).

동 (어떤 물체를) 흔들다

学生们都不停地摇着自己带来的扇子。 학생들은 자신이 가져온 부채를 쉬지 않고 부치고 있다.

➕ **摇头** yáotóu (동+명) 동 (부정이나 거부의 의미로) 고개를 가로젓다 [↔ **点头** diǎntóu] | **动摇** dòngyáo (동+동) 동 동요하다, 마음이 흔들리다

141 咬 yǎo

口 입 + 交 제출하다
입(口)으로 물건을 제출하려면(交) 일단 물어야겠죠(咬)?

동 (입으로) 물다, 깨물다

他说完话，咬了一口苹果。 그는 말을 마치고는 사과를 한 입 베어 물었다.

➕ **咬紧牙关** yǎo jǐn yá guān (동+형+명+명) 성 (고통이나 힘겨움을 이기려고) 이를 악물다 | **咬字** yǎozì (동+명) 동 (정확한 발음으로) 글자를 읽다, 발음하다

142 赢 yíng

亡 망 + 口 구 + 月 월 + 贝 패 + 凡 범
赢은 획수가 너무 많아서 '망구월패범'으로 외우면 안 잊어버려요.

동 1 (경기, 시합 등에서 상대방을) 이기다, 패배시키다 [↔ 输 shū]
2 (원하는 것을) 얻다, 획득하다

输赢对我来说并不重要。 → 동사1 용법
지고 이기는 것은 나에게는 전혀 중요하지 않다.

▶참고 부수로 외우는 '赢'
'赢'처럼 복잡하게 생긴 글자는 부수를 한 자씩 찢은 다음, 한국어 독음으로 외우면 쉽게 외워집니다. '망(亡)+구(口)+월(月)+패(贝)+범(凡)'과 같이 외워 보세요.

➕ **赢得** yíngdé (동+동) 동 (어떤 것을) 얻다, 획득하다

 143  圆 yuán

口 에워싸다 + 员 인원
참석 인원(员)을 동그랗게(圆) 에워싸요(口).

명 원, 동그라미
형 (생김새가) 둥글다
동 원만하게 하다

我的眼睛又大又圆。 내 눈은 크고 둥글다. → 형용사 용법

➕ **圆圈** yuánquān (명+명) 명 원, 고리, 동그라미 | **圆珠笔** yuánzhūbǐ (형+명+명) 명 볼펜 | **团圆** tuányuán (동+형) 동 (흩어졌던) 가족이 다시 모이다

144 越 yuè

走 가다 + 戉 도끼
걸어가다가(走) 도끼(戉)를 이용해 장애물을 뛰어넘어요(越).

동 (장애물을) 뛰어넘다, 건너다
부 점점, 더욱더 [주로 '越……越……'의 형태로 씀]

这项任务你完成得越快越好。 이 임무는 당신이 빨리 완성할수록 좋아요. → 부사 용법

➕ **越境** yuèjìng (동+명) 동 국경을 넘다 | **越来越** yuèláiyuè 부 점점 ~하다 | **超越** chāoyuè (동+동) 동 뛰어넘다, 초월하다

145 晕 yūn yùn

日 해 + 冖 덮다 + 车 차
해(日)가 비칠 때 천막으로 차(车)를 덮으면(冖) 어지럽고 멀미가 나요(晕).

yūn 형 (머리가) 어지럽다
동 의식을 잃다
yùn 동 멀미하다, 현기증이 나다

我今天有点儿不舒服，有点儿晕。 나는 오늘 몸이 좀 좋지 않아 어지럽다. → 형용사 용법

➕ **头晕** tóuyūn (명+형) 동 머리가 어지럽다 | **晕车** yùnchē (동+명) 동 차멀미하다

146 脏 zāng zàng

月 달 + 庄 마을
달(月)이 마을(庄)을 비추면 사람들이 쓰레기를 함부로 버려 지저분해져요(脏).

zāng 형 더럽다, 지저분하다
zàng 명 내장

屋里太脏了，赶紧收拾一下吧！ 방이 너무 지저분하네. 빨리 청소 좀 해! → 형용사 용법

시험 TIP 부수로 외우는 신체 관련 단어
사람의 신체 기관과 관련된 단어에는 '月'가 부수로 많이 쓰입니다. 시험에 잘 나오는 '胳膊 gēbo 팔', '腿 tuǐ 다리', '脚 jiǎo 발'과 같은 단어를 보면 '月'가 있음을 확인할 수 있습니다. 이때 '月'는 '달 월'이 아니라 '고기 육', 즉 '肉'가 변형된 글자임을 기억하세요.

➕ **脏话** zānghuà (형+명) 명 상스러운 말, 욕 | **心脏** xīnzàng (명+명) 명 심장 ▶p.397

147 摘 zhāi

扌(手) 손 + 啇 밑동
손(扌)으로 식물의 밑동(啇)을 따지요(摘).

동 1 (식물의 열매나 잎을) 꺾다, 따다 [= 采 cǎi ▶p.89]
2 (착용하거나 걸려 있는 물건을) 벗다, 벗기다 [↔ 戴 dài ▶p.27]

公园里的花和水果都不许随便摘。 공원 안의 꽃과 과일은 마음대로 따서는 안 된다. → 동사1 용법
摘花 꽃을 꺾다　摘眼镜 안경을 벗다

➕ **采摘** cǎizhāi (동+동) 동 (꽃, 과일, 잎 등을) 따다, 꺾다

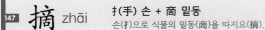

148 窄 zhǎi

穴 구멍 + 乍 갑자기
구멍(穴)이 갑자기(乍) 좁아졌어요(窄).

형 폭이 좁다 [↔宽 kuān ▶p.39]

那条路太窄了。 저 길은 너무 좁다.

➕ **狭窄** xiázhǎi (형+형) 형 (폭이) 비좁다

149 涨 zhǎng zhàng

氵(水) 물 + 张 열다, 펴다
물길(氵)이 넓게 펴지면서(张) 수위가 올라가요(涨).

zhǎng 동 1 (수위나 물가가) 올라가다
zhàng 2 (머리나 얼굴이) 상기되다, 충혈되다

物价比去年涨了一倍。 물가가 작년보다 배가 올랐다. → 동사1 용법

시험 TIP 듣기 시험에서 자주 출제되는 '涨'

'涨'은 '물가가 오르다', '가격이 오르다'라는 의미로 듣기에서 자주 출제됩니다. 꼭 암기해 두세요.

➕ **涨价** zhǎngjià (동+명) 동 가격이 오르다 | **上涨** shàngzhǎng (동+동) 동 (수위나 물가가) 오르다

150 睁 zhēng

目 눈 + 争 싸우다
눈(目)을 뜨고(睁) 사람들이 다투는(争) 것을 봐요.

동 (눈을) 뜨다 [↔ 闭 bì]

你睁开眼看一看我们吧。 너 눈을 떠서 우리를 좀 봐.

睁眼 눈을 뜨다

➕ **睁一只眼，闭一只眼** zhēng yì zhī yǎn, bì yì zhī yǎn (동+수+양+명, 동+수+양+명) 속 한쪽 눈은 뜨고 한쪽 눈은 감다, 보고도 못 본 체하다, 눈감아 주다

151 煮 zhǔ

者 사람 + 灬(火) 불
사람(者)이 불(灬)을 이용해 음식을 삶고 끓여요(煮).

동 삶다, 끓이다

今天中午煮点儿面条吃吧。 오늘 점심은 국수를 좀 삶아 먹자.

煮饭 밥을 짓다

시험 TIP **부수로 외우는 음식 관련 단어**

듣기 시험에 종종 들리는 음식 조리 관련 단어에는 주로 불(灬 / 火)이 부수로 쓰입니다.

예 **炒** chǎo 채소나 고기 등을 볶다 / **煎** jiān 기름에 지지다 / **烹** pēng 삶다, 끓이다 / **蒸** zhēng 뜨거운 김으로 찌다

152 **撞** zhuàng

扌(手) 손 + 童 아이

손(扌)에 뭔가를 든 아이들(童)은 이리저리 뛰어다니면서 쿵쿵 부딪치기(撞) 일쑤죠.

동 부딪치다, 충돌하다, 치다

我后边发生了撞车事故。

내 뒤에서 차량이 충돌하는 사고가 일어났다.

➕ **撞车** zhuàngchē (동+명) 동 (차가 서로) 충돌하다, 부딪치다

153 **租** zū

부수: 禾 벼

옛날에는 세금을 낼(租) 때 벼(禾)로 대신했었죠.

동 1 세내다, 임차하다

2 세주다, 임대하다

명 세, 임대료

他在城外租了一间房子。 그는 도시 외곽에 집 한 칸을 세냈다. → 동사1 용법

➕ **租金** zūjīn (명+명) 명 임대료 | **租税** zūshuì (명+명) 명 조세 [옛날 토지세와 각종 세금의 총칭] | **房租** fángzū (명+명) 명 집세, 방세 | **出租** chūzū (동+명) 동 세주다, 세놓다

SPEED CHECK

Step 1 한국어 단어를 보고, 그에 해당하는 중국어 뜻을 말해 보세요.

- □ 놓다, 진열하다, 흔들다, 드러내다, 뽐내다
- □ 편리하다, 편하다, 변을 보다, 곧, 즉시
- □ 문지르다, 칠하다, (천이나 수건으로) 닦다
- □ 추측하다, 알아맞히다
- □ 밟다
- □ 꽂다, 끼우다, 끼어들다, 참견하다
- □ 뜯다, 떼어 내다
- □ (음식을) 볶다, 차익을 챙기다
- □ 돌진하다, 끓는 물을 붓다, 물로 씻어 내다
- □ 뛰어들다, 돌진하다
- □ 입으로 불다, 허풍 떨다
- □ 존재하다, 저장하다, (절약하여) 모으다
- □ (머리가) 우둔하다, 멍청하다, ~에 머무르다
- □ 막다, 가리다
- □ (사람이) 오르다, 기재하다
- □ (액체가 한 방울씩) 떨어지다, 방울
- □ 전하다, 건네주다
- □ 낚시하다
- □ 구멍, 동굴
- □ 놀리다, 약 올리다, 우습다, 재미있다
- □ 쌓이다, 쌓다, 더미, 무더기
- □ 쭈그려 앉다
- □ 잘못, ~가 아니다, 반드시
- □ 부축하다, 돕다
- □ 덮개, 뚜껑, 마개, 덮다, (집을) 짓다
- □ ~를 하다, 종사하다, 처리하다
- □ 구르다, 뒹굴다, 꺼지다
- □ 외치다, 소리치다
- □ 원망하다, 증오하다, 한, 증오
- □ 가로의
- □ 반들반들하다, 매끈하다, 미끄러지다
- □ (배를) 젓다, 셈이 맞다, (칼로) 베다
- □ 흔들다, 지휘하다
- □ 끼우다, 집다
- □ 줍다, 습득하다
- □ (물이나 액체 등을) 뿌리다, 끼얹다
- □ (위험이나 재난에서) 구하다, 구조하다
- □ 바치다, 기부하다
- □ (도끼로) 찍다, 패다
- □ 칭찬하다, 과장하다
- □ (통과하지 못하게) 가로막다, 저지하다
- □ (액체가 구멍이나 틈으로) 새다, 빠지다
- □ 드러내다, 나타나다
- □ 모종, 새싹
- □ (손으로) 만지다, 어루만지다
- □ 그리워하다, 글을 소리 내어 읽다
- □ (색이나 농도가) 진하다
- □ (영화나 사진을) 촬영하다, 찍다
- □ 파견하다, 파견하여 ~하게 하다, 파벌
- □ (옷이나 장신구를 어깨에) 걸치다, 감싸다

SPEED CHECK

Step 2 중국어 단어를 보고, 그에 해당하는 한국어 뜻을 말해 보세요.

- ☐ 摆 bǎi
- ☐ 便 biàn
- ☐ 擦 cā
- ☐ 猜 cāi
- ☐ 踩 cǎi
- ☐ 插 chā
- ☐ 拆 chāi
- ☐ 炒 chǎo
- ☐ 冲 chōng
- ☐ 闯 chuǎng
- ☐ 吹 chuī
- ☐ 存 cún
- ☐ 呆 dāi
- ☐ 挡 dǎng
- ☐ 登 dēng
- ☐ 滴 dī
- ☐ 递 dì
- ☐ 钓 diào
- ☐ 洞 dòng
- ☐ 逗 dòu
- ☐ 堆 duī
- ☐ 蹲 dūn
- ☐ 非 fēi
- ☐ 扶 fú
- ☐ 盖 gài
- ☐ 搞 gǎo
- ☐ 滚 gǔn
- ☐ 喊 hǎn
- ☐ 恨 hèn
- ☐ 横 héng
- ☐ 滑 huá
- ☐ 划 huá
- ☐ 挥 huī
- ☐ 夹 jiā
- ☐ 捡 jiǎn
- ☐ 浇 jiāo
- ☐ 救 jiù
- ☐ 捐 juān
- ☐ 砍 kǎn
- ☐ 夸 kuā
- ☐ 拦 lán
- ☐ 漏 lòu
- ☐ 露 lù / lòu
- ☐ 苗 miáo
- ☐ 摸 mō
- ☐ 念 niàn
- ☐ 浓 nóng
- ☐ 拍 pāi
- ☐ 派 pài
- ☐ 披 pī

SPEED CHECK

Step 1 한국어 단어를 보고, 그에 해당하는 중국어 뜻을 말해 보세요.

- □ (남을) 속이다, 기만하다
- □ 날리다, 나부끼다, 흩날리다
- □ 잡아끌다, 잡아당기다
- □ (물이) 얕다, (지식, 학문, 경험이) 얕다
- □ 하품하다, 빚지다
- □ (다른 사람의 것을 강제로) 빼앗다, 약탈하다
- □ 보다
- □ 충고하다, 권고하다, 설득하다
- □ (실, 끈으로 물건을) 감다, (빙빙) 돌다, 우회하다
- □ (힘, 세력이) 약하다
- □ (물이나 다른 물건을) 뿌리다, 살포하다
- □ 죽이다
- □ 햇볕을 쬐다, (옷을) 말리다
- □ (신체 일부를) 내밀다, 펴다
- □ (낮은 곳에서 높은 곳으로) 오르다, 올라가다
- □ 남다
- □ (몸의 균형을 잃어서) 넘어지다
- □ (천, 종이, 물건 등을 손으로) 찢다, 뜯다
- □ 부서지다, 깨지다, 깨부수다
- □ 자물쇠, (자물쇠를) 채우다, 잠그다
- □ (위를 향해) 쳐들다, 들어 올리다
- □ (손가락으로 악기를) 타다, 켜다
- □ 뜨겁다, 데다, 화상을 입다
- □ 비뚤다, 바르지 않다, 기울다
- □ 듣다, (코로) 냄새를 맡다, 뉴스, 소식
- □ 눈이 멀다, 실명하다, 제멋대로, 함부로
- □ 깜짝 놀라다, 놀라게 하다
- □ 쉬다, 휴식하다, (피로를) 풀다
- □ 비스듬하다, 기울다, 비뚤다
- □ (어떤 물체를) 흔들다
- □ (입으로) 물다, 깨물다
- □ (경기, 시합 등에서) 이기다, 패배시키다
- □ (머리가) 어지럽다, 의식을 잃다
- □ (식물의 열매나 잎을) 꺾다, 따다
- □ (수위나 물가가) 올라가다
- □ (눈을) 뜨다
- □ 부딪치다, 충돌하다, 치다
- □ 임차하다, 임대하다, 임대료

Step 2 중국어 단어를 보고, 그에 해당하는 한국어 뜻을 말해 보세요.

- ☐ 骗 piàn
- ☐ 飘 piāo
- ☐ 牵 qiān
- ☐ 浅 qiǎn
- ☐ 欠 qiàn
- ☐ 抢 qiǎng
- ☐ 瞧 qiáo
- ☐ 劝 quàn
- ☐ 绕 rào
- ☐ 弱 ruò
- ☐ 洒 sǎ
- ☐ 杀 shā
- ☐ 晒 shài
- ☐ 伸 shēn
- ☐ 升 shēng
- ☐ 剩 shèng
- ☐ 摔 shuāi
- ☐ 撕 sī
- ☐ 碎 suì
- ☐ 锁 suǒ
- ☐ 抬 tái
- ☐ 弹 tán
- ☐ 烫 tàng
- ☐ 歪 wāi
- ☐ 闻 wén
- ☐ 瞎 xiā
- ☐ 吓 xià
- ☐ 歇 xiē
- ☐ 斜 xié
- ☐ 摇 yáo
- ☐ 咬 yǎo
- ☐ 赢 yíng
- ☐ 晕 yūn
- ☐ 摘 zhāi
- ☐ 涨 zhǎng
- ☐ 睁 zhēng
- ☐ 撞 zhuàng
- ☐ 租 zū

CHAPTER 3

출제 빈도 높은 글자와 단어

154 **安** ān

宀 집 + 女 여자
집(宀)에 여자(女)가 있으니 평안해요(安).

형 평안하다, 안정되다 **安静 | 安全 | 不安**

동 1 적절한 위치를 가지게 하다 **安排**
2 설치하다 **安装**
3 안정시키다 **安慰**

安静 ānjìng

安 ān 형 평안하다
静 jìng 형 조용하다, 고요하다

형 (주위 환경이) 조용하다, 고요하다

公园里比街上安静得多。 공원 안이 길거리보다 훨씬 조용하다.

家里安静 집 안이 조용하다 保持安静 조용함을 유지하다 安静下来 조용해지다

시험 TIP 주의하세요! '安静'의 용법

'安静'은 5급 독해 제1부분의 단어선택 유형에서 자주 등장하는 단어로, 주로 '(어떤 장소가) 조용하다'라는 의미를 나타냅니다. '安静'의 한자어 독음이 '안정'이라고 해서 '마음이 안정되다'를 '心情很安静(×)'이라고 하면 안 됩니다. '사람의 마음이 차분하고 평온함'을 나타낼 때는 주로 '平静 píngjìng'을 사용하여 '心里很平静'이라고 합니다.

安全 ānquán

安 ān 형 안정되다
全 quán 형 완전하다

형 안전하다

我觉得坐火车比乘飞机安全一些。 나는 기차를 타는 것이 비행기를 타는 것보다 좀 더 안전하다고 생각해.

交通安全 교통안전 安全的环境 안전한 환경 安全到达 안전하게 도착하다

不安 bù'ān

不 bù 부 아니다 [부정을 나타냄]
安 ān 형 평안하다

형 불안하다

爸爸不喜欢不安的生活。 아버지께서는 불안한 생활을 싫어하신다.

心里很不安 마음이 매우 불안하다

安排 ānpái

安 ān 동 적절한 위치를 가지게 하다
排 pái 동 배열하다

동 (조리 있고 계획적으로 사람이나 사물을) 안배하다, 계획하다 [= 布置 bùzhì]

我们提前安排后天的会议。 우리는 모레에 열릴 회의를 앞당겨 잡았다.

安排会议 회의를 계획하다 安排位置 위치를 배치하다 安排时间 시간을 안배하다

시험 TIP 시험에서 자주 출제되는 '安排'

'安排'는 HSK 급수에 상관없이 가장 많이 등장하는 단어 중 하나입니다. 그런데 우리말에서는 '안배하다'라는 단어를 자주 사용하지 않기 때문에 '安排'를 항상 '안배하다'라고만 직역하면 어색한 경우가 많습니다. 따라서 이 단어는 앞뒤 문맥에 따라 '계획하다', '배치하다'와 같이 융통성 있게 해석하는 것이 좋습니다.

✪ **排队** páiduì (동+명) 동 줄을 서다, 정렬하다 ▶p.294

安装 ānzhuāng

安 ān 동 설치하다
装 zhuāng 동 설치하다, 조립하다, 꾸미다

동 설치하다, 장치하다

家里已经安装好了空调和电话。 집에 이미 에어컨과 전화를 설치했다.

安装空调 에어컨을 설치하다 安装电话 전화를 설치하다 安装软件 소프트웨어를 설치하다

▶참고 '설치하다'의 구어와 서면어

'설치하다', '장치하다'라는 표현을 할 때 구어에서는 주로 1음절 동사 '装'을 사용하고, 서면어에서 '安装'을 사용합니다.

✪ **装修** zhuāngxiū (동+동) 동 인테리어하다, 내부 장식을 하다

安慰 ānwèi

安 ān 동 안정시키다
慰 wèi 동 위로하다, 안심하다

명 위로, 위안

동 위로하다, 위안하다

형 위로가 되다, 마음이 편하다

朋友的安慰使他心情平静下来。 친구의 위로는 그의 마음을 편해지게 했다. → **명사 용법**

感到安慰 위로를 느끼다 安慰病人 환자를 위로하다

시험 TIP 듣기 시험에서 자주 출제되는 '安慰'

'安慰'는 듣기 시험에서 태도를 묻는 문제에 자주 등장하는 단어입니다. 주로 의사가 환자를 위로하는 상황이나 시험에 떨어진 친구를 위로하는 상황에서 자주 쓰입니다.

155 按 àn

扌 손 + 安 편안하다
손(扌)으로 편안히(安) 벨을 눌러요(按).

동 (손이나 손가락으로) 누르다

개 ~에 따라, ~에 맞추어 **按时** | **按照**

➕ **按门铃** àn ménlíng (술+목) 초인종을 누르다 | **按电钮** àn diànniǔ (술+목) 버튼을 누르다

按时 ànshí

按 àn 개 ~에 따라
时 shí 명 때, 시기

부 제때에 [정해진 시각 또는 약속된 시점을 가리킴] [= **按期** ànqī]

别忘了**按时**吃药。 시간에 맞춰 약 먹는 것 잊지 마라.

按时起飞 시간에 맞춰 이륙하다 **按时**完成 시간에 맞춰 완성하다

시험 TIP 유의어 비교 '按时'와 '及时'와 '准时'

5급 독해 제1부분에 '按时', '及时', '准时'가 자주 출제됩니다. 듣기에서도 자주 들리는 단어이므로 잘 구분해 두세요.

	按时 ànshí	及时 jíshí	准时 zhǔnshí
의미	부 제때에	부 즉시, 제때에	형 정시에
비교	'정해진 시각', '규정된 시각'을 뜻함	정해진 시각이 아닌 '그때그때'를 뜻함	'(약속해 놓은) 정확한 시각'을 뜻함
예문	按时吃药 시간에 맞춰 약을 먹다	有问题就应该及时解决。 문제가 있으면 즉시 해결해야 한다.	我8点准时到达。 나는 8시 정시에 도착할게.

✪ **时期** shíqī (명+명) 명 시기, 특정한 때 ▶p.332

按照 ànzhào

按 àn 개 ~에 따라
照 zhào 개 ~에 따라

개 ~(어떤 기준이나 요구)에 따라, ~대로

我们已经**按照**合同上要求的日期发货了。 우리는 이미 계약서에서 요구하는 날짜대로 물건을 보냈다.

按照规定 규정에 따라 **按照**标准 기준에 따라 **按照**传统习俗 전통 풍습에 따라

시험 TIP 주의하세요! '按照'

예문에서 보는 바와 같이 '按照'가 쓰이면 보통 문장의 길이가 길어지므로 듣기 문제를 풀 때 주의해야 합니다. '按照'는 '按', '照'의 1음절로만 사용하기도 합니다.

✪ **照常** zhàocháng 부 평상시처럼 ▶p.445

156 把 bǎ

扌 손 + 巴 꼬리
손(扌)으로 개의 꼬리(巴)를 잡지요(把).

동 잡다, 쥐다 **把握**

양 자루, 꾸러미 [자루가 있거나 손으로 잡을 수 있는 사물을 세는 단위]

➕ **一把刀** yì bǎ dāo (수+양+명) 칼 한 자루 | **一把雨伞** yì bǎ yǔsǎn (수+양+명) 우산 한 개 | **一把椅子** yì bǎ yǐzi (수+양+명) 의자 한 개 | **一把钥匙** yì bǎ yàoshi (수+양+명) 열쇠 한 개 | **一把年纪** yì bǎ niánjì (수+양+명) 많은 나이 | **一把劲儿** yì bǎ jìnr (수+양+명) 대단한 힘

把握 bǎwò

把 bǎ 동 **잡다, 쥐다**
握 wò 동 **쥐다**

동 잡다, 쥐다

명 자신감, 성공에 대한 확신

他很善于把握机会。 그는 기회를 잘 잡는다. → **동사 용법**

把握机会 기회를 잡다　有把握 자신이 있다　成功的把握 성공의 확신

✪ **握手** wòshǒu (동+명) 동 손을 잡다, 악수하다

Day 08

157 办 bàn

부수: 力 힘
일을 할(办) 때는 힘(力)이 필요하죠.

동 1 (어떤 일을) 하다, 처리하다 **办法** | **办理**
2 창설하다, 경영하다 **办学**

➕ **办公室** bàngōngshì (동+명+명) 명 사무실 | **办事** bànshì (동+명) 동 일을 처리하다, 일하다

办法 bànfǎ

办 bàn 동 **처리하다**
法 fǎ 명 **방법**

명 (일을 처리하거나 문제를 해결하는) 방법

我到现在还没找到解决问题的办法。 나는 여태껏 문제를 해결할 방법을 찾지 못했다.

提出办法 방법을 제기하다　采用办法 방법을 채택하다

办理 bànlǐ

办 bàn 동 처리하다
理 lǐ 동 관리하다, 처리하다, 정리하다

동 (사무를) 처리하다, (수속을) 밟다

请把出国手续办理好。 출국 수속을 처리해 주세요.

办理手续 수속을 밟다　办理签证 비자를 처리하다

✪ **理发** lǐfà (동+명) 동 이발하다, 머리카락을 다듬다 ▶p.261

办学 bànxué

办 bàn 동 창설하다
学 xué 명 학교

동 학교를 세우다, 학교를 설립하다

这里的办学经费不足。 이곳의 학교 설립 비용이 부족하다.

在农村办学 농촌에 학교를 세우다　办学计划 학교 설립 계획

158 包 bāo

勹 사람이 몸을 구부린 모양 + 巳 태아가 웅크린 모양
사람이 몸을 구부려(勹) 두 팔로 아이(巳)를 에워싸고 있는 모양을 본뜬 글자예요.

동 1 (종이나 천 따위로 물건을) 싸다, 포장하다 **包裹**
2 포함하다, 포괄하다 **包含** | **包括**
3 (모든 책임을) 맡다, 떠맡다

✚ **提包** tíbāo (동+명) 명 손가방, 핸드백 | **包子** bāozi (동+접미) 명 (소가 든) 찐빵 | **背包** bèibāo (명+명) 명 배낭 | **邮包** yóubāo (명+명) 명 소포 | **包在我身上** bāo zài wǒ shēnshang (동+개+대+명+명) 나에게 맡기다

包裹 bāoguǒ

包 bāo 동 싸다
裹 guǒ 동 싸다, 휘감다

명 소포, 보따리

동 싸다, 싸매다

他到邮局寄包裹去了。 그는 우체국에 소포를 부치러 갔다. → 명사 용법

包裹伤口的时候要小心一点。 상처를 싸맬 때는 좀 조심해야 한다. → 동사 용법

用布包裹 천으로 싸매다

시험 TIP 암기하세요! '包裹'의 용법

'包裹'는 주로 명사 용법으로 쓰이지만, 간혹 동사 용법으로도 사용되니 두 가지 용법을 모두 숙지하세요.

시험 TIP **'裹'는 이렇게 외우세요!**

'裹'는 '衣服'의 '衣'와 '果'가 합쳐진 단어로 '衣'의 위 아래를 분리해서 가운데에 '果'를 넣은 형태라는 점을 기억하면 외우기 쉬워요.

包含 bāohán

包 bāo 동 포함하다
含 hán 동 포함하다, 담다

동 (속에) 포함하다, 함유하다

她的话包含着坚定的信念。 그녀의 말은 확고한 신념을 담고 있다.

包含两个意思 두 가지 의미를 포함하다

✪ 含有 hányǒu (동+동) 동 (성분을) 함유하다, 포함하다

包括 bāokuò

包 bāo 동 포괄하다
括 kuò 동 묶다, 포괄하다

동 (열거하는 내용을) 포함하다, 포괄하다

汉语教学应该包括听、说、读、写四个方面的内容。

중국어 교육은 듣기, 말하기, 읽기, 쓰기 네 가지 방면의 내용을 포함해야 한다.

시험 TIP **유의어 비교 '包括'와 '包含'과 '含有'**

'包括'는 열거하는 대상을 포함할 때 자주 사용됩니다. 또한 '包括+목적어+在内'와 같이 포함하는 대상 뒤에 '在内 zàinèi'를 쓰기도 합니다. '包括'는 5급 독해 제1부분 시험에 자주 출제됩니다.

	包括 bāokuò	包含 bāohán	含有 hányǒu
의미	동 포함하다	동 포함하다	동 함유하다, 포함하다
대상	구체적 사물, 사람	추상적 사물	주로 물질의 성분
예문	干这件坏事的人中包括你吗? 이 나쁜 일을 한 사람들 가운데에 너도 포함되니?	这句话包含两层意思。 이 말은 두 가지의 의미를 포함하고 있다.	这些菜中含有人体所需的蛋白质。 이 음식들은 인체가 필요로 하는 단백질을 함유하고 있다.

✪ 括号 kuòhào (동+명) 명 괄호

159 宝 bǎo

宀 집 + 玉 옥
집(宀)에 옥(玉)과 같은 보물(宝)이 가득하면 얼마나 좋을까요?

명 보물 宝贝

형 진귀하다 宝贵

宝贝 bǎobèi

宝 bǎo 명 보물
贝 bèi 명 조개

명 보배 [진기한 물건], 보물, 귀염둥이

这台车是爸爸的宝贝。 이 차는 아빠의 보물이다.
家里的宝贝 집안의 귀염둥이

✪ 贝壳 bèiké (명+명) 명 조개껍질

宝贵 bǎoguì

宝 bǎo 형 진귀하다
贵 guì 형 귀하다

형 귀중하다, 매우 가치가 있다 [= 珍贵 zhēnguì ▶p.446]

大熊猫是宝贵的动物。 판다는 진귀한 동물이다.
宝贵的生命 귀중한 생명 宝贵的经验 값진 경험

✪ 贵宾 guìbīn (형+명) 명 귀한 손님, 귀빈

160 保 bǎo

亻 사람 + 呆 멍하다
사람(亻)은 멍하지(呆) 않은 좋은 상태를 유지해야(保) 합니다.

동 1 유지하다 **保持 | 保存 | 保留**
2 보호하다 **保护**
3 보증하다, 책임지다 **保险 | 保证**

保持 bǎochí

保 bǎo 동 유지하다
持 chí 동 유지하다, 지키다

동 (좋은 상태를) 유지하다

年轻人要保持良好的生活习惯。 젊은 사람은 좋은 생활 습관을 유지해야 한다.
保持联系 연락을 유지하다 保持安静 정숙을 유지하다 保持良好的习惯 좋은 습관을 유지하다

시험 TIP 유의어 비교 '保持'와 '维持'

'유지하다'라는 뜻의 '保持'는 HSK 전 영역에 걸쳐 자주 등장하는 단어입니다. 우리말 '유지하다'를 한자로 바꾸어 쓴 '维持'는 사용 빈도가 낮은 편으로, '维持生命(생명을 유지하다)', '维持秩序(질서를 유지하다)' 정도만 알아 두면 됩니다. 나머지 상황에서는 거의 '保持'를 쓴다고 생각하면 돼요. ▶p.378

	保持 bǎochí	维持 wéichí
의미	동 유지하다	동 유지하다
비교	'좋은 상태'를 유지하는 것을 뜻함	'별로 좋지 않은 상태가 더 악화되지 않도록' 유지함
대상	주로 수준, 전통, 태도, 관계, 수분 등 넓은 범위의 명사가 쓰임	주로 현재 상황, 생명, 생활, 질서 등의 추상적인 명사가 쓰임
예문	房间里空气要保持新鲜。 방 안의 공기는 신선함을 유지해야 한다.	他们家已不能保持正常的生活。(×) 他们家已不能维持正常的生活。(○) 그들 집은 이미 정상적인 생활을 유지할 수 없다.

✪ **持续** chíxù (동+동) 동 지속하다, 이어지다

保存 bǎocún

保 bǎo 동 **유지하다**
存 cún 동 **저장하다**

동 저장하다, 보관하다, 보존하다 [사물의 성질, 뜻, 기풍 등을 계속 존재하게 하여 손실되거나 변화가 일어나지 않게 함을 뜻함]

请你把这些文物好好儿保存起来吧。 이 문화재들을 잘 보존해 주세요.

保存水果 과일을 저장하다　保存财产 재산을 보관하다　保存文物 문화재를 보존하다

시험 TIP 표현plus '전통을 보존하다'

'保存'은 구체적인 사물이나 추상적인 사물을 모두 대상으로 가질 수 있습니다. 다만 '전통을 보존하다'라고 표현할 때는 '保存传统'이 아니라 '保留传统'이라고 해야 합니다.

✪ **存放** cúnfàng (동+동) 동 (물건을) 보관하다 | **存在** cúnzài (동+동) 동 존재하다

保留 bǎoliú

保 bǎo 동 **유지하다**
留 liú 동 **남기다**

동 1 (과거의 것을) 보존해 오다
　2 보류하다

几千年的文化遗产保留下来了。→ 동사1 용법
수천 년의 문화유산이 전해져 내려왔다.

保留传统 전통을 보존해 오다　保留文化遗产 문화유산을 보존해 오다
保留意见 의견을 보류하다

참고 주의하세요! '保留'의 의미

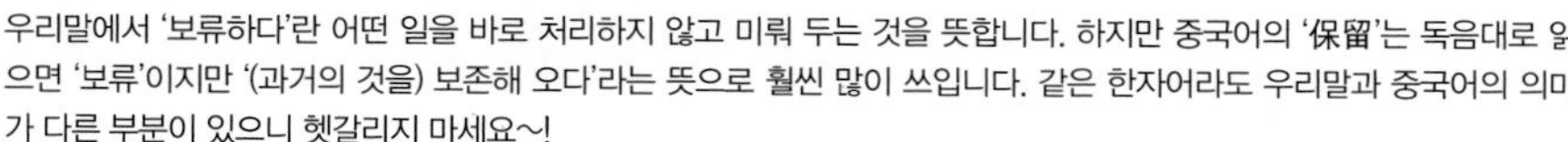
우리말에서 '보류하다'란 어떤 일을 바로 처리하지 않고 미뤄 두는 것을 뜻합니다. 하지만 중국어의 '保留'는 독음대로 읽으면 '보류'이지만 '(과거의 것을) 보존해 오다'라는 뜻으로 훨씬 많이 쓰입니다. 같은 한자어라도 우리말과 중국어의 의미가 다른 부분이 있으니 헷갈리지 마세요~!

✪ **留学** liúxué (동+명) 동 유학하다

保护 bǎohù

保 bǎo 동 보호하다
护 hù 동 지키다, 보호하다

명 보호
동 보호하다 [= 爱护 àihù]

你要保护好自己的眼睛。 너는 자신의 눈을 잘 보호해야 한다. → 동사 용법
保护儿童 아동을 보호하다　保护环境 환경을 보호하다

시험 TIP 시험에서 자주 출제되는 '保护'
'保护'는 HSK 전반에 걸쳐 자주 등장하는 단어이며, 우리말의 '보호하다'와 용법이 같습니다.

✪ 护士 hùshi (동+명) 명 간호사 | 护照 hùzhào (동+명) 명 여권

保险 bǎoxiǎn

保 bǎo 동 보증하다, 책임지다
险 xiǎn 명 위험

명 보험
형 안전하다, 확실하고 믿을 만하다

我弟弟在保险公司工作。 내 남동생은 보험회사에서 일한다. → 명사 용법
让他去办这件事不保险。 그에게 이 일을 처리하게 하는 것은 안전하지 못하다. → 형용사 용법
人身保险 생명보험

시험 TIP 암기하세요! '保险'의 용법
'保险'에는 명사 용법뿐만 아니라 형용사 용법도 있음을 꼭 알아 두세요. '很 hěn 매우' '最 zuì 가장' 같은 정도부사 뒤에 쓰이면 형용사 용법입니다.

保证 bǎozhèng

保 bǎo 동 보증하다, 책임지다
证 zhèng 동 증명하다

동 보증하다, (어떤 행동에 책임을 지겠다고) 약속하다

我们保证一个月内完成任务。 저희는 한 달 안에 임무를 완수할 것을 약속 드립니다.
保证质量 품질을 보증하다　保证安全 안전을 보증하다

✪ 证明 zhèngmíng (동+형) 동 증명하다 명 증명서 ▶p.457

161 抱 bào

扌 손 + 包 에워싸다
손(扌)을 벌려 에워싸듯이(包) 아이를 껴안아요(抱).

통 1 안다, 포옹하다
2 (마음속에 생각이나 의견을) 품다, 가지다 **抱歉** | **抱怨**

抱孩子 bào háizi (술+목) 아이를 껴안다 | **拥抱** yōngbào (동+동) 통 포옹하다, 껴안다 ▶p.424

抱歉 bàoqiàn

抱 bào 통 (마음속에 생각이나 의견을) 품다, 가지다
歉 qiàn 명 사과, 미안한 마음

통 미안해하다, 죄송하게 생각하다 [= **道歉** dàoqiàn ▶p.135]

对别人感到**抱歉**。 남에게 미안함을 느낀다.
实在**抱歉** 정말 미안하다

시험 TIP 유의어 비교 '抱歉'과 '道歉'

	抱歉 bàoqiàn	**道歉** dàoqiàn
의미	통 미안해하다	통 사과하다, 사죄하다
비교	상대방에게 직접 말할 때 사용하며 对不起보다 정중한 사과를 할 때 사용	상대방에게 직접 사용하지 않으며, 사과를 했다고 내용을 서술할 때 사용
예문	真道歉，我把你的手机弄坏了。(×) 真抱歉，我把你的手机弄坏了。(○) 정말 죄송합니다. 제가 당신의 휴대전화를 고장냈어요.	我已经向她抱过歉了。(×) 我已经向她道过歉了。(○) 나는 이미 그녀에게 사과를 했다.

歉意 qiànyì (명+명) 명 사죄의 뜻, 미안한 마음

抱怨 bàoyuàn

抱 bào 통 (마음속에 생각이나 의견을) 품다, 가지다
怨 yuàn 통 원망하다, 책망하다

통 (불만을 품고) 원망하다, 불평하다, 투덜거리다 [= **埋怨** mányuàn]

他只敢在背后**抱怨**，当面一句话不敢说。 그는 뒤에서 투덜거리기만 할 뿐, 앞에서는 한 마디도 못한다.
抱怨父母 부모를 원망하다　受到**抱怨** 원망을 받다

162 报 bào

扌 손 + 卩 사람이 무릎을 구부린 모양 + 又 오른손 모양
신하가 무릎(卩)을 꿇고 오른(又)손(扌)으로 임금에게 소식을 알려요(报).

통 1 보답하다, 갚다 **报答**
2 알리다, 보고하다 **报道** | **报告** | **报名**

명 신문

➕ **报纸** bàozhǐ (명+명) 명 신문 | **报刊** bàokān (명+명) 명 신문, 간행물 | **晚报** (명+명) 명 석간신문 | **预报** yùbào (부+동) 동 예보하다, 사전에 보고하다 명 예보 ▶p.431 | **回报** huíbào (동+동) 동 보답하다, (임무 등의 진행 상황을) 보고하다

报答 bàodá

报 bào 동 보답하다
答 dá 동 보답하다

동 보답하다

我要好好儿报答父母的恩情。 나는 부모님의 은혜에 열심히 보답할 것이다.

报答父母 부모에 보답하다　报答祖国 조국에 보답하다

报道 bàodào

报 bào 동 알리다
道 dào 동 말하다

명 보도

동 보도하다

他写了一篇很出色的报道。 그는 한 편의 출중한 보도 기사를 썼다. → 명사 용법

广播里正在报道新闻。 라디오에서 지금 뉴스를 보도하고 있다. → 동사 용법

报道消息 소식을 보도하다　报道新闻 뉴스를 보도하다　据报道 보도에 따르면

✪ **道歉** dàoqiàn (동+명) 동 사과하다, 사죄하다 ▶p.135

报告 bàogào

报 bào 동 보고하다
告 gào 동 말하다, 진술하다

동 (상급자, 군중에게) 보고하다 [= **汇报** huìbào ▶p.206]

명 보고서, 리포트

他详细地报告了工作情况。 그는 업무 상황을 자세히 보고했다. → 동사 용법

他重新把报告提交上去了。 그는 보고서를 다시 제출하였다. → 명사 용법

向校长报告 교장에게 보고하다

✪ **告诉** gàosu (동+동) 동 알리다, 말하다 | **告诉** gàosù (동+동) 동 고소하다

报名 bàomíng

报 bào 동 알리다
名 míng 명 이름

동 (어떤 활동이나 조직에 참가를) 신청하다, 지원하다

人太多，我没报上名。 사람이 너무 많아서 신청하지 못했다.
到学校报名 학교에 가서 신청하다

시험 TIP **듣기 시험에서 자주 출제되는 '报名'**

'报名'은 듣기 영역에 자주 등장하는 단어입니다. 이 단어는 이합사이기 때문에 동태조사나 결과보어 등 다른 성분이 들어가면 '报了名', '报上名'과 같이 씁니다. 듣기 영역에서 헷갈릴 수 있으니, 꼭 알아 두세요.

참고 **결과보어 '上'**

예문 속 '报上名'의 '上'은 결과보어로 쓰여 동사 '报'의 완료를 나타냅니다. 따라서 '报上名'은 '이미 신청을 했다', '신청을 끝냈다'라는 의미가 되지요.

163 背 bēi bèi

北 북쪽 + 月 달
북쪽(北)으로 달(月)을 등(背)지고 앉아 있어요.

bēi 동 (등에) 짊어지다, 업다
bèi 명 1 등
2 물체의 뒷면
동 1 등지다 **背景**
2 외우다 **背诵**

➕ **背行李** bēi xíngli (술+목) 짐을 (등에) 짊어지다 | **背孩子** bēi háizi (술+목) 아이를 등에 업다 | **背包** bèibāo (명+명) 명 배낭 | **背后** bèihòu (명+명) 명 뒤쪽, 배후 | **手背** shǒubèi (명+명) 명 손등

背景 bèijǐng

背 bèi 동 **등지다**
景 jǐng 명 **정황, 상황**

명 배경

这部电影故事的社会背景是30年代的上海。 이 영화 스토리의 사회적 배경은 30년대 상하이이다.
历史背景 역사 배경　政治背景 정치 배경

背诵 bèisòng

背 bèi 동 **외우다**
诵 sòng 동 **외우다**

동 외우다, 암송하다

这篇文章你要把它背诵下来。 이 글을 너는 암기해야 한다.
背诵课文 본문을 암송하다　背诵文章 글을 암송하다

164 必 bì

心 마음 + 丿 삐침
이별을 할 때 마음(心)에 선(丿)을 그으면 반드시(必) 잊혀져요.

뷔 반드시, 꼭 **必然 | 必须 | 必需 | 必要 | 不必**

必然 bìrán

必 bì 뷔 반드시, 꼭
然 rán 대 이와 같다, 이러하다

형 (사물의 이치가) 필연적이다
뷔 분명히, 반드시

学习上有困难是**必然**的。 공부하면서 겪게 되는 어려움은 필연적인 것이다. → **형용사 용법**
随着改革的深入，**必然**会出现一个经济快速发展的局面。 → **부사 용법**
개혁이 심화됨에 따라, 분명히 경제가 빠르게 발전하는 국면이 나타날 것이다.

必然的结果 필연적인 결과 **必然**出现 반드시 출현하다

시험 TIP '必然'의 품사 구분하기
'必然'이 형용사로 쓰일 경우 대부분 '……是必然的(~한 것은 필연적이다)'라는 형식으로 쓰이고, 부사로 쓰일 경우 주로 '必然会+동사'의 형식으로 쓰입니다.

✪ 然后 ránhòu (대+명) 접 그런 후에, 연후에

必须 bìxū

必 bì 뷔 반드시, 꼭
须 xū 조동 반드시 ~해야 한다

뷔 반드시 ~해야 한다

我们**必须**做好充分的准备。 우리는 반드시 충분한 준비를 해야 한다.
必须参加 반드시 참가해야 한다 **必须**完成 반드시 완성해야 한다

시험 TIP 유의어 비교 '必须'와 '必需'
'必须'는 서면어에서 '须' 한 글자로만 쓰이는 경우가 많습니다. 발음이 같은 '必需'와는 혼동하지 않도록 주의해야 합니다.

	必须 bìxū	必需 bìxū
의미	뷔 반드시 ~해야 한다	동 반드시 필요로 하다, 없어서는 안 되다
특징	부사이므로 동사, 형용사를 수식함	주로 관형어로 쓰여 명사를 수식함 예 日用必需品 일용필수품

必需 bìxū

必 bì 뷔 반드시, 꼭
需 xū 동 필요하다

동 반드시 필요로 하다, 없어서는 안 되다

姐姐帮我买必需的东西。누나는 내게 꼭 필요한 물건을 사 줬다.
生活必需品 생활필수품　必需的东西 필요한 물건　必需的材料 필요한 재료

✪ **需要** xūyào (동+동) 동 필요로 하다 조동 ~해야 한다

必要 bìyào

必 bì 부 반드시, 꼭
要 yào 동 필요하다 yāo 동 요구하다

명 필요
형 필요하다

你的身体已经恢复了，没有必要再住院了。네 몸은 이미 회복되어서 더 입원할 필요가 없어졌다. → 명사 용법
应该节省一些不必要的开支。불필요한 지출은 줄여야 한다. → 형용사 용법
不必要 불필요하다　有必要 필요하다　没有必要 필요 없다

시험 TIP 독해 시험에서 자주 출제되는 '必要'
'必要'는 독해 제1부분 시험에 종종 등장합니다. 주로 '有/没有+必要+동사(~할 필요가 있다/없다)'의 구문이 출제되니, 잘 익혀 두세요.

✪ **要求** yāoqiú (동+동) 명동 요구(하다), 요청(하다) ▶p.315

不必 búbì

不 bù 부 아니다 [부정을 나타냄]
必 bì 부 반드시, 꼭

부 ~할 필요가 없다

事情已经过去了，不必把它放在心上。일이 이미 지나갔으니, 그것을 마음에 둘 필요가 없다.
不必去 갈 필요 없다　不必担心 걱정할 필요 없다

Day 08

165 标 biāo

木 나무 + 示 보이다
길을 잃지 않으려면 나무(木)에 보이도록(示) 표시(标)를 해야 하죠.

명 1 표지, 기호 **标点** | **标志**
2 표준, 지표 **标题** | **标准**
동 (문자나 사물 등으로) 나타내다, 표시하다 **鼠标**
예 标上记号 기호를 표시하다

✚ **商标** shāngbiāo (명+명) 명 상표 | **路标** lùbiāo (명+명) 명 교통표지, 도로표지 | **指标** zhǐbiāo (동+명) 명 지표, 인덱스

标点 biāodiǎn

标 biāo 명 기호
点 diǎn 명 점 동 (머리를) 끄덕이다

명 문장부호, 구두점

你这篇文章的标点符号有许多错误。 네 글의 문장부호는 틀린 곳이 많다.

标点符号 문장부호　常用的标点 자주 쓰는 문장부호

✪ 点头 diǎntóu (동+명) 동 고개를 끄덕이다 [동의를 나타냄]

标志 biāozhì

标 biāo 명 표지
志 zhì 명 기호

명 표지, 상징 [= 象征 xiàngzhēng ▶p.392]

동 나타내다, 상징하다

地图上有各种形式的标志。 지도상에 다양한 형식의 표지가 있다. → 명사 용법

资金的增多标志着企业的发展。 자금의 증가는 기업의 발전을 나타낸다. → 동사 용법

各种标志 각종 표지　标志着…… ~를 상징하고 있다

시험 TIP '标志'의 동사 용법

'标志'는 5급 독해에 간혹 출제되는 단어입니다. 동사일 때는 대부분 동태조사 '着'와 결합하여 '标志着……'의 형태로 쓰입니다.

标题 biāotí

标 biāo 명 표준
题 tí 명 제목

명 제목, 표제

这篇文章的标题是《过年》。 이 글의 제목은 『새해를 맞이하다』이다.

定标题 제목을 정하다

시험 TIP 표현plus '윗글의 제목으로 가장 알맞은 것은?'

독해 영역의 맨 마지막 문제 유형은 주로 주제나 제목을 묻는 것입니다. 그때 '最适合做上文标题的是:'라고 물어보죠? 이처럼 '标题'는 HSK에서 매우 자주 접하는 단어이니 꼭 암기해 두세요.

✪ 题目 tímù (명+명) 명 제목, (시험) 문제 ▶p.291

标准 biāozhǔn

标 biāo 명 표준
准 zhǔn 명 표준, 기준 형 정확하다, 틀림없다

명 표준, 기준

형 표준적이다

幸福没有任何标准。 행복에는 어떠한 기준도 없다. → 명사 용법
她说的韩语很标准。 그녀가 말하는 한국어는 매우 표준적이다. → 형용사 용법
达到标准 표준에 도달하다　符合标准 기준에 부합하다

✪ **准确** zhǔnquè (형+형) 형 확실하다, 정확하다 ▶p.479

鼠标 shǔbiāo

鼠 shǔ 명 쥐
标 biāo 동 표시하다

명 (컴퓨터의) 마우스

爸爸送给我一个无线鼠标。 아버지는 나에게 무선 마우스를 선물해 주셨다.

166 表 biǎo

士 선비 + 衣 옷
선비(士)는 옷(衣)을 바르게 입어 겉모습(表)을 중시하죠.

명 1 겉, 표면 **表面 | 表情**
2 시계
동 드러내다, 나타내다, 표시하다, 보여 주다 **表达 | 表明 | 表示 | 表现 | 表演 | 表扬**

✚ **代表** dàibiǎo (동+명) 동 대표하다, 의미하다 명 대표 ▶p.125 | **手表** shǒubiǎo (명+명) 명 손목시계 | **发表** fābiǎo (동+동) 동 발표하다 ▶p.151 | **仪表** yíbiǎo (명+명) 명 (사람의) 용모, 기품, 풍채

表面 biǎomiàn

表 biǎo 명 겉, 표면
面 miàn 명 표면, 겉면, 얼굴

명 (물체의) 표면, 겉

这只是表面的现象。 이것은 다만 표면적인 현상일 뿐이다.
皮肤的表面 피부의 표면

시험 TIP 표현Plus '겉으로 보기에는~'
'겉으로 보기에는 ~하다'라는 표현은 중국어로 '**表面上看起来……**'입니다. 시험에 종종 출제되니 꼭 암기하세요.

✪ **面孔** miànkǒng (명+명) 명 얼굴

表情 biǎoqíng

表 biǎo 명 겉, 표면
情 qíng 명 감정

명 (얼굴) 표정

他喜欢看我微笑时的表情。 그는 내가 미소 지을 때의 표정을 좋아한다.

表情丰富 표정이 풍부하다

表达 biǎodá

表 biǎo 동 나타내다
达 dá 동 (뜻을) 나타내다, 알리다

동 (말로 생각이나 감정을) 표현하다

母亲节我们要善于表达自己的感情。 어버이날에 우리는 자신의 감정 표현을 잘해야 한다.

表达思想 생각을 표현하다　表达心意 성의를 표하다

시험 TIP '表达'의 주어

'表达'는 말로 생각이나 감정을 나타낼 때 사용하므로 주어는 대부분 '사람'입니다.

表明 biǎomíng

表 biǎo 동 나타내다
明 míng 형 밝다, 명백하다

동 (입장 등을) 표명하다, 분명하게 나타내다 [= 显示 xiǎnshì ▶p.385]

研究表明，爱打哈欠的人更有同情心。 연구에 따르면, 하품을 자주 하는 사람들은 동정심이 훨씬 많다고 한다.

调查表明 조사에 따르면　表明态度 태도를 분명히 하다　表明立场 입장을 분명히 하다

시험 TIP 다양한 의미의 '表明'

'表明'은 입장, 태도, 관점 등의 단어와 결합하여 '~를 분명하게 나타내다'라는 뜻을 나타내기도 하지만, '연구, 조사, 통계' 등의 단어와 결합하여 '~에 따르면'이라는 뜻도 나타냅니다. '研究表明……', '调查表明……'이 시험에 자주 출제되는데, 특히 독해 지문에서 자주 볼 수 있습니다.

表示 biǎoshì

表 biǎo 동 나타내다
示 shì 동 보이다

동 (말이나 행동으로 생각, 감정, 태도를) 나타내다, 표시하다

명 표시, 뜻, 의사 [생각이나 감정을 드러내는 말, 동작, 표정을 뜻함]

我向你表示衷心的感谢。 저는 당신께 진심 어린 감사를 표합니다. → 동사 용법

他对你这么好，你怎么对他一点儿表示也没有？ → 명사 용법
그가 너한테 이렇게 잘해 주는데, 너는 어째서 그에게 조금의 표시도 없니?

表示心意 성의를 표하다　表示态度 태도를 나타내다　表示同意 동의를 표하다

시험 TIP '表示'의 주어

'表示'는 말이나 행동으로 생각, 감정, 태도를 나타낼 때 사용하므로, 주어는 대부분 '사람'입니다. 특히 태도를 나타낼 때도 쓰인다는 점에서 '表达'와 구분됩니다.

表现 biǎoxiàn

表 biǎo 동 나타내다
现 xiàn 동 드러내다

동 보여 주다, 나타내다, 표현하다, 활약하다
명 태도, 행동, 활약

这部电影集中表现了爱国主义精神。 이 영화는 애국주의 정신을 집중적으로 보여 줬다. → 동사 용법
他在劳动中的表现很好。 그는 일할 때 태도가 매우 좋다. [= 그는 일을 매우 열심히 한다.] → 명사 용법
表现时代精神 시대적 정신을 보여 주다　表现愿望 바람을 보여 주다

시험 TIP 다양한 의미의 '表现'
'表现'은 그림이나 영화 등의 구체적 사물을 통해서 정신, 능력 등 추상적인 것을 보여 줄 때 자주 쓰입니다. '表现'의 명사 용법도 듣기와 독해에 종종 나오므로 알아 두어야 합니다.

✪ 现象 xiànxiàng (동+명) 명 현상 ▶p.387

表演 biǎoyǎn

表 biǎo 동 보여 주다
演 yǎn 동 연기하다

명 공연, 연출, 연기
동 공연하다, 연출하다, 연기하다 [= 演出 yǎnchū]

中国的杂技表演很精彩。 중국의 서커스 공연은 매우 훌륭하다. → 명사 용법
杂技表演 서커스 공연　表演节目 프로그램을 연출하다　表演京剧 경극을 공연하다

✪ 演员 yǎnyuán (동+명) 명 연기자

表扬 biǎoyáng

表 biǎo 동 보여 주다
扬 yáng 동 높이 들다, 널리 알리다

명 칭찬
동 칭찬하다 [= 夸奖 kuājiǎng, 称赞 chēngzàn ▶p.101, 赞扬 zànyáng]

他经常受到老师的表扬。 그는 선생님의 칭찬을 자주 받는다. → 명사 용법
表扬学生 학생을 칭찬하다

시험 TIP 시험에서 자주 출제되는 '表扬'
HSK 전반에 걸쳐 많이 보이는 중요한 단어입니다. 특히 듣기의 말투를 물어보는 문제에 자주 출제되니 동의어들과 함께 꼭 기억하세요.

✪ 扬名 yángmíng (동+명) 동 명성을 떨치다, 이름을 널리 알리다

167 博 bó

十 열 + 尃 넓다
하나부터 열(十)까지 넓게(尃) 알아야 박식하다(博)는 소리를 듣죠.

형 1 아는 것이 많다, 식견이 넓다 博士
2 많다, 풍부하다 博览会 | 博物馆

명 도박 赌博

➕ 博客 bókè (형+명) 명 블로그 | 博大精深 bódàjīngshēn (형+형+형+형) 성 사상이나 학식이 넓고 심오하다

博士 bóshì

博 bó 형 식견이 넓다
士 shì 명 전문적인 기술을 갖춘 사람

명 박사

他取得了北大博士学位。 그는 베이징대학교 박사 학위를 취득했다.

시험 TIP 5급 듣기 시험에서 자주 출제되는 '博士'

'博士'는 실제 정답으로는 자주 출제되지 않지만 5급 듣기 영역 중 신분을 묻는 문제에서 자주 들리니, 꼭 외워 두세요.

참고 석사 과정, 대학원생

석사는 '硕士 shuòshì'이고, 주로 학위를 가리킵니다. 석사 과정 중인 대학원생은 '研究生 yánjiūshēng'이라고 합니다.

博览会 bólǎnhuì

博 bó 형 많다, 풍부하다
览 lǎn 동 관람하다
会 huì 명 모임

명 박람회

明年将在韩国召开国际博览会。 내년에 한국에서 국제 박람회가 열릴 것이다.

博物馆 bówùguǎn

博 bó 형 많다, 풍부하다
物 wù 명 물건
馆 guǎn 명 장소

명 박물관

这座博物馆有着很悠久的历史。 이 박물관은 아주 오랜 역사를 갖고 있다.

赌博 dǔbó

赌 dǔ 동 도박하다
博 bó 명 도박

동 노름하다, 도박하다

在中国，赌博是违法的。 중국에서 도박은 위법이다.

168 采 cǎi

爫 손톱 + 木 나무
손톱(爫)으로 나무(木) 위의 꽃잎을 따지요(采).

동 1 (꽃, 잎, 열매 등을) 따다 [= 摘 zhāi ▶p.61]
2 수집하다, 채집하다 **采访**
3 취하다 **采取** | **采用**

➕ **采花** cǎihuā (동+명) 동 꽃을 따다 | **采摘** cǎizhāi (동+동) 동 (꽃, 과일, 잎 등을) 따다, 꺾다

采访 cǎifǎng

采 cǎi 동 수집하다
访 fǎng 동 방문하다, 조사하다

동 취재하다, 인터뷰하다

他采访专家后，很快在报上发了消息。 그는 전문가를 인터뷰한 후, 재빨리 신문에 소식을 전했다.
采访新闻 뉴스를 취재하다　采访专家 전문가를 인터뷰하다

시험 TIP 듣기 시험에서 자주 출제되는 '采访'
'采访'은 듣기에서 '기자(记者 jìzhě)'라는 직업을 묻는 문제가 나올 때 가장 많이 등장하는 단어입니다.

✪ **访问** fǎngwèn (동+동) 동 방문하다

采取 cǎiqǔ

采 cǎi 동 취하다
取 qǔ 동 취하다

동 (방침, 수단, 태도를) 취하다, 채택하다

她准备采取一切必要的措施保护她的女儿。 그녀는 필요한 모든 조치를 취해서 그녀의 딸을 보호할 계획이다.
采取行动 행동을 취하다　采取措施 조치를 취하다

시험 TIP 독해 시험에서 자주 출제되는 '采取'
'采取'는 5급 독해 제1부분에 자주 출제되는 단어입니다. 호응을 이루는 목적어를 꼭 함께 암기해 두세요.

✪ **取得** qǔdé (동+동) 동 얻다, 취득하다

采用 cǎiyòng

采 cǎi 동 취하다
用 yòng 동 사용하다

동 채택하다, 사용하다

这次比赛中他们队采用了新的战术。 이번 시합에서 그들 팀은 새로운 전술을 사용했다.
采用新技术 신기술을 채택하다　采用方法 방법을 채택하다

✪ **用途** yòngtú (동+명) 명 용도 ▶p.426

169 **参** cān **부수: 厶 팔꿈치를 자기 쪽으로 구부린 모양. '내 것'을 뜻함**
회의에 참가하여(参) 그 결과를 내 것(厶)으로 만들어요.

동 1 참가하다, 가입하다 **参观 | 参加 | 参与**
2 참고하다 **参考**

➕ **参谋** cānmóu (동+동) 동 조언하다, 훈수하다 명 카운슬러, 상담원 | **人参** rénshēn (명+명) 명 인삼 [이때 '参'은 식물 '삼'을 뜻하며 'shēn'이라고 발음함]

参观 cānguān

参 cān 동 **참가하다**
观 guān 동 **보다, 구경하다**

동 참관하다, 견학하다

我参观的博物馆不太多。 내가 견학한 박물관은 별로 많지 않다.

参观工厂 공장을 견학하다 参观故宫 고궁을 견학하다

시험 TIP '参观'의 목적어

'参观'은 '참관하다', '견학하다'라는 뜻으로 어떤 장소에 가서 직접 보고 배우는 것을 뜻하므로 목적어로는 장소가 와야 합니다. '参观+장소'의 구조를 기억해 두세요.

✪ **观光** guānguāng (동+동) 동 관광하다 | **观看** guānkàn (동+동) 동 보다, 참관하다

参加 cānjiā

参 cān 동 **참가하다**
加 jiā 동 **더하다, 증가하다**

동 (모임, 일, 조직, 활동 등에) 참가하다 [= **参与** cānyù, **出席** chūxí ▶p.115]

她以代表的身份参加这次会议。 그녀는 대표의 신분으로 이번 회의에 참석한다.

参加婚礼 결혼식에 참석하다 参加比赛 시합에 참가하다

시험 TIP 시험에서 자주 출제되는 '参加'

'参加'는 HSK 전반에 걸쳐 자주 보이는 단어입니다. 특히 듣기에서 많이 등장하니, 꼭 암기해 두세요.

✪ **加入** jiārù (동+동) 동 (단체, 조직 등에) 가입하다 | **加班** jiābān (동+명) 동 초과 근무를 하다 | **加油站** jiāyóu zhàn (동+명+명) 명 주유소 ▶p.429

参与 cānyù

参 cān 동 참가하다
与 yù 동 참여하다

동 (일의 계획, 토론, 처리 등에) 참여하다, 관여하다

没有他们的参与，问题无法解决。 그들의 참여가 없으면 문제가 해결될 수 없다.

参与调查 조사에 참여하다 参与政治 정치에 관여하다

시험 TIP 유의어 비교 '参与'와 '参加'와 '加入'

'参与'보다는 '参加'가 사용의 범위가 넓고 조금 더 구어적인 표현입니다. '参与', '参加'가 '~에 참여하다'의 의미인 반면, '加入'는 '(단체나 조직에) 가입하다'의 의미를 나타내는 단어입니다. 각 단어들의 특징을 구분하여 알아 두세요.

▶참고 다양한 발음의 '与'

'与'가 개사 '~와'의 의미로 쓰일 때는 3성으로 읽지만, '参与'에서는 4성으로 읽어야 합니다.

参考 cānkǎo

参 cān 동 참고하다
考 kǎo 동 고려하다

동 (학습이나 연구를 위하여 관련 자료를) 참고하다, 참조하다

为了写这篇论文，他参考了许多专业书。 이 논문을 쓰기 위해 그는 수많은 전문 서적을 참고했다.

参考资料 자료를 참고하다

✪ **考虑** kǎolǜ (동+동) 동 고려하다

Day 09

170 惭 cán

忄 마음 + 车 차 + 斤 도끼

화가 난다고 차(车)를 도끼(斤)로 부수다니 마음(忄)이 부끄러운 줄(惭) 알아라.

형 부끄럽다 **惭愧**

惭愧 cánkuì

惭 cán 형 부끄럽다
愧 kuì 형 부끄럽다

형 부끄럽다, 수치스럽다

他看着自己的成绩单，惭愧地低下了头。 그는 자신의 성적표를 보고 부끄러워서 고개를 숙였다.

觉得惭愧 부끄럽다고 생각되다 惭愧的心情 부끄러운 마음

시험 TIP 쓰기 시험에서 자주 출제되는 '惭愧'

'惭愧'는 5급 쓰기 99번에 제시어로 몇 번 출제된 아주 중요한 단어입니다. 예문과 함께 암기해 두는 것이 좋습니다.

171 操 cāo

扌 손 + 品 물건 + 木 나무

손(扌)을 뻗어 물건(品)이 좋은 나무(木)를 잡고 훈련해요(操).

동 1 손으로 잡다, 쥐다

2 (학문이나 기예 등을) 조련하다, 훈련하다 **操作 | 操场 | 体操**

3 통제하다, 장악하다 **操心**

操作 cāozuò

操 cāo 동 (학문이나 기예 등을) 조련하다, 훈련하다
作 zuò 동 실행하다, 하다

동 조작하다, 다루다, 일하다

新的生产线要求工人具有熟练的操作技能。
새로운 생산 라인은 노동자들이 숙련된 조작 솜씨를 갖추도록 요구하고 있다.

操作机器人 로봇을 조작하다

操场 cāochǎng

操 cāo 동 훈련하다
场 chǎng 명 장소

명 운동장 [= **运动场** yùndòngchǎng]

运动员们八点在操场集合。 운동선수들은 8시에 운동장에 집합한다.

去操场跑步 운동장에 가서 달리다

참고 '操'의 파생적 의미

'**操**'는 '손으로 잡다, 쥐다'라는 의미인데, 확장된 의미 중에 '훈련하다'라는 의미가 있습니다. 그러니 '운동장'이 왜 '**操场**'인지 연상이 쉽게 되지요? 운동장을 뜻하는 단어로 '**运动场**'도 있지만 '**操场**'을 훨씬 많이 사용합니다.

✪ **场地** chǎngdì (명+명) 명 장소, 운동장

体操 tǐcāo

体 tǐ 명 몸, 신체
操 cāo 동 훈련하다

명 체조

我的父亲是一位体育教师，也是业余体操运动员。 나의 아버지는 체육 교사이자 아마추어 체조 선수이다.

体操项目 체조 항목　节奏体操 리듬 체조

操心 cāoxīn

操 cāo 동 통제하다, 장악하다
心 xīn 명 마음

동 신경 쓰다, 마음을 쓰다, 애쓰다

母亲为一家人操了一辈子心。 어머니는 일가족을 위해서 평생 애쓰셨다.
为儿女操心 자녀를 위해 애쓰다

시험 TIP 듣기 시험에서 자주 출제되는 '操心'

'操心'은 듣기에서 종종 출제되는 단어입니다. 이합사이기 때문에 다른 성분이 들어가면 '操了一辈子心(평생 애썼다)', '操了那么多心(그렇게나 많이 애썼다)'과 같이 두 글자가 분리된다는 것을 꼭 기억해 두세요.

172 差 chā chà chāi

부수: 工 일하다
사람마다 일(工)할 때 차이가 있기(差) 마련이죠.

chā / chà 형 1 (의견이나 모양 등이) 다르다, 차이 나다 **差别 | 差不多 | 差距**
2 (성적이나 품질 등이) 나쁘다, 좋지 않다
chāi 동 (공무나 직무 등을 처리하기 위해) 파견하다 **出差**

差别 chābié

差 chā 형 차이 나다
别 bié 명 차이, 구별

명 (형식이나 내용상에서의) 차이, 다른 점 [= 差异 chāyì]

这两种电视机质量上没有差别。 이 두 종류의 텔레비전은 품질 면에서 차이가 없다.
有差别 차이가 있다　承认差别 차이를 인정하다

시험 TIP 差别와 区别

差别는 주로 '동일한 사물간의 차이'를 말하며, 区别는 动物和植物的区别(동물과 식물의 차이)처럼 '서로 다른 사물간의 차이'를 나타냅니다. 差别는 명사 용법만 있으며, 区别는 동사로 '구별하다, 식별하다'라는 뜻도 있습니다.

差不多 chàbuduō

差 chà 형 차이 나다
不多 bùduō 형 많지 않다

형 차이가 별로 없다, 비슷하다
부 거의, 대강

我们俩的汉语水平差不多。 우리 둘의 중국어 수준은 비슷하다. → 형용사 용법
我差不多学了三年汉语。 나는 중국어를 거의 3년 배웠다. → 부사 용법
质量差不多 품질이 비슷하다　颜色差不多 색깔이 비슷하다

差距 chājù

差 chā 형 차이 나다
距 jù 명 거리, 간격

명 격차, 차이, 갭(gap)

她希望尽快缩短与其他同学之间的差距。

그녀는 가능한 한 빨리 다른 친구들과의 격차를 줄이기를 희망했다.

✪ **距离** jùlí (명+동) 명 거리, 간격

出差 chūchāi

出 chū 동 나가다
差 chāi 동 파견하다

동 (기관, 부대, 기업의 근무자가) 출장 가다 [주로 단기간의 출장을 가리킴]

总经理又让我到上海出趟差。

사장님이 또 나에게 상하이에 출장을 다녀오라고 하신다.

到北京出差 베이징으로 출장 가다

出好几次差 여러 차례 출장을 가다

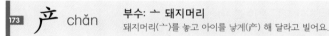

시험 TIP 듣기 시험에서 자주 출제되는 '出差'

'出差'는 듣기에서 자주 들리는 중요한 단어입니다. 이합사이기 때문에 목적어를 가질 수 없다는 점에 유의해야 합니다. 따라서 '出差+장소'가 아닌, '到+장소+出差'와 같이 표현해야 합니다.

173 产 chǎn

부수: 亠 돼지머리
돼지머리(亠)를 놓고 아이를 낳게(产) 해 달라고 빌어요.

동 1 (아이나 새끼를) 낳다, 출산하다
2 만들다, 창조하다 **产生**

명 1 생산품
2 재산 **财产**

✚ **产量** chǎnliàng (명+명) 명 생산량 | **产品** chǎnpǐn (명+명) 명 생산품 | **产地** chǎndì (명+명) 명 생산지, 산지 | **生产** shēngchǎn (동+동) 동 (구체적인 사물을) 생산하다 ▶p.328 | **特产** tèchǎn (형+명) 명 특산(물) | **破产** pòchǎn (동+명) 동 파산하다, 도산하다 ▶p.304

产生 chǎnshēng

产 chǎn 동 만들다, 창조하다
生 shēng 동 발생하다, 생기다

동 생기다, 출현하다, 나타나다 [주로 추상적인 대상과 호응함]

我对中国历史产生了极大的兴趣。 나는 중국 역사에 대해 커다란 흥미가 생겼다.

产生矛盾 갈등이 생기다　产生好感 호감이 생기다

시험 TIP 주의하세요! '产生'의 용법

우리말에서는 목적어가 항상 '~를'로 해석되지만, '产生+목적어'의 구문은 '~가 생기다'로 해석해야 자연스럽습니다. '产生'의 목적어는 주로 감정과 관련된 추상적인 것이 쓰입니다. 비슷한 단어인 '生产'과 헷갈리지 마세요. '生产'은 기계, 공장, 회사 등을 통해 만들어진 구체적인 사물을 목적어로 가집니다.

财产 cáichǎn

财 cái 명 재물
产 chǎn 명 재산

명 재산

这些建筑是国家的财产。 이 건축물들은 국가의 재산이다.

国家财产 국가 재산　失去财产 재산을 잃다

174 长 cháng zhǎng

长(長) 머리털이 긴 노인이 단장을 쥐고 서 있는 모양을 본뜬 글자

cháng 형 1 (길이나 시간이) 길다 长途 | 延长
2 능숙하다, 뛰어나다 长处
명 장점, 특기

zhǎng 형 나이가 많다
명 (기관이나 단체의) 우두머리, 장(長)
동 생기다, 성장하다, 자라다, 크다
예 长得安全 안전하게 생기다 [= 못생겼다] | 长在北京 베이징에서 자라다

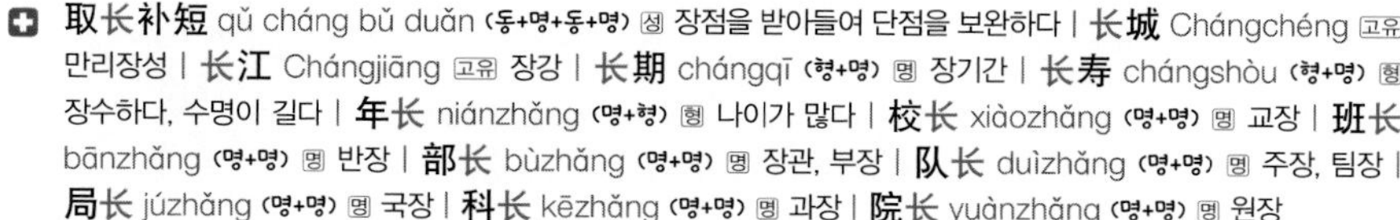

✚ **取长补短** qǔ cháng bǔ duǎn (동+명+동+명) 성 장점을 받아들여 단점을 보완하다 | **长城** Chángchéng 고유 만리장성 | **长江** Chángjiāng 고유 장강 | **长期** chángqī (형+명) 명 장기간 | **长寿** chángshòu (형+명) 형 장수하다, 수명이 길다 | **年长** niánzhǎng (명+형) 형 나이가 많다 | **校长** xiàozhǎng (명+명) 명 교장 | **班长** bānzhǎng (명+명) 명 반장 | **部长** bùzhǎng (명+명) 명 장관, 부장 | **队长** duìzhǎng (명+명) 명 주장, 팀장 | **局长** júzhǎng (명+명) 명 국장 | **科长** kēzhǎng (명+명) 명 과장 | **院长** yuànzhǎng (명+명) 명 원장

长途 chángtú

长 cháng 형 길다
途 tú 명 길

형 장거리의, 먼 거리의

명 시외전화, 시외버스

这里可以打长途电话吗? 여기서 시외전화를 걸어도 되나요? → 형용사 용법

长途旅行 장거리 여행　长途汽车 시외버스　长途电话 시외전화

참고 **표현plus '시외전화를 걸다'**

'长途'는 단어 자체에 '시외전화', '시외버스'라는 의미가 있습니다. 따라서 '시외전화를 걸다'라는 표현은 '**打长途**'라고 보다 간단하게 말할 수 있습니다.

✪ **途径** tújìng (명+명) 명 방법, 수단

延长 yáncháng

延 yán 동 연장하다
长 cháng 형 길다

동 (길이나 시간을) 늘이다, 연장하다

这个商店把营业时间延长到晚上十点。 이 상점은 영업시간을 밤 10시까지로 연장했다.

延长生命 생명을 연장하다　延长时间 시간을 연장하다

长处 chángchù

长 cháng 형 능숙하다, 뛰어나다
处 chù 명 장소, 곳

명 장점 [↔ 短处 duǎnchù]

在工作上她有很多长处。 업무 방면에서 그녀는 장점이 매우 많다.

发挥自己的长处 자신의 장점을 발휘하다

175 超 chāo

走 걷다 + 召 부르다
걷고(走) 있는데 엄마가 부르셔서(召) 한도를 뛰어넘는(超) 속도로 달려갔어요.

동 (수량, 정도, 한도를) 넘다, 초과하다 **超出** | **超过**

형 탁월하다, 뛰어나다

✚ **超人** chāorén (형+명) 명 초인, 슈퍼맨 | **超级** chāojí (형+명) 형 극도의, 최고의 | **超市** chāoshì (형+명) 명 슈퍼마켓 ['**超级市场**'의 준말]

超出 chāochū

超 chāo 동 넘다, 초과하다
出 chū 동 넘다, 초과하다

동 (수량이나 범위를) 뛰어넘다, 넘다

事情的结果超出我的预料。 일의 결과는 나의 예상을 뛰어넘었다.

超出标准 표준을 넘다　超出预料 예상을 뛰어넘다

超过 chāoguò

超 chāo 동 넘다, 초과하다
过 guò 동 넘다, 초과하다

동 1 따라잡다, 추월하다
2 ~를 넘다, ~를 초과하다

今年的年产量已超过原定的生产计划。→ 동사2 용법
올해의 연간 생산량은 이미 원래 정한 생산 계획을 초과하였다.

超过汽车 차를 따라잡다 超过二十五岁 25세를 넘다

✪ 过期 guòqī (동+명) 동 기한을 넘기다 ▶p.191

176 吵 chǎo

口 입 + 少 적다
입(口)으로 자신이 가진 것이 적다고(少) 시끄럽게 굴어요(吵).

형 (소리가) 크다, 시끄럽다
동 말다툼하다 **吵架**

吵架 chǎojià

吵 chǎo 동 말다툼하다
架 jià 명 싸움

동 말다툼하다, 언쟁하다

她今天在公共汽车上跟别人吵了一架。 그녀는 오늘 버스에서 다른 사람과 말다툼을 했다.

✪ 架子 jiàzi (명+접미) 명 자세, 모양, 허세 [자만하고 거드름 피우는 것을 뜻함]

177 车 chē

车(車) 수레를 본뜬 글자

명 차 **车库** | **车厢** | **堵车** | **开夜车**

✚ **车站** chēzhàn (명+명) 명 역, 터미널, 정류장 | **车辆** chēliàng (명+명) 명 차량 | **公共汽车** gōnggòngqìchē (형+형+명+명) 명 버스 [=**公交车** gōngjiāochē] | **电车** diànchē (명+명) 명 전차 | **火车** huǒchē (명+명) 명 기차 | **卡车** kǎchē (명+명) 명 트럭 | **列车** lièchē (명+명) 명 열차, 기차 | **摩托车** mótuō chē (명+명) 명 오토바이

车库 chēkù

车 chē 명 차
库 kù 명 창고

명 차고

地下车库里已停放了很多车辆。 지하 차고에는 이미 많은 차들이 주차되어 있다.

车厢 chēxiāng

车 chē 명 차
厢 xiāng 명 룸(room)

명 객실 [기차에서 사람이 타거나 물건을 싣는 곳]

硬座车厢里人太多，我想坐卧铺。 일반 좌석 객실은 사람이 너무 많아서 나는 침대 객실에 타고 싶다.

火车车厢 기차의 객실　硬座车厢 일반 좌석 객실

시험 TIP '车厢'으로 대화 장소 유추하기

듣기의 대화에서 '车厢'이 들리면 주로 기차(火车)나 지하철(地铁 dìtiě) 안에서 대화를 하고 있다는 것을 알 수 있습니다. 이처럼 '车厢'은 대화 장소를 유추하는 핵심 키워드가 될 수 있으니, 잘 외워 두세요.

堵车 dǔchē

堵 dǔ 동 막다
车 chē 명 차

동 차가 막히다 [= 塞车 sāichē]

这条路每天早上都堵车。 이 길은 매일 아침마다 차가 막힌다.

시험 TIP 듣기 시험에서 자주 출제되는 '堵车'

'堵车'는 듣기 영역에서 교통과 관련된 내용의 대화 중 자주 들리는 단어입니다. 때로는 '堵'만 들리거나 동의어인 '塞车'가 들리기도 합니다. 따라서 이 단어들은 모두 함께 외워 두는 것이 좋습니다.

开夜车 kāiyèchē

开 kāi 동 운전하다
夜车 yèchē 명 야간열차, 심야에 하는 공부

관용 밤새워 일하다, 밤새워 공부하다 [= 熬夜 áoyè]

我昨天晚上开夜车到四点多。 나는 어젯밤에 4시가 넘어서까지 공부했다.

시험 TIP 유의어 비교 '开夜车'와 '熬夜'

'开夜车'는 듣기 영역에서 종종 들리는 관용적 표현입니다. '开夜车'와 '熬夜'는 모두 '밤을 새다'라는 뜻이지만, '开夜车'는 일을 하거나 공부를 하느라 밤을 새웠을 때 사용하고, '熬夜'는 텔레비전을 보거나 게임을 하는 등 주로 노느라 밤을 새웠을 때 사용합니다. 같은 의미의 단어이지만 상황에 따라 달리 써야 하니, 꼭 구분해서 외워 두세요.

178 彻 chè

彳 걷다 + 切 끊다
조금만 더 걸으면(彳) 길이 끊어진다(切)는 것까지 꿰뚫고(彻) 있죠.

동 꿰뚫다, 관통하다 彻底

彻底 chèdǐ

彻 chè 동 꿰뚫다, 관통하다
底 dǐ 명 바닥, 내막

형 철저하다, 빈틈없다

부 철저히

这件事一定要彻底调查。 이 일은 반드시 철저히 조사해야 한다. → 부사 용법

检查彻底 검사가 철저하다

179 沉 chén

氵 물 + 冗 쓸데없다
물(氵)에 쓸데없는(冗) 것이 잠겨(沉) 있어요.

동 (물속으로) 가라앉다

형 1 (무게가) 무겁다 沉默 | 沉重

2 (정도가) 깊다, 심하다 沉思

沉默 chénmò

沉 chén 형 무겁다
默 mò 형 묵묵하다

형 과묵하다, 말수가 적다

동 침묵하다

她沉默了半天才说起话来。 그녀는 한참을 침묵하고 나서야 말하기 시작했다. → 동사 용법

保持沉默 침묵을 유지하다 沉默是金 침묵은 금이다

✪ 默默 mòmò 부 묵묵히, 아무런 말 없이

沉重 chénzhòng

沉 chén 형 무겁다
重 zhòng 형 무겁다

형 (정도가) 깊다, (마음이) 무겁다

我的心情从来没有这么沉重过。 내 마음이 이제껏 이렇게 무거웠던 적이 없었다.

沉重的脚步 무거운 발걸음 沉重的心情 무거운 마음

시험 TIP 유의어 비교 '沉重'과 '重'

'沉重'은 6급 단어이지만, 5급 시험에서도 종종 출제되므로, 알아 두는 것이 좋습니다. 비슷한 의미의 '重(무겁다)'은 구체적·추상적 대상에 모두 사용하지만, '沉重'은 추상적인 대상에만 사용한다는 차이가 있습니다.

沉思 chénsī

沉 chén 형 (정도가) 깊다
思 sī 동 생각하다

동 깊이 생각하다, 심사숙고하다

听了这个消息，总经理沉思了很久。 이 소식을 듣고 나서 사장님은 오랫동안 깊이 생각하셨다.

默默地沉思 묵묵히 심사숙고하다 闭目沉思 눈을 감고 깊이 생각하다

✪ **思考** sīkǎo (동+동) 동 깊이 사고하다, 생각하다 ▶p.354

180 称 chēng

禾 벼 + 尔 너
너(尔)는 벼(禾)를 중국어로 뭐라고 부르는지(称) 아니?

동 1 칭하다, ~라고 부르다 **称呼**
2 칭찬하다 **称赞**
3 무게를 달다

시험 TIP 다양한 의미의 '称'

'称'은 단독으로 쓰여 '무게를 달다'라는 의미를 나타내기도 합니다. 듣기나 독해에서 자주 등장하므로 이 의미도 알아 두세요. 저울은 '秤 chèng'이라고 합니다. 글자가 비슷하니, '称'과 혼동하지 않도록 주의하세요.

➕ **简称** jiǎnchēng (동+동) 명동 약칭(하다) | **俗称** súchēng (형+동) 명동 속칭(하다) | **称重量** chēng zhòng liàng (술+목) 무게를 재다

称呼 chēnghu

称 chēng 동 칭하다, ~라고 부르다
呼 hū 동 부르다

동 부르다, 호칭하다

명 호칭 [= **称号** chēnghào]

孩子们都称呼他叔叔。 아이들은 모두 그를 삼촌이라 부른다. → 동사 용법

这种称呼听起来很亲切。 이런 호칭은 듣기에 매우 친근하다. → 명사 용법

称呼名字 이름을 부르다 怎么称呼你呢？ 당신을 뭐라고 불러야 합니까?

시험 TIP 다양한 의미의 '称呼'

'称呼'는 동사 용법과 명사 용법을 모두 알아 두세요. 그리고 동의어인 '称号'에는 동사 용법이 없음을 기억해 두세요.

称赞 chēngzàn

称 chēng 동 칭찬하다
赞 zàn 동 칭송하다

동 칭찬하다 [= 表扬 biǎoyáng ▶p.87, 赞扬 zànyáng, 赞美 zànměi ▶p.437]

大家都称赞她是自然美的典型人物。 사람들은 모두 그녀가 자연미의 전형적인 인물이라고 칭찬한다.

称赞孩子 아이를 칭찬하다　受到称赞 칭찬을 받다

시험 TIP '称赞'의 문장 구조

'称赞'은 주로 '주어+称赞+대상……'의 형식으로 사용하여 '(주어)가 (대상)을 ~하다고 칭찬하다'라는 뜻을 나타냅니다. 문장 구조를 잘 익혀 두세요.

✪ 赞美 zànměi (동+형) 동 칭찬하다, 찬미하다 ▶p.437

181 成 chéng

부수: 戈 창
옛날에 성공(成)이란 창(戈)으로 싸워 이기는 것이었으니 '戈'이 부수로 쓰였어요.

명 성취, 성과 **成果 | 成绩 | 成就**

동 1 (뜻한 바를) 이루다, 성공하다 **成功**

2 ~가 되다, ~로 변하다 **成分 | 构成 | 成熟 | 成为 | 成长 | 成立**

成果 chéngguǒ

成 chéng 명 성취, 성과
果 guǒ 명 결과, 과일, 열매

명 (일이나 사업에서의) 성과, 결실 [장기간 힘들게 일한 후의 수확]

这些产品是一年劳动的成果。 이 제품들은 일 년 동안 일한 성과이다.

获得成果 성과를 얻다　研究成果 연구 성과　成果显著 성과가 두드러지다

✪ 果汁 guǒzhī (명+명) 명 과일즙, 과일 주스 | 果实 guǒshí (명+명) 명 열매, 과실

成绩 chéngjì

成 chéng 명 성취, 성과
绩 jì 명 성과, 공적

명 성적, 성과

他取得了满意的成绩。 그는 만족스러운 성적을 얻었다.

取得好成绩 좋은 성적을 얻다　成绩下降 성적이 떨어지다

成就 chéngjiù

成 chéng 명 성취, 성과
就 jiù 동 완성하다, 이루다

명 (사업상의) 성취, 성과
동 (비교적 큰일을) 성취하다, 이루다

她在这个领域有了突出的成就。 그녀는 이 영역에서 뛰어난 성과를 거두었다. → 명사 용법
他成就了大业。 그는 대업을 이루었다. → 동사 용법
取得成就 성과를 얻다　突出的成就 뛰어난 성취

✪ 就业 jiùyè (동+명) 동 취업하다, 직장을 얻다

成功 chénggōng

成 chéng 동 이루다, 성공하다
功 gōng 명 공로, 성과

명 성공
동 성공하다
형 성공적이다

他们的实验终于取得了成功。 그들의 실험은 마침내 성공을 거두었다. → 명사 용법
他的演唱会举办得十分成功。 그의 콘서트는 매우 성공적이었다. → 형용사 용법

시험 TIP '成功'의 문장 구조

'成功'은 우리말에서 '~에 성공하다'라고 말하는 것처럼 단독으로 쓸 수도 있지만, '取得成功'과 같이 동사 '取得'와 결합한 형태로 자주 쓰입니다. '成功'이 정도를 나타내는 부사 '十分', '很', '非常' 등의 뒤에 쓰일 경우, '成功'의 품사는 형용사임을 기억해 두세요.

✪ 功劳 gōngláo (명+명) 명 공로, 공적

成分 chéngfèn

成 chéng 동 ~가 되다
分 fèn 명 성분

명 (구성) 성분

这种药的成分比较复杂。 이런 약의 성분은 비교적 복잡하다.
营养成分 영양 성분　化学成分 화학 성분　主要成分 주요 성분

构成 gòuchéng

构 gòu 동 구성하다, 결성하다
成 chéng 동 ~가 되다

동 구성하다, 구성되다, 조성하다

这个汉字是由两部分构成的。 이 한자는 두 부분으로 구성되어 있다.

构成犯罪 범죄를 구성하다

시험 TIP '构成'의 문장 구조

'构成'은 '由……构成'의 구조로 많이 사용됩니다. 단, 구성 요소가 '사람'일 경우에는 '构成'이 아닌 '组成'을 써야 합니다.

예 由三个人构成 (×) → 由三个人组成 (○) 세 명으로 구성되다

成熟 chéngshú

成 chéng 동 ~가 되다
熟 shú 형 익다, 여물다, 잘 알다

형 1 (과일이나 곡식 등이) 익다
2 (정도나 조건 등이) 성숙하다, 완전하다

树上的苹果大多已经成熟了。 나무에 달린 사과가 대부분 익었다. → 형용사1 용법

我的想法不太成熟。 내 생각은 그다지 성숙하지 않다. → 형용사2 용법

变得成熟 성숙해졌다　成熟的阶段 성숙한 단계

시험 TIP 搭配로 외우는 '成熟'

'成熟'는 과일이나 곡식과 함께 쓰였을 때는 '익다', 조건 등과 함께 쓰였을 때는 '완전하다', 사람과 함께 쓰였을 때는 '성숙하다'로 이해해야 합니다. 문맥에 따라 해석이 달라지니, 여러 가지 의미를 모두 잘 익혀 두세요.

✪ 熟悉 shúxī (형+동) 형 잘 알다, 익숙하다 동 익히다, 숙지하다 ▶p.346

成为 chéngwéi

成 chéng 동 ~가 되다, ~로 변하다
为 wéi 동 ~로 변하다

동 ~가 되다, ~로 변하다

我妹妹成为一名演员了。 내 여동생은 배우가 되었다.

成为过去 과거가 되다

成长 chéngzhǎng

成 chéng 동 ~가 되다
长 zhǎng 동 자라다

동 성장하다, 자라다

高考只不过是成长过程中一个小小的台阶。 대학 입시는 성장 과정 중의 아주 작은 단계에 불과하다.

成长为科学家 과학자로 성장하다

시험 TIP '成长'의 문장 구조

'成长'은 목적어를 뒤에 바로 쓸 수 없고, '为 wéi'와 같은 결과보어를 꼭 써야 한다는 것을 기억해 두세요.

예 成长科学家 (×) → 成长为科学家 (○) 과학자로 성장하다

成立 chénglì

成 chéng 동 ~가 되다
立 lì 동 세우다, 건립하다

동 (조직이나 기구를) 세우다, 설립하다, 결성하다

我们公司是今年刚成立的。 우리 회사는 올해 설립되었다.

成立代表团 대표단을 결성하다

시험 TIP 시험에서 자주 출제되는 '成立'

'成立'는 5급 쓰기에서 제시어로 출제된 적이 있고, 독해 제1부분에서도 출제된 중요한 단어입니다. 자동사이자 타동사 이므로 목적어를 가질 수도 있고 가지지 않을 수도 있습니다.

182 乘 chéng

乘 사람이 나무 위에서 적의 정세를 살피는 모양을 본뜬 글자

동 (교통수단에) 타다 **乘坐 | 换乘**

➕ **乘客** chéngkè (동+명) 명 승객 | **乘务员** chéngwùyuán (동+명+명) 명 승무원

乘坐 chéngzuò

乘 chéng 동 타다
坐 zuò 동 앉다, 타다

동 (교통수단을) 타다

六十五岁以上的老年人可以免费乘坐公交车。 65세 이상의 노인들은 버스를 공짜로 탈 수 있다.

乘坐飞机 비행기를 타다 乘坐出租车 택시를 타다

换乘 huànchéng

换 huàn 동 바꾸다
乘 chéng 동 타다

동 (차를) 갈아타다

下火车后再换乘汽车。 기차에서 내린 다음 다시 차로 갈아탄다.

换乘飞机 비행기를 갈아타다

183 承 chéng

부수: 手 손
손(手)으로 일을 맡아서(承) 해야 하니 '手'가 부수로 쓰였어요.

동 1 맡다, 부담하다 **承担**
2 (추상적인 동작을) 받다 **承认 | 承受**

承担 chéngdān

承 chéng 동 맡다, 부담하다
担 dān 동 메다, 담당하다

동 담당하다, ~를 맡다

我把工作全部承担下来。 나는 업무를 모두 담당한다.

承担工作 업무를 담당하다　承担责任 책임을 맡다　承担后果 (안 좋은) 결과를 책임지다

시험 TIP 유의어 비교 '承担'과 '担任'

'承担'과 '担任'은 모두 '담당하다', '~를 맡다'라는 의미입니다. 그러나 '承担'은 주로 '업무, 책임' 등의 목적어와 함께 쓰이고 '担任'은 주로 '직책'과 관련된 목적어와 함께 쓰입니다. 잘 구분해 외워서 혼동하지 않도록 하세요.

✪ **担心** dānxīn (동+명) 동 염려하다, 걱정하다 | **担任** dānrèn (동+명) 동 (직책을) 담임하다, 맡다

承认 chéngrèn

承 chéng 동 (추상적인 동작을) 받다
认 rèn 동 인정하다

동 인정하다, 시인하다

每个人都要勇于承认自己的错误。 모든 사람은 용감하게 자신의 잘못을 인정해야 한다.

承认失败 실패를 시인하다

✪ **认为** rènwéi (동+동) 동 생각하다, 간주하다 | **认输** rènshū (동+동) 동 패배를 인정하다

承受 chéngshòu

承 chéng 동 (추상적인 동작을) 받다
受 shòu 동 참다, 견디다, 당하다

동 참다, 견디다, 이겨 내다

他承受得住来自家庭和社会的压力吗? 그가 가정과 사회에서 오는 스트레스를 견딜 수 있을까?

承受考验 시련을 이겨 내다　承受痛苦 고통을 이겨 내다

✪ **受伤** shòushāng (동+명) 동 부상을 당하다 ▶p.345

184 诚 chéng

讠 말씀 + 成 이루다
어른들이 말씀(讠)하신 대로 목표를 이루려면(成) 마음이 진실해야(诚) 해요.

형 (마음이) 진실하다 **诚恳** | **诚实**

诚恳 chéngkěn

诚 chéng 형 진실하다
恳 kěn 형 간절하다

형 (태도가) 진실하다, 성실하다, 간절하다

我接受了他们诚恳的邀请。 나는 그들의 간절한 초청을 받아들였다.
诚恳的态度 진실한 태도

✪ **恳求** kěnqiú (형+동) 동 간곡히 부탁하다

诚实 chéngshí

诚 chéng 형 진실하다
实 shí 형 진실하다, 실제적이다

형 진실하다, 솔직하다 [↔虚伪 xūwěi]

我要做一个诚实的人。 나는 진실한 사람이 되어야겠다.
诚实的学生 진실한 학생　诚实守信 진실하며 신용을 지키다

시험 TIP 주의하세요! '诚实'의 의미
'诚实'는 한자의 독음이 '성실'이기 때문에 많은 학생들이 '성실하다'로 알고 있고, 일부 사전에도 오류가 있습니다. 하지만 '诚实'는 '거짓을 말하지 않다', 즉 '진실하다', '솔직하다'의 의미입니다. '诚实'의 의미를 꼭 제대로 기억하세요.

✪ **实际** shíjì (형+명) 명형 실제(적이다) ▶p.335

185 程 chéng

禾 벼 + 呈 나타내다
벼(禾)가 계절마다 색깔을 드러낼(呈) 때는 순서(程)가 있어요.

명 순서, 단계 **程序** | **程度**

➕ **过程** guòchéng (동+명) 명 과정 ▶p.191 | **日程** rìchéng (명+명) 명 일정 | **课程** kèchéng (명+명) 명 교과과정, 커리큘럼 | **工程** gōngchéng (명+명) 명 공정, 대형 프로젝트 | **路程** lùchéng (명+명) 명 총 노선 거리

程序 chéngxù

程 chéng 명 순서
序 xù 명 순서

명 1 (일할 때의) 순서
2 컴퓨터 프로그램

这次会议的程序已经安排好了。 이번 회의의 순서는 이미 배치가 끝났다. → 명사1 용법

安装的程序 설치 순서　计算机程序 컴퓨터 프로그램

✪ 序号 xùhào (명+명) 명 순번, 시리얼 넘버

程度 chéngdù

程 chéng 명 단계
度 dù 명 정도

명 (문화, 지식, 교육 등 분야에서의) 수준, 정도, 레벨

父亲有大学文化程度。 아버지는 대학 교육 수준이시다.

文化程度 문화 수준, 교육 수준　技术程度 기술 수준

186 吃 chī

口 입 + 乞 구걸하다
입(口)으로 먹을 것을 구걸해서(乞) 먹어요(吃).

동 1 먹다
2 (고통이나 슬픔을) 감당하다, 참다
3 당하다, 받다 吃惊 | 吃亏
4 소모하다, 쓰다 吃力

➕ 吃饭 chīfàn (동+명) 동 밥을 먹다 | 吃面条 chī miàntiáo (술+목) 국수를 먹다 | 吃苦 chīkǔ (동+명) 동 고생하다 | 吃得消 chī dexiāo (술+보) 견딜 수 있다, 참을 수 있다 | 口吃 kǒuchī (명+동) 동 말을 더듬다

吃惊 chījīng

吃 chī 동 당하다, 받다
惊 jīng 동 놀라다

동 놀라다

听到这个消息，他很吃惊。 이 소식을 듣고 그는 매우 놀랐다.

大吃一惊 크게 놀라다　令人吃惊 사람을 놀라게 하다

시험 TIP 이합사 '吃惊'

'吃惊'은 '동사+목적어' 구조의 이합사이므로 뒤에 목적어가 올 수 없습니다. 따라서 '그를 매우 놀래 주었다'와 같이 목적

Day 10

어를 두어서 말하고 싶을 때는 '让他吃惊'이라고 표현해야 합니다.

✪ **惊讶** jīngyà (동+동) 형 놀랍고 의아하다 | **惊喜** jīngxǐ (동+동) 형 놀랍고 기쁘다 [의외의 기쁨을 뜻함]

吃亏 chīkuī

吃 chī 동 당하다
亏 kuī 명 손해

동 손해 보다, 손해 입다

去年我们公司吃了不少亏。 작년에 우리 회사는 많은 손해를 보았다.

吃亏的买卖 손해 보는 장사

시험 TIP 이합사 '吃亏'

'吃亏'는 이합사이기 때문에 뒤에 목적어를 가질 수 없다는 점에 유의하세요.

吃力 chīlì

吃 chī 동 소모하다, 쓰다
力 lì 명 힘

형 힘들다, 고생스럽다

学外语对他来说很吃力。 외국어를 배운다는 것은 그에게 무척 힘든 일이다.

学习很吃力 공부하는 게 힘들다 吃力不讨好 죽도록 고생만 하고 좋은 소리를 듣지 못하다

시험 TIP 유의어 비교 '吃力'와 '吃苦'

	吃力 chīlì	吃苦 chīkǔ
의미	형 힘들다, 고생스럽다	동 고생하다
비교	품사에 주의! '吃力'는 형용사, '吃苦'는 이합사임	
예문	干这活儿我太吃力了。 이 일을 하는 것이 나는 너무 힘들다.	干这活儿我吃了很多苦。 이 일을 하느라 나는 매우 고생을 했다.

187 充 chōng

亠 '育(자라다)'의 생략형 + 儿 사람의 다리 모양

형 가득하다, 충분하다 **充分**

동 가득 채우다 **充电** | **充满** | **补充**

➕ **充电器** chōngdiànqì (동+명+명) 명 충전기 |
充足 chōngzú (형+형) 형 충분하다 | **充实** chōngshí (형+형) 형 충실하다, 풍부하다 동 충실하게 하다, 풍부하게 하다 ▶p.334 |
充沛 chōngpèi (형+형) 형 (정력이) 넘치다, 왕성하다 |
充当 chōngdāng (동+동) 동 (어떤 직무를) 맡다

시험 TIP 搭配로 외우는 '充'

'充足', '充实', '充沛', '充当'은 모두 6급 단어이지만, 5급 시험의 독해 지문에서도 자주 보입니다. 따라서 호응되는 단어들과 함께 외워 두는 것이 좋습니다.

예 粮食充足 식량이 충분하다 / 睡眠充足 수면이 충분하다
内容充实 내용이 충실하다 / 生活充实 생활이 알차다
精力充沛 에너지가 왕성하다 / 雨水充沛 강우량이 충분하다
充当翻译 통역을 담당하다

充分 chōngfèn

充 chōng 형 충분하다
分 fèn 명 성분

형 충분하다
부 충분히

下次考试一定要做好充分的准备。 다음 시험은 꼭 충분한 준비를 해야 한다. → 형용사 용법
商店要充分满足顾客的要求。 상점은 고객의 요구를 충분히 만족시켜야 한다. → 부사 용법
充分的理由 충분한 이유　充分发挥 충분히 발휘하다

시험 TIP 암기하세요! '充分'의 부사 용법

'充分'의 두 가지 용법 중 부사 용법이 시험에 자주 출제됩니다. '充分'이 부사로 쓰일 경우, 대부분 '充分' 뒤에는 동사가 결합하여 '충분히 ~하다'라는 의미를 나타냅니다. 조동사가 올 경우 '充分'은 조동사 뒤에 위치한다는 것도 알아 두세요.

充电 chōngdiàn

充 chōng 동 가득 채우다
电 diàn 명 전기

동 1 (전기를) 충전하다
2 (학습을 통해) 자기 계발하다

他用充电器给手机充着电呢。 그는 충전기로 휴대전화를 충전하고 있다. → 동사1 용법
去图书馆充电 도서관에 가서 자기 계발하다

시험 TIP 듣기 시험에서 자주 출제되는 '充电'

'充电'은 휴대전화가 생활필수품이 됨에 따라 듣기 문제에서 자주 등장하는 단어이므로, HSK 지정단어는 아니지만 꼭 알아 두어야 합니다. 또한 학습을 통해 자기 계발을 하며 재충전을 한다는 의미로도 쓰이는데, 출제된 적이 있으니 함께 기억해 두세요.

✪ 电池 diànchí (명+명) 명 건전지 | 电灯 diàndēng (명+명) 명 전등 | 电台 diàntái (명+명) 명 라디오 방송국 | 电梯 diàntī (명+명) 명 엘리베이터 | 电子邮件 diànzǐ yóujiàn (명+명) 명 이메일

充满 chōngmǎn

充 chōng 동 가득 채우다
满 mǎn 형 차다, 가득하다, 만족하다

동 충만하다, 가득하다

我对未来充满了信心。 나는 미래에 대해 자신감이 가득하다.

充满希望 희망이 가득하다　充满活力 활력(에너지)이 가득하다

시험 TIP 주의하세요! '充满'의 품사&해석

우리말에서 '충만하다'는 형용사이지만, 중국어에서 '充满'은 동사로서 반드시 추상명사를 목적어로 가집니다. 또한 '充满信心(자신감이 충만하다)'처럼 목적어가 우리말의 '을/를'이 아닌 '이/가'로 해석되기도 합니다.

✪ **满足** mǎnzú (형+형) 형 (스스로) 만족하다 동 만족시키다 ▶p.276

补充 bǔchōng

补 bǔ 동 **보충하다**
充 chōng 동 **가득 채우다**

동 (부족한 부분을) 보충하다, (추가로) 보충하다

对于会议的内容，他进行了补充说明。 회의 내용에 대해서 그는 보충 설명을 하였다.

补充内容 내용을 보충하다　补充人员 인원을 보충하다

188 重 chóng zhòng

부수: 里 마을
옛날에 마을(里)은 사람이 모여 사는 가장 중요한(重) 장소였어요.

chóng 동 거듭하다 **重复**
부 새로이, 또다시 **重新**

zhòng 형 1 중요하다 **重点** | **重要**
2 무겁다
명 중량, 무게 **重量**
동 중요시하다 **重视**

✚ **体重** tǐzhòng (명+명) 명 체중 | **严重** yánzhòng (형+형) 형 심각하다 ▶p.413 | **尊重** zūnzhòng (동+동) 동 존중하다 ▶p.487 | **慎重** shènzhòng (형+형) 형 신중하다

重复 chóngfù

重 chóng 동 **거듭하다**
复 fù 동 **반복하다**

동 (같은 일을) 반복하다, 되풀이하다

这都是我最近重复说明的问题。
이것들은 모두 내가 최근에 반복해서 설명한 문제들이다.

内容重复 내용이 중복되다

시험 TIP 주의하세요! '重复'의 품사

예문의 '重复说明(반복해서 설명하다)'처럼 '重复' 뒤에 동사가 올 경우, '重复'를 부사라고 착각할 수도 있습니다. 하지만 '重复'는 부사가 아니라 동사라는 걸 꼭 기억해 두세요.

重新 chóngxīn

重 chóng 부 새로이, 또다시
新 xīn 형 새롭다

부 다시, 새롭게, 재차

他买了些新家具，把屋子重新布置了一下。 그는 새 가구들을 사서 방을 새롭게 배치하였다.

重新考虑 재차 고려하다　重新开始 새로 시작하다

✪ 新闻 xīnwén (형+명) 명 뉴스, 새로운 소식 | 新鲜 xīnxiān (형+형) 형 신선하다, 싱싱하다

重点 zhòngdiǎn

重 zhòng 형 중요하다
点 diǎn 명 방면, 부분

명 중점, 핵심

형 중요하다, 중점적이다

这篇文章重点不清楚。 이 글은 핵심이 불분명하다. →명사 용법

概括重点 핵심을 간략하게 요약하다　重点大学 중점 대학[중국에서 정부의 집중적인 지원을 받는 대학교를 뜻함]

重要 zhòngyào

重 zhòng 형 중요하다
要 yào 형 중요하다

형 중요하다

这个会很重要，你必须参加。 이 회의는 매우 중요하니 너는 반드시 참가해야 한다.

重要新闻 주요 뉴스　重要任务 중요한 임무

✪ 要紧 yàojǐn (형+형) 형 중요하다, (병세가) 심각하다

Day 10

重量 zhòngliàng

重 zhòng 명 중량, 무게
量 liàng 명 용량

명 중량, 무게

物体的重量跟体积成正比。 물체의 중량과 부피는 정비례한다.

限制重量 무게를 제한하다　减轻重量 무게를 덜다

重视 zhòngshì

重 zhòng 동 중요시하다
视 shì 동 보다, 살피다

동 중시하다, 관심을 가지다 [= 讲究 jiǎngjiu ▶p.224, 看重 kànzhòng]

保护野生动物已经引起全世界的重视。 야생동물보호는 이미 전 세계적으로 관심을 끌고 있다.
重视教育 교육을 중시하다

✪ **视力** shìlì (동+명) 명 시력

189 抽 chōu

扌 손 + 由 유래
손(扌)으로 유래(由) 있는 물건을 뽑아내요(**抽**).

동 1 (일부를) 빼내다, 뽑아내다, 추출하다 **抽时间 | 抽屉 | 抽象**
2 (기체나 액체를) 빨아들이다, 흡수하다 **抽烟**

✚ **抽奖** chōujiǎng (동+명) 동 (경품 등을) 추첨하다

抽时间 chōu shíjiān

抽 chōu 동 **(시간을) 내다**
时间 shíjiān 명 **시간**

시간을 내다 [= **抽空** chōukòng]
你抽时间把这个文件打印出来。 너는 시간을 내서 이 문서를 출력해라.

시험 TIP 듣기 시험에서 자주 출제되는 '抽时间'
'**抽时间**'은 HSK 지정단어는 아니지만, 듣기 시험에서 간혹 들리는 단어이므로 익혀 두세요. '**抽**' 뒤에 보어 '**出**'를 써서 '**抽出时间**'이라고도 자주 씁니다.

抽屉 chōuti

抽 chōu 동 **빼내다**
屉 tì 명 **서랍**

명 서랍
那些东西都放在抽屉里。 그 물건들은 모두 서랍 속에 두었다.
翻抽屉 서랍을 뒤지다 打开抽屉 서랍을 열다

시험 TIP 암기하세요! '抽屉'
'**抽屉**'는 5급 듣기와 쓰기 제1부분에 출제된 적이 있는 단어입니다. 꼭 암기해 두세요.

抽象 chōuxiàng

抽 chōu 동 **뽑아내다**
象 xiàng 명 **형상**

형 추상적이다
他讲得非常抽象，听不懂。 그는 말하는 게 굉장히 추상적이어서 알아들을 수가 없다.
抽象的概念 추상적인 개념

抽烟 chōuyān

抽 chōu 동 빨아들이다
烟 yān 명 연기, 담배

동 담배를 피우다, 흡연하다 [= 吸烟 xīyān]

请勿在车厢里抽烟。 열차 객실 안에서 흡연하지 마세요.

我爸爸抽了一辈子烟。 우리 아빠는 평생 담배를 피웠다.

不准抽烟 흡연해서는 안 된다

시험 TIP **이합사 '抽烟'과 '吸烟'**

'抽烟'과 '吸烟'은 모두 이합사입니다. 따라서 뒤에 목적어를 쓸 수 없고, 다른 성분이 올 때는 위 예문처럼 반드시 두 글자 사이에 위치합니다.

✪ 烟缸 yāngāng (명+명) 명 재떨이

190 出 chū

出 새싹이 땅 위로 돋아나는 모양을 본뜬 글자

동 1 (안에서 밖으로) 나가다 出口 | 出发 | 出差 ▶p.94
2 나타나다, 드러나다 出色 | 出现
3 생산하다, 생기다 出生
4 참석하다 出席
5 출판하다 出版

出口 chūkǒu

出 chū 동 나가다
口 kǒu 명 출입구, 항구, 입

동 수출하다 [↔ 进口 jìnkǒu ▶p.243]
명 출구

这批货还没办出口手续。 이 화물은 아직 수출 수속을 하지 않았다. → 동사 용법

会场有两个出口。 회의장에는 출구가 두 개 있다. → 명사 용법

出口商品 수출 상품　出口在右边 출구가 오른쪽에 있다

出发 chūfā

出 chū 동 나가다
发 fā 동 출발하다

동 출발하다 [= 动身 dòngshēn ▶p.142]

我打算从北京出发去云南旅游。 나는 베이징에서 출발하여 윈난으로 여행할 예정이다.

准备出发 출발 준비를 하다

시험 TIP '出发'의 문장 구조

'出发'는 목적어를 가질 수 없기 때문에 목적어를 앞으로 도치하여 '从+출발 장소+出发'의 형식으로 써야 합니다. 따라서 '베이징을 출발하다'라고 할 때는 '出发北京'이라고 하면 안 되고, 반드시 '从北京出发'라고 해야 합니다.

出色 chūsè

出 chū 동 나타나다, 드러나다
色 sè 명 색

형 출중하다, 뛰어나다 [= 精彩 jīngcǎi ▶p.244]

今天你的表现非常出色。 오늘 너의 활약은 매우 뛰어났다.

成绩很出色 성적이 뛰어나다　出色的表现 뛰어난 활약

시험 TIP 암기하세요! '出色'의 의미

'出色'는 한 글자씩 분석해서 보면 '색을 드러내다'라는 뜻이지만, '출중하다, 뛰어나다'라는 의미로 쓰입니다. 듣기나 쓰기에서 자주 등장하는 단어이니 꼭 기억해 두세요.

✪ 色彩 sècǎi (명+명) 명 색채, (개인의) 성향, (사물의) 정서나 분위기

出现 chūxiàn

出 chū 동 나타나다, 드러나다
现 xiàn 동 나타나다

동 출현하다, 나타나다

这种情况已经很久没有出现过了。 이런 상황은 이미 오랫동안 출현한 적이 없다.

出现奇迹 기적이 나타나다　出现(某种)情况 (모종의) 상황이 출현하다

出现在我们面前 우리 앞에 나타나다

시험 TIP 독해 시험에서 자주 출제되는 '出现'

'出现'은 사람 또는 구체적·추상적 사물을 목적어로 가집니다. 목적어는 우리말과 달리 '~이/가'로 해석됩니다. 독해에서 정답으로 자주 출제되는 중요한 단어이니 잘 기억해 두세요.

出生 chūshēng

出 chū 동 생산하다, 생기다
生 shēng 동 낳다

동 태어나다, 출생하다

今年出生的孩子特别多。 올해 태어난 아이들이 매우 많다.

出生于1976年 1976년에 태어나다　出生在首尔 서울에서 태어나다

出席 chūxí

出 chū 동 참석하다
席 xí 명 자리

동 출석하다, 회의에 참가하다 [= 参加 cānjiā ▶p.90]

感谢您出席我们的宴会，希望今后我们能加强合作。
저희 연회에 참석해 주셔서 감사합니다. 앞으로 우리가 협력을 강화할 수 있길 바랍니다.

出席会议 회의에 참가하다　出席座谈会 좌담회에 출석하다

出版 chūbǎn

出 chū 동 출판하다
版 bǎn 명 인쇄용 판

동 (서적이나 음반을) 출판하다, 발행하다

这是他写的第一部小说，目前该书已出版。이 책은 그가 쓴 첫 번째 소설로, 현재 이 책은 이미 출판되었다.

出版小说 소설을 출판하다　出版社 출판사

✪ **版本** bǎnběn (명+명) 명 (컴퓨터 프로그램의) 버전, 판본 [같은 책을 형태를 달리하여 새롭게 출판한 것]

191 除 chú

阝 언덕 + 余 남다
언덕(阝)에 남아(余) 있는 풀들을 제거해요(除).

개 ~를 제외하고 **除了 | 除夕**
동 제거하다 **开除 | 删除 | 消除**

Day 10

除了 chúle

除 chú 개 ~를 제외하고
了 le 조 [개사 뒤에 형식상 붙음]

개 1 ~를 제외하고 [주로 '**都**'와 호응함]
　2 ~외에 또 [주로 '**还**'와 호응함]

这个消息，除了小王，谁都知道。→ 개사1 용법
이 소식은 샤오왕을 제외하고, 누구라도 다 안다. [除了 A, 都 B : A를 포함하지 않음]

他除了学习英语以外，还学习汉语。→ 개사2 용법
그는 영어를 배우는 것 외에 중국어도 배운다. [除了 A 以外, 还 B : A를 포함함]

시험 TIP **시험에서 자주 출제되는 '除了'**

'除了'는 HSK 시험 전반에 걸쳐 자주 등장하는 단어입니다. '除了……以外/之外'로 쓰이기도 하고, 서면어에서는 '除……外'로 쓰이기도 합니다.

除夕 chúxī

除 chú 개 ~를 제외하고
夕 xī 명 밤, 저녁

명 섣달그믐, 음력 12월 30일 [= 大年三十 dànián sānshí]

除夕是指每年农历腊月的最后一天的晚上。 섣달그믐은 매년 음력 섣달(12월)의 마지막 밤을 가리킨다.

✪ 夕发朝至 xī fā zhāo zhì (명+동+명+동) 성 저녁에 출발하여 아침에 도착하다

开除 kāichú

开 kāi 동 제거하다
除 chú 동 제거하다

동 해고하다, 제명하다 [동작의 주체는 주로 기관, 학교, 단체임]

今年公司已开除了十名工人。 올해 회사는 이미 열 명의 노동자를 해고했다.

开除职员 직원을 해고하다 开除学生 학생을 제명하다

删除 shānchú

删 shān 동 삭제하다
除 chú 동 제거하다

동 삭제하다, 지우다

他把聊天记录都删除了。 그는 채팅 내용을 모두 삭제했다.

删除记录 기록을 삭제하다 删除内容 내용을 삭제하다

시험 TIP 자주 출제되는 '删除'

'删'이 단독으로 쓰일 경우에는 '删掉(삭제해 버리다)'의 형식으로 많이 쓰입니다. '删除'는 자료의 기록이나 내용을 삭제할 때 쓰는데, 특히 컴퓨터의 데이터를 삭제할 때 많이 쓰이죠. 5급 듣기나 쓰기에 자주 출제되는 중요한 단어이니 꼭 기억해 두세요.

✪ 除去 chúqù (동+동) 동 제거하다, 없애다

消除 xiāochú

消 xiāo 동 제거하다, 없애다
除 chú 동 제거하다

동 (불리한 것을) 없애다, 제거하다, 해소하다

这是消除疲劳的好办法。 이것은 피로를 푸는 좋은 방법이다.

消除矛盾 갈등을 없애다 消除环境污染 환경오염을 없애다

시험 TIP 독해 시험에서 자주 출제되는 '消除'

'消除'는 HSK 6급 지정단어이지만, 5급 독해 지문에도 종종 보이는 단어이므로 호응되는 단어와 함께 잘 익혀 두세요.

192 传 chuán

亻 사람 + 专 전문적이다
사람(亻)은 자기 전문(专) 분야의 지식을 다른 사람에게 전수하조(传).

동 1 (물건 등을) 전하다, (지식 등을) 전수하다 **传递 | 传说 | 传统**
2 (사상이나 소식 등을) 전파하다, 퍼뜨리다 **传播**
3 전염되다, 옮기다 **传染**

➕ **传真** chuánzhēn (동+명) 명 팩스, 팩시밀리 | **传达** chuándá (동+동) 동 (한쪽의 의사를 다른 쪽에) 전달하다 | **宣传** xuānchuán (동+동) 동 선전하다, 홍보하다 ▶p.410 | **流传** liúchuán (동+동) 동 (이야기나 작품 등이) 전해지다, 퍼지다 ▶p.271

传递 chuándì

传 chuán 동 전하다
递 dì 동 건네주다

동 전달하다, 전하다

他把这个好消息传递给大家。 그는 이 좋은 소식을 모두에게 전했다.
传递消息 소식을 전하다　传递信件 우편물을 전하다

시험 TIP '递'의 쓰임

- '전달하다'라는 뜻의 '传递'는 구체적인 사물을 목적어로 가질 때 '递' 단독으로 쓰이기도 합니다. '把+구체적 사물+递+给+대상'의 문장 구조를 암기해 두세요.
- '递'가 포함된 단어 중 '快递公司'가 있습니다. '快递公司'는 '빨리 전달하는 회사', 즉 '택배회사'를 뜻합니다. HSK 시험에서 자주 볼 수 있으니 암기해 두면 좋습니다.

传说 chuánshuō

传 chuán 동 전하다
说 shuō 동 말하다

명 전설, 소문
동 (말이) 전해지다

民间有一个美丽的传说，是关于牛郎织女的故事。→ 명사 용법
민간에 아름다운 전설이 있는데, '견우와 직녀'에 관한 이야기이다.
民间传说 민간전설

✪ **说服** shuōfú (동+동) 동 설득하다, 납득시키다 ▶p.162

传统 chuántǒng

传 chuán 동 전수하다
统 tǒng 명 계통, 사물 간의 연속적인 관계

명 전통

春节是中国最重要的传统节日。 춘제는 중국에서 가장 중요한 전통 명절이다.

发扬传统 전통을 더욱 빛내다　保留传统 전통을 보존해 오다

시험 TIP **표현plus '전통을 보존하다'**

'전통을 보존하다'라고 표현할 때는 '**保存传统**'이 아니라 '**保留传统**'이라고 해야 합니다. 한자 독음 때문에 헷갈리지 않도록 주의하세요. ▶p.77

传播 chuánbō

传 chuán 동 **전파하다, 퍼뜨리다**
播 bō 동 **파종하다, 전파하다**

동 전파하다, 퍼뜨리다, 널리 퍼지게 하다

这种病毒容易在空气中传播。 이런 바이러스는 공기 중에서 쉽게 퍼진다.

传播信息 정보를 퍼뜨리다　传播知识 지식을 전파하다　传播种子 씨를 흩뿌리다

✪ **播放** bōfàng (동+동) 동 방송하다

传染 chuánrǎn

传 chuán 동 **전염되다, 옮기다**
染 rǎn 동 **물들이다**

동 전염되다, 전염시키다

你的病已经传染给孩子了。 너의 병은 이미 아이에게 전염되었다.

传染病毒 바이러스를 전염시키다　传染疾病 질병을 옮기다　传染病 전염병

✪ **染发** rǎnfà (동+명) 동 머리를 염색하다

193 促 cù

亻 사람 + 足 발
사람(亻)이 발(足)로 툭툭 치면서 빨리 하라고 재촉해요(促).

동 재촉하다 **促进 | 促使**

促进 cùjìn

促 cù 동 **재촉하다**
进 jìn 동 **나아가다**

동 촉진하다, 촉진시키다

改革开放有力地促进了中国经济的发展。 개혁 개방은 중국 경제 발전을 크게 촉진시켰다.

促进生产 생산을 촉진하다　促进交流 교류를 촉진하다

시험 TIP **독해 시험에서 자주 출제되는 '促进'**

'**促进**'은 명사를 목적어로 가지는 동사입니다. 5급 독해 제1부분에 꾸준히 출제되는 중요한 단어이니 호응 구문과 함께 꼭 암기해 두세요.

✪ **进步** jìnbù (동+명) 동 발전하다 ▶p.242

促使 cùshǐ

促 cù 통 재촉하다
使 shǐ 통 ~하게 하다

통 (~하도록) 재촉하다, ~하게 하다

很多时候苦难是促使我们成长的重要途径。 많은 경우에 고난은 우리를 성장시켜 주는 중요한 방법이다.

시험 TIP '促使'의 문장 구조

'促使'의 중요도는 '促进'보다는 못하며, 독해 지문에는 종종 보이지만 답으로 출제된 적은 아직 없습니다. 명사를 목적어로 가지는 '促进'과 달리, '促使'는 '使'의 영향을 받아 뒤에 다시 하나의 문장인 '주어+술어' 구문이 옵니다.

194 答 dā dá

竹 대나무 + 合 합치다
옛날에는 대나무(竹)를 조각 내고 합쳐서(合) 그것에 글을 써서 대답했어요(答).

통 대답하다 dā **答应** dá **答案** | **回答**

答应 dāying

答 dā 통 대답하다
应 yìng 통 응하다, 승낙하다

통 허락하다, 동의하다, 승낙하다 [= **同意** tóngyì, **允许** yǔnxǔ]

对那些不合理的要求，我们坚决不答应。 그런 불합리한 요구들에 대해, 우리는 결코 동의하지 않는다.

答应要求 요구를 승낙하다　答应请求 부탁을 들어주다　答应他 그에게 허락하다

시험 TIP 시험에서 자주 출제되는 '答应'

'答应'은 HSK 전 영역에 걸쳐서 자주 출제되는 중요한 단어입니다. 이때는 '答'의 성조가 1성이라는 점에 유의하세요. 주로 '要求(요구)', '请求(요구, 부탁)' 등을 목적어로 가지고, 사람이 목적어로 올 경우 '그의 말에 동의하다', '그에게 허락하다'라는 의미를 나타냅니다.

答案 dá'àn

答 dá 통 대답하다
案 àn 명 기록, 문서

명 답안, 해답

老师一提问，他立刻就回答出了答案。 선생님이 질문하자마자 그는 즉시 답을 말했다.

明确的答案 명확한 답　答案很简单 답이 매우 간단하다

✪ **案件** ànjiàn (명+명) 명 (법률상의) 안건, 사안

回答 huídá

回 huí 동 되돌아오다, 회답하다
答 dá 동 대답하다

동 대답하다, 응답하다
명 대답, 응답

这个问题他回答得不太完全。 이 질문에 그의 대답은 그다지 완전하지 않다. → 동사 용법
老师对他的回答非常满意。 선생님은 그의 대답에 매우 만족해 했다. → 명사 용법
回答问题 문제에 대답하다 回答提问 질문에 대답하다

✪ 答复 dáfù (동+동) 명동 답변(을 하다) | 答卷 dájuàn (동+명) 명 답안, 답안지

시험 TIP 유의어 비교 '回答'와 '答复'

	回答 huídá	答复 dáfù
의미	명동 대답(하다), 응답(하다)	명동 답변(을 하다)
비교	단순한 질문이나 의견에 대답하는 것을 뜻함	어떤 요구 사항에 대해 답변하는 것을 뜻함
예문	请你回答这个问题。 이 문제에 대답해 주세요.	请你给我一个正确的答复。 저에게 정확한 답변을 주시기 바랍니다.

195 打 dǎ

扌 손 + 丁 못의 모양을 본뜬 글자
손(扌)으로 못(丁)을 박으니 '치다(打)'라는 의미가 나왔어요.

동 1 (손이나 기구 등을 써서) 때리다, 치다
2 (신체를 통해 어떤 동작을) 하다 **打扮** | **打扫** | **打印** | **打扰**
3 남과 관련되는 행위를 하다 **打交道** | **打招呼** | **打听** | **打折**
4 일하다, 종사하다 **打工**
5 (구체적 사항을) 정하다, 생각해 내다 **打算**

➕ **打架** dǎjià (동+명) 동 싸우다 [몸싸움을 뜻함] | **打赌** dǎdǔ (동+명) 동 내기를 하다 | **打针** dǎzhēn (동+명) 동 주사를 놓다, 주사를 맞다 | **打喷嚏** dǎ pēntì (술+목) 동 재채기를 하다 | **打瞌睡** dǎ kēshuì (술+목) 동 졸다 | **挨打** áidǎ (동+동) 동 매를 맞다, 두들겨 맞다 | **拨打** bōdǎ (동+동) 동 전화를 걸다

打扮 dǎban

打 dǎ 동 (어떤 동작을) 하다
扮 bàn 동 (~로) 분장하다

동 단장하다, 분장하다, 꾸미다
명 단장, 분장, 차림새

她很爱美，每次出门都要好好地打扮一番。 → 동사 용법
그녀는 멋내기를 좋아하여 집을 나설 때마다 예쁘게 꾸민다.

看我这身打扮怎么样? 내 차림새가 보기에 어때? → 명사 용법

打扮成军人 군인으로 분장하다　打扮得很漂亮 예쁘게 단장하다　乡下人打扮 시골 사람 차림새

시험 TIP 암기하세요! '打扮'의 의미

'打扮'은 화장으로 얼굴을 꾸미는 것뿐만 아니라 옷 차림새를 포함한 전체적인 치장이나 분장을 말합니다. HSK 5급 전반에 걸쳐 자주 보이는 단어이니, 의미를 잘 알아 두세요.

✪ **扮演** bànyǎn (동+동) 동 ~역을 연기하다

打扫 dǎsǎo

打 dǎ 동 (어떤 동작을) 하다
扫 sǎo 동 청소하다, 제거하다

동 청소하다

这个厕所，我们打扫干净了。이 화장실은 우리가 깨끗이 청소했다.

打扫房间 방을 청소하다　打扫干净 깨끗이 청소하다

✪ **扫地** sǎodì (동+명) 동 바닥을 청소하다

打印 dǎyìn

打 dǎ 동 (어떤 동작을) 하다
印 yìn 동 인쇄하다

동 프린트하다, 인쇄하다

他让我把文件打印五份。그가 나에게 문서를 다섯 부 프린트하라고 시켰다.

打印材料 자료를 프린트하다　打印图片 그림(사진)을 프린트하다

시험 TIP '打印'으로 대화 장소 유추하기

'打印'은 일반적으로 프린트기를 이용해 프린트하는 것을 뜻하므로, 컴퓨터(电脑 diànnǎo)와 관련된 단어입니다. 또한 대화 장소가 주로 사무실(办公室 bàngōngshì)일 때 이 단어가 자주 등장합니다.

✪ **印刷** yìnshuā (동+동) 동 인쇄하다

打扰 dǎrǎo

打 dǎ 동 (어떤 동작을) 하다
扰 rǎo 동 방해하다

동 (남의 일을) 방해하다, 폐를 끼치다 [= 打搅 dǎjiǎo]

这么晚，打扰你了，真不好意思。이렇게 늦은 시간에 폐를 끼쳐 정말 죄송합니다.

打扰你了 폐를 끼쳤네요, 실례했습니다　打扰休息 휴식을 방해하다

참고 표현plus "어이쿠, 실례했습니다!"

볼일이 급해서 화장실에 가서 문을 열었는데 안에 사람이 있을 경우 "打扰你了!"라고 말해 주는 센스가 있어야 하겠죠?

Day 10

打交道 dǎ jiāodao

打 dǎ 동 남과 관련되는 행위를 하다
交道 jiāodào 명 왕래, 교제

동 왕래하다, 교제하다 [= 往来 wǎnglái ▶p.374]

我很少跟父母打交道。 나는 부모님과 거의 왕래가 없다.

和书本打交道 책과 씨름하다

시험 TIP '打交道'의 문장 구조

'打交道'는 이합사이므로 다른 성분이 결합되면 '打'와 '交道'를 떨어뜨려서 사용해야 합니다. '打交道' 앞에는 항상 개사 '跟(또는 和, 与)'을 두어 '跟……打交道(~와 교제하다)'의 형식으로 쓴다는 것도 알아 두세요.

打招呼 dǎ zhāohu

打 dǎ 동 남과 관련되는 행위를 하다
招呼 zhāohu 동 인사하다, 알리다

동 1 (말이나 동작으로) 가볍게 인사하다
2 (사전이나 사후에) 알리다

我妈妈见了谁都热情地打招呼。 우리 엄마는 누구를 만나든 따뜻하게 인사한다. → 동사1 용법

向老板打招呼 사장님에게 알리다

시험 TIP 이합사 '打招呼'

'招呼'만 써도 같은 의미를 나타내지만, 보통 '打招呼'라고 씁니다. 이합사이므로 다른 성분이 결합되면 '打'와 '招呼'를 분리시켜야 합니다. '가볍게 인사하다'라는 의미 외에 어떤 일이 일어나기 전에, 혹은 일어난 후에 '알리다'라는 의미도 있다는 것을 알아 두세요.

打听 dǎtīng

打 dǎ 동 남과 관련되는 행위를 하다
听 tīng 동 듣다

동 알아보다, 물어보다, 수소문하다

出门在外，不知道的事情要多向别人打听。 밖에 있을 때 모르는 일은 다른 사람에게 많이 물어봐야 한다.

打听消息 소식을 물어보다 向……打听 ~에게 물어보다

시험 TIP 주의하세요! '打听'의 의미

'打听'의 '听' 때문에 이 단어를 '듣다'라는 의미로 착각해서는 절대로 안 돼요~. 누군가에게 물어보거나 수소문을 할 때는 상대방의 말을 잘 들어야 하므로 단어에 '听'이라는 글자가 들어가 있는 것이랍니다.

▶참고 다양한 의미의 '听'

'听'은 단독으로 사용할 때 '듣다'라는 동사 용법 외에도 '깡통, 캔'을 세는 양사 용법이 있습니다.

예 一听咖啡 커피 한 캔

打折 dǎzhé

打 dǎ 동 남과 관련되는 행위를 하다
折 zhé 동 할인하다

동 할인하다

今天商品全部打八折。 오늘 상품들은 모두 20퍼센트 할인한다.

打折销售 할인해서 판매하다

시험 TIP 주의하세요! '打折'의 의미

우리나라에서는 할인 가격에 대해 말할 때 할인율, 즉 할인이 되는 정도를 말하지만 중국에서는 할인이 적용된 후의 판매 가격을 말합니다. 예를 들어, '打八折'라고 하면 할인이 적용된 후의 판매 가격이 원래 가격의 80퍼센트임을 말하는 것입니다. 따라서 우리나라의 할인 개념으로는 20퍼센트가 할인된 셈입니다. 할인 개념이 우리나라와는 반대이니 헷갈리지 않도록 주의하세요.

打工 dǎgōng

打 dǎ 동 일하다, 종사하다
工 gōng 명 작업, 노동

동 아르바이트하다, (임시직으로) 일을 하다

他利用课余时间打工挣钱。 그는 수업이 끝난 후의 시간을 이용해 아르바이트해서 돈을 번다.

打两个月工 두 달간 아르바이트하다

시험 TIP 시험에서 자주 등장하는 '打工'

'打工'은 HSK에 자주 등장하는 단어입니다. 단어를 한 자씩 분석해 보면 동사와 명사로 구성된 이합사라는 것을 알 수 있습니다. 또한 대학생이 주로 하는 아르바이트뿐 아니라 일반인이 하는 임시직이나 계약직의 경우에도 '打工'을 사용할 수 있습니다.

打算 dǎsuan

打 dǎ 동 정하다, 생각해 내다
算 suàn 동 계획하다, 꾸미다

동 ~하려고 하다, 계획하다 [= 准备 zhǔnbèi ▶p.478, 计划 jìhuà ▶p.213]

명 생각, 계획

我打算明天去北京旅游。 나는 내일 베이징에 여행을 가려고 한다. → 동사 용법

你明天有什么打算? 너 내일 무슨 계획 있니? → 명사 용법

打算参加会议 회의에 참석하려고 하다

시험 TIP '打算'의 문장 구조

'打算'의 목적어로는 명사만 올 수는 없고 위 예문처럼 항상 '동사+명사' 형태의 구문이 와야 합니다. HSK 5급 전 영역에 걸쳐서 가장 많이 등장하는 단어 중 하나이므로 완벽하게 암기해 두세요.

196 大 dà 大 사람이 양팔을 벌리고 서 있는 모양을 정면에서 본뜬 글자

형 1 (부피, 면적, 힘 등이) 크다 **大方 | 大型 | 巨大 | 扩大 | 伟大**

2 (나이, 수량이) 많다 예 年纪大 나이가 많다

3 (강도가) 세다

大雨 dàyǔ (형+명) 명 큰 비 | **大概** dàgài 부 아마도, 대략 명 대강 형 대략, 대체적으로 ▶p.165 | **大约** dàyuē 부 대략, 대강 | **大夫** dàifu (형+명) 명 의사 [이때 '大'는 'dài'로 발음함] | **大使馆** dàshǐguǎn (형+명+명) 명 대사관 | **广大** guǎngdà (형+형) 형 (면적이나 공간이) 넓다, (사람이) 많다 ▶p.184

大方 dàfang

大 dà 형 크다
方 fāng 형 바르다, 정직하다

형 1 (돈이나 재물에 대해) 대범하다, 호탕하다

2 (말이나 행동이) 자연스럽다

3 (스타일이나 색깔이) 우아하다, 고상하다

男友变得大方了，不像以前那样计较。 남자 친구는 예전처럼 그렇게 따지지 않고 대범해졌다. → 형용사1 용법

花钱大方 돈을 호탕하게 쓰다　举止大方 행동이 자연스럽다　衣着大方 옷차림이 저속하지 않다

大型 dàxíng

大 dà 형 크다
型 xíng 명 유형, 모양

형 대형의

电视台每年都准备大型的国庆节节目。
텔레비전 방송국에서는 매년 대형의 궈칭제(국경절) 프로그램을 준비한다.

大型设备 대형 설비　大型工程 대형 프로젝트

巨大 jùdà

巨 jù 형 크다
大 dà 형 크다

형 (규모나 수량 등이) 매우 크다, 거대하다

他们为祖国做出了巨大的贡献。 그들은 조국을 위해 크나큰 공헌을 했다.

巨大的压力 커다란 스트레스　巨大的成就 커다란 성과

시험 TIP 搭配로 외우는 '巨大'

'巨大'는 주로 '压力 yālì 스트레스', '成就 chéngjiù 성과', '贡献 gòngxiàn 공헌', '变化 biànhuà 변화', '损失 sǔnshī 손실'과 같은 추상명사를 수식합니다. 호응되는 단어와 함께 외워 두세요.

扩大 kuòdà

扩 kuò 동 확대하다, 넓히다
大 dà 형 크다

동 (범위나 규모를) 확대하다

这次旅游扩大了我们的眼界。 이번 여행은 우리의 견문을 넓혀 주었다.

扩大范围 범위를 넓히다　扩大生产 생산을 확대하다　扩大眼界 시야를 넓히다

伟大 wěidà

伟 wěi 형 크다, 위대하다
大 dà 형 크다

형 (도량이나 업적 등이) 크게 뛰어나다, 매우 훌륭하다, 위대하다

他们又取得了伟大的成就。 그들은 위대한 성과를 또 올렸다.

伟大的祖国 위대한 조국　伟大的成就 위대한 성과

197 代 dài

부수: 亻 사람
사람(亻)으로 하여금 대신하게(代) 해야 하니까 '亻'이 부수로 쓰였어요.

동 대신하다, 대리하다 **代表 | 代替**

명 대(代) [역사상의 시대나 왕조를 뜻함]

➕ **年代** niándài (명+명) 명 시대, 시기 | **时代** shídài (명+명) 명 (역사상의) 시대 ▶ p.332 | **古代** gǔdài (형+명) 명 고대 ▶p.174 | **现代** xiàndài (명+명) 명 현대, 현(現) 시대 ▶p.488 | **当代** dāngdài (명+명) 명 당대, 그 시대 | **朝代** cháodài (명+명) 명 왕조

代表 dàibiǎo

代 dài 동 대신하다
表 biǎo 명 겉, 표면

명 대표

동 대표하다, 표시하다, 의미하다

经理代表总经理参加了记者招待会。 매니저는 사장을 대표하여 기자 회견에 참가했다. → **동사 용법**

学生代表 학생 대표　代表作 대표작　代表 A…… A를 대표하여 ~하다

代替 dàitì

代 dài 동 대신하다
替 tì 동 대신하다

동 대신하다, 대체하다 [= **替代** tìdài]

在我的心目中没有谁能代替她。 내 마음속에는 그녀를 대신할 수 있는 사람이 아무도 없다.

妇女代替男人 여자가 남자를 대신하다 用纸代替布 종이로 천을 대신하다

시험 TIP 독해 시험에서 자주 출제되는 '代替'

'代替'와 동의어 '替代'는 모두 독해 문제에 자주 보이는 단어입니다. 의미와 예문을 잘 익혀 두세요.

198 单 dān

글자 '单' 속에 밭(田)이 있네요. 밭(田)에서 일만 하면 사람이 단순해(单)지겠죠.

형 1 단독의 **单独 | 孤单**

2 단순하다, 복잡하지 않다 **单纯 | 单调**

명 (어떤 사물을 항목별로 기재한) 종이쪽지

➕ **单位** dānwèi (명+명) 명 회사, 직장, 기관, (회사 내의) 부서 | **单元** dānyuán (명+명) 명 (교재의) 단원, (주택의) 라인 | **菜单** càidān (명+명) 명 메뉴, 식단 | **买单** mǎidān (동+명) 명 계산서 동 계산하다 [= **结帐** jiézhàng 동 계산하다, 결제하다] | **名单** míngdān (명+명) 명 명단 | **床单** chuángdān (명+명) 명 (침대의) 시트 | **简单** jiǎndān (형+형) 형 간단하다, 단순하다, 쉽다

单独 dāndú

单 dān 형 단독의
独 dú 형 단일한, 하나의 부 홀로, 혼자

부 혼자, 단독으로

小李能够单独完成这个任务。 샤오리는 혼자서 이 임무를 완성할 수 있다.

单独行动 혼자서 행동하다 单独生活 혼자서 생활하다

시험 TIP '单独'의 문장 형식

'单独'는 주로 동사 바로 앞에 위치하여 수식하기 때문에 조동사가 함께 쓰일 경우 조동사 뒤에 위치해 '조동사+单独+동사'의 형태로 쓰입니다.

✪ **独立** dúlì (부+동) 동 홀로 서다, 독립하다 ▶p.143

孤单 gūdān

孤 gū 형 외롭다
单 dān 형 단독의

형 쓸쓸하다, 외롭다, 고독하다

在那些孤单的日子里，他根本就不知道该怎么办。

그 외로운 나날 속에서 그는 어떻게 해야 할지 전혀 알지 못했다.

孤单的生活 고독한 생활 感到孤单 외로움을 느끼다

单纯 dānchún

单 dān 형 단순하다
纯 chún 형 순수하다

형 (사람이) 순진하다, (사물이) 단순하다

那个孩子正是单纯的年龄。 그 아이는 딱 순진할 나이이다.

单纯的孩子 순진한 아이　结构单纯 구조가 단순하다

참고 주의하세요! '单纯'의 의미

'单纯'을 독음대로 읽으면 '단순'입니다. 사물을 수식할 때는 우리말의 '단순하다'와 동일한 의미로 사용되지만, 사람을 수식할 때는 '순진하다'라는 의미가 됩니다.

单调 dāndiào

单 dān 형 단순하다
调 diào 명 멜로디, 곡조 동 조사하다

형 단조롭다 [간단하게 반복되면서 변화가 없음을 나타냄] [= 枯燥 kūzào]

每天上班下班，觉得生活很单调。 매일 출근하고 퇴근하는 게 생활이 정말 단조롭게 느껴진다.

色彩单调 색채가 단조롭다　节奏单调 리듬이 단조롭다

시험 TIP 독해 시험에서 자주 출제되는 '单调'

'单调'는 5급 독해 제1부분 어휘 선택 문제에 자주 출제되는 단어입니다. 동의어 '枯燥'는 6급 단어이긴 하지만 함께 알아두세요.

✪ **调查** diàochá (동+동) 동 조사하다 ▶p.365

SPEED CHECK

Step 1 한국어 단어를 보고, 그에 해당하는 중국어 뜻을 말해 보세요.

- □ 안배하다, 계획하다
- □ 설치하다, 장치하다
- □ 제때에[정해진 시각 또는 약속된 시점을 가리킴]
- □ ~(어떤 기준이나 요구)에 따라, ~대로
- □ 잡다, 쥐다, 자신감, 성공에 대한 확신
- □ (사무를) 처리하다, (수속을) 밟다
- □ 학교를 세우다
- □ (속에) 포함하다, 함유하다
- □ 보배, 보물, 귀염둥이
- □ 귀중하다, 매우 가치가 있다
- □ 저장하다, 보관하다, 보존하다
- □ (과거의 것을) 보존해 오다, 보류하다
- □ 보호(하다)
- □ 보험, 안전하다, 확실하고 믿을 만하다
- □ 미안해하다, 죄송하게 생각하다
- □ (불만을 품고) 원망하다, 불평하다, 투덜거리다
- □ (상급자, 군중에게) 보고하다, 보고서, 리포트
- □ (어떤 활동이나 조직에 참가를) 신청하다
- □ 배경
- □ (사물의 이치가) 필연적이다, 분명히, 반드시
- □ 반드시 필요로 하다, 없어서는 안 되다
- □ 문장부호, 구두점
- □ 제목, 표제
- □ 표준, 기준, 표준적이다
- □ (컴퓨터의) 마우스
- □ (물체의) 표면, 겉
- □ (얼굴) 표정
- □ (말로 생각이나 감정을) 표현하다
- □ (말이나 행동으로 생각, 감정, 태도를) 나타내다
- □ 보여 주다, 나타내다, 표현하다, 활약하다
- □ 공연(하다), 연출(하다), 연기(하다)
- □ 박람회
- □ 취재하다, 인터뷰하다
- □ (방침, 수단, 태도를) 취하다, 채택하다
- □ 채택하다, 사용하다
- □ 참관하다, 견학하다
- □ (일의 계획, 토론, 처리 등에) 참여하다, 관여하다
- □ 부끄럽다, 수치스럽다
- □ 운동장
- □ 신경 쓰다, 마음을 쓰다, 애쓰다
- □ (형식이나 내용상에서의) 차이, 다른 점
- □ 생기다, 출현하다, 나타나다
- □ 장거리의, 먼 거리의, 시외전화, 시외버스
- □ (길이나 시간을) 늘이다, 연장하다
- □ 따라잡다, 추월하다, ~를 초과하다
- □ 말다툼하다, 언쟁하다
- □ 차고
- □ 차가 막히다
- □ 밤새워 일하다, 밤새워 공부하다
- □ 철저하다, 빈틈없다, 철저히
- □ 과묵하다, 말수가 적다, 침묵하다
- □ 깊이 생각하다, 심사숙고하다

SPEED CHECK

Step 2 중국어 단어를 보고, 그에 해당하는 한국어 뜻을 말해 보세요.

- □ 安排 ānpái
- □ 安装 ānzhuāng
- □ 按时 ànshí
- □ 按照 ànzhào
- □ 把握 bǎwò
- □ 办理 bànlǐ
- □ 办学 bànxué
- □ 包含 bāohán
- □ 宝贝 bǎobèi
- □ 宝贵 bǎoguì
- □ 保存 bǎocún
- □ 保留 bǎoliú
- □ 保护 bǎohù
- □ 保险 bǎoxiǎn
- □ 抱歉 bàoqiàn
- □ 抱怨 bàoyuàn
- □ 报告 bàogào
- □ 报名 bàomíng
- □ 背景 bèijǐng
- □ 必然 bìrán
- □ 必需 bìxū
- □ 标点 biāodiǎn
- □ 标题 biāotí
- □ 标准 biāozhǔn
- □ 鼠标 shǔbiāo
- □ 表面 biǎomiàn
- □ 表情 biǎoqíng
- □ 表达 biǎodá
- □ 表示 biǎoshì
- □ 表现 biǎoxiàn
- □ 表演 biǎoyǎn
- □ 博览会 bólǎnhuì
- □ 采访 cǎifǎng
- □ 采取 cǎiqǔ
- □ 采用 cǎiyòng
- □ 参观 cānguān
- □ 参与 cānyù
- □ 惭愧 cánkuì
- □ 操场 cāochǎng
- □ 操心 cāoxīn
- □ 差别 chābié
- □ 产生 chǎnshēng
- □ 长途 chángtú
- □ 延长 yáncháng
- □ 超过 chāoguò
- □ 吵架 chǎojià
- □ 车库 chēkù
- □ 堵车 dǔchē
- □ 开夜车 kāiyèchē
- □ 彻底 chèdǐ
- □ 沉默 chénmò
- □ 沉思 chénsī

SPEED CHECK

Step 1 한국어 단어를 보고, 그에 해당하는 중국어 뜻을 말해 보세요.

- □ 부르다, 호칭하다, 호칭
- □ 칭찬하다
- □ (사업상의) 성취, (비교적 큰일을) 성취하다
- □ (구성) 성분
- □ 구성하다, 구성되다, 조성하다
- □ (과일이나 곡식 등이) 익다
- □ (조직이나 기구를) 세우다, 설립하다, 결성하다
- □ (차를) 갈아타다
- □ 담당하다, ~를 맡다
- □ 참다, 견디다, 이겨 내다
- □ 진실하다, 솔직하다
- □ (일할 때의) 순서, 컴퓨터 프로그램
- □ 문화, 지식, 교육 등 분야에서의) 수준, 정도, 레벨
- □ 놀라다
- □ 손해 보다, 손해 입다
- □ 힘들다, 고생스럽다
- □ 충분하다, 충분히
- □ (전기를) 충전하다, (학습을 통해) 자기 계발하다
- □ 충만하다, 가득하다
- □ (부족한 부분을) 보충하다, (추가로) 보충하다
- □ (같은 일을) 반복하다, 되풀이하다
- □ 다시, 새롭게, 재차
- □ 시간을 내다
- □ 추상적이다
- □ 수출하다, 출구
- □ 출중하다, 뛰어나다
- □ (서적이나 음반을) 출판하다, 발행하다
- □ 섣달 그믐, 음력 12월 31일
- □ 삭제하다, 지우다
- □ (불리한 것을) 없애다, 제거하다, 해소하다
- □ 전달하다, 전하다
- □ 전통
- □ 전파하다, 퍼뜨리다, 널리 퍼지게 하다
- □ 전염되다, 전염시키다
- □ 촉진하다, 촉진시키다
- □ (~하도록) 재촉하다, ~하게 하다
- □ 허락하다, 동의하다, 승낙하다
- □ 단장하다, 분장하다, 꾸미다
- □ (남의 일을) 방해하다, 폐를 끼치다
- □ 왕래하다, 교제하다
- □ (말이나 동작으로) 가볍게 인사하다
- □ 할인하다
- □ (돈이나 재물에 대해) 대범하다, 호탕하다
- □ (범위나 규모를) 확대하다
- □ (도량이나 업적 등이) 크게 뛰어나다, 위대하다
- □ 대표, 대표하다, 표시하다, 의미하다
- □ 대신하다, 대체하다
- □ 쓸쓸하다, 외롭다, 고독하다
- □ 단조롭다

SPEED CHECK

Step 2 중국어 단어를 보고, 그에 해당하는 한국어 뜻을 말해 보세요.

- ☐ 称呼 chēnghu
- ☐ 称赞 chēngzàn
- ☐ 成就 chéngjiù
- ☐ 成分 chéngfèn
- ☐ 构成 gòuchéng
- ☐ 成熟 chéngshú
- ☐ 成立 chénglì
- ☐ 换乘 huànchéng
- ☐ 承担 chéngdān
- ☐ 承受 chéngshòu
- ☐ 诚实 chéngshí
- ☐ 程序 chéngxù
- ☐ 程度 chéngdù
- ☐ 吃惊 chījīng
- ☐ 吃亏 chīkuī
- ☐ 吃力 chīlì
- ☐ 充分 chōngfèn
- ☐ 充电 chōngdiàn
- ☐ 充满 chōngmǎn
- ☐ 补充 bǔchōng
- ☐ 重复 chóngfù
- ☐ 重新 chóngxīn
- ☐ 抽时间 chōu shíjiān
- ☐ 抽象 chōuxiàng
- ☐ 出口 chūkǒu
- ☐ 出色 chūsè
- ☐ 出版 chūbǎn
- ☐ 除夕 chúxī
- ☐ 删除 shānchú
- ☐ 消除 xiāochú
- ☐ 传递 chuándì
- ☐ 传统 chuántǒng
- ☐ 传播 chuánbō
- ☐ 传染 chuánrǎn
- ☐ 促进 cùjìn
- ☐ 促使 cùshǐ
- ☐ 答应 dāying
- ☐ 打扮 dǎban
- ☐ 打扰 dǎrǎo
- ☐ 打交道 dǎ jiāodao
- ☐ 打招呼 dǎ zhāohu
- ☐ 打折 dǎzhé
- ☐ 大方 dàfang
- ☐ 扩大 kuòdà
- ☐ 伟大 wěidà
- ☐ 代表 dàibiǎo
- ☐ 代替 dàitì
- ☐ 孤单 gūdān
- ☐ 单调 dāndiào

day 11

199 倒 dǎo dào

亻 사람 + 到 도착하다

사람(亻)이 목적지에 다 도착해서(到) 넘어졌어요(倒).

dǎo 동 1 넘어지다, 쓰러지다 **倒霉**

2 (사업이) 파산하다, 실패하다 **倒闭**

3 바꾸다, 변경시키다

dào 동 1 거꾸로 하다, 반대로 하다

2 (용기 속의 물건을) 쏟다, 따르다, 붓다

부 오히려

倒车 dǎochē (동+명) 동 차를 갈아타다 | **倒车** dàochē (동+명) 동 차를 후진시키다 | **倒垃圾** dào lājī (술+목) 쓰레기를 버리다 | **反倒** fǎndào 부 오히려, 도리어 [= **反而** fǎn'ér] | **倒杯水** dào bēi shuǐ (동+양+명) 물 한 잔을 따르다

 倒霉 dǎoméi

倒 dǎo 동 넘어지다
霉 méi 명 곰팡이, 나쁜 재수

형 재수없다, 불운하다, 운수가 사납다

今天真倒霉，一出门就滑了个大跟头。

오늘 정말 재수가 없다. 외출하자마자 미끄러져서 곤두박질을 쳤다.

倒霉透了 너무 재수없다　倒霉的天气 재수없는 날씨

참고 표현plus

위의 예문에 나온 다음 표현들을 알아두세요.

- 滑跟头 huá gēntou 미끄러져서 곤두박질 치다
- 透了 tòu le 형용사 뒤에 쓰여 정도를 강조해 주는 정도보어

 倒闭 dǎobì

倒 dǎo 동 파산하다
闭 bì 동 닫다, 정지하다

동 도산하다, 망하다

经营不好的商店必然会倒闭。 경영이 좋지 못한 상점은 반드시 도산할 것이다.

商店倒闭 상점이 도산하다　工厂倒闭 공장이 도산하다

200 导 dǎo

巳 태아가 몸을 구부린 모양 + 寸 손가락 마디 모양
정중히 몸을 구부리고(巳) 손가락 마디(寸)로 길을 가리키며 인도해요(导).

동 1 이끌다, 인도하다 **导游 | 导致 | 引导**
2 지도하다 **辅导**
3 감독하다 **导演**

➕ **领导** lǐngdǎo (동+동) 동 이끌다, 통솔하다 명 상사, 지도자 ▶p.270 | **指导** zhǐdǎo (동+동) 동 지도하다, 가르치다 ▶p.462

导游 dǎoyóu

导 dǎo 동 **이끌다. 인도하다**
游 yóu 동 **놀다. 이리저리 다니다**

명 가이드
동 (관광객을) 안내하다

我想当导游。 나는 가이드가 되고 싶다. → **명사 용법**
当导游 가이드가 되다　观光导游 관광 안내　导游小册 관광안내서

시험 TIP 듣기 시험에서 자주 출제되는 '导游'
'导游'는 HSK 5급 듣기 대화에서 자주 등장하는 단어이니, 잘 기억해 두세요.

✪ **游览** yóulǎn (동+동) 동 (명승지나 풍경 등을) 유람하다 ▶p.428

导致 dǎozhì

导 dǎo 동 **이끌다. 인도하다**
致 zhì 동 **초래하다**

동 (안 좋은 결과를) 초래하다, 야기하다 [= **造成** zàochéng ▶p.438]

头部受伤，导致他的记忆功能减退。 머리에 입은 상처는 그의 기억력 감퇴를 초래하였다.
导致失败 실패를 초래하다　导致战争 전쟁을 야기하다

시험 TIP '导致'로 대화 내용 유추하기
'导致'와 '造成' 뒤에는 주로 안 좋은 결과가 나옵니다. 이러한 특징을 알고 있다면 듣기에서 '导致'나 '造成'은 들었는데 그 뒤의 내용을 못 들었다고 해도 대충 이야기의 흐름을 유추할 수 있습니다.

引导 yǐndǎo

引 yǐn 동 **잡아당기다. 끌다**
导 dǎo 동 **이끌다. 인도하다**

동 인도하다, 안내하다, 지도하다

在老师的引导下，他终于完成了实验。 선생님의 지도하에 그는 드디어 실험을 완성하였다.
在……的引导下 ~의 지도하에서　引导学生 학생을 인도하다

辅导 fǔdǎo

辅 fǔ 동 돕다, 보조하다
导 dǎo 동 지도하다

동 (학습을) 도우며 지도하다

王老师天天辅导我学习汉语。 왕 선생님께서는 날마다 내가 중국어 공부하는 것을 지도하신다.

课外辅导 과외지도

참고 중국에서 자주 쓰는 표현 '辅导'

'辅导'는 한국인 유학생들이 중국에 가서 과외 선생님을 구할 때 가장 많이 쓰는 말입니다. 잘 익혀 두시기 바랍니다.

导演 dǎoyǎn

导 dǎo 동 감독하다
演 yǎn 동 연기하다

명 감독

동 감독을 맡다

香港的国际明星成龙也曾是著名导演。 홍콩의 국제스타 성룡도 일찍이 유명한 감독이었다. → 명사 용법

电影导演 영화감독 成为导演 감독이 되다

시험 TIP 듣기 시험에서 자주 출제되는 '导演'

'导演'은 듣기 시험에서 직업을 묻는 문제에 자주 출현하는 단어입니다. 동사보다는 명사 용법이 중요합니다.

201 道 dào

辶 가다 + 首 머리
머리(首)를 들고 쉬엄쉬엄(辶) 길(道)을 걸어가요.

명 1 길, 도로
2 도덕, 윤리 **道德**
3 도리, 방법 **道理 | 地道**

동 말하다 **道歉**

➕ **道路** dàolù (명+명) 명 길, 도로 | **街道** jiēdào (명+명) 명 큰길, 대로, 거리 | **通道** tōngdào (동+명) 명 통로, 큰길 | **味道** wèidao (명+명) 명 (음식의) 맛, 흥미, 재미 | **频道** píndào (명+명) 명 (텔레비전, 라디오의) 채널

道德 dàodé

道 dào 명 도덕, 윤리
德 dé 명 도덕

명 도덕, 윤리

随着社会的发展，道德的标准也在随之变化。
사회의 발전에 따라서 도덕의 기준도 그에 따라 변화하고 있다.

传统道德 전통 도덕　缺乏道德 도덕이 부족하다　讲究道德 윤리를 중시하다

道理 dàolǐ

道 dào 명 도리, 방법
理 lǐ 명 도리, 이치

명 도리, 이치, 일리

你说的话很有道理，我完全同意。 네가 한 말은 매우 일리가 있어서 나는 전적으로 동의한다.
讲道理 도리(이치)를 따지다

✪ 理论 lǐlùn (명+명) 명 이론 ▶p.261

地道 dìdao

地 dì 명 지방, 장소
道 dào 명 도리, 방법

형 진짜의, 오리지널의, 본고장의

这些不是地道的北京菜。 이것들은 오리지널 베이징 요리가 아니다.
地道的北京话 오리지널 베이징 말　地道的四川菜 본고장의 쓰촨요리

시험 TIP 암기하세요! '地道'의 의미

'地道'는 '오리지널의'라는 뜻입니다. 따라서 '地道的北京菜'는 '베이징의 정통 요리/베이징 본토 음식', '地道的北京话'는 '오리지널 베이징 말', '地道的北京人'은 '베이징 토박이'를 나타냅니다. '地道'는 5급 듣기와 쓰기 문제에서 종종 출제되니, 잘 기억해 두세요.

道歉 dàoqiàn

道 dào 동 말하다
歉 qiàn 명 사과, 미안한 마음

동 사과하다, 사죄하다 [= 抱歉 bàoqiàn ▶p.79]

你应该去向女朋友道道歉。 너는 마땅히 여자 친구에게 가서 잘못했다고 사과해야 한다.
要求道歉 사죄를 요구하다　公开道歉 공개 사과하다　向你表示道歉 당신에게 사과의 뜻을 표합니다

시험 TIP 유의어 비교 '道歉'과 '抱歉'

	道歉 dàoqiàn	抱歉 bàoqiàn
의미	동 사과하다, 사죄하다	동 미안해하다
특징	이합사이므로 과거형은 '道过歉(사과를 한 적 있다)', 동사중첩은 '道道歉(사과를 좀 하다)'과 같이 씀	심리동사이므로 '真抱歉', '很抱歉'과 같이 정도부사와 함께 쓸 수 있음

202 到 dào

至 이르다 + 刂 칼
그는 제시간에 칼(刂)같이 도착했어요(到).

동 1 도착하다, 이르다, 닿다 **到处 | 到达 | 达到 | 到底**
2 [동작의 결과를 나타냄]
예 **找**到 찾았다 / **遇**到 만났다 / **感**到 느끼다

형 주도면밀하다, 세심하다 **周到**

시험 TIP 암기하세요! '到'의 용법

'到'는 장소나 시간과 결합하여 '~에', '~까지'라는 의미를 나타냅니다.
'到'를 포함한 다음의 구문과 예문을 잘 익혀 두세요.

- 到+장소+来 ~로 오다 : **你有空到我家来玩吧。** 너 시간 있으면 우리 집에 놀러 와.
- 到+장소+去 ~로 가다 : **他到哪儿去了?** 그는 어디에 갔니?
- 동사+到+장소 ~까지 ~하다 : **我把父亲送到医院。** 나는 아버지를 병원에 모셔다 드렸다.
- 동사+到+시간 ~까지 ~하다 : **他往往学习到晚上12点。** 그는 종종 밤 12시까지 공부한다.

 到处 dàochù

到 dào 동 이르다
处 chù 명 곳, 장소

부 도처에, 곳곳에 [= **处处** chùchù]

我到处打听她的消息。 나는 곳곳으로 그녀의 소식을 알아봤다.
到处都是鲜花 도처에 싱싱한 꽃들이 있다　到处可见 곳곳에서 볼 수 있다

시험 TIP 유의어 비교 '到处'와 '处处'

	到处 dàochù	**处处** chùchù
의미	부 도처에, 곳곳에	부 도처에, 곳곳에, 각 방면에
비교	구체적 장소를 뜻함	구체적 장소, 추상적 장소를 뜻함
예문	**到处都是鲜花** 도처에 싱싱한 꽃들이 있다 **到处照顾妹妹** (×)	**处处照顾妹妹** 여러 방면으로 여동생을 돌보다

到达 dàodá

到 dào 동 도착하다
达 dá 동 도착하다

동 (어떤 장소에) 이르다, 도달하다

我们开车走了三天才到达目的地。 우리는 차를 몰고 3일 만에 목적지에 도착했다.
到达北京 베이징에 도착하다　到达目的地 목적지에 도착하다

达到 dádào

达 dá 동 도달하다
到 dào 동 이르다

동 (목적, 이상, 표준, 수준에) 달성하다, 도달하다, 이루다

要达到人人满意的程度太难了。 사람들 모두가 만족할 만한 정도에 도달하기는 너무 힘들다.

达到目的 목적을 이루다　达到效果 효과에 도달하다　达到标准 표준에 도달하다

시험 TIP 搭配로 외우는 '到达', '达到'

'到达'는 구체적인 장소를 목적어로 가지고, '达到'는 목적·이상·표준·수준 등 추상명사를 목적어로 가집니다. 두 단어는 의미가 비슷하기 때문에 호응 단어를 함께 외우는 것이 좋습니다.

예 到达北京 베이징에 도착하다 / 达到目的 목적에 도달하다

到底 dàodǐ

到 dào 동 이르다
底 dǐ 명 바닥, 끝

동 끝까지 가다, 끝에 이르다

부 도대체 [의문문에 쓰여 추궁할 때 사용]

坚持到底不一定能成功，但不坚持到底就一定不能成功! → 동사 용법
끝까지 포기하지 않는다고 해서 반드시 성공하는 것은 아니지만, 끝까지 하지 않으면 반드시 성공할 수 없어!

这件事情到底是谁说出去的? 이 일을 도대체 누가 발설한 거야? → 부사 용법

시험 TIP 주의하세요! '到底'의 문장 형식

'到底'가 '도대체'라는 추궁의 의미를 가질 때는 뒤에 반드시 '의문사', 'A 不 A', 'A 还是 B'의 형식이 옵니다. 따라서 의문문이지만 어기조사 '吗'는 쓰지 않습니다.

예 你到底去吗? (×)
你到底去不去? (○) 너 도대체 갈 거야, 안 갈 거야?

周到 zhōudào

周 zhōu 형 완비하다, 완벽하다
到 dào 형 주도면밀하다, 세심하다

형 주도면밀하다, 빈틈없다, 세심하다

这家饭店的服务非常周到。 이 식당의 서비스는 매우 세심하다.

计划周到 계획이 주도면밀하다

시험 TIP 암기하세요! '周到'

'周到'는 5급 쓰기 99번 제시어로 출제된 적이 있습니다. 호응되는 단어와 예문을 잘 암기해 두세요.

203 得 dé de děi

彳 걷다 + 旦 아침 + 寸 손가락 마디

아침(旦)에 이웃에 가서(彳) 먹을 것을 손(寸)으로 얻어(得) 왔어요.

dé 동 얻다 得病 | 得到 | 得意 | 得罪 | 获得

de 조 [보어를 이끌어 내는 구조조사]

děi 조동 ~해야 한다 [↔ 不用 búyòng]

시험 TIP 암기하세요! 조사 '得' 관련 단어

아래의 단어들은 '得'가 조사로 쓰여서 고정구를 만든 단어들입니다. 시험에 자주 등장하니 꼭 암기해 두세요.
不得不 bùdébù 부 어쩔 수 없이, 부득이하게 / 不得了 bùdéliǎo 형 큰일 났다, 야단났다 / 来得及 láidejí 동 아직 시간적 여유가 있다, 시간에 댈 수 있다 / 不见得 bújiàndé 부 꼭 ~한 것은 아니다 / 怪不得 guàibude 부 어쩐지, 과연 [궁금증이 해결되었을 때 쓰는 표현임] / 舍不得 shěbude 동 아쉬워하다, 섭섭해하다

得病 débìng

得 dé 동 얻다
病 bìng 명 병

동 병을 얻다, 병에 걸리다 [= 生病 shēngbìng]

我的朋友得病住院了。 내 친구는 병에 걸려 입원하였다.

✪ 病毒 bìngdú (명+명) 명 병(病), (컴퓨터) 바이러스

得到 dédào

得 dé 동 얻다
到 dào 동 동작의 결과를 나타냄

동 얻다, 획득하다, 받다 [= 取得 qǔdé, 获得 huòdé ▶p.139]

从那以后，那位明星得不到观众的同情和支持。
그때 이후로 그 스타는 관중들의 동정과 지지를 받을 수 없었다.

得到知识 지식을 얻다 得到表扬 칭찬을 받다 得不到支持 지지를 받을 수 없다

得意 déyì

得 dé 동 얻다
意 yì 명 뜻, 의미, 의견

형 득의하다, 대단히 만족하다

老师见自己的学生考得这么好，心里很得意。
선생님은 자신의 학생이 시험을 이처럼 잘 본 것을 보고, 마음속으로 매우 만족했다.

得意的样子 만족한 모습 得意得很 매우 만족해하다

✪ 意见 yìjiàn (명+명) 명 의견, 견해, 불만, 이의 ▶p.420

得罪 dézuì

得 dé 동 얻다
罪 zuì 명 죄

동 무례한 짓을 하다, 불쾌하게 하다, 잘못을 하다

他那坏脾气得罪了不少人。 그의 그 나쁜 성격은 많은 사람들을 불쾌하게 했다.
得罪顾客 고객을 불쾌하게 하다

✪ 罪犯 zuìfàn (명+명) 명 범인, 죄인

获得 huòdé

获 huò 동 얻다
得 dé 동 얻다

동 획득하다, 얻다

这次全国足球赛他们队获得了冠军。 이번 전국 축구대회에서 그들 팀은 우승을 하였다.
获得知识 지식을 얻다 获得经验 경험을 얻다

시험 TIP 유의어 비교 '获得'와 '得到'

'获得'와 '得到'는 대부분 같이 사용할 수 있으므로 너무 깊이 구분해서 공부할 필요는 없습니다. 다만 '获得'의 대상은 추상적인 것이고, '得到'의 대상은 추상적인 것이 될 수도 있고 구체적인 것이 될 수도 있습니다. 또한 어떤 노력을 통해 능동적으로 결과물을 얻었을 때는 '获得'를 더 많이 사용합니다.

204 等 děng

竹 대나무 + 寺 절
대나무(竹)들이 절(寺)에서 구경 오는 손님들을 기다려요(等).

동 기다리다 等待 | 等候
형 (정도나 수량이) 서로 같다
양 등급을 나타내는 단위

✚ 等于 děngyú (형+개) 동 ~와 같다 | 等同 děngtóng (형+형) 동 동일시하다, 같이 보다 | 平等 píngděng (형+형) 형 평등하다 명 평등 ▶p.302 | 高等 gāoděng (형+양) 형 고등의, 수준이 높은 | 一等奖 yī děng jiǎng (수+양+명) 일등상

等待 děngdài

等 děng 동 기다리다
待 dài 동 기다리다

동 (어떤 상황을) 기다리다

我等待着和亲人团聚的那一天。 나는 가족들과 한자리에 모일 그날을 기다리고 있다.
等待机会 기회를 기다리다 等待通知 통지를 기다리다

等候 děnghòu

等 děng 동 기다리다
候 hòu 동 기다리다

동 (구체적인 대상을) 기다리다

那些排队的人在等候出租汽车。 줄을 선 저 사람들은 택시를 기다리고 있다.

耐心等候 인내심을 갖고 기다리다　等候出租汽车 택시를 기다리다

✪ **候车室** hòuchēshì (동+명+명) 명 (기차나 버스의) 대합실 | **候机室** hòujīshì (동+명+명) 명 공항 대합실

205 地 dì

土 땅 + 也 또한
땅(土) 또한(也) 육지(地)를 가리키지요.

명 1 육지, 땅 **地理** | **地震**
2 지역 **地方** | **地区** | **当地**
3 지위 **地位**
4 바닥

✚ **地图** dìtú (명+명) 명 지도 | **地铁** dìtiě (명+명) 명 지하철 | **地址** dìzhǐ (명+명) 명 주소 | **地球** dìqiú (명+명) 명 지구 | **地毯** dìtǎn (명+명) 명 카펫, 양탄자 | **地板** dìbǎn (명+명) 명 마루, 바닥 | **陆地** lùdì (명+명) 명 육지

地理 dìlǐ

地 dì 명 육지, 땅
理 lǐ 명 도리, 이치

명 지리

云南的地理位置很好，有利于经济开发。 윈난의 지리적 위치는 매우 좋아서 경제 개발에 유리하다.

地理位置 지리적 위치　地理环境 지리 환경　研究地理学 지리학을 연구하다

地震 dìzhèn

地 dì 명 육지, 땅
震 zhèn 동 진동하다, 흔들리다

명 지진

地震给国家和人们的生命财产造成了很大的损失。
지진은 국가와 사람의 생명과 재산에 커다란 손실을 초래한다.

发生地震 지진이 발생하다　强烈的地震 강렬한 지진

✪ **震动** zhèndòng (동+동) 동 진동하다, 흔들리다

地方 dìfang

地 dì 명 지역
方 fāng 명 곳, 장소

명 곳, 장소, 지역, 부분

这个地方有很多回忆。 이곳에는 많은 추억들이 있다.

老地方 늘 만나던 장소　写错的地方 잘못 쓴 부분

地区 dìqū

地 dì 명 지역
区 qū 명 구역

명 (비교적 큰 의미의) 지역, 지구

中国西部地区还比较落后。 중국 서부지역은 아직 비교적 낙후되었다.

发达地区 발달 지역　内蒙古地区 내몽고 지역

当地 dāngdì

当 dāng 명 어떤 일이 발생한 장소
地 dì 명 지역

명 현지

如果要了解那里的情况，就应到当地去调查。 그곳의 상황을 알려면 현지에 가서 조사해야 한다.

当地居民 현지 주민　当地人 현지인

地位 dìwèi

地 dì 명 지위
位 wèi 명 위치, 공간

명 지위, 위치, 자리

我国的国际地位越来越高。 우리나라의 국제적 지위는 갈수록 높아지고 있다.

地位提高了 지위가 높아졌다　国际地位 국제적 지위

✪ 位置 wèizhì (명+명) 명 (구체적) 위치, (추상적) 지위, (직장의) 직위

Day 11

206 动 dòng

云 구름 + 力 힘
구름(云)은 힘(力)이 있어야 움직여요(动).

동 1 (사람, 사물이) 움직이다, 행동하다 **动身 | 动作 | 活动 | 振动**
2 사용하다, 쓰다
3 감동시키다, 감동하다

⊕ **动物** dòngwù (동+명) 명 동물 | **动物园** dòngwùyuán (동+명+명) 명 동물원 | **动画片** dònghuàpiàn (동+명+명) 명 만화영화 | **动人** dòngrén (동+명) 형 감동적이다 [= **动听** dòngtīng] | **劳动** láodòng (동+동) 명동 노동(하다), 일(하다) ▶p.257 | **运动** yùndòng (동+동) 명 운동, 스포츠 동 운동하다 | **动脑筋** dòng nǎojīn (술+목) 머리를 쓰다 | **动手术** dòng shǒushù (술+목) 수술하다

动身 dòngshēn

动 dòng 동 움직이다
身 shēn 명 몸

동 출발하다, 떠나다 [= 出发 chūfā ▶p.113]

9点的飞机，7点动身来得及。 9시 비행기라서 7시에 떠나도 시간에 맞출 수 있다.

什么时候动身？ 언제 떠나요?

一大早就动了身 이른 아침에 출발하다

시험 TIP 듣기 시험에서 자주 출제되는 '动身'

'动身'은 듣기 영역 대화 녹음에서 종종 들리는 단어입니다. 이합사이므로 다른 성분과 함께 쓰이면 '动'과 '身'이 분리된다는 점도 알아 두세요.

动作 dòngzuò

动 dòng 동 움직이다
作 zuò 동 만들다, 일하다

명 동작, 활동

刚才他做了个可笑的动作。 방금 전에 그는 웃기는 동작을 했다.

跳舞的动作 춤추는 동작　动作漂亮 동작이 아름답다　动作很简单 동작이 매우 간단하다

活动 huódòng

活 huó 동 살다
动 dòng 동 움직이다

동 (몸을) 움직이다, (어떤 목적을 위해) 활동하다

명 활동, 이벤트

每天早晨起来活动一下，对健康有帮助。 → 동사 용법
매일 새벽에 일어나서 몸을 좀 움직이면 건강에 좋다.

同学们积极参加这项活动。 반 친구들은 이 활동에 적극적으로 참가했다. → 명사 용법

营销活动 영업 활동　户外活动 야외 활동　参加活动 활동에 참여하다

课外活动 수업 외 활동 [대학교에서는 일반적으로 동아리 활동을 뜻함]

시험 TIP 암기하세요! '活动'의 용법

'活动'은 명사 용법이 중요합니다. '参加活动'은 듣기에서 자주 들리는 호응 관계이니, 함께 암기해 두세요.

振动 zhèndòng

振 zhèn 동 흔들다
动 dòng 동 움직이다

동 진동하다, 흔들다

考试前，考官要求大家把手机调成振动状态。
시험 전에 시험 감독관은 사람들에게 휴대전화를 진동 모드로 바꾸도록 요구했다.

振动状态 (휴대전화의) 진동 모드　振动的周期 진동의 주기

시험 TIP 유의어 비교 '振动'과 '震动'

	振动 zhèndòng	震动 zhèndòng
의미	동 진동하다	동 진동하다
비교	물리학적 진동으로, 실제로 눈에 보이는 진동을 뜻함	자연적인 진동이나 물체의 떨림 또는 중대한 사건이나 소식이 사람에게 미치는 영향을 뜻함
예문	他的去世振动了全世界。(×)	他的去世震动了全世界。(○) 그의 죽음은 전 세계를 뒤흔들었다.

207 独 dú

犭 개 + 虫 곤충
개(犭)와 곤충(虫)은 상극이라 따로 혼자(独) 생활하지요.

부 1 홀로, 혼자 独立
　2 유독, 오직
형 단일한, 하나의 独特

➕ 孤独 gūdú (형+형) 형 고독하다, 외롭다, 쓸쓸하다 | 唯独 wéidú 부 유독, 오직

独立 dúlì

独 dú 부 홀로, 혼자
立 lì 동 서다

동 독립하다, 홀로 서다

我们国家经过几十年的奋斗，终于独立了。 우리나라는 수십 년 간의 노력을 통해 마침내 독립했다.
宣布独立 독립을 선포하다　经济独立 경제적 독립

独特 dútè

独 dú 형 단일한, 하나의
特 tè 형 특별하다

형 독특하다, 특이하다

这是一个非常独特的商店名称。 이것은 굉장히 독특한 가게 이름이다.
内容独特 내용이 독특하다　独特的民族风情 독특한 민족 풍토와 인정

Day 11

시험 TIP 독해 시험에서 꾸준히 출제되는 '独特'

'独特'는 5급 독해 제1부분에 꾸준히 출제되는 단어입니다. 주로 한 민족이 지닌 독특한 풍습에 대해 이야기할 때 사용됩니다.

✪ **特点** tèdiǎn (형+명) 명 특징, 특색 ▶p.359

208 断 duàn

부수: 斤 도끼

도끼(斤)로 나무를 잘라요(断).

동 1 자르다, 끊다, 차단하다 不断

2 판단하다 判断 | 诊断

不断 búduàn

不 bù 부 [부정을 나타냄]

断 duàn 동 자르다, 끊다

동 끊임없다

부 끊임없이, 부단히, 늘

为了适应社会的发展，就得不断学习。 사회의 발전에 적응하기 위해서 끊임없이 공부해야 한다. → 부사 용법

不断发展 끊임없이 발전하다　不断变化 끊임없이 변화하다　不断努力 끊임없이 노력하다

시험 TIP 시험에서 자주 출제되는 '不断'

'不断'은 HSK 전반에 걸쳐서 자주 보이는 단어로, 동사보다는 부사 용법이 자주 쓰입니다. 호응 구문을 잘 암기해 두세요.

✪ **断水** duànshuǐ (동+명) 동 물을 끊다 | **断电** duàndiàn (동+명) 동 전기를 끊다

判断 pànduàn

判 pàn 동 판단하다

断 duàn 동 판단하다

명 판단

동 판단하다, 판정하다

你的判断是正确的。 너의 판단은 정확하다. → 명사 용법

判断好坏 좋고 나쁨을 판단하다　正确的判断 정확한 판단

诊断 zhěnduàn

诊 zhěn 동 진찰하다

断 duàn 동 판단하다

동 (환자에게 병을) 진단하다

医生对病人进行诊断。의사가 환자를 진단한다.
诊断病情 병을 진단하다　错误诊断 잘못된 진단, 오진

209 对 duì

부수: 寸 마디
그를 대할(对) 마음이 손가락 한 마디(寸)만큼도 없네요.

동 1 대하다, 응하다 **对待 | 对话**
2 겨누다, 마주하다 **针对**
3 대조하다, 맞대 보다 **对比**
형 1 맞은편의, 반대편의 **对方 | 对面 | 对手 | 对象**
2 옳다 **绝对**

对待 duìdài

对 duì 동 대하다, 응하다
待 dài 동 접대하다

동 (사람이나 사물을) 대하다
她对待顾客非常热情。그녀는 손님을 매우 따뜻하게 대한다.
对待客人 손님을 대하다　热情地对待 따뜻하게 대하다　严肃地对待 엄숙하게 대하다
✪ **待遇** dàiyù (동+동) 명 (급료, 보수, 권리, 지위 등의) 대우, 대접

对话 duìhuà

对 duì 동 대하다, 응하다
话 huà 명 말, 언어

명 대화
동 대화하다, 말하다
他们的对话被她听到了。그들의 대화는 그녀에게 들켰다. → **명사 용법**
我的汉语水平很低，不敢和中国人对话。나의 중국어 수준은 낮아서 중국인과 대화할 수 없다. → **동사 용법**
用汉语来对话 중국어로 대화하다　进行对话 대화를 진행하다　精彩的对话 멋진 대화
✪ **话题** huàtí (동+명) 명 화제

针对 zhēnduì

针 zhēn 명 바늘
对 duì 동 겨누다, 마주하다

동 겨냥하다, 초점을 맞추다
개 ~를 겨냥해서, ~에 초점을 맞추어, ~에 대해

他针对早婚早育的问题写了这篇文章。→ 개사 용법
그는 일찍 결혼하고 아이를 낳는 문제에 초점을 맞춰 이 글을 썼다.
针对环境污染问题 환경문제를 겨냥하다 针对实际情况 실제 상황을 겨냥하다

시험 TIP 암기하세요! '针对'의 의미
'针对'는 '针对+명사+동사'의 형식으로 많이 사용되며, 개사 '对'와 의미가 비슷합니다. 다만 '对' 앞에 '针(바늘)'이 있기 때문에 '초점을 맞추다'라는 의미가 되는 것입니다.

对比 duìbǐ

对 duì 동 대조하다, 맞대 보다
比 bǐ 동 비교하다, 겨루다

동 (두 가지 사물을) 대비하다, 상대적으로 비교하다
명 비율

这两个人的性格对比鲜明。이 두 사람의 성격은 뚜렷하게 대비된다. → 동사 용법
全班男女生的对比是三比一。반 전체의 남녀 학생 비율은 3대 1이다. → 명사 용법
鲜明的对比 선명한 대비 对比两年的气温 2년간의 기온을 비교하다

✪ **比较** bǐjiào (동+동) 동 비교하다 부 비교적

对方 duìfāng

对 duì 형 맞은편의, 반대편의
方 fāng 명 편, 측

명 상대방, 상대편

我们不能故意找对方的麻烦。우리는 일부러 상대방을 귀찮게 해서는 안 된다.
对方的情况 상대방의 상황 对方的弱点 상대편의 약점

对面 duìmiàn

对 duì 형 맞은편의, 반대편의
面 miàn 접미 방면, 쪽, 편 명 얼굴, 낯

명 맞은편, 반대편

我家在他们家对面。우리 집은 그들 집 맞은편에 있다.
马路对面 길 맞은편 对面的商店 맞은편 상점

✪ **面前** miànqián (명+명) 명 면전, 눈앞

对手 duìshǒu

对 duì 형 맞은편의, 반대편의
手 shǒu 명 손, 전문인

명 (시합의) 상대, 적수

这次比赛，我们的对手是日本。이 시합에서 우리의 상대는 일본이다.
成为对手 상대가 되다　竞争对手 경쟁 상대　碰上了对手 호적수를 만나다

对象 duìxiàng

对 duì 형 맞은편의, 반대편의
象 xiàng 명 형태, 모양

명 대상, 결혼 상대

他研究的对象是汉语。그의 연구 대상은 중국어이다.
批评的对象 비난의 대상　找对象 결혼 상대를 찾다

시험 TIP 유의어 비교 '对象'과 '对方'
'对方'은 상대방을 나타내기 때문에 사람에게만 사용하고, '对象'은 '研究对象(연구 대상)'처럼 사람과 사물에 모두 사용할 수 있습니다. 5급 독해 제1부분에서 '对方'과 '对象'이 출제된 적이 있으니 용법을 잘 구분하여 알아 두세요.

绝对 juéduì

绝 jué 부 절대로 동 끊다
对 duì 형 옳다

형 절대적인, 절대의
부 완전히, 절대로

我们在人数上占有绝对优势。우리는 인원수에서 절대적인 우세를 차지하고 있다. → 형용사 용법
世界上没有绝对完美的文学作品。세상에는 완전히 완벽한 문학작품은 없다. → 부사 용법
绝对可靠 완전히 믿을 만하다

시험 TIP 암기하세요! '绝对'의 용법
'绝对'는 부사 용법이 중요하니 꼭 알아 두세요. 5급 쓰기 제1부분에 출제된 적이 있는 단어입니다.

Day 11

210 躲 duǒ

身 몸 + 朵 늘어지다
몸(身)을 웅크려 늘어진(朵) 나무 아래로 웅크려 숨었어요(躲).

동 피하다, 숨다 **躲避 | 躲藏**

躲避 duǒbì

躲 duǒ 동 피하다, 숨다
避 bì 동 피하다

동 피하다, 숨다, 회피하다

他有意躲避口语考试。그는 일부러 구술시험을 피했다.

躲避困难 어려움을 피하다 躲避危险 위험을 피하다

✪ **避免** bìmiǎn (동+동) 동 피하다, 모면하다 ▶p.281

躲藏 duǒcáng

躲 duǒ 동 **피하다, 숨다**
藏 cáng 동 **간직하다, 숨기다**

동 (남이 보지 않게) 숨기다, 숨다

我弟弟**躲藏**在床下面，让妈妈找不着他。내 남동생은 엄마가 찾을 수 없게 침대 밑에 숨었다.

211 恶 è wù

亚 뒤처지다 + 心 마음
남보다 뒤처진다고(亚) 해서 남을 미워하는 나쁜(恶) 마음(心)을 가지면 안 되죠.

è 형 나쁘다, 흉악하다 **恶劣**
wù 동 싫어하다, 미워하다, 증오하다 **厌恶**

恶劣 èliè

恶 è 형 **나쁘다**
劣 liè 형 **나쁘다**

형 매우 나쁘다, 열악하다

地质工作者已经习惯了在**恶劣**条件下工作。
지질 종사자는 열악한 조건하에서 일하는 것이 이미 습관이 되었다.

条件恶劣 조건이 열악하다 环境恶劣 환경이 열악하다 恶劣的天气 열악한 날씨

厌恶 yànwù

厌 yàn 동 **미워하다**
恶 wù 동 **싫어하다, 미워하다**

동 혐오하다, 몹시 싫어하다

他说话不文明，真让人**厌恶**。그는 말을 교양 없이 해서 정말 혐오스럽다.

212 发 fā fà

부수: 又 또
일이 자꾸(又) 발생해요(发).

fā 동 1 보내다, 교부하다
2 발생하다, 생기다 发愁 | 发抖 | 发挥 | 发明 | 发烧 | 发生 | 发现 | 启发
3 표현하다, 말하다 发表 | 发言
4 확대하다, 전개하다 发达 | 发展

fà 명 머리카락

➕ **发短信** fā duǎnxìn (술+목) 문자 메시지를 보내다 | **头发** tóufa (명+명) 명 머리카락

发愁 fāchóu

发 fā 동 발생하다, 생기다
愁 chóu 동 근심하다, 걱정하다

동 근심하다, 걱정하다

他正为这件事发愁。그는 이 일로 걱정하고 있다.

真让人发愁 정말 사람을 걱정하게 만들다　为……发愁 ~때문에 걱정하다

发抖 fādǒu

发 fā 동 발생하다, 생기다
抖 dǒu 동 떨다

동 (두려움이나 추위 등으로 벌벌) 떨다

大冷天她只穿了一件毛衣，冻得发抖。매우 추운 날에 그녀는 스웨터 하나만 입고 추워서 벌벌 떨었다.

全身发抖 온몸을 떨다

发挥 fāhuī

发 fā 동 발생하다, 생기다
挥 huī 동 발산하다, 흩어지다

동 (내재된 성질이나 능력을) 발휘하다

我们的球队基本发挥了自己的水平。우리 축구팀은 기본적으로 자신의 실력을 발휘했다.

发挥作用 작용을 하다　充分发挥 충분히 발휘하다

发明 fāmíng

发 fā 동 발생하다, 생기다
明 míng 동 알다, 이해하다

동 (새로운 사물이나 방법을) 발명하다

명 발명

中国两千年前就发明了指南针。 중국은 이천 년 전에 나침반을 발명했다. → **동사 용법**

发明火药 화약을 발명하다　发明电话 전화를 발명하다

发烧 fāshāo

发 fā 동 **발생하다, 생기다**
烧 shāo 명 **발열, 고열** 동 **태우다**

동 열나다

我这一个月发了三次烧。 나는 이번 달에 세 번이나 열이 났다.

시험 TIP 이합사 '发烧'

'**发烧**'는 이합사입니다. 따라서 '**发烧**'로만 외우지 말고, '**发了三次烧**'처럼 두 글자를 떨어뜨린 형태를 함께 암기해 두세요.

发生 fāshēng

发 fā 동 **발생하다, 생기다**
生 shēng 동 **낳다, 생기다**

동 (원래 없던 현상이) 생기다, 발생하다

这个月全市共发生了50起交通事故。 이번 달에 전체 도시에서 총 50건의 교통사고가 발생했다.

发生水灾 수재가 발생하다　发生改变 변화가 일어나다

시험 TIP 유의어 비교 '发生'과 '产生'

	发生 fāshēng	**产生** chǎnshēng
의미	동 생기다, 발생하다	동 생기다, 발생하다
비교	사고나 변화와 같이 어떤 '현상'이나 '상황'이 발생할 때 사용함	주로 어떤 대상에 대한 '감정'이 생겨날 때 사용함
예문	**发生事故** 사고가 발생하다	**产生兴趣** 흥미가 생기다
특징	5급 독해 제1부분에서 자주 출제됨	

发现 fāxiàn

发 fā 동 **발생하다, 생기다**
现 xiàn 동 **나타나다**

동 발견하다, 알아차리다

명 발견

科学家又发现了一个新的星球。 과학자는 새로운 천체 하나를 또 발견했다. → **동사 용법**

发现新大陆 신대륙을 발견하다　发现错误 잘못을 발견하다　发现秘密 비밀을 발견하다

시험 TIP 유의어 비교 '发现'과 '发明'

'**发明**'은 '원래 세상에 없는 것을 창조하다'라는 의미를 가지고 있고, '**发现**'은 '원래 세상에 있는 사물을 발견하거나 찾아내다'라는 뜻을 가지고 있습니다.

启发 qǐfā

启 qǐ 동 열다, 계도하다
发 fā 동 발생하다, 생기다

명 깨달음, 깨우침, 계몽
동 일깨우다, 깨닫게 하다

这本书使我深受启发。 이 책은 내가 깊은 깨달음을 얻게 했다. → 명사 용법
柳老师耐心地启发着学生们。 리우 선생님은 인내심을 가지고 학생들에게 깨우침을 주고 계신다. → 동사 용법
受到启发 깨달음을 얻다　给人启发 사람에게 깨달음을 주다

시험 TIP 암기하세요! '启发'의 용법
'启发'는 명사 용법이 중요하니 꼭 숙지해 두세요.

发表 fābiǎo

发 fā 동 표현하다, 말하다
表 biǎo 동 표현하다

동 발표하다, 선포하다

大家应该把自己的意见都发表出来。
모두들 자신의 의견을 발표해야 합니다.
发表意见 의견을 발표하다　发表文章 글을 발표하다

发言 fāyán

发 fā 동 표현하다, 말하다
言 yán 명 말, 언어

동 발언하다, 말하다
명 발언

昨天在会上她也发了几句言。 어제 회의에서 그녀도 몇 마디의 발언을 하였다. → 동사 용법
很少发言 드물게 발언하다　积极发言 적극적으로 발언하다　精彩的发言 훌륭한 발언

Day 11

发达 fādá

发 fā 동 확대하다, 전개하다
达 dá 동 도달하다

형 발달하다, 번성하다

现在的技术很发达。 현재의 기술은 매우 발달하였다.
发达国家 선진국　事业发达 사업이 발달하다　交通发达 교통이 발달하다

发展 fāzhǎn

发 fā 동 확대하다, 전개하다
展 zhǎn 동 펴다, 전개하다

동 발전하다, 발전시키다, 확대하다
명 발전

这些年，中国确实发展得很快。 최근 몇 년 동안 중국은 확실히 매우 빠르게 발전하고 있다. → 동사 용법

迅速发展 신속하게 발전하다　经济发展 경제 발전　全面发展 전면적으로 발전하다

시험 TIP 유의어 비교 '发达'와 '发展'

	发达 fādá	发展 fāzhǎn
의미	형 발달하다, 번성하다	동 발전하다, 발전시키다, 확대하다 명 발전
비교	• 목적어를 가질 수 없음 • 형용사이므로 정도부사의 수식을 받을 수 있음	• 목적어를 가질 수 있음

✪ 展开 zhǎnkāi (동+동) 동 전개하다, 펼치다 ▶p.440

213 翻 fān

番 번, 차례 + 羽 깃털
새는 몇 번(番)을 날갯짓(羽)해서 몸을 뒤집어요(翻).

동 1 뒤집다
2 무언가를 찾기 위해 뒤지다, 헤집다
3 번역하다 **翻译**
4 수량이 배로 증가하다

✚ **翻身** fānshēn (동+명) 동 몸을 뒤집다 | **翻箱子** fān xiāngzi (동+명) 상자를 뒤지다 | **翻了一番** fān le yì fān (동+조+수+양) 수량이 갑절이 되다

시험 TIP 시험에 자주 출제되는 '翻'

'翻'은 단독으로 쓰이는 두 번째 용법, 즉 '무언가를 찾기 위해 뒤지다, 헤집다'의 의미로 듣기에서 자주 들립니다.

翻译 fānyì

翻 fān 동 번역하다
译 yì 동 번역하다

동 통역하다, 번역하다
명 통역사, 번역가

你帮我把这篇文章翻译成英文。 네가 나에게 이 글을 영어로 번역해 줘. → 동사 용법

翻译文章 글을 번역하다　翻译论文 논문을 번역하다　当翻译 통역사가 되다

214 **烦** fán

火 불 + 页 머리
여러 가지 번거로운 일을 하면 화(火)가 머리(页) 끝까지 나서 괴로워요(烦).

형 1 괴롭다, 근심스럽다 **烦恼**
2 싫증 나다, 짜증 나다 **烦躁** | **不耐烦**
동 번거롭게 하다 **麻烦**

烦恼 fánnǎo

烦 fán 형 괴롭다, 근심스럽다
恼 nǎo 형 고민하다, 번민하다

명 번뇌, 걱정
형 걱정스럽다, 번뇌하다, 근심스럽다

人年纪越大，烦恼越多。 사람은 나이가 들수록 걱정거리가 많아진다. → 명사 용법
我的烦恼 나의 번뇌

烦躁 fánzào

烦 fán 형 짜증 나다
躁 zào 형 조급하다

형 초조하다, 짜증 나다

不能上网时，我感到烦躁不安。 인터넷에 접속할 수 없을 때, 나는 마음이 초조하고 불안해진다.
感到烦躁 초조함을 느끼다

시험 TIP 듣기 시험에서 자주 출제되는 '烦躁'
'烦躁'는 HSK 지정단어는 아닙니다. 하지만 5급 듣기에서 태도와 관련된 문제의 선택지에 제시되는 경우가 종종 있으니 암기해 두세요.

不耐烦 búnàifán

不 bù 부 [부정을 나타냄]
耐 nài 동 참다, 견디다
烦 fán 형 짜증 나다

형 짜증 나다, 귀찮다, 성가시다

因为他说话不流利，听的人很不耐烦。 그는 말하는 것이 어둔해서 듣는 사람이 짜증 난다.

시험 TIP 듣기 시험에서 자주 출제되는 '不耐烦'
'不耐烦'은 5급 듣기에서 태도와 관련된 문제의 선택지에 자주 제시되는 단어입니다. 꼭 암기해 두세요.

麻烦 máfan

麻 má 동 마비되다
烦 fán 동 번거롭게 하다

형 귀찮다, 성가시다
동 귀찮게 하다, 성가시게 굴다

给您添麻烦了，真抱歉。불편을 드려 정말 죄송합니다. → 동사 용법
麻烦的事情 번거로운 일 添麻烦 폐를 끼치다 [상대방의 도움에 대해 감사를 표할 때 쓰는 겸어]
麻烦你了 수고스럽겠지만 [이 말 뒤에는 주로 부탁할 일이 옴]

시험 TIP 시험에서 자주 출제되는 '麻烦'
'麻烦'은 HSK 5~6급에서 많이 출현하는 단어이므로 잘 익혀 두세요.

215 反 fǎn

부수: 又 또, 자꾸
그 사람이 내 일을 자꾸(又) 반대해요(反).

동 1 반대하다 **反对**
2 돌려주다, 돌아가다 **反复 | 反应 | 反映**
3 위배하다, 거스르다 **违反**

反对 fǎnduì

反 fǎn 동 반대하다
对 duì 동 맞서다

동 반대하다, 찬성하지 않다

他们提出了许多反对的意见。그들은 많은 반대 의견을 제기했다.
反对意见 반대 의견 坚决反对 단호히 반대하다 表示反对 반대를 표시하다

反复 fǎnfù

反 fǎn 동 돌아가다
复 fù 동 반복하다

부 반복해서, 되풀이해서

这篇文章需要反复进行修改。이 글은 반복해서 수정해야 한다.
反复考虑 반복해서 고려하다 反复练习 반복해서 연습하다

反应 fǎnyìng

反 fǎn 동 돌려주다
应 yìng 동 응하다

동 반응하다
명 반응

他愣了一下，一时没反应过来。 그는 잠시 멍하더니, 잠깐 동안 반응이 없었다. → 동사 용법
对他的工作，大家的反应很好。 그의 일에 대한 사람들의 반응이 매우 좋다. → 명사 용법
听众的反应 청중의 반응　药物反应 약물 반응

시험 TIP 듣기 시험에서 자주 출제되는 '反应'

듣기 시험 중, 태도를 묻는 문제의 질문에서 '对+대상, 有什么反应?(~에 대해 어떤 반응인가?)'이라고 말하는 것을 자주 들을 수 있습니다. 자주 들리는 단어이므로 어떤 의미인지 확실히 알아 둬야 겠죠?

反映 fǎnyìng

反 fǎn 동 돌려주다
映 yìng 동 비치다, 비추다

동 1 (사회나 생활상 등을) 반영하다
　2 보고하다, 전달하다

故宫的建筑反映了中国古代劳动人民的聪明才智。 → 동사1 용법
고궁의 건축은 중국 고대 노동자들의 총명함과 재능과 지혜를 반영하였다.
这事应该及时向领导反映。 이 일은 즉시 상사에게 보고해야 한다. → 동사2 용법
反映现实 현실을 반영하다　反映生活 생활을 반영하다　反映性格 성격을 반영하다
反映情况 상황을 보고하다　反映问题 문제를 보고하다

시험 TIP 독해 시험에서 자주 출제되는 '反映'

'反映'은 '사회나 생활상을 반영하다'라는 의미로 5급 독해에서 자주 출제되는 단어입니다. '反映'의 '보고하다, 전달하다'라는 의미도 함께 알아 두면 좋습니다.

违反 wéifǎn

违 wéi 동 어기다
反 fǎn 동 위배하다, 거스르다

동 (법률, 규정, 규칙을) 위반하다, 어기다

她的这种行为已经明显违反了比赛的规则。
그녀의 이러한 행위는 이미 경기 규칙을 분명히 위반한 것이다.
违反规定 규정을 위반하다　违反交通规则 교통규칙을 위반하다　违反纪律 규율을 위반하다

216 妨 fáng

女 여자 + 方 방향
여자(女)를 사방(方)에서 짓궂게 방해해요(妨).

동 방해하다 **妨碍**

妨碍 fáng'ài

妨 fáng 동 방해하다
碍 ài 동 방해하다

동 방해하다, 지장을 주다

开车打手机是妨碍安全的驾驶行为。 운전 중 휴대전화를 거는 것은 안전한 운전 행위를 방해한다.

妨碍别人 타인을 방해하다　妨碍休息 휴식을 방해하다

217 放 fàng

方 방향 + 攵 치다
사방(方)에서 회초리를 내리쳐서(攵) 가축들을 풀어놓아요(放).

동 1 놓아주다, 풀어 주다 **放松**
2 (학교나 직장이) 파하다, 쉬다
3 (어떤 위치에) 놓다, 두다 **放心** | **放弃**

➕ **放暑假** fàng shǔjià (술+목) 여름방학을 하다 | **放寒假** fàng hánjià (술+목) 겨울방학을 하다 | **放学** fàngxué (동+명) 동 하교하다 | **放电影** fàng diànyǐng (술+목) 영화를 상영하다

放松 fàngsōng

放 fàng 동 풀어 주다
松 sōng 동 느슨하게 하다

동 긴장을 늦추다, (주의와 관리를) 느슨하게 하다

学习要抓紧，不能放松。 공부할 때는 다그쳐야 하고, 긴장을 늦추어서는 안 된다.

放松注意力 주의력을 느슨하게 하다　放松紧张情绪 긴장된 마음을 풀다

✪ **松了一口气** sōng le yì kǒu qì (동+조+수+양+명) 관용 (안도의) 한숨을 돌리다

放心 fàngxīn

放 fàng 동 놓다, 두다
心 xīn 명 마음, 심장

동 안심하다, 마음을 놓다

如果他们都放不下心，那该怎么办呢? 만약에 그들이 안심을 할 수 없다면 어떻게 해야 하지?

放心购买 마음 놓고 구매하다

시험 TIP 시험에서 자주 출제되는 '放心'

'放心'은 5급 듣기에 많이 출현하는 단어 중 하나입니다. 이합사라는 점에 유의하세요. 말하는 이가 자신감 있는 어조로 상대방에게 안심하라고 다독일 때 많이 사용하는 단어입니다.

放弃 fàngqì

放 fàng 동 놓다, 두다
弃 qì 동 버리다

동 (원래의 권리, 주장, 의견을) 버리다, 포기하다

我们公司放弃了原来的计划。 우리 회사는 원래 계획을 포기했다.

放弃权利 권리를 포기하다　放弃机会 기회를 포기하다

시험 TIP '放弃'의 목적어

'放弃'는 뒤에 대부분 명사를 목적어로 갖지만, '放弃使用汽车(자동차 사용을 포기하다)'처럼 동사구를 목적어로 갖기도 합니다.

218 分 fēn / fèn

八 여덟 + 刀 칼

칼(刀)을 이용하여 여덟(八) 조각으로 나눠요(分).

fēn 동 1 나누다, 가르다, 분배하다 分别 | 分布 | 分配
2 판별하다, 식별하다 分析

fèn 명 성분

➕ 部分 bùfen (명+명) 명 부분, 일부 | 十分 shífēn 부 매우, 대단히 | 成分 chéngfèn (동+명) 명 성분, 요인 ▶p.102 | 充分 chōngfèn (형+명) 형 충분하다 부 충분히, 최대한 ▶p.109 | 过分 guòfèn (동+명) 형 (정도가) 지나치다 ▶p.191 | 水分 shuǐfèn (명+명) 명 수분

分别 fēnbié

分 fēn 동 나누다, 가르다
别 bié 동 이별하다, 헤어지다

동 헤어지다 [= 分离 fēnlí], 분별하다

부 각각, 따로따로

在机场他和女朋友分别了。 그는 공항에서 여자 친구와 헤어졌다. → 동사 용법

大家分别进入比赛场地。 사람들이 각각 경기장으로 들어왔다. → 부사 용법

分别不久 헤어진 지 얼마 되지 않았다　分别是非 시비를 가리다　分别解决 각각 해결하다

시험 TIP 독해 시험에서 자주 출제되는 '分别'

'分别'의 부사 용법이 5급 독해 제1부분에 꾸준히 출제되고 있습니다. 또한 '헤어지다'라는 의미의 동사 용법도 듣기에 출제된 적이 있습니다. 남녀 간에 완전히 헤어지는 것, 즉 정을 끊고 갈라서는 것은 '分手'라고 하고, 함께 있다가 따로 흩어지는 것은 '分别'를 씁니다. 의미를 잘 구분해 두세요.

分布 fēnbù

分 fēn 동 나누다, 분배하다
布 bù 동 분포하다

동 (어떤 지역에) 분포하다

这种植物分布在亚洲。이 식물은 아시아에 분포하고 있다.

分布在北方地区 북방 지역에 분포하다　主要分布于…… 주로 ~에 분포되어 있다

✪ **布置** bùzhì (동+동) 동 (물건을) 배치하다, (활동을) 안배하다

分配 fēnpèi

分 fēn 동 나누다, 분배하다
配 pèi 동 분배하다, 배치하다

동 분배하다, 배치하다, 배속하다

毕业后，他被分配到一所小学当教师。졸업 후 그는 한 초등학교 교사로 배치되었다.

分配住房 주택을 분배하다　分配任务 임무를 할당하다

分析 fēnxī

分 fēn 동 판별하다, 식별하다
析 xī 동 분석하다

동 분석하다

分析问题是解决问题的基点。문제를 분석하는 것은 문제 해결의 출발점이다.

分析原因 원인을 분석하다　分析矛盾 갈등(모순)을 분석하다

219 愤 fèn

忄 마음 + 贲 성내다
마음(忄)으로 성(贲)을 내야(愤) 하겠죠?

동 (불평이나 불만으로) 분노하다, 화내다 **愤怒 | 气愤**

愤怒 fènnù

愤 fèn 동 분노하다, 화내다
怒 nù 동 노하다, 분노하다

동 분노하다, 성내다 [= 气愤 qìfèn ▶p.159]

我们为输球愤怒。우리는 시합에서 진 것에 분노한다.

시험 TIP 듣기 시험에서 자주 출제되는 '愤怒'

'愤怒'는 5급 듣기의 태도와 관련된 문제에서 선택지에 제시되는 단어입니다. 의미를 잘 기억해 두세요.

气愤 qìfèn

气 qì 동 화내다
愤 fèn 동 분노하다, 화내다

동 몹시 화를 내다, 분노하다 [= 愤怒 fènnù ▶p.158]

妈妈已经气愤得说不出话来。엄마는 이미 매우 화가 나서 말을 내뱉지 못했다.

시험 TIP 듣기 시험에서 자주 출제되는 '气愤'

'气愤'은 5급 듣기의 태도와 관련된 문제에서 선택지에 제시되는 단어입니다. 의미를 잘 기억해 두세요.

220 风 fēng

부수: 风 바람
바람(风)이 불어서 뭔가를 쓸어가는 모습을 닮은 글자예요.

명 1 바람 **风险**
2 기풍, 풍속 **风格** | **风俗**
3 풍경, 경치 **风景**

➕ **刮风** guāfēng (동+명) 동 바람이 불다 | **台风** táifēng (명+명) 명 태풍 | **一路顺风** yí lù shùn fēng (형+명+형+명) 성 가시는 길이 평안하시길 바랍니다

风险 fēngxiǎn

风 fēng 명 바람
险 xiǎn 명 위험

명 (발생할지도 모르는) 위험, 리스크

很多人认为投资股市风险很大。많은 사람들이 주식시장에 투자하는 것은 리스크가 크다고 여긴다.

冒着风险 위험을 무릅쓰다　风险企业 벤처기업

시험 TIP 듣기 시험에서 자주 출제되는 '风险'

5급 듣기에서 주식 투자와 관련한 대화문이 자주 나오는데, 그때 '风险'이 자주 들립니다. '风险'은 '危险'과 달리 주로 '경제적인 리스크'를 가리킬 때 사용합니다.

风格 fēnggé

风 fēng 명 기풍
格 gé 명 품격, 품성

명 태도, 품격, 풍격

作为一个演员，一定要有自己的风格。연기자로서 반드시 자신만의 풍격(스타일)이 있어야 한다.

领导的风格 지도자의 풍격　民族风格 민족 풍격

风俗 fēngsú

风 fēng 명 풍속
俗 sú 명 풍속

명 풍속

风俗是随着时代的变化而变化的。풍속은 시대의 변화에 따라 변한다.

民间风俗 민간 풍속 风俗习惯 풍속과 습관 破坏风俗 풍속을 해치다

风景 fēngjǐng

风 fēng 명 풍경, 경치
景 jǐng 명 풍경, 배경

명 풍경, 경치

黄山的风景非常美丽。황산의 풍경은 매우 아름답다.

欣赏风景 풍경을 감상하다 美丽的风景 아름다운 풍경

✪ 景色 jǐngsè (명+명) 명 경치, 경관, 풍경

221 否 fǒu

不 아니다 + 口 입
범인들은 항상 아니라고(不) 입(口)으로 부정하죠(否).

동 부정하다 否定 | 否认

조 ~가 아니다 [단음절인 '是', '能', '可' 등의 뒤에 붙어서 '是不是', '能不能', '可不可'의 의미를 나타냄] 是否

否定 fǒudìng

否 fǒu 동 부정하다
定 dìng 동 정하다

동 부정하다

형 부정적이다

他否定了诸葛亮的军事才能。그는 제갈량의 군사 재능을 부정했다. → 동사 용법

否定成绩 성적을 부정하다 否定的态度 부정적인 태도

否认 fǒurèn

否 fǒu 동 부정하다
认 rèn 동 인정하다, 동의하다, 식별하다

동 부인하다

他否认自己拿了同学的东西。그는 자신이 친구의 물건을 가져간 것을 부인했다.

否认犯罪 범행을 부인하다　不能否认的事实 부인할 수 없는 사실

✪ 认识 rènshi (동+동) 동 알다, 인식하다

是否 shìfǒu

是 shì 동 ~이다
否 fǒu 조 ~가 아니다

부 ~인지 아닌지 [= 是不是 shì bu shì]

这种说法是否有根据呢? 이러한 견해는 근거가 있나요?

참고 '是否'의 특징

'是否'는 '是不是'와 같은 의미를 나타냅니다. 주로 서면어에서 사용되는 부사로 주어 뒤에 위치합니다. '是否 / 是不是'와 비슷한 형태로 '能否 / 能不能'이 있습니다.

222 服 fú

月 달 + ㄗ 허리를 굽히고 있는 사람 모습 + 又 오른손 모양
달(月) 아래에서 몸을 굽히고(ㄗ) 손(又)으로 옷(服)을 입어요.

명 옷, 의복 服装

동 1 (약을) 먹다, 복용하다
2 복종하다, 따르다 服从 | 克服 | 佩服 | 说服

✚ 西服 xīfú (명+명) 명 양복 | 礼服 lǐfú (명+명) 명 예복 | 服药 fúyào (동+명) 동 약을 복용하다 | 服务 fúwù (동+명) 동 서비스하다, 봉사하다 | 服务员 fúwùyuán (동+명+명) 명 종업원

服装 fúzhuāng

服 fú 명 옷, 의복
装 zhuāng 명 의복, 복장 동 꾸미다

명 복장, 옷차림

我家附近有一家规模很大的服装店。 우리 집 부근에 규모가 매우 큰 옷 가게가 하나 있다.

设计服装 옷을 디자인하다　流行服装 유행하는 복장　服装店 옷 가게

✪ 装饰 zhuāngshì (동+동) 동 장식하다, 꾸미다

服从 fúcóng

服 fú 동 복종하다, 따르다
从 cóng 동 따르다, 종사하다

동 따르다, 복종하다

我服从大多数人的意见。 나는 다수의 의견에 따른다.

服从规定 규정에 따르다　服从命令 명령에 따르다

✪ 从事 cóngshì (동+동) 동 ~에 종사하다 ▶p.339

克服 kèfú

克 kè 동 이기다, 극복하다
服 fú 동 복종하다, 따르다

동 극복하다, 이겨 내다

他决心克服自身的缺点。 그는 자신의 결점을 극복하기로 결심했다.

克服缺点 단점을 극복하다　克服困难 어려움을 극복하다

佩服 pèifú

佩 pèi 동 탄복하다
服 fú 동 복종하다, 따르다

동 감탄하다, 탄복하다

我挺佩服他的勇气和信念。 나는 그의 용기와 신념에 몹시 감탄했다.

令人佩服 사람을 감탄하게 하다　十分佩服 몹시 탄복하다　佩服他的勇气 그의 용기에 감탄하다

시험 TIP 암기하세요! '佩服'의 의미

'佩服'는 5급 듣기 문제에서 종종 들리는 단어입니다. 우리말에서는 '탄복하다'라는 말을 일상에서 거의 쓰지 않기 때문에 '佩服'의 활용이 다소 어렵게 느껴질 수도 있습니다. '佩服'는 상대방의 뛰어난 능력 등에 대해 감탄과 존경을 느끼는 것을 말합니다.

说服 shuōfú

说 shuō 동 말하다
服 fú 동 복종하다, 따르다

동 설득하다, 납득시키다

我说服不了他，还是你去和他谈吧。 나는 그를 설득할 수 없으니 아무래도 네가 가서 그와 얘기하는 게 낫겠다.

说服对方 상대방을 설득하다　说服顾客 고객을 설득하다

시험 TIP 듣기 시험에서 자주 출제되는 '说服'

'说服'는 5급 듣기에서 자주 들리는 중요한 단어입니다. '说服'는 말로서 상대방을 복종시킨다는 의미입니다. 위의 호응 구문을 함께 외워 두세요.

223 富 fù

宀 집 + 畐 가득하다
집(宀) 안에 돈이 가득해서(畐) 부유해요(富).

형 1 부유하다, 재산이 많다 富有

2 풍부하다 丰富

명 자원, 재산

➕ 财富 cáifù (명+명) 명 재산 | 富裕 fùyù (형+형) 형 부유하다 | 富翁 fùwēng (명+명) 명 부자

富有 fùyǒu

富 fù 형 부유하다, 재산이 많다
有 yǒu 동 가지고 있다

형 (재산이 많아서) 부유하다 [= 富裕 fùyù]

동 많이 가지다, 풍부하다

过去我家非常富有。 과거에 우리 집은 매우 부유했다. → 형용사 용법

富有的家庭 부유한 가정　富有想象力 상상력이 풍부하다　富有经验 경험을 많이 가지고 있다

丰富 fēngfù

丰 fēng 형 풍부하다
富 fù 형 풍부하다

형 (물질, 학식, 경험 등이) 풍부하다, 많다

동 풍부하게 하다

我国的自然资源非常丰富。 우리나라의 천연자원은 매우 풍부하다. → 형용사 용법

经验丰富 경험이 풍부하다　知识丰富 지식이 풍부하다　丰富人生阅历 인생 경험을 풍부하게 하다

시험 TIP 시험에서 자주 출제되는 '丰富'

丰富는 5~6급에 걸쳐 HSK 지문에 가장 많이 보이는 단어 중 하나입니다. 동사 용법도 있다는 점에 유의하세요. 丰富业余生活(여가 생활을 풍부하게 하다)라는 의미도 함께 알아두세요.

224 改 gǎi

己 몸 + 攵 치다
아이가 잘못했을 때는 몸(己)을 때려서라도(攵) 버릇을 고쳐야(改) 하죠.

동 1 바꾸다, 교체하다 改变 | 改革
2 고치다, 바로잡다 改进 | 改善 | 改正 | 修改

改变 gǎibiàn

改 gǎi 동 바꾸다, 교체하다
变 biàn 동 달라지다, 변하다

동 바꾸다, 변하다, 바뀌다

天气突然阴了下来，只好改变计划。 날씨가 갑자기 흐려져서 할 수 없이 계획을 바꿨다.

改变观点 관점을 바꾸다　有了改变 변화가 생겼다

✪ 变化 biànhuà (동+동) 명동 변화(하다)

改革 gǎigé

改 gǎi 동 바꾸다, 교체하다
革 gé 동 고치다, 바꾸다

동 개혁하다
명 개혁

我国改革了不合理的管理制度。 우리나라는 불합리한 관리 제도를 개혁했다. → 동사 용법
改革制度 제도를 개혁하다　经济改革 경제 개혁

✪ 革命 gémìng (동+명) 명동 혁명(하다) ▶p.288

改进 gǎijìn

改 gǎi 동 고치다, 바로잡다
进 jìn 동 나아가다

동 개선하다, 향상시키다

这家饭店的服务质量有所改进。 이 식당의 서비스 질은 약간 개선이 되었다.
改进学习方法 학습 방법을 개선하다　改进服务态度 서비스 태도를 개선하다
有了改进 개선이 되었다

✪ 进步 jìnbù (동+명) 동 발전하다, 진보하다 ▶p.242

改善 gǎishàn

改 gǎi 동 고치다, 바로잡다
善 shàn 형 좋다, 훌륭하다

동 개선하다

城市居民的生活环境得到了改善。 도시 주민의 생활환경이 개선되었다.
改善生活 생활을 개선하다　改善关系 관계를 개선하다　得到改善 개선되다

시험 TIP 주의하세요! '改善'의 의미

'改善'은 원래 나쁘거나 그다지 좋지 못한 상황을 고쳐서 좋게 만드는 것을 가리키며, 주로 사람이 생활하는 환경이나 조건 등을 개선할 때 사용합니다. '改进'이나 '改革'에 비해 독해 지문에 자주 보이니, 용법을 잘 숙지해 두세요.

改正 gǎizhèng

改 gǎi 동 고치다, 바로잡다
正 zhèng 동 바로잡다, 고치다

동 (잘못된 것을) 바르게 고치다, 바로잡다

他的缺点已经改正了。 그의 단점은 이미 고쳐졌다.
改正缺点 단점을 바르게 고치다　改正错误 잘못을 바로잡다

修改 xiūgǎi

修 xiū 동 수리하다
改 gǎi 동 고치다, 바로잡다

동 (문장이나 계획 등의 결점을) 바로잡다, 수정하다

这个计划我已经修改过了，你再看看。
이 계획은 내가 이미 수정했으니 당신이 다시 봐 주세요.

修改文章 글을 수정하다　修改计划 계획을 수정하다

225 概 gài

木 나무 + 既 이미
나무(木)를 이미(既) 다 세었는데, 대략(概) 50개가 되네요.

명 대략, 대개 **概括 | 概念 | 大概**

概括 gàikuò

概 gài 명 대략, 대개
括 kuò 동 포괄하다

동 개괄하다, 요약하다 [사물의 공통적인 특징을 하나로 귀결시키는 것을 가리킴]

一句话概括不了这么丰富的内容。 이렇게 풍부한 내용은 한 마디로 요약할 수 없다.
概括核心思想 핵심 사상을 개괄하다

概念 gàiniàn

概 gài 명 대략, 대개
念 niàn 명 생각, 염두

명 개념

数学课上老师又讲了一个新的概念。 수학 수업에서 선생님이 또 새로운 개념 하나를 설명했다.
时间概念 시간 개념　基本概念 기본 개념

✪ 念头 niàntou (명+접미) 명 생각, 마음, 의사

Day 12

大概 dàgài

大 dà 형 크다
概 gài 명 대략, 대개

부 아마도, 대개, 대략 [= 大约 dàyuē]
명 대강
형 대략, 대체적으로

他大概用了三年的时间完成了这本巨著。 그는 대략 3년의 시간을 소모해서 이 대작을 완성했다. → 부사 용법

시험 TIP 유의어 비교 '大概'와 '大约'

	大概 dàgài	大约 dàyuē
비교	• 주로 구어에서 쓰임 • 부사, 명사, 형용사로 쓰임 • 수량 앞에 위치할 수 있음 • 주어 앞뒤에 위치할 수 있음	• 주로 서면어에서 쓰임 • 부사로만 쓰임 • 수량 앞에 위치할 수 있음
특징	• 두 단어는 거의 같은 의미이므로 굳이 구분해서 사용하지 않아도 됨	

226 干 gān gàn

부수: 干 방패
병사들은 항상 방패(干)를 가지고 군사 일을 하죠(干).

gān 형 건조하다, 마르다 干脆 | 干燥
동 깨끗이 비우다 干净
명 말린 음식

gàn 동 어떤 일을 하다
형 유능하다
명 1 간부
2 식물의 줄기

➕ 饼干 bǐnggān (명+명) 명 비스킷, 크래커, 과자 | 干杯 gānbēi (동+명) 동 건배하다, 술잔을 비우다 | 才干 cáigàn (명+형) 명 재간, 재주, 재능 | 干部 gànbù (명+명) 명 간부, 장교 | 干活儿 gànhuór (동+명+접미) 동 일하다 [주로 육체노동을 뜻함] | 能干 nénggàn (조동+형) 형 유능하다, 일 처리가 뛰어나다 ▶p.294 | 树干 shùgàn (명+명) 명 나무 줄기

干脆 gāncuì

干 gān 형 건조하다, 마르다
脆 cuì 형 (말이나 행동이) 시원스럽다

형 (말이나 행동이) 명쾌하다, 시원스럽다
부 아예, 차라리

他说话、办事都很干脆。 그는 말하는 것이나 일하는 것이 모두 시원스럽다. → 형용사 용법
天气不好路又远，干脆别去了。 날씨도 안 좋고 길도 머니까 차라리 가지 마라. → 부사 용법
办事干脆 일 처리가 시원스럽다　说话干脆 말이 명쾌하다

시험 TIP 암기하세요! '干脆'의 용법

'干脆'는 부사 용법이 출제 빈도가 훨씬 높지만, 형용사 용법도 종종 등장하므로 알아 두어야 합니다. 또한 '干脆'는 5급 쓰기 99번에 제시된 단어이기도 합니다. 주로 본인의 과감한 행동에 대해 말하거나, 또는 상대방에게 과감하게 행동할 것을 제안할 때 부사로 사용합니다.

干燥 gānzào

干 gān 형 건조하다, 마르다
燥 zào 형 건조하다

형 건조하다, 마르다

北京冬天的气候特别干燥。 베이징의 겨울 날씨는 매우 건조하다.

气候干燥 기후가 건조하다 皮肤干燥 피부가 건조하다

干净 gānjìng

干 gān 동 깨끗이 비우다
净 jìng 형 깨끗하다

형 깨끗하다, 깔끔하다

宿舍打扫得非常干净。 기숙사를 아주 깨끗하게 청소했다.

洗干净 깨끗이 씻다 打扫干净 깨끗이 청소하다

227 感 gǎn

咸 짜다 + 心 마음
음식의 짠(咸)맛을 혀뿐 아니라 마음(心)으로도 느껴요(感).

동 1 느끼다, 생각하다 **感觉 | 感情 | 感受 | 感想**
2 감동하다 **感动**
3 감사하다 **感激 | 感谢**

명 감각, 감정

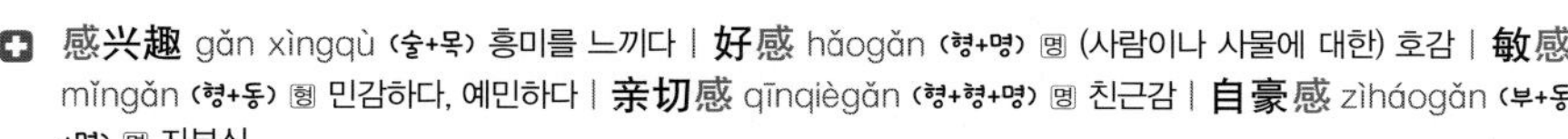

➕ **感兴趣** gǎn xìngqù (술+목) 흥미를 느끼다 | **好感** hǎogǎn (형+명) 명 (사람이나 사물에 대한) 호감 | **敏感** mǐngǎn (형+동) 형 민감하다, 예민하다 | **亲切感** qīnqiègǎn (형+형+명) 명 친근감 | **自豪感** zìháogǎn (부+동+명) 명 자부심

感觉 gǎnjué

感 gǎn 동 느끼다, 생각하다
觉 jué 동 깨닫다, 느끼다

동 ~라고 느끼다, 생각하다 [= 觉得 juéde]

명 느낌

我感觉有点儿不舒服。 나는 조금 불편함을 느낀다. → 동사 용법

这只是你的感觉并不是事实。 이것은 단지 너의 느낌일 뿐 결코 사실이 아니다. → 명사 용법

感觉有点儿热 조금 덥다고 느끼다 感觉有点儿累 조금 피곤하다고 느끼다 舒服的感觉 편안한 느낌

시험 TIP '感觉'의 문장 형식

'感觉'가 술어(동사)로 쓰일 때, 뒤의 목적어로는 대부분 형용사구나 주술구가 옵니다. '感觉' 바로 뒤에 명사 목적어가 올 경우에는 결과보어 '到'를 함께 써서 '感觉到了+명사'의 형식으로 씁니다.

感情 gǎnqíng

感 gǎn 동 느끼다
情 qíng 명 감정, 애정, 상황

명 감정, 애정 [= 情感 qínggǎn]

在中国住了一年对中国有了感情。 중국에 1년 사니 중국에 애정이 생겼다.

伤感情 감정을 상하다　感情很好 사이가 매우 좋다　产生感情 감정이 생기다

시험 TIP 유의어 비교 '感情'과 '情感'

'感情'과 '情感'은 '(감)정', '친근감'과 같이 비슷한 의미를 갖지만 '感情'의 사용 빈도가 훨씬 높습니다. '感情'은 사람 간의 정이나 친근감 외에 남녀 간의 사랑의 감정을 나타내기도 하지만, '情感'은 남녀 간의 애정(爱情)을 나타내지는 않습니다.

✪ 情况 qíngkuàng (명+명) 명 상황, 정황 ▶p.313

感受 gǎnshòu

感 gǎn 동 느끼다
受 shòu 동 받다, 당하다

동 느끼다, (영향을) 받다

명 느낀 바, 느낌, 감명

我亲身感受到了北京的天气变化。 나는 베이징의 날씨 변화를 몸소 느꼈다. → 동사 용법

感受到了温暖 따뜻함을 느끼다　感受很深 느낀 바가 깊다

시험 TIP '感受'의 문장 형식

'感受'가 술어(동사)로 쓰일 때는 단독으로 쓰지 않고 결과보어 '到'와 함께 '感受到(了)+목적어'의 형식으로 씁니다.

✪ 受伤 shòushāng (동+명) 동 상처를 입다 ▶p.345

感想 gǎnxiǎng

感 gǎn 동 느끼다
想 xiǎng 동 생각하다

명 감상, 느낌, 소감

读过这篇文章你有什么感想? 이 글을 읽고 너는 어떤 느낌이 드니?

交流感想 감상을 교류하다　产生感想 느낌이 생기다

✪ 想念 xiǎngniàn (동+동) 동 그리워하다, 생각하다 ▶p.391

感动 gǎndòng

感 gǎn 동 감동하다
动 dòng 동 움직이다

동 감동하다, 감동시키다

听了这个故事我心里很感动。 이 이야기를 듣고 나는 마음속으로 매우 감동하였다.

使人感动 사람을 감동시키다　深受感动 깊이 감동 받다　感动了观众 관중을 감동시켰다

시험 TIP **주의하세요! '感动'의 용법**

'感动'은 被자문에서도 자주 보이는 단어입니다. 또 심리동사이므로 정도부사의 수식을 받을 수 있습니다. 하지만 '感动' 앞에 정도부사를 쓸 경우, '感动' 뒤에 '了'를 쓰면 안 됩니다. '很感动了'라고 말하는 학생들이 많은데 이것은 틀린 표현이니 주의하세요!

感激 gǎnjī

感 gǎn 동 감사하다
激 jī 동 (감정을) 불러일으키다

동 매우 감사하다, 고마움을 느끼다

老师听到这个小伙子救了他的女儿感到十分感激。
선생님은 이 청년이 그의 딸을 구한 것을 듣고 매우 감사했다.

感激之情 감사의 정　感激不尽 감사하기 그지없다

시험 TIP **주의하세요! '感激'의 의미**

'感激'는 상대방에게 매우 감사함을 표시할 때 사용하는 단어로, '深深地感谢'라고 이해할 수 있습니다. 우리말로 '감격하다'라고 착각하지 않도록 유의하세요.

✪ **激动** jīdòng (동+동) 형 (감정이) 흥분하다, 감격하다 ▶p.210

感谢 gǎnxiè

感 gǎn 동 감사하다
谢 xiè 동 감사하다, 사양하다

동 감사하다, 고맙게 여기다

我代表我公司向您表示感谢。 저는 저희 회사를 대표해서 당신께 감사를 표합니다.

特别感谢 매우 감사하다

시험 TIP **'谢'의 쓰임**

'谢'는 '(꽃이나 잎이) 지다, 시들다'라는 의미가 있습니다. 같은 뜻으로 '凋谢 diāoxiè'도 시험에 출제됩니다.

✪ **谢绝** xièjué (동+동) 동 사절하다, 정중히 거절하다

228 高 gāo 성 위에 높이 치솟은 망루의 모양을 본뜬 글자이므로 '높다(高)'라는 뜻이 있어요.

형 높다 高档 | 高级

➕ 高兴 gāoxìng (형+형) 형 기쁘다, 즐겁다 | 高度 gāodù (형+명) 명 고도, 높이 | 高大 gāodà (형+형) 형 높고 크다 | 提高 tígāo (동+형) 동 향상시키다, 높이다 ▶p.360

高档 gāodàng

高 gāo 형 높다
档 dàng 명 등급

형 고품질의, 고급의 [주로 상품을 가리킴] [↔ 低档 dīdàng]

随着人们生活水平的提高，越来越多的高档商品进入平民百姓家。
사람들의 생활수준이 높아짐에 따라 갈수록 많은 고급 상품들이 일반인 가정에 들어가고 있다.

高档服装 고급 의상　高档商品 고급 상품　高档饭店 고급 식당

高级 gāojí

高 gāo 형 높다
级 jí 명 등급, 계급

형 (단계, 품질, 수준이) 고급의, 고급이다 [↔ 低级 dījí]

王先生是一家工厂的高级工程师。 왕 선생님은 공장의 고급 엔지니어이다.

高级宾馆 고급 호텔　高级动物 고등 동물　高级干部 고위 간부

시험 TIP 유의어 비교 '高级'와 '高档'

'高级'와 '高档'은 비슷한 의미로 호환하여 쓸 수 있는 경우가 많습니다. 차이점을 구분하자면 '高档'은 주로 물건에 많이 쓰고, '高级'는 직급이나 수준에 많이 쓴다는 것입니다.

229 隔 gé

⻖ 언덕 + 鬲 막다
오솔길이 언덕(⻖)에 막혀(鬲) 차단되었어요(隔).

동 막다, 차단하다, 간격을 두다 **隔壁**

隔壁 gébì

隔 gé 동 막다, 차단하다
壁 bì 명 벽, 담

명 옆집 [서로 잇달아 있는 집을 뜻함]

我的朋友就住在隔壁。 내 친구는 바로 옆집에 산다.

시험 TIP 유의어 비교 '隔壁'와 '邻居'

'隔壁'는 바로 옆에 있는 집을 말하며 사람을 가리키지는 않습니다. 반면에 '邻居 línjū 이웃(집)'은 바로 옆집이 아니더라도 가까이 있는 집이나 사람을 가리킵니다. 두 단어 모두 듣기에서 자주 들리니, 잘 외워 두세요.

230 根 gēn

木 나무 + 艮 질기다
나무(木)에서 가장 질긴(艮) 부위는 뿌리(根)예요.

명 뿌리, 근본 **根本** | **根据**

➕ **树根** shùgēn (명+명) 명 나무뿌리 | **草根** cǎogēn (명+명) 명 풀뿌리 | **舌根** shégēn (명+명) 명 혀 뿌리

根本 gēnběn

根 gēn 명 근본
本 běn 명 근본

명 근본, 근원
형 근본적인
부 전혀 [주로 부정문에 쓰임]

这次失败的根本原因在于没有明确目标。 → 형용사 용법
이번에 실패한 근본적인 원인은 명확한 목표가 없었다는 데에 있다.

根本的问题 근본적인 문제　根本的原因 근본적인 원인

根据 gēnjù

根 gēn 명 근본
据 jù 개 ~에 근거하여

개 ~에 근거하여
명 근거
동 근거하다

根据气象台的预报明天要下雨。 기상청의 예보에 따르면 내일 비가 온다고 한다. → 개사 용법
你这样说的根据是什么? 네가 이렇게 얘기하는 근거는 뭐니? → 명사 용법
根据天气预报 일기예보에 근거하다 根据以上分析 이상의 분석에 근거하다

✪ **据说** jùshuō (개+동) 동 말하는 바에 의하면 ~라 한다

231 功 gōng

工 장인 + 力 힘
장인(工)이 힘(力)들여 기술(功)을 뽐내요.

명 1 기술, 솜씨 **功夫 | 功能**
2 공로, 공적
3 성과, 효과

⊕ **功课** gōngkè (명+명) 명 과제, 리포트, 공부, 과목 | **成功** chénggōng (동+명) 명 성공 동 성공하다 형 성공적이다 ▶p.102 | **用功** yònggōng (동+명) 동 노력하다, 열심히 공부하다

功夫 gōngfu

功 gōng 명 기술, 솜씨
夫 fū 명 성인 남자, 남편

명 실력, 재주, 공, 무술

学外语不下功夫是不行的。 외국어를 배우는 데는 공을 들이지 않으면 안 된다.
他唱歌的功夫可强呢。 그의 노래 실력은 정말 훌륭하다.
下功夫 공을 들이다 中国功夫 중국 무술

▶참고 주의하세요! '功夫', '工夫'
'功夫'와 글자가 비슷한 '工夫'는 '시간(时间)'을 의미하는 단어입니다. 혼동하지 않도록 주의하세요.

✪ **夫妻** fūqī (명+명) 명 부부, 남편과 아내

功能 gōngnéng

功 gōng 명 기술
能 néng 명 능력

명 기능

这款智能手机的功能很强大。 이 스마트폰의 기능은 매우 뛰어나다.
生理功能 생리 기능 消化功能 소화 기능 手机的功能 휴대전화의 기능

✪ **能力** nénglì (명+명) 명 능력 ▶p.293

232 公 gōng

八 여덟 + 厶 사사롭다
여덟(八) 명이 사사로움(厶)에 연연하지 않고 공평하게(公) 나눴어요.

형 1 공공의 公寓
2 공평하다 公平
동 공개하다 公布 | 公开

➕ **公司** gōngsī (형+명) 명 회사 | **公物** gōngwù (형+명) 명 공공 기물 | **公元** gōngyuán (형+형) 명 서기 [예수님이 태어난 해를 기준으로 함] | **公里** gōnglǐ (형+양) 양 킬로미터 | **公斤** gōngjīn (형+양) 양 킬로그램 | **公园** gōngyuán (형+명) 명 공원 | **公路** gōnglù (형+명) 명 도로 | **高速公路** gāosù gōnglù (형+명) 명 고속도로

公寓 gōngyù

公 gōng 형 공공의
寓 yù 명 거처, 숙소

명 아파트

我家附近有一套新建的公寓。 우리 집 근처에 새로 지은 아파트가 있다.

公平 gōngpíng

公 gōng 형 공평하다
平 píng 형 균등하다

형 공평하다, 공정하다

法院公平地解决了他们之间的矛盾。 법원은 그들 간의 갈등을 공평하게 해결했다.
公平竞争 공정한 경쟁 公平的原则 공정한 원칙

✪ **平等** píngděng (형+형) 명 평등 형 평등하다 ▶p.302

公布 gōngbù

公 gōng 동 공개하다
布 bù 동 선고하다, 배치하다

동 (일반인에게 널리) 공포하다

这次考试的结果一个月以后才能公布。 이번 시험의 결과는 한 달 후에야 공포된다.
公布结果 결과를 공포하다 公布方案 방안을 공포하다

✪ **布局** bùjú (동+명) 명동 배치(하다)

公开 gōngkāi

公 gōng 동 공개하다
开 kāi 동 열다

형 공개적인
동 공개하다

他在大家面前公开了自己的秘密。 그는 사람들 앞에서 자신의 비밀을 공개했다. → 동사 용법

公开招聘 공개 채용　公开活动 공개 활동

✪ **开幕** kāimù (동+명) 동 막을 열다, 개막하다

233 贡 gòng

工 장인 + 贝 조개
장인(工)이 조개(贝)를 임금에게 바쳐요(贡).

동 바치다 **贡献**

贡献 gòngxiàn

贡 gòng 동 **바치다**
献 xiàn 동 **바치다**

명 공헌
동 공헌하다

他为公司做出了巨大的贡献。 그는 회사를 위해 커다란 공헌을 했다. → 명사 용법

做出贡献 공헌하다　极大的贡献 매우 큰 공헌

시험 TIP '贡献'의 문장 형식
'贡献'은 주로 '为+대상+做出+贡献'의 형식으로 많이 씁니다. 이때 '做出'는 '作出'로 바꿔 쓸 수 있습니다.

234 古 gǔ

十 열 + 口 입
이 이야기는 10(十)대에 걸쳐 입(口)으로 전해 내려온 오래된(古) 이야기에요.

형 오래되다 **古代 | 古典 | 古老**

古代 gǔdài

古 gǔ 형 **오래되다**
代 dài 명 **세대**

명 고대 [중국에서는 일반적으로 19세기 중엽 아편전쟁 이전까지로 구분함]

我想学习古代汉语。 나는 고대 중국어를 배우고 싶다.

古代汉语 고대 중국어　古代历史 고대 역사　古代文化 고대 문화

古典 gǔdiǎn

古 gǔ 형 오래되다
典 diǎn 명 표준, 법칙, 모범

형 고전적인, 고전의

我在学习中国古典哲学。 나는 중국 고전 철학을 공부하고 있다.

古典音乐 고전음악, 클래식 음악　古典文学 고전문학

古老 gǔlǎo

古 gǔ 형 오래되다
老 lǎo 형 늙다, 오래되다

형 오래되다

这是一座古老的建筑。 이것은 오래된 건물이다.

古老的建筑 오래된 건물　古老的传说 오래된 전설

235 鼓 gǔ

壴 악기 + 支 지탱하다
악기(壴) 중에 세워서 지탱하고(支) 두드리는 것은 북(鼓)이죠.

명 북 [타악기]

동 1 두드리다 **鼓掌**
2 진작하다, 북돋우다 **鼓励** | **鼓舞**

鼓掌 gǔzhǎng

鼓 gǔ 동 두드리다
掌 zhǎng 명 손바닥 동 잡다, 관장하다

동 박수 치다

演出结束，观众们热烈鼓掌。 공연이 끝나자 관중들은 열렬히 박수를 쳤다.

热烈鼓掌 열렬히 박수 치다　鼓起掌来 박수 치기 시작하다

✪ **掌握** zhǎngwò (동+동) 동 손에 쥐다, 숙달하다, 정복하다

鼓励 gǔlì

鼓 gǔ 동 진작하다, 북돋우다
励 lì 동 격려하다, 북돋우다

동 격려하다, 장려하다

명 격려, 장려

老师鼓励学生们努力学习。 선생님이 학생들에게 열심히 공부하라고 격려한다. → 동사 용법

鼓励学生 학생을 격려하다　得到鼓励 격려를 받다

시험 TIP **'鼓励'의 문장 형식**

위 예문처럼 '鼓励'는 '주어1+鼓励+주어2+술어2……'의 겸어문 구조로 자주 쓰입니다. '주어1'에는 동작의 주체자, 즉 격려를 하는 사람이 오고, '주어2'에는 격려를 받는 대상이 옵니다.

鼓舞 gǔwǔ

鼓 gǔ 동 진작하다, 북돋우다
舞 wǔ 동 고무하다, 춤추다

동 (사기나 용기를) 북돋우다, 진작하다, 고무하다

听了他的报告我深受鼓舞。 그의 보고를 듣고, 나는 매우 고무되었다.

鼓舞人心 사람의 마음을 고무시키다　深受鼓舞 매우 고무되다

✪ 舞蹈 wǔdǎo (동+동) 명동 춤(추다)

236 顾 gù

厄 불행한 일 + 页 머리

불행한 일(厄)을 머리(页)에 새겨 되돌아보았어요(顾).

동 1 바라보다, 돌이켜보다 **回顾**

2 돌보다, 주의하다 **照顾**

3 방문하다, 탐방하다 **顾客**

回顾 huígù

回 huí 동 되돌리다
顾 gù 동 바라보다, 돌이켜보다

동 회고하다, 회상하다, 돌이켜보다

这本书写的是他对童年时代的回顾。 이 책은 그가 어린 시절에 대한 회상을 쓴 것이다.

回顾往事 지난 일을 회고하다　回顾过去 과거를 회고하다

照顾 zhàogù

照 zhào 동 돌보다
顾 gù 동 돌보다

동 돌보다, 보살피다

她十几年坚持照顾这些老人。 그녀는 십여 년간 이 노인들을 돌보고 있다.

照顾病人 환자를 돌보다　照顾孩子 아이를 돌보다

顾客 gùkè

顾 gù 동 방문하다
客 kè 명 손님

명 고객, 손님

她是这家饭店的老顾客。그녀는 이 호텔의 단골손님이다.

✪ 客户 kèhù (명+명) 명 고객, 거래처

237 雇 gù

户 집 + 隹 새
집(户)에 새(隹)를 돌볼 사람을 고용했어요(雇).

동 고용하다 雇佣 | 解雇

雇佣 gùyōng

雇 gù 동 고용하다
佣 yōng 동 고용하다

명 고용
동 고용하다 [= 雇用 gùyòng]

私营企业里老板和工人是一种雇佣关系。사기업에서 사장과 노동자는 일종의 고용 관계이다. → 명사 용법
雇佣合同 고용계약 雇佣司机 운전사를 고용하다

解雇 jiěgù

解 jiě 동 제거하다
雇 gù 동 고용하다

동 해고하다 [= 开除 kāichú ▶p.116]

她工作不负责任，被老板解雇了。그녀는 일에 책임을 지지 않아서 사장에게 해고당했다.
解雇职员 직원을 해고하다 解雇工人 노동자를 해고하다

238 固 gù

口 에워싸다 + 古 오래되다
이 마을은 성벽에 둘러싸여(口) 오래도록(古) 굳게(固) 지켜졌어요.

형 1 견고하다 固定
2 굳다 固体

固定 gùdìng

固 gù 형 견고하다
定 dìng 동 고정하다

형 고정적이다
동 고정시키다

我们一直没有一个固定的教室。 우리들은 계속 고정된 교실이 없었다. → **형용사 용법**
你该把学习时间固定下来。 너는 반드시 공부 시간을 고정시켜야 한다. → **동사 용법**
固定的工作 고정적인 일자리　固定的收入 고정적인 수입

✪ **定居** dìngjū (동+동) 동 정착하다, 한곳에 자리 잡고 살다

固体 gùtǐ

固 gù 형 굳다
体 tǐ 명 물체

명 고체

固体在一定温度下转变成液体。 고체는 특정 온도에서 액체로 변한다.
变成固体 고체로 변하다　固体状态 고체 상태

✪ **体积** tǐjī (명+명) 명 부피, 체적 ▶p.362

239 关 guān

부수: 八 여덟
중국인은 8(八)을 상서로운 숫자로 여겨서 중요하게 관계된(关) 것에 '八'이라는 부수를 썼나 봐요.

동 1 (열려 있는 물건을) 닫다,
(기업이나 회사가) 파산하다 **关闭**
2 (기계의 동작이나 운전을) 끄다
3 가두다 예 把孩子关在家里 아이를 집에 가두어 두다
4 관계되다 **关怀 | 关系 | 关心**
명 1 관계, 관련
2 (중요한) 전환점 **关键**

✚ **关灯** guāndēng (동+명) 동 전등을 끄다 | **关机** guānjī (동+명) 동 기계를 끄다 | **关于** guānyú (동+개) 개 ~에 관하여 | **无关** wúguān (동+명) 동 관계가 없다, 상관없다 | **开关** kāiguān (동+동) 명 스위치 | **相关** xiāngguān (부+동) 동 상관되다, 관련되다 ▶p.389

关闭 guānbì

关 guān 동 닫다, 파산하다
闭 bì 동 닫다

동 1(문이나 창 등을) 닫다
2(기업, 상점, 학교 등이) 문을 닫다, 파산하다

我们到家时，大门已经关闭了。 우리가 집에 도착했을 때, 대문은 이미 닫혀 있었다. → 동사1 용법
这家工厂一年前已经关闭了。 이 공장은 1년 전에 이미 문을 닫았다. → 동사2 용법
紧紧关闭着 꼭 닫혀 있다 关闭房门 방문을 닫다

✪ **闭幕式** bìmùshì (동+명+명) 명 폐막식

关怀 guānhuái

关 guān 동 관계되다
怀 huái 동 품다, 간직하다

동 (윗사람이 아랫사람에게) 관심을 보이다, 배려하다

空巢老人得到了政府和人民的关怀。 독거노인은 정부와 국민들의 관심을 받는다.
关怀孩子 아이에게 관심을 보이다 关怀病人 환자에게 관심을 보이다

✪ **怀疑** huáiyí (동+동) 명동 의심(하다) ▶p.202

关系 guānxi

关 guān 동 관계되다
系 xì 동 연결하다 명 계통

명 관계
동 관계되다, 관련되다

我和老师的关系非常密切。 나와 선생님 사이는 관계가 매우 밀접하다. → 명사 용법
人际关系 인간관계 关系密切 관계가 밀접하다 关系到每一个人 모든 사람과 관련 있다

참고 '关系'의 문장 구조
'关系'는 대부분 명사로 사용됩니다. 동사로 쓰일 경우에는 '关系到……' 또는 '关系着……'의 구조를 사용합니다.

✪ **系统** xìtǒng (명+명) 명 계통, 체계 ▶p.368

关心 guānxīn

关 guān 동 관계되다
心 xīn 명 심장, 마음, 생각

동 (사람이나 사물에 대해) 관심을 갖다

同学们非常关心考试的成绩。 학우들은 시험 성적에 무척 관심을 가진다.
关心学生 학생에게 관심을 가지다 关心政治 정치에 관심을 가지다

시험 TIP 유의어 비교 '关心'과 '关怀'

'关心'과 '关怀' 모두 사람에게 관심과 배려를 가질 때는 공통적으로 쓸 수 있지만, 사물에 관심을 가질 때는 '关心'만 쓸 수 있습니다. 두 단어 모두 심리동사로 정도부사의 수식을 받을 수 있습니다.

✪ **心情** xīnqíng (명+명) 명 심정, 감정, 기분 ▶p.396

关键 guānjiàn

关 guān 명 (중요한) 전환점
键 jiàn 명 자물쇠, 건반

명 관건, 핵심, 키포인트
형 매우 중요하다

能不能成功，关键在于是否团结。 성공을 하느냐 못하느냐는 단결의 여부가 관건이다. → 명사 용법

关键时刻 결정적 순간, 중요한 때　关键问题 결정적인 문제　关键在于…… 관건은 ~에 있다

✪ **键盘** jiànpán (명+명) 명 키보드, 건반

240 观 guān

又 또 + 见 보다
아름다운 경치는 보고(见) 또(又) 보게(观) 되죠.

동 보다 **观察** | **观众**
명 인식, 견해 **观点** | **观念** | **悲观** | **客观** | **乐观**

观察 guānchá

观 guān 동 보다
察 chá 동 관찰하다

동 (사물이나 현상을) 관찰하다, 살피다

你再仔细观察一下，看看有什么变化。 너 다시 한번 자세하게 관찰해서 무슨 변화가 있는지 좀 봐라.

观察形势 형세를 관찰하다　观察气候变化 기후 변화를 관찰하다

观众 guānzhòng

观 guān 동 보다
众 zhòng 명 많은 사람

명 관중, 시청자

今天来的观众总共有三千人。 오늘 온 관중은 총 3천 명이다.

吸引观众 관중을 매료시키다　全体观众 전체 관중

시험 TIP **'观众'으로 화자의 직업 유추하기**

녹음에서 '各位观众，大家好！(시청자 여러분, 안녕하세요!)'가 들리면 말하는 사람의 신분이 텔레비전 속 프로그램의 사회자(主持人 zhǔchírén)임을 알 수 있습니다. 듣기 시험에서 종종 들리는 단어이니, 외워 두세요.

✪ **众所周知** zhòng suǒ zhōu zhī (명+조+형+동) 성 모든 사람들이 다 알다

观点 guāndiǎn

观 guān 명 인식, 견해
点 diǎn 명 방면, 부분 동 (머리를) 끄덕이다, 주문하다

명 관점, 입장

你要充分表明自己的观点。 넌 자신의 관점을 충분히 표명해야 한다.

表明观点 관점을 표명하다　改变观点 관점을 바꾸다

✪ **点头** diǎntóu (동+명) 동 고개를 끄덕이다 | **点菜** diǎncài (동+명) 동 음식 주문을 하다

观念 guānniàn

观 guān 명 인식, 견해
念 niàn 명 생각, 염두

명 관념, 생각

新观念代替了传统的旧观念。 새로운 관념이 기존의 낡은 관념을 대체하였다.

传统观念 전통 관념　转变观念 관념을 바꾸다

悲观 bēiguān

悲 bēi 형 슬프다
观 guān 명 인식, 견해

형 비관하다, 비관적이다

他最近变得很悲观。 그는 요즘 비관적으로 변했다.

悲观的态度 비관적인 태도　悲观主义 비관주의

客观 kèguān

客 kè 형 객관적이다
观 guān 명 인식, 견해

형 객관적이다

这篇文章的观点比较客观。 이 글의 관점은 비교적 객관적이다.

客观的事实 객관적인 사실　客观条件 객관적인 조건

乐观 lèguān

乐 lè 형 즐겁다
观 guān 명 인식, 견해

형 낙관적이다

他的态度总是很乐观。 그의 태도는 늘 매우 낙관적이다.

乐观主义 낙관주의　对前途很乐观 비전에 대해 매우 낙관적이다

241 光 guāng

부수: 儿 어진 사람
세상의 어진 사람(儿)은 빛(光)과 같은 존재겠죠?

명 1 빛, 광선
　2 풍경, 경치
형 1 밝다, 빛나다 **光明 | 光荣**
　2 광택이 있다, 반들반들하다 **光滑 | 光盘**
부 영광스럽게 **光临**
동 하나도 남기지 않다 [동사 뒤에서 결과보어로 쓰임]

➕ **光线** guāngxiàn (명+명) 명 빛, 광선 | **风光** fēngguāng (명+명) 명 경치, 풍경 | **阳光** yángguāng (명+명) 명 햇빛 | **月光** yuèguāng (명+명) 명 달빛 | **目光** mùguāng (명+명) 명 시선, 눈길, 안목 | **喝光** hēguāng (동+동) 남김없이 다 마시다

光明 guāngmíng

光 guāng 형 밝다, 빛나다
明 míng 형 밝다

명 광명, 빛
형 밝다, 유망하다

他的前途并不那么光明。 그의 미래는 결코 그렇게 밝지 않다. → 형용사 용법

一线光明 한 줄기 빛　光明的前途 밝은 미래

光荣 guāngróng

光 guāng 형 밝다, 빛나다
荣 róng 형 영광스럽다

형 영광스럽다, 영예롭다
명 영광, 영예

这本书描写了他这一生的光荣历史。 → 형용사 용법
이 책은 그의 일생 동안의 영광스러운 역사를 묘사했다.

光荣的历史 영광스러운 역사　祖国的光荣 조국의 영광

光滑 guānghuá

光 guāng 형 광택이 있다, 반들반들하다
滑 huá 형 반들반들하다, 매끈하다 동 미끄러지다

형 (물체의 표면이) 매끄럽다, 반들반들하다

雪后路面光滑，开车一定要小心点儿。 눈이 온 후에는 길이 미끄러우니까 운전할 때 반드시 조심해야 한다.
光滑的地板 미끄러운 바닥 皮肤光滑 피부가 반들반들하다

✪ **滑冰** huábīng (동+명) 동 스케이트를 타다 명 스케이팅

光盘 guāngpán

光 guāng 형 광택이 있다, 반들반들하다
盘 pán 명 판, 접시 동 빙빙 돌다

명 CD

我想把这个文件复制到光盘上。 나는 이 문서를 CD에 복사하고 싶어.

시험 TIP 듣기 시험에서 자주 출제되는 '光盘'

'光盘'은 듣기에서 컴퓨터(**电脑**, **计算机**)와 관련된 단어로 종종 들립니다. 컴퓨터 관련 단어, 사무실 관련 단어 등 연상하여 함께 쓸 수 있는 단어를 모아 정리해 보면 학습에 크게 도움이 됩니다.

✪ **盘子** pánzi (명+접미) 명 쟁반 | **盘旋** pánxuán (동+동) 동 선회하다, 빙빙 돌다

光临 guānglín

光 guāng 부 영광스럽게
临 lín 동 오다, (어떤 시간에) 임하다

동 광림하다, 왕림하다 [경어]

明天下午4点要举行留学生联欢会，欢迎老师光临!
내일 오후 4시에 유학생 환영회를 거행하려고 합니다. 선생님께서 오시는 걸 환영합니다!
欢迎光临。 어서 오십시오! 왕림을 환영합니다.

✪ **临时** línshí (동+명) 부 임시로, 때가 되어서 형 임시의 ▶p.332

242 广 guǎng 广 가옥의 덮개라 할 수 있는 넓은 지붕을 본뜬 글자

형 (면적이나 범위가) 넓다, 광범하다 **广大** | **广泛** | **广场**
동 확대하다, 넓히다 **广播** | **广告** | **推广** ▶p.370

广大 guǎngdà

广 guǎng 형 넓다, 광범위하다
大 dà 형 크다, 중대하다

형 1 (면적이나 공간 규모가) 넓다, 거대하다
2 (사람 수가) 많다

西北的广大地区正等待建设和开发。 서북의 넓은 지역은 건설과 개발을 기다리고 있다. → 형용사1 용법
这部小说受到了广大读者的欢迎。 이 소설은 수많은 독자들의 환영을 받았다. → 형용사2 용법
面积广大 면적이 넓다 广大群众 수많은 군중

시험 TIP 암기하세요! '广大'의 용법
'广大'가 '(사람 수가) 많다'라는 뜻으로 쓰인 문장이 독해 지문에 자주 보이니, 잘 익혀 두세요.

广泛 guǎngfàn

广 guǎng 형 넓다, 광범위하다
泛 fàn 형 광범위하다, 넘치다

형 광범위하다, 범위가 넓다

他们谈话的内容很广泛。 그들의 대화 내용은 매우 광범위하다.
广泛的交往 폭넓은 교제 兴趣广泛 흥미가 광범위하다

广场 guǎngchǎng

广 guǎng 형 넓다, 광범위하다
场 chǎng 명 장소

명 광장

我们在天安门广场照了很多相。 우리는 천안문 광장에서 많은 사진을 찍었다.
文化广场 문화광장

✪ 场所 chǎngsuǒ (명+명) 명 장소

广播 guǎngbō

广 guǎng 동 확대하다, 넓히다
播 bō 동 전파하다

동 (라디오 방송국에서) 방송하다
명 라디오 방송

爷爷每天早上都收听广播。 할아버지는 매일 아침에 라디오 방송을 청취한다. → 명사 용법
广播新闻 뉴스를 방송하다 广播电台 라디오 방송국 收听广播 라디오 방송을 듣다

시험 TIP 주의하세요! 명사 '广播'와 함께 쓰는 동사
명사 '广播(라디오 방송)'는 동사 '看'이 아닌 '听' 또는 '收听'과 함께 써야 합니다. 꼭 주의하세요.

✪ 播放 bōfàng (동+동) 동 방송하다, 방영하다

广告 guǎnggào

广 guǎng 동 확대하다, 넓히다
告 gào 동 말하다

명 광고

这个孩子喜欢看电视里的广告节目。 이 아이는 텔레비전의 광고 프로그램을 보는 것을 좋아한다.

刊登广告 광고를 게재하다　产品广告 상품광고

243 规 guī

夫 남편 + 见 보다
남편(夫)은 아이들이 보든(见) 안 보든 규칙적인(规) 행동을 해야 하죠.

명 1 규칙, 관례 **规律 | 规矩 | 规则**
2 규모 **规模**

동 계획하다 **规定**

规律 guīlǜ

规 guī 명 규칙, 관례
律 lǜ 명 법, 규율, 법규

명 규율, 규칙, 법칙

형 규칙적이다

他生活没有规律，想吃就吃，想睡就睡。 → 형용사 용법
그는 생활이 규칙적이지 않아서 먹고 싶을 때 먹고, 자고 싶을 때 잔다.

自然规律 자연법칙　生活有规律 생활이 규칙적이다

시험 TIP 주의하세요! '规律'의 특징
'规律'는 '生活'와 결합하여 사용합니다. 우리말로 '생활이 규칙적이다'라는 표현은 중국어로 '生活有规律'라고 합니다.

✪ **律师** lǜshī (명+명) 명 변호사

规矩 guīju

规 guī 명 규칙, 관례
矩 jǔ 명 규칙

명 규칙, 법칙

형 (행위가) 단정하다, 착실하다

他是个很守规矩的学生。 그는 규칙을 잘 지키는 학생이다. → 명사 용법

我喜欢比较规矩的孩子。 나는 비교적 착실한 아이를 좋아한다. → 형용사 용법

学校的规矩 학교 규칙　遵守规矩 규칙을 지키다　为人规矩 사람 됨됨이가 착실하다

시험 TIP '规矩'의 특징

'规矩'는 주로 가정이나 학교에서 지켜야 할 규칙을 말하며, 법적인 구속력은 없습니다. '(행위가) 단정하다', '착실하다'라는 의미의 형용사 용법도 독해 지문에 종종 보이므로 잘 익혀 두세요.

规则 guīzé

规 guī 명 규칙, 관례
则 zé 명 규칙

명 규칙 [규정하여 모두가 공동으로 준수하게 하는 제도나 규정을 뜻함]

只要遵守交通规则，开车并不危险。
교통법규만 준수하면 운전은 결코 위험하지 않다.

比赛规则 경기 규칙　交通规则 교통 규칙　违反规则 규칙을 위반하다

시험 TIP 유의어 비교 '规则'와 '规律'

'规则'와 '规律'는 모두 '규율, 규칙'이라는 의미를 가집니다. 다만 '规则'는 법적 구속력을 가지는 반면, '规律'는 법적인 구속력이 없다는 차이가 있습니다.

规模 guīmó

规 guī 명 규모
模 mó 명 규범, 본보기

명 (사업이나 공사 등의) 규모

这座宾馆的规模已超过原来的规模。이 호텔의 규모는 이미 원래의 규모를 초과했다.

大规模 대규모　扩大规模 규모를 확대하다　生产规模 생산 규모

规定 guīdìng

规 guī 동 계획하다
定 dìng 동 정하다

명 규정
동 규정하다

如果这个规定大家不同意，可以取消。→명사 용법
만약에 이 규정에 사람들이 동의하지 않는다면 취소해도 된다.

这辆车规定乘车人数不能超过20人。→동사 용법
이 차의 승객 수는 20명을 넘어서는 안 된다고 규정한다.

规定时间 시간을 규정하다　规定标准 표준을 규정하다　修改规定 규정을 수정하다

SPEED CHECK

Step 1 한국어 단어를 보고, 그에 해당하는 중국어 뜻을 말해 보세요.

- □ 재수없다, 불운하다, 운수가 사납다
- □ 도산하다, 망하다
- □ (안 좋은 결과를) 초래하다, 야기하다
- □ 인도하다, 안내하다, 지도하다
- □ 감독, 감독을 맡다
- □ 도리, 이치, 일리
- □ 진짜의, 오리지널의, 본고장의
- □ 사과하다, 사죄하다
- □ 도처에, 곳곳에
- □ (목적, 이상, 표준, 수준에) 달성하다, 도달하다
- □ 끝까지 가다, 끝에 이르다, 도대체
- □ 주도면밀하다, 빈틈없다, 세심하다
- □ 득의하다, 대단히 만족하다
- □ (어떤 상황을) 기다리다
- □ (구체적인 대상을) 기다리다
- □ 지진
- □ 현지
- □ 출발하다, 떠나다
- □ 독특하다, 특이하다
- □ 끊임없다, 끊임없이, 부단히, 늘
- □ 판단하다, 판정하다
- □ (사람이나 사물을) 대하다
- □ 겨냥하다, 초점을 맞추다
- □ (두 가지 사물을) 대비하다, 상대적으로 비교하다
- □ 상대방, 상대편
- □ 대상, 결혼 상대
- □ 절대적인, 절대의, 완전히, 절대로
- □ 피하다, 숨다, 회피하다
- □ 매우 나쁘다, 열악하다
- □ 근심하다, 걱정하다
- □ (내재된 성질이나 능력을) 발휘하다
- □ 깨달음, 깨우침, 계몽, 일깨우다, 깨닫게 하다
- □ 발표하다, 선포하다
- □ 발달하다, 번성하다
- □ 통역하다, 번역하다, 통역사, 번역가
- □ 걱정, 번뇌, 걱정스럽다, 번뇌하다, 근심스럽다
- □ 짜증 나다, 귀찮다, 성가시다
- □ 귀찮게 하다, 성가시게 굴다
- □ 반응(하다)
- □ (사회나 생활상 등을) 반영하다
- □ (법률, 규정, 규칙을) 위반하다, 어기다
- □ 긴장을 늦추다, (주의와 관리를) 느슨하게 하다
- □ (원래의 권리, 주장, 의견을) 버리다, 포기하다
- □ 헤어지다, 분별하다, 각각, 따로따로
- □ 분배하다, 배치하다, 배속하다
- □ 분석하다
- □ 분노하다, 성내다
- □ (발생할지도 모르는) 위험, 리스크
- □ 태도, 품격, 풍격
- □ 부인하다

SPEED CHECK

Step 2 중국어 단어를 보고, 그에 해당하는 한국어 뜻을 말해 보세요.

- ☐ 倒霉 dǎoméi
- ☐ 倒闭 dǎobì
- ☐ 导致 dǎozhì
- ☐ 引导 yǐndǎo
- ☐ 导演 dǎoyǎn
- ☐ 道理 dàolǐ
- ☐ 地道 dìdao
- ☐ 道歉 dàoqiàn
- ☐ 到处 dàochù
- ☐ 达到 dádào
- ☐ 到底 dàodǐ
- ☐ 周到 zhōudào
- ☐ 得意 déyì
- ☐ 等待 děngdài
- ☐ 等候 děnghòu
- ☐ 地震 dìzhèn
- ☐ 当地 dāngdì
- ☐ 动身 dòngshēn
- ☐ 独特 dútè
- ☐ 不断 búduàn
- ☐ 判断 pànduàn
- ☐ 对待 duìdài
- ☐ 针对 zhēnduì
- ☐ 对比 duìbǐ
- ☐ 对方 duìfāng
- ☐ 对象 duìxiàng
- ☐ 绝对 juéduì
- ☐ 躲避 duǒbì
- ☐ 恶劣 èliè
- ☐ 发愁 fāchóu
- ☐ 发挥 fāhuī
- ☐ 启发 qǐfā
- ☐ 发表 fābiǎo
- ☐ 发达 fādá
- ☐ 翻译 fānyì
- ☐ 烦恼 fánnǎo
- ☐ 不耐烦 búnàifán
- ☐ 麻烦 máfan
- ☐ 反应 fǎnyìng
- ☐ 反映 fǎnyìng
- ☐ 违反 wéifǎn
- ☐ 放松 fàngsōng
- ☐ 放弃 fàngqì
- ☐ 分别 fēnbié
- ☐ 分配 fēnpèi
- ☐ 分析 fēnxī
- ☐ 愤怒 fènnù
- ☐ 风险 fēngxiǎn
- ☐ 风格 fēnggé
- ☐ 否认 fǒurèn

SPEED CHECK

Step 1 한국어 단어를 보고, 그에 해당하는 중국어 뜻을 말해 보세요.

- □ ~인지 아닌지
- □ 복장, 옷차림
- □ 따르다, 복종하다
- □ 감탄하다, 탄복하다
- □ 극복하다, 이겨 내다
- □ (물질, 학식, 경험 등이) 풍부하다, 많다
- □ 바꾸다, 변하다, 바뀌다
- □ 개혁(하다)
- □ (잘못된 것을) 바르게 고치다, 바로잡다
- □ (문장이나 계획 등의 결점을) 바로잡다, 수정하다
- □ 개념
- □ 아마도, 대개, 대략, 대강, 대체적으로
- □ (말이나 행동이) 명쾌하다, 아예, 차라리
- □ ~라고 느끼다, 생각하다
- □ 느끼다, (영향을) 받다, 느낀 바, 느낌, 감명
- □ 감격하다, 고마움을 느끼다
- □ 고품질의, 고급의
- □ 옆집
- □ ~에 근거하여, 근거(하다)
- □ 실력, 재주, 공, 무술
- □ 기능
- □ (일반인에게 널리) 공포하다
- □ 공개적인, 공개하다
- □ 공헌(하다)
- □ 고전적인, 고전의
- □ 오래되다
- □ 격려(하다), 장려(하다)
- □ 돌보다, 보살피다
- □ 고객, 손님
- □ 고용(하다)
- □ 해고하다
- □ 고정적이다, 고정시키다
- □ (윗사람이 아랫사람에게) 관심을 보이다
- □ 관건, 핵심, 키포인트, 매우 중요하다
- □ (사물이나 현상을) 관찰하다, 살피다
- □ 관중, 시청자
- □ 관념, 생각
- □ 비관하다, 비관적이다
- □ 객관적이다
- □ 낙관적이다
- □ (물체의 표면이) 매끄럽다, 반들반들하다
- □ 영광(스럽다), 영예(롭다)
- □ 광림하다, 왕림하다
- □ (면적이나 공간 규모가) 넓다, 거대하다
- □ 광범위하다, 범위가 넓다
- □ (라디오 방송국에서) 방송하다, 라디오 방송
- □ 규정(하다)
- □ 규율, 규칙, 법칙, 규칙적이다
- □ 규칙
- □ (사업이나 공사 등의) 규모

SPEED CHECK

Step 2 중국어 단어를 보고, 그에 해당하는 한국어 뜻을 말해 보세요.

- ☐ 是否 shìfǒu
- ☐ 服装 fúzhuāng
- ☐ 服从 fúcóng
- ☐ 佩服 pèifú
- ☐ 克服 kèfú
- ☐ 丰富 fēngfù
- ☐ 改变 gǎibiàn
- ☐ 改革 gǎigé
- ☐ 改正 gǎizhèng
- ☐ 修改 xiūgǎi
- ☐ 概念 gàiniàn
- ☐ 大概 dàgài
- ☐ 干脆 gāncuì
- ☐ 感觉 gǎnjué
- ☐ 感受 gǎnshòu
- ☐ 感激 gǎnjī
- ☐ 高档 gāodàng
- ☐ 隔壁 gébì
- ☐ 根据 gēnjù
- ☐ 功夫 gōngfu
- ☐ 功能 gōngnéng
- ☐ 公布 gōngbù
- ☐ 公开 gōngkāi
- ☐ 贡献 gòngxiàn
- ☐ 古典 gǔdiǎn
- ☐ 古老 gǔlǎo
- ☐ 鼓励 gǔlì
- ☐ 照顾 zhàogù
- ☐ 顾客 gùkè
- ☐ 雇佣 gùyōng
- ☐ 解雇 jiěgù
- ☐ 固定 gùdìng
- ☐ 关怀 guānhuái
- ☐ 关键 guānjiàn
- ☐ 观察 guānchá
- ☐ 观众 guānzhòng
- ☐ 观念 guānniàn
- ☐ 悲观 bēiguān
- ☐ 客观 kèguān
- ☐ 乐观 lèguān
- ☐ 光滑 guānghuá
- ☐ 光荣 guāngróng
- ☐ 光临 guānglín
- ☐ 广大 guǎngdà
- ☐ 广泛 guǎngfàn
- ☐ 广播 guǎngbō
- ☐ 规定 guīdìng
- ☐ 规律 guīlǜ
- ☐ 规则 guīzé
- ☐ 规模 guīmó

244 **过** guò　⻌ 가다 + 寸 마디
개미가 손가락 한 마디(寸) 너비의 틈을 지나가요(过).

동 1(어떤 장소를) 지나다, 건너다
2(시간이) 지나다, (시간을) 보내다 **过程** | **过期**
3(범위나 한도를) 지나다, 초과하다 **过分** | **过敏**

➕ **过马路** guò mǎlù (술+목) 큰길을 건너다 | **过去** guòqù (동+동) 동 (어떤 장소로) 가다 명 과거 | **过日子** guò rìzi (술+목) 나날을 보내다 | **过生日** guò shēngrì (술+목) 생일을 보내다 | **过年** guònián (동+명) 동 새해를 보내다, 설을 쇠다 | **超过** chāoguò (동+동) 동 추월하다, ~를 초과하다 ▶p.97 | **路过** lùguò (명+동) 동 (도중에 어떤 곳을) 지나치다, 거치다

过程 guòchéng　过 guò 동 (시간이) 지나다, (시간을) 보내다
程 chéng 명 순서

명 과정

从准备到完成，整个过程只用了10个月。 준비에서 완성까지 전체 과정은 겨우 10개월이 걸렸다.
发展过程 발전 과정　成长过程 성장 과정　比赛过程 경기 과정

✪ **程序** chéngxù (명+명) 명 순서, 컴퓨터 프로그램 ▶p.107

过期 guòqī　过 guò 동 (시간이) 지나다, (시간을) 보내다
期 qī 명 시기, 기한

동 기한을 넘기다, 기일이 지나다

他的驾照已经过期了。 그의 운전면허증은 이미 기한이 지났다.
过期三个月了 기한이 3개월 지났다　过期杂志 해묵은 잡지

✪ **期间** qījiān (명+명) 명 기간

过分 guòfèn　过 guò 동 (범위나 한도를) 지나다, 초과하다
分 fèn 명 본분, 소임

형 (말이나 일의 정도가) 지나치다

过分的减肥会影响身体健康。 지나친 다이어트는 신체 건강에 영향을 끼칠 수 있다.
说话过分 말이 지나치다　过分的运动 지나친 운동　过分紧张 지나치게 긴장하다

过敏 guòmǐn

过 guò 동 (범위나 한도를) 지나다, 초과하다
敏 mǐn 형 민첩하다, 민감하다

동 알레르기 반응을 보이다
형 예민하다, 민감하다

一到春天就容易花粉过敏。 봄만 되면 꽃가루 알레르기 반응을 보이기 쉽다. → 동사 용법
对这事儿，她有点儿过敏。 이 일에 대하여 그녀는 좀 예민하다. → 형용사 용법
花粉过敏 꽃가루 알레르기 반응을 보이다　鼻子过敏 코가 알레르기 반응을 보이다
神经过敏 신경이 예민하다

✪ **敏感** mǐngǎn (형+동) 형 민감하다, 예민하다 | **敏锐** mǐnruì (형+형) 형 예민하다, (눈빛이) 예리하다, 날카롭다

245 害 hài

宀 집 + 丰 풍부하다 + 口 입
집(宀)에 많은(丰) 입(口)으로 남을 해쳐요(害).

명 1 해
　2 재해, 재난 **灾害**
형 해롭다
동 1 손해를 입히다, 해를 끼치다 **厉害**
　2 불안한 마음이 생기다 **害怕** | **害羞**

➕ **有害** yǒuhài (동+명) 동 해롭다, 유해하다 | **害虫** hàichóng (형+명) 명 해충 | **危害** wēihài (동+동) 명 해로움, 손해 동 (건강 등을) 해치다, 손상시키다 ▶p.376

灾害 zāihài

灾 zāi 명 재해
害 hài 명 재해, 재난

명 재해

我的家乡最近遭受了严重的灾害。 나의 고향은 최근에 심각한 재해를 입었다.
遭受灾害 재해를 입다　严重的灾害 심각한 재해　自然灾害 자연재해

厉害 lìhai

厉 lì 형 엄하다, 맹렬하다
害 hài 동 해를 끼치다

형 심하다, 사납다, 대단하다, 굉장하다

今天天气冷得很厉害。 오늘 날씨가 심하게 춥다.
热得厉害 심하게 덥다　病得厉害 심하게 아프다

시험 TIP '厉害'의 문장 형식

'厉害'는 주로 '형용사+得+厉害'의 형식으로 쓰여, 앞에 있는 형용사의 정도를 강조하는 보어 역할을 합니다. 그리고 상대방을 칭찬할 때 쓰는 '**你真厉害!**(너 정말 대단하구나!)'라는 표현이 듣기에서 종종 들리니 함께 알아 두세요.

害怕 hàipà

害 hài 동 불안한 마음이 생기다
怕 pà 동 두려워하다, 겁내다

동 두려워하다, 무서워하다

你别害怕，这里非常安全。 무서워하지 마. 여기는 매우 안전해.
害怕困难 고난을 두려워하다　害怕战争 전쟁을 두려워하다

시험 TIP 암기하세요! '害怕'의 용법

'**害怕**'는 심리동사이기 때문에 정도부사의 수식을 받을 수 있고, '**害怕困难**'과 같이 뒤에 목적어를 가질 수 있습니다.

害羞 hàixiū

害 hài 동 불안한 마음이 생기다
羞 xiū 형 부끄럽다, 수줍다

형 부끄러워하다, 수줍어하다

他连回答老师的问题也害羞。 그는 선생님의 질문에 대답하는 것조차 수줍어한다.
害什么羞啊? 뭐가 부끄러워?　感到害羞 부끄러움을 느끼다

시험 TIP 유의어 비교 '害羞'와 '惭愧'

	害羞 hàixiū	**惭愧** cánkuì
의미	형 부끄러워하다, 수줍어하다	형 부끄러워하다, 창피하다
비교	낯선 상황에서 부끄러워하거나 수줍어하는 상태를 나타냄	결점이나 잘못으로 인한 부끄러움, 창피함, 면목이 없음을 나타냄, 5급 쓰기 제2부분에 자주 출제됨

246 航 háng

舟 배 + 亢 높다
배(舟)의 돛대를 높이(亢) 올려 운항해요(航).

동 운항하다, 항행하다 **航班**

➕ **航空公司** hángkōng gōngsī (명+명) 명 항공회사 | **航天** hángtiān (동+명) 형 우주 비행의 동 우주 비행하다 | **航行** hángxíng (동+동) 동 항해하다, 운항하다

航班 hángbān

航 háng 동 운항하다, 항행하다
班 bān 형 정시에 운행하는 명 반

명 (배나 비행기의) 운항편, 정기편

我要订一张中国民航921航班的机票。 저는 중국민항 921 항공편의 비행기 표를 예약하고 싶어요.

国际航班 국제 항공편　航班取消了 비행기 편이 취소되었다

✪ 班主任 bānzhǔrèn (명+형+명) 명 담임선생님

247 合 hé

人 사람 + 口 입
사람(人)의 입(口)에서 나온 의견을 하나로 합해요(合).

동 1 닫다, 덮다
2 합치다, 모으다 **合作 | 合影 | 综合 | 联合**
3 부합하다, 맞다 **合法 | 合格 | 合理 | 合适 | 合同 | 符合 | 配合**

✚ **合不上嘴** hé bushàng zuǐ (술+보+목) 입을 다물 수 없다

合作 hézuò

合 hé 동 합치다, 모으다
作 zuò 동 만들다, 하다 명 작품

동 합작하다, 협력하다, 협조하다

我们希望双方能长期合作下去。
우리는 쌍방이 장기간 합작해 나갈 수 있기를 희망합니다.

互相合作 서로 협력하다　技术上合作 기술상 제휴하다

✪ **作品** zuòpǐn (명+명) 명 작품 ▶p.488

合影 héyǐng

合 hé 동 합치다, 모으다
影 yǐng 명 사진, 영상, 그림자

동 함께 사진을 찍다
명 단체 사진, 합동 사진

我们一起合个影吧。 우리 함께 사진 찍자. → 동사 용법

시험 TIP 듣기 시험에서 자주 출제되는 '合影'

'合影'은 꼭 여러 명이 아닌 두 명이 함께 사진을 찍을 때도 사용할 수 있습니다. 5급 듣기에서 종종 들리는 단어입니다.

✪ **影子** yǐngzi (명+접미) 명 그림자 ▶p.423

综合 zōnghé

综 zōng 동 한데 모으다
合 hé 동 합치다, 모으다

동 종합하다, 총괄하다

这本书综合了几种不同的观点。이 책은 몇 종류의 다른 관점을 종합했다.

综合管理 종합적인 관리　综合治疗 종합적인 치료　综合艺术 종합예술

联合 liánhé

联 lián 동 연결하다
合 hé 동 합치다, 모으다

동 연합하다, 단결하다

형 연합의, 공동의

在斗争中大家联合起来了。투쟁 중에 사람들은 연합하기 시작했다. → 동사 용법

联合国 국제연합(UN)　政治联合 정치 연합　联合起来 연합하다

合法 héfǎ

合 hé 동 부합하다, 맞다
法 fǎ 명 법

형 (법률 규정이) 합법적이다, 법에 맞다

你们这个合同在法律上是不合法的。당신들의 이 계약서는 법률상으로 합법적이지 않습니다.

合法手续 합법적인 수속　合法经营 합법적인 경영

✪ **法律** fǎlǜ (명+명) 명 법률 | **法院** fǎyuàn (명+명) 명 법원

合格 hégé

合 hé 동 부합하다, 맞다
格 gé 명 규격, 격식

형 합격이다, (규격이나 표준에) 맞다

这批产品质量都不合格。이 상품들의 품질은 모두 불합격이다.

产品合格 제품이 규격에 맞다　检查合格 검사에 합격하다　合格的学生 모범적인 학생

시험 TIP 搭配로 외우는 '合格'

'**合格**'는 '**产品**(상품)'과 결합하여 '상품이 어느 기준에 합격하다'라는 의미로 자주 쓰입니다. '**合格**'가 사람을 수식할 때는 '모범적이다', '우수하다'라는 의미를 나타냅니다. '시험에 합격하다'라는 표현은 '**合格**'보다 '**及格**'를 더 자주 쓴다는 점에 유의하세요.

✪ **格外** géwài 부 특히, 유달리, 매우

合理 hélǐ

合 hé 동 부합하다, 맞다
理 lǐ 명 도리, 이치

형 합리적이다, 도리에 맞다
부 합리적으로

时间很紧，我们应该合理安排时间。→ 형용사 용법
시간이 촉박하니, 우리는 시간을 합리적으로 안배해야 합니다.

合理的饮食 합리적인 식사　合理安排 합리적으로 안배하다

✪ 理解 lǐjiě (명+동) 동 알다, 이해하다 ▶p.260

合适 héshì

合 hé 동 부합하다, 맞다
适 shì 형 알맞다, 적합하다

형 적합하다, 적당하다, 알맞다

这次旅游日期、地点安排得很合适。 이번 여행은 날짜, 장소가 매우 적당하게 짜였다.
价格合适 가격이 알맞다

시험 TIP 유의어 비교 '合适'와 '适合'

	合适 héshì	适合 shìhé
의미	형 적합하다, 알맞다	동 적합하다, 알맞다
특징	'合适'는 형용사이므로 뒤에 목적어를 쓸 수 없음	'适合'는 동사이므로 뒤에 목적어를 가질 수 있으며, 정도부사 '很'의 수식도 받을 수 있음
예문	你穿这件衣服很合适。 네가 입은 이 옷은 잘 어울리는구나.	这件衣服很适合你。 이 옷은 네게 잘 어울리는구나.

合同 hétong

合 hé 동 부합하다, 맞다
同 tóng 형 같다, 동일하다

명 계약서, 계약

这个合同内容订得不具体，需要修改。 이 계약서 내용은 구체적이지 않아서 수정이 필요하다.
遵守合同 계약을 준수하다　修改合同 계약서를 고치다

✪ 同意 tóngyì (형+명) 명동 동의(하다), 승인(하다)

符合 fúhé

符 fú 동 부합하다
合 hé 동 부합하다, 맞다

동 (수량이나 내용 등이) 부합하다, 일치하다

他的条件基本上都符合公司的要求。 그의 조건은 대체로 회사의 요구에 부합한다.

符合要求 요구에 부합하다　符合条件 조건에 부합하다

시험 TIP 독해 시험에서 자주 출제되는 '符合'

'符合'는 HSK 5급 독해 제1부분에 자주 출제되는 중요한 단어입니다. 용법을 잘 익혀 두세요.

配合 pèihé

配 pèi 동 배합하다, 분배하다
合 hé 동 부합하다, 맞다

동 협력하다, 협조하다, 호흡을 맞추다 [= 合作 hézuò ▶p.194]

课堂上，老师和学生密切配合。수업 시간에 선생님과 학생들은 긴밀하게 협력한다.

配合工作 업무에 협조하다　密切配合 긴밀하게 협력하다, 밀접하게 협력하다

시험 TIP 유의어 비교 '配合'와 '合作'

'合作'와 '配合'는 '협력하다', '협조하다'와 같이 비슷한 의미를 나타냅니다. 다만 '合作'는 뒤에 목적어를 가질 수 없는 자동사이지만, '配合'는 뒤에 목적어를 가질 수 있습니다.

248 后 hòu

부수: 口 입
사람은 뒤(后)에도 구멍(口)이 하나 있죠.

명 (공간상·시간상의) 뒤, 후, 나중　后果 | 后悔 | 后来 | 落后

➕ 后天 hòutiān (명+명) 명 모레 [때를 나타냄] | 然后 ránhòu (대+명) 접 그런 후에, 연후에 | 最后 zuìhòu (부+명) 명 최후, 맨 마지막 | 背后 bèihòu (명+명) 명 뒤쪽, 뒤편, 배후 | 今后 jīnhòu (명+명) 명 지금부터, 앞으로 | 先后 xiānhòu 부 연이어, 잇따라 | 随后 suíhòu 부 뒤이어, 바로 뒤에 | 前后 qiánhòu (명+명) 명 (어떤 시간의) 전후, 안팎, 쯤

后果 hòuguǒ

后 hòu 명 뒤, 후, 나중
果 guǒ 명 결과

명 (주로 안 좋은) 결과, 뒷일

不注意安全，会造成严重的后果。안전에 주의를 기울이지 않으면 심각한 결과를 초래할 것이다.

产生不良后果 나쁜 결과를 낳다

后悔 hòuhuǐ

后 hòu 명 뒤, 후, 나중
悔 huǐ 동 후회하다

동 후회하다

你这样离开了我，会很后悔的。네가 이렇게 나를 떠나면, 정말 후회할 거야.

后悔也来不及 후회해도 늦는다　心里后悔 마음속으로 후회하다

后来 hòulái

后 hòu 명 뒤, 후, 나중
来 lái 형 미래의, 장래의 동 오다

명 그 후, 그 뒤 [과거의 때를 뜻함]

我去年见过他一次，后来再也没见过他。 나는 작년에 그를 한 번 보고, 그 후로 다시는 보지 못했다.

시험 TIP 유의어 비교 '后来'와 '以后'

	后来 hòulái	**以后** yǐhòu
의미	명 그 후, 그 뒤	명 이후
비교	• 문장 맨 앞에만 위치함 • 과거의 어느 시점을 가리킴	• 문장의 맨 앞, 다른 단어 뒤에 위치함 • 시제의 제한을 받지 않음
특징	• 다른 단어 뒤에 위치할 수 없음 예 那天后来 (×) • 미래를 나타낼 수 없음 예 后来你要常常来。(×)	• 다른 단어 뒤에 위치할 수 있음 예 那天以后 (○) • 미래를 나타낼 수 있음 예 以后你要常常来。(○)

落后 luòhòu

落 luò 동 떨어지다, 내려가다
后 hòu 명 뒤, 후, 나중

동 낙후되다, 뒤떨어지다, 뒤처지다

虚心使人进步，骄傲使人落后。 겸손은 사람을 발전시키고, 교만은 사람을 뒤처지게 한다.

经济落后 경제가 낙후되다 落后的思考方式 뒤떨어진 사고방식

249 候 hòu

亻(人) 사람 + 丨 뚫다 + 工 만들다 + 矢 화살
사람(亻)이 나무를 뚫어(丨) 만든(工) 화살(矢)은 시기(候)를 알고 사용해야 해요.

동 1 기다리다 等候 ▶p.140 | 候选
2 안부를 묻다 问候

명 1 기상 상황
2 때, 철, 시기

➕ 气候 qìhòu (명+명) 명 기후 | 候鸟 hòuniǎo (명+명) 명 철새 | 候车室 hòuchēshì (명+명+명) 명 대합실

候选 hòuxuǎn

候 hòu 동 기다리다
选 xuǎn 동 선발하다

동 임용(선발)을 기다리다, 입후보하다

在候选人辩论中，她对细节更是了如指掌。
후보자 변론에서 그녀는 세부사항에 대해 손금 보듯 훤히 이해하고 있었다.

候选人 후보자

问候 wènhòu

问 wèn 동 묻다
候 hòu 동 안부를 묻다

동 안부를 묻다, 문안드리다

听到大家充满关怀的问候，他感到很温暖。
사람들의 관심으로 가득 찬 안부 인사를 듣고, 그는 따스함을 느꼈다.

250 忽 hū

勿 말다, 아니하다 + 心 마음
하고 싶은 일을 갑자기(忽) 하지 말라고(勿) 하면 마음(心)이 아파요.

부 갑자기, 돌연 **忽然**
동 주의하지 않다, 소홀하다 **忽视**

忽然 hūrán

忽 hū 부 갑자기, 돌연
然 rán 접미 [사물이나 동작의 상태를 나타냄]

부 갑자기, 문득 [= 突然 tūrán ▶p.369]

天忽然下起雨来了。 하늘에서 갑자기 비가 내리기 시작했다.
忽然想起来 갑자기 생각나다　忽然停下来 갑자기 멈추다

忽视 hūshì

忽 hū 동 주의하지 않다, 소홀하다
视 shì 동 보다, 살피다

동 소홀하다, 경시하다 [= 轻视 qīngshì ▶p.311]

为了考上大学，我忽视了身体健康。 대학에 합격하기 위해서 나는 건강을 소홀히 했다.
忽视环境 환경을 소홀히 하다　忽视健康 건강을 소홀히 하다　忽视人才 인재를 경시하다

251 胡 hú

古 옛날 + 月 달
옛날(古)에는 달(月)밤에 수염(胡)을 함부로(胡) 깎지 않았어요.

명 1 수염 **胡须**
　2 골목 **胡同**
부 제멋대로, 마음대로 **胡说**

胡须 húxū

胡 hú 명 수염
须 xū 명 수염

명 수염 [= 胡子 húzi]

你的胡须那么长，快刮刮吧。 네 수염이 그렇게나 기니 어서 깎아.

胡同 hútòng

胡 hú 명 골목
同 tòng 명 골목

명 골목, 뒷골목

我和丈夫走进了一个小胡同里。 나와 남편은 작은 골목 안으로 걸어 들어갔다.

시험 TIP 주의하세요! '胡同'의 발음과 의미

'胡同'의 '同'자가 2성이 아니라 4성임에 유의하세요. '胡同'은 일반적인 골목뿐만 아니라, 베이징의 전통 거리를 뜻하는 고유명사로도 쓰입니다. 5급 듣기에 출제된 적이 있는 단어입니다.

胡说 húshuō

胡 hú 부 제멋대로, 마음대로
说 shuō 동 말하다

동 허튼소리하다, 쓸데없는 말을 하다
명 허튼소리, 쓸데없는 소리

别信他的话，他在胡说。 그의 말을 믿지 마. 그는 지금 헛소리를 하고 있어. → 동사 용법

252 华 huá

化 되다 + 十 열
시급이 10(十)만 원이 되면(化) 화려한(华) 물건을 살 수 있어요.

형 1 빛나다, 화려하다 华丽
2 번화하다 繁华
3 호화롭다 豪华
명 중국 华裔

华丽 huálì

华 huá 형 빛나다, 화려하다
丽 lì 형 예쁘다

형 화려하다, 아름답다

礼物不大，包装却很华丽。 선물은 크지 않지만 포장은 매우 화려하다.

繁华 fánhuá

繁 fán 형 복잡하다
华 huá 형 번화하다

형 번화하다

王府井是北京最繁华的街道之一。 왕푸징은 베이징에서 가장 번화한 거리 중 하나이다.

繁华的地方 번화한 곳　繁华的街道 번화한 거리

豪华 háohuá

豪 háo 형 호방하다
华 huá 형 호화롭다

형 1 (생활이) 호화롭다, 사치스럽다
2 (건축이나 장식 등이) 화려하고 웅장하다, 호화롭다

她的生活变得豪华起来了。 그녀의 생활이 사치스러워지기 시작했다. → 형용사1 용법

豪华的宾馆 호화스런 호텔　豪华的婚礼 호화로운 결혼식

华裔 huáyì

华 huá 명 중국
裔 yì 명 후손

명 화교, (외국에 거주하는) 중국인 후예

他们是刚从英国回来的华裔。
그들은 영국에서 방금 돌아온 화교이다.

253 怀 huái

부수: 忄 마음
누군가를 그리워할(怀) 때는 마음(忄)으로 하는 거죠.

동 1 그리워하다 怀念
2 (마음을) 품다 怀疑
3 임신하다 怀孕

怀念 huáiniàn

怀 huái 동 그리워하다
念 niàn 동 그리워하다

동 그리워하다, 추억하다 [= 想念 xiǎngniàn ▶p.391]

我不禁怀念起家乡和亲人。 나는 저절로 고향과 가족들이 그리워졌다.

怀念家乡 고향을 그리워하다　怀念祖国 조국을 그리워하다

怀疑 huáiyí

怀 huái 동 (마음을) 품다
疑 yí 동 의심하다

동 의심하다
명 의심

他总是用怀疑的眼光看着别人。 그는 항상 의심 어린 눈초리로 다른 사람을 본다. → 동사 용법

怀疑别人 다른 사람을 의심하다　受到怀疑 의심을 받다

✪ 疑问 yíwèn (동+동) 명 의문

怀孕 huáiyùn

怀 huái 동 임신하다
孕 yùn 동 임신하다, 잉태하다

동 임신하다

我以前的脾气很急，但自从怀孕之后开始变得宽容了很多。
나는 예전에 성격이 매우 조급했는데, 임신한 후부터는 아주 많이 너그러워졌다.

✪ 孕育 yùnyù (동+동) 동 (새로운 사물을) 잉태하다, 배양하다

254 环 huán

王 임금 + 不 아니다
옛날에는 임금(王)을 둘러싸면(环) 안 됐어요(不).

동 돌다, 둘러싸다 **循环 | 环境**
명 고리, 고리 모양의 물건 **耳环**

循环 xúnhuán

循 xún 동 따르다, 준수하다
环 huán 동 돌다, 둘러싸다

동 순환하다

宇宙间的万物都在不断地循环。 우주의 만물은 모두 끊임없이 순환하고 있다.

环境 huánjìng

环 huán 동 돌다, 둘러싸다
境 jìng 명 경계, 장소

명 환경

这个工厂的废水污染了周围的环境。 이 공장의 폐수가 주위 환경을 오염시켰다.

保护环境 환경을 보호하다　环境污染 환경오염　环境恶劣 환경이 열악하다　工作环境 작업 환경

시험 TIP 시험에서 자주 출제되는 '环境'

'环境'은 시험에 자주 출제되는 중요한 단어입니다. '保护环境'과 '环境污染'은 한 단어처럼 암기해 두세요.

✪ **境界** jìngjiè (명+명) 명 경계, 경지

耳环 ěrhuán

耳 ěr 명 귀
环 huán 명 고리

명 귀걸이

戴着那对漂亮耳环的，是谁家的姑娘啊? 저 아름다운 귀걸이를 하고 있는 사람은 어느 집 아가씨입니까?

一对耳环 귀걸이 한 쌍　　戴耳环 귀걸이를 착용하다

255 慌 huāng

忄 마음 + 荒 거칠다, 황량하다
마음(忄)이 황량하면(荒) 당황하기(慌) 마련이죠.

형 허둥대다, 당황하다 **慌忙 | 慌张**

慌忙 huāngmáng

慌 huāng 형 허둥대다
忙 máng 형 바쁘다

형 황망하다, 허둥지둥하다

부 황망히, 황급하게

准备得太慌忙，很多东西忘记带了。 너무 허둥지둥 준비해서 많은 물건을 챙기는 것을 깜박했다. → 형용사 용법

✪ **忙碌** mánglù (형+형) 형 바쁘다

慌张 huāngzhāng

慌 huāng 형 당황하다
张 zhāng 형 긴장하다, 팽팽하다

형 당황하다, 허둥대다

考试的时候不要慌慌张张，免得写错了。 시험 볼 때 잘못 쓰기 않지 위해서 당황하면 안 된다.

神色慌张 당황한 기색이 역력하다　　手脚慌张 허둥지둥하다

256 灰 huī

부수: 火 불
불(火)이 나서 타고 남은 것을 회색의 재(灰)라고 하지요.

명 재, 먼지 **灰尘**
형 1 회색의
2 낙담하다, 낙심하다 **灰心**

+ **烟灰** yānhuī (명+명) 명 담뱃재 | **灰色** huīsè (형+명) 명 회색

灰尘 huīchén

灰 huī 명 먼지
尘 chén 명 먼지

명 먼지

刚擦干净，房间里到处都是灰尘。 방금 깨끗이 닦았는데도 방 안 곳곳이 먼지투성이이다.

灰心 huīxīn

灰 huī 형 낙담하다, 낙심하다
心 xīn 명 마음

동 (어려움, 실패, 좌절 등으로) 낙심하다, 풀이 죽다

不管遇到什么困难，千万不要灰心。 어떤 고난을 만나든 간에 절대로 낙심하지 마세요.

▶참고 주의하세요! '挫折'

'낙심하다', '풀이 죽다'와 비슷한 의미로 '좌절'이라는 단어가 있죠? 중국어로 '좌절'은 '挫折 cuòzhé'라고 합니다. HSK 6급 지정단어이지만 5급 시험에 종종 등장하므로 잘 알아 두세요. '挫折'는 명사이기 때문에 '낙심하지 마세요.'를 '不要挫折!'라고 하면 잘못된 표현입니다.

257 会 huì kuài

人 사람 + 云 구름
사람(人)이 구름(云) 떼처럼 모여(会) 모임(会)을 만들어요.

huì 동 1 모이다 **会议** | **聚会**
2 만나다 **约会**
3 이해하다
명 1 회, 모임 **社会** | **宴会**
2 시기, 기회

kuài 동 통계하다, 합계하다

+ **体会** tǐhuì (동+동) 명동 체득(하다) ▶p.363 | **误会** wùhuì (형+동) 명동 오해(하다) ▶p.382 | **会计** kuàijì (동+동) 명 회계, 회계사 ▶p.214

会议 huìyì

会 huì 동 모이다
议 yì 동 의논하다

명 회의

我明天要去上海参加会议。
나는 내일 상하이에 가서 회의에 참석해야 한다.

会议结束 회의가 끝나다　参加会议 회의에 참석하다

聚会 jùhuì

聚 jù 동 모이다
会 huì 동 모이다

동 (사람이) 모이다, 회합하다
명 회합, 모임, 집회

老同学聚会在一起很不容易。 오랜 동창들이 같이 모이는 것은 쉽지 않다. → 동사 용법

约会 yuēhuì

约 yuē 동 약속하다
会 huì 동 만나다

명 (남녀 간의) 만남, 데이트

今天晚上我有个约会。 오늘 저녁에 나는 데이트가 있다.

取消约会 데이트를 취소하다　约会的地点 데이트 장소

참고 주의하세요! '约会'의 의미

학생들이 '친구와 약속이 있다'라는 표현에 '约会'를 자주 쓰는데, '约会'는 사실 연인끼리의 데이트를 말하는 단어입니다. 따라서 '친구와 저녁 약속이 있다'라고 말할 때는 '**今天晚上我约了朋友一起吃饭。**'이라고 해야 합니다.

社会 shèhuì

社 shè 명 단체, 조직
会 huì 명 회, 모임

명 사회

就业难已经成为普遍的社会问题。 취업난은 이미 보편적인 사회문제가 되었다.

现代社会 현대 사회

宴会 yànhuì

宴 yàn 명 연회, 술자리
会 huì 명 회, 모임

명 연회

宴会什么时候开始? 연회는 언제 시작합니까?

举行宴会 연회를 거행하다 参加宴会 연회에 참가하다

258 汇 huì

氵물 + 匚 감추다, 덮다
물(氵)을 감추려고(匚) 일단 한곳으로 모아요(汇).

동 1 물이 한곳으로 모이다
2 종합하다, 한데 모으다 **汇报**
3 돈을 부치다, 송금하다 **汇款**

명 1 집대성, 총집 **词汇**
2 환, 외화 **汇率**

汇报 huìbào

汇 huì 동 종합하다
报 bào 동 보고하다

동 (상황을) 종합하여 (상급자 혹은 대중에게) 보고하다

他把最近的生产情况汇报给上级。 그는 최근의 생산 상황을 상급자에게 보고하였다.

汇报情况 상황을 보고하다 向上级汇报 상급자에게 보고하다

✪ **报名** bàomíng (동+명) 동 신청하다, 등록하다 ▶p.80 | **报告** bàogào (동+동) 동 보고하다 명 보고서, 리포트 ▶p.80

汇款 huìkuǎn

汇 huì 동 송금하다
款 kuǎn 명 돈

동 송금하다, 돈을 부치다

妈妈到银行汇款去了。 엄마는 은행에 송금하러 가셨다.

시험 TIP 시험에서 자주 출제되는 '汇款'

'汇款'은 은행과 관련된 단어로 듣기나 독해 지문에 자주 출현합니다. 구어체인 '**寄钱** jìqián'과 같은 의미입니다.

词汇 cíhuì

词 cí 명 단어
汇 huì 명 집대성, 총집

명 어휘, 용어

我掌握的汉语词汇不多。 내가 마스터한 중국어 어휘는 많지 않다.

汉语词汇 중국어 어휘　基本词汇 기본 어휘

汇率 huìlǜ

汇 huì 명 환, 외화
率 lǜ 명 비율

명 환율

美元对人民币的汇率是多少? 달러와 인민폐의 환율은 얼마입니까?

提高汇率 환율을 인상하다　调整汇率 환율을 조정하다

259 活 huó

氵물 + 舌 혀
갈증 날 때 물(氵)을 마시면 물이 혀(舌)에 닿아 활기를 찾게(活) 돼요.

동 살다 生活
형 활기차다, 생동적이다 活泼 | 活跃 | 灵活
명 일

✪ 活儿 huór (명+접미) 명 일 [일반적으로 육체노동을 가리킴]

生活 shēnghuó

生 shēng 동 살다
活 huó 동 살다

동 생활하다
명 생활, 생계

我和姐姐天天生活在一起。 나는 언니와 매일 함께 생활하고 있다. → 동사 용법
我们的文化生活丰富多彩。 우리의 문화생활은 풍부하고 다채롭다. → 명사 용법
日常生活 일상생활　单调的生活 단조로운 생활

活泼 huópō

活 huó 형 활기차다, 생동적이다
泼 pō 형 활발하다

형 활발하다, 활기차다, 생동적이다

她变得越来越活泼了。 그녀는 점점 활발해지고 있다.
活泼的孩子 활발한 아이　性格很活泼 성격이 매우 활발하다

活跃 huóyuè

活 huó 형 활기차다, 생동적이다
跃 yuè 동 뛰다, 도약하다

형 (행동이) 활발하고 적극적이다, (분위기가) 활기차다
동 활기차게 하다

这次讨论会的气氛非常活跃。 이번 토론회의 분위기는 굉장히 활기차다. → 형용사 용법
新的经济政策，活跃了市场经济。 새로운 경제정책은 시장경제를 활기차게 했다. → 동사 용법
活跃的气氛 활기찬 분위기　活跃气氛 분위기를 활기차게 하다

灵活 línghuó

灵 líng 형 재빠르다, 영리하다
活 huó 형 활기차다, 생동적이다

형 민첩하다, 융통성이 있다, 탄력적이다

他们都会灵活运用这些方法的。 그들은 모두 이 방법들을 탄력적으로 잘 운용할 수 있다.

头脑灵活 머리 회전이 빠르다, 똑똑하다　手脚灵活 동작이 민첩하다

시험에 출제된 적 있는 '灵活'

'灵活'는 5급 독해 제1부분에 답으로 출제된 적이 있는 중요한 단어입니다. 꼭 알아 두세요.

260 基 jī

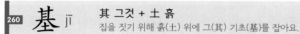

其 그것 + 土 흙
집을 짓기 위해 흙(土) 위에 그(其) 기초(基)를 잡아요.

명 기초 **基本** | **基础**

基本 jīběn

基 jī 명 기초
本 běn 명 근본

명 기본, 기초

형 기본적인, 기초적인

부 대체로, 거의

老百姓是国家的基本。 국민은 국가의 근본이다. → 명사 용법

这个人连最基本的常识都不知道。 이 사람은 가장 기초적인 상식조차도 모른다. → 형용사 용법

他的条件都基本上符合公司的要求。 그의 조건은 대체로 회사의 요구에 부합한다. → 부사 용법

참고 부사로 쓰일 때의 '基本'

'基本'이 부사로 쓰일 때는 '基本上'으로 사용되는 경우가 많습니다.

基础 jīchǔ

基 jī 명 기초
础 chǔ 명 주춧돌, 초석

명 기초, 토대, 바탕

学习外语时，要打好基础。 외국어를 배울 때는 기초를 잘 다져야 한다.

缺乏基础 기초가 부족하다　打好基础 기초를 잘 다지다

261 激 jī

氵 물 + 敫 노래하다
파도(氵)는 노래하듯(敫) 아주 격하게(激) 흐르죠.

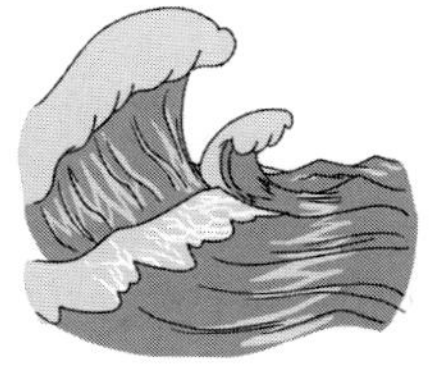

동 1 물결이 솟구치다
2 감정을 불러일으키다 **激动** | **感激** ▶p.169
3 흥분시키다, (감정을) 자극하다 **刺激**
형 격렬하다 **激烈**

激动 jīdòng

激 jī 동 감정을 불러일으키다
动 dòng 동 움직이다, 감격하다

형 (감정이) 격해지다, 감격하다, 흥분하다

当得知自己考上大学时，他**激动**得流下了眼泪。
자신이 대학에 합격했다는 것을 알았을 때, 그는 감격해서 눈물을 흘렸다.

显得很**激动** 매우 감격한 듯 보이다　**激动**的眼泪 감격의 눈물　情绪**激动** 감정이 격해지다

시험 TIP 주의하세요! '激动'의 의미
'激动'은 기본 뜻이 '감정이 격해지다'입니다. 화가 나서 흥분했을 때 주로 사용하고, 이산가족 상봉처럼 감정이 격해졌을 때도 사용합니다. 기뻐서 흥분하거나 매우 감동했을 때도 사용하는 단어로, 5~6급에 자주 출제됩니다.

刺激 cìjī

刺 cì 동 찌르다, 자극하다
激 jī 동 흥분시키다, (감정을) 자극하다

동 자극하다, 자극시키다
명 (정신적인) 자극, 충격

橙色有利于**刺激**食欲。 오렌지색은 식욕을 자극하는 데 유리하다. → 동사 용법
这个消息给了他很大的**刺激**。 이 소식은 그에게 매우 큰 충격을 주었다. → 명사 용법
刺激眼睛 눈을 자극시키다　**刺激**食欲 식욕을 돋우다　受到强烈的**刺激** 강력한 충격을 받다

激烈 jīliè

激 jī 형 격렬하다
烈 liè 형 (강도나 힘이) 세다, 크다

형 격렬하다, 치열하다

苹果与三星的竞争也更加**激烈**。 애플과 삼성의 경쟁도 더욱 치열해졌다.
激烈的竞争 치열한 경쟁　**激烈**的运动 격렬한 운동

시험 TIP 搭配로 외우는 '激烈'
'激烈'의 한자 독음은 '격렬'이지만 '치열하다'라는 의미도 있다는 것을 잘 알아 두세요. '竞争激烈(경쟁이 치열하다)'가 시험에 자주 출제됩니다.

262 积 jī

禾 벼 + 只 다만
벼(禾)를 거두어 창고에만(只) 쌓아 둬요(积).

동 쌓다, 축적하다 **积极 | 积累**

명 곱, 승적(**乘积**)

➕ **体积** tǐjī (명+명) 명 부피 ▶p.362 | **面积** miànjī (명+명) 명 면적 ▶p.282

积极 jījí

积 jī 동 쌓다, 축적하다
极 jí 동 정점에 이르다

형 적극적인, 열성적인, 긍정적인 [↔ **消极** xiāojí]

小李总是积极地参加学校的活动。 샤오리는 항상 적극적으로 학교의 행사에 참여한다.

积极主动 적극적이고 주동적이다　积极作用 긍정적인 작용　积极影响 긍정적인 영향

积累 jīlěi

积 jī 동 쌓다, 축적하다
累 lěi 동 쌓다, 누적되다

동 (조금씩) 쌓다, 쌓이다, 누적되다

他在实践中积累了丰富的经验。 그는 실천 속에서 풍부한 경험을 쌓았다.

积累经验 경험을 쌓다　积累知识 지식을 쌓다

263 集 jí

隹 새 + 木 나무
새(隹)가 집을 지으려고 나무(木)를 모아요(集).

동 집합하다, 모이다 **集合 | 集体 | 集中**

集合 jíhé

集 jí 동 집합하다, 모이다
合 hé 동 합치다, 모으다

동 (분산된 사람이나 사물이) 집합하다, 모이다, 모으다

同学们已经在教室里集合了。 학생들이 이미 교실에 집합했다.

集合地点 집합 장소　集合材料 자료를 모으다

集体 jítǐ

集 jí 동 집합하다, 모이다
体 tǐ 명 물체

명 단체, 집단

我不喜欢集体活动。나는 단체 활동을 싫어한다.

集体生活 단체 생활　集体利益 단체 이익

참고 주의하세요! '集体'와 '团体'

우리말 '단체'의 한자어인 '团体 tuántǐ'도 '集体'와 비슷하게 쓰이는 경우가 있습니다. 하지만, '集体生活'와 '集体利益'는 '团体'로 바꾸어 쓸 수 없습니다. '集体'의 사용 범위가 훨씬 넓다는 것을 알아 두세요.

集中 jízhōng

集 jí 동 집합하다, 모이다
中 zhōng 명 가운데, 중심

동 (분산된 힘이나 주의력을) 모으다, 집중하다

这几天我得集中精力准备考试。요 며칠 나는 에너지를 집중해서 시험 준비를 해야 한다.

集中力量 힘을 모으다　集中注意力 주의력을 모으다　集中精力 정력(정신과 체력)을 집중하다

✪ **中心** zhōngxīn (명+명) 명 중심, 중심지, 센터 ▶p.468

264 及 jí

부수: 又 오른손 모양
사람의 뒤에 손(又)이 닿음(及)을 나타내요.

동 1 도달하다, 이르다 **及格**
　2 제시간에 대다 **及时**

➕ **来得及** láidejí (동+조+동) 동 (시간에) 댈 수 있다, 늦지 않다 | **来不及** láibují (동+부+동) 동 (시간에) 댈 수 없다, 늦다

及格 jígé

及 jí 동 도달하다, 이르다
格 gé 명 규격, 표준

동 합격하다 [주로 시험의 합격을 뜻함]

这次考试不少人不及格。이번 시험에 많은 사람들이 불합격했다.

刚刚及格 겨우 합격하다　考试及格 시험에 합격하다

시험 TIP 유의어 비교 '及格'와 '合格'

일반적으로 시험의 합격은 '及格', 불합격은 '不及格'라고 합니다. '合格'도 '합격하다'라는 의미이지만, 주로 제품(产品)이 규격이나 기준에 적합할 때 사용합니다.

及时 jíshí

及 jí 동 제시간에 대다
时 shí 명 때, 시기

형 시기 적절하다, 때맞다
부 제때에, 즉시, 곧바로

这场雨下得很及时。 이번 비는 정말 제때에 왔다. → 형용사 용법
警察及时赶到现场。 경찰이 제때에 현장에 도착했다. → 부사 용법
及时的措施 시기 적절한 조치   及时解决 즉시 해결하다

265 计 jì

讠 말씀 + 十 열
말(讠)로 십(十)까지 계산을 해요(计).

동 1 계획하다 **计划**
2 계산하다 **计算** | **估计** | **会计**

➕ **设计** shèjì (동+동) 명동 설계(하다), 디자인(하다) ▶p.324 | **统计** tǒngjì (동+동) 명동 통계(하다)

计划 jìhuà

计 jì 동 계획하다
划 huà 동 계획하다 huá 동 배를 젓다

명 계획
동 계획하다

今年的工作计划还没制定出来。 올해 업무 계획이 아직 세워지지 않았다. → 명사 용법
长期计划 장기 계획   改变计划 계획을 바꾸다   制定计划 계획을 세우다

✪ **划船** huáchuán (동+명) 동 (노 등으로) 배를 젓다

计算 jìsuàn

计 jì 동 계산하다
算 suàn 동 계산하다

동 계산하다, 고려하다

这道题太难，所以我计算不出来。 이 문제가 너무 어려워서, 나는 계산이 안 된다.
计算准确 계산이 정확하다   计算错了 계산을 잘못하다

시험 TIP '计算'의 파생적 의미
'**计算**'에서 파생된 단어인 '**计算机**'는 '계산기'라는 의미도 있지만, '컴퓨터(**电脑**)'를 뜻하기도 합니다. 듣기 시험에 종종 출제되니 꼭 알아 두세요.

估计 gūjì

估 gū 동 평가하다
计 jì 동 계산하다

동 추측하다, ~라고 예상하다

我估计他会来参加我们的婚礼。 나는 그가 우리 결혼식에 올 거라고 생각한다.

估计结果 결과를 추측하다

시험 TIP 듣기 시험에서 자주 출제되는 '估计'

'估计'는 5급 듣기에서 자주 들리는 단어 중에 하나입니다. '我估计+주어+술어'의 형식으로 쓰고, 어떤 상황을 추측할 때 사용합니다. 따라서 '我估计'가 들리면 그 뒤의 내용에 집중해야 합니다.

会计 kuàijì

会 kuài 동 통계하다, 합계하다
计 jì 동 계산하다

명 회계사, 회계

他是个今年新来的会计。 그는 올해 새로 들어온 회계사이다.

시험 TIP 다양한 발음의 '会'

'会计'에서는 '会'를 'huì'가 아닌 'kuài'로 읽어야 합니다. 발음에 주의하세요! 듣기에서 직업과 관련해 자주 들려요.

266 寂 jì

宀 집 + 叔 아저씨
집(宀)에 아저씨(叔)가 혼자 있으니 외롭네요(寂).

형 적막하다, 외롭다 **寂寞**

寂寞 jìmò

寂 jì 형 적막하다, 외롭다
寞 mò 형 쓸쓸하다

형 1 (사람이) 외롭다, 쓸쓸하다
2 (장소가) 조용하다, 적막하다

我一个人呆在家里，真是寂寞。 나 혼자 집에 있으려니 정말 쓸쓸하다. → 형용사1 용법

267 继 jì

부수: 纟 실
실(纟)로 여러 가지를 이을 수 있으니 '잇다(继)'라는 의미가 있어요.

동 계속하다, 잇다, 이어지다 **继承 | 继续**

继承 jìchéng

继 jì 동 잇다, 이어지다
承 chéng 동 계승하다, (추상적인 동작을) 받다

동 1 (유산을) 상속받다
2 (선인의 문화나 기풍을) 계승하다, 이어받다

他继承了父母的遗产。 그는 부모님의 유산을 상속받았다. → 동사1 용법

继承财产 재산을 상속받다　继承文化遗产 문화유산을 계승하다

✪ 承受 chéngshòu (동+동) 동 참다, 견디다, 감당하다 ▶p.105

继续 jìxù

继 jì 동 계속하다
续 xù 동 계속하다

동 계속하다

我们继续保持联系。 우리 계속 연락을 유지하자.

继续工作 계속 일하다　继续努力 계속 노력하다

시험 TIP '继续'의 문장 구조

동사 '继续'는 술어로 사용되기도 하지만, 위 예문처럼 뒤에 또 다른 동사를 붙여 '계속 ~하다'라는 부사어로도 쓰입니다.

268 记 jì

讠 말씀 + 己 자신
말(讠)은 먼저 자신(己)이 기억해야(记) 해요.

동 1 기억하다, 외우다 记得 | 记忆
2 기록하다, 적다 记录 | 登记

명 필기, 기록

➕ 记者 jìzhě (동+조) 명 기자 | 笔记 bǐjì (명+명) 명 필기, 기록 | 日记 rìjì (명+명) 명 일기 | 书记 shūjì (명+명) 명 서기 [공산당 조직의 책임자]

记得 jìde

记 jì 동 기억하다, 외우다
得 de 접미 [지각(知覺)과 관련된 몇몇 동사 뒤에 쓰임]

동 기억하고 있다

你还记得小时候看过的动画片吗? 너는 아직도 어렸을 때 본 애니메이션을 기억하고 있니?

시험 TIP '记得'의 목적어

'记得'의 목적어는 명사가 오기도 하고, 하나의 주술구가 오기도 합니다. '记得'의 부정형인 '不记得(기억하고 있지 않다)'도 함께 알아 두세요.

记忆 jìyì

记 jì 동 기억하다, 외우다
忆 yì 동 기억하다

명 기억
동 기억하다

我的记忆力比较强。 나의 기억력은 꽤 좋다. → 명사 용법
童年的记忆 어린 시절의 기억　记忆犹新 기억이 생생하다　失去记忆 기억을 잃다

시험 TIP 암기하세요! '记忆'의 명사 용법
'记忆'는 동사 용법도 있지만, 대부분 명사 용법으로 사용되므로 명사 용법 위주로 공부해 두세요.

记录 jìlù

记 jì 동 기록하다, 적다
录 lù 동 기록하다, 녹음하다

동 적다, 기록하다
명 (회의 등의) 기록

这本书记录了过去中国老百姓的生活。 → 동사 용법
이 책은 옛날 중국 백성의 생활을 기록했다.
记录下来 기록해 두다　会议记录 회의 기록

✪ 录音 lùyīn (동+명) 명동 녹음(하다) ▶p.273

登记 dēngjì

登 dēng 동 기재하다
记 jì 동 기록하다, 적다

동 등기하다, 기재하다, 체크인하다

入学时要登记姓名、年龄、家庭住址等项目。
입학할 때는 성명, 나이, 집 주소 등의 항목을 기재해야 합니다.
结婚登记 혼인신고　登记住宿 체크인하다

269 纪 jì

실 纟 + 己 자신
실(纟)로 자신(己)을 묶듯이 규율(纪)에 묶여 살아요.

동 기록하다 纪录 | 纪念
명 1 규율, 법 纪律
　2 연대, 기 世纪

纪录 jìlù

纪 jì 동 기록하다
录 lù 동 기록하다

명 (운동 경기 등의 성적을 나타내는) 기록
동 기록하다 [= 记录 jìlù ▶p.216]

这项世界纪录是我国运动员创造的。 이 세계기록은 우리나라 운동선수가 만든 것이다. → 명사 용법
打破纪录 기록을 깨다　惊人的纪录 놀라운 기록

시험 TIP 자주 쓰이는 '纪录'의 의미
'纪录'는 '记录'와 같이 '적다', '기록하다'의 의미도 있지만, 주로 운동 경기 등의 성적을 나타내는 말로 쓰입니다.

纪念 jìniàn

纪 jì 동 기록하다
念 niàn 동 그리워하다, 생각하다

동 기념하다
명 기념, 기념품

这支笔留给你做个纪念吧。 이 펜을 너에게 기념으로 줄게. → 명사 용법
纪念他 그를 기념하다　结婚纪念日 결혼기념일

纪律 jìlǜ

纪 jì 명 규율, 법
律 lǜ 명 법률, 규칙

명 규율, 기율

我们公司制定了五条工作纪律。 우리 회사는 다섯 가지 업무 규율을 제정했다.
遵守纪律 규율을 지키다　制定纪律 규율을 제정하다

世纪 shìjì

世 shì 명 시대, 세계
纪 jì 명 연대, 기

명 세기, 연대, 세대

他是19世纪的一位法国画家。 그는 19세기의 프랑스 화가이다.
上个世纪 지난 세기　20世纪 20세기

270 假 jiǎ jià

亻 사람 + 叚 빌리다
사람(亻)이 입을 빌려(叚) 거짓말(假)을 해요.

jiǎ 형 허위의, 거짓의 **假装**
동 가정하다
접 만약, 만일
jià 명 휴가, 휴일 **寒假**

➕ **假如** jiǎrú (접+접) 접 만약, 만일 [= **如果** rúguǒ, **假若** jiǎruò] | **请假** qǐngjià (동+명) 동 휴가를 신청하다 | **放假** fàngjià (동+명) 동 방학하다, 휴가를 보내다 | **暑假** shǔjià (명+명) 명 여름방학

假装 jiǎzhuāng

假 jiǎ 형 허위의, 거짓의
装 zhuāng 동 꾸미다, 가장하다

동 (거짓으로) ~인 척하다

他假装有事，没去上课。 그는 거짓으로 일이 있는 척하고 수업에 가지 않았다.
假装生病 병이 난 척하다

寒假 hánjià

寒 hán 명 겨울
假 jià 명 휴가, 휴일

명 겨울방학

寒假期间你打算去哪里玩儿? 겨울방학 동안 너는 어디로 놀러 갈 계획이니?
放寒假 겨울방학을 하다 寒假作业 겨울방학 숙제

★ **假期** jiàqī (명+명) 명 방학 기간, 휴가 기간

271 价 jià

亻 사람 + 介 끼다
사람(亻)들 사이에 끼어(介) 가격(价)을 매겨요.

명 값, 가격 **价格** | **价值** | **评价**

➕ **价值连城** jià zhí lián chéng (명+명+동+명) 성 매우 가치가 높고 진귀하다 | **物美价廉** wùměi jiàlián (명+형+명+형) 성 상품의 질이 좋고 값도 저렴하다

价格 jiàgé

价 jià 명 값, 가격
格 gé 명 규격, 격식

명 가격, 값

这种冰箱的价格是多少? 이 냉장고 가격은 얼마예요?

价格便宜 가격이 싸다　降低价格 가격을 내리다

시험 TIP 시험에서 자주 출제되는 '价格'

'价格'는 HSK 전반에 걸쳐 가장 많이 나오는 단어 중 하나입니다. 위의 호응 관계와 함께 익혀 두세요.

价值 jiàzhí

价 jià 명 값, 가격
值 zhí 명 가치, 가격

명 가치

这些作品没有什么艺术价值。 이 작품들은 예술적 가치가 별로 없다.

历史价值 역사적 가치　艺术价值 예술적 가치

评价 píngjià

评 píng 동 평하다, 논하다
价 jià 명 값, 가격

동 평가하다

명 평가

评价一个人要尽量做到公正。 한 사람을 평가하려면 가능한 한 공정하게 해야 한다. → 동사 용법

评价作品 작품을 평가하다　公平的评价 공정한 평가

272 坚 jiān

刂 칼 + 又 오른손 모양 + 土 흙, 땅
칼(刂)을 손(又)에 들고 땅(土)을 딛고 마음을 굳게 가져요(坚).

형 (의지나 주장 등이) 확고하다, 굳세다 **坚持 | 坚决 | 坚强**

坚持 jiānchí

坚 jiān 형 확고하다, 굳세다
持 chí 동 유지하다, 견지하다

동 1 (태도나 주장 등을) 굳게 지키다, 고수하다
　2 (행동을 포기하지 않고) 꾸준히 하다

我还在坚持写日记。 나는 아직도 일기를 꾸준히 쓰고 있다. → 동사2 용법

坚持原则 원칙을 고수하다　坚持到底 끝까지 포기하지 않고 꾸준히 하다

시험 TIP 시험에 자주 출제되는 '坚持'

'坚持'는 5급에 자주 보이는 단어이자, 제가 개인적으로 가장 좋아하는 단어입니다. 무슨 일이든 중도에 포기(**中途而废**)하지 않고 꾸준히 하는 것이 중요합니다. 본 교재를 공부하시는 여러분! '**坚持到底**'하실 거죠?

坚决 jiānjué

坚 jiān 형 확고하다, 굳세다
决 jué 형 확고하다 동 결정하다

부 단호히

형 (태도, 주장, 행동 등이) 망설임 없이 단호하다

父母坚决反对我们结婚。 부모님은 우리가 결혼하는 것을 단호하게 반대했다. → 부사 용법

态度坚决 태도가 단호하다　坚决要求 단호히 요구하다

시험 TIP 암기하세요! '坚决'의 용법

'坚决'는 형용사보다 부사로 훨씬 많이 사용됩니다. 예문을 통해 문장 내에서의 위치나 수식 구조 등을 잘 알아 두세요.

✪ **决定** juédìng (동+동) 명동 결정(하다)

坚强 jiānqiáng

坚 jiān 형 확고하다, 굳세다
强 qiáng 형 강하다

형 (의지, 성격, 역량이) 굳세다, 강하다

他一直是一个意志坚强的人。 그는 줄곧 의지가 강한 사람이었다.

坚强的意志 굳은 의지　坚强的性格 강한 성격

✪ **强调** qiángdiào (형+명) 동 강조하다 ▶p.307 | **强烈** qiángliè (형+형) 형 강렬하다 ▶p.308

273 尖 jiān

小 작다 + 大 크다
아래는 크고(大) 위는 작은(小) 물건은 끝이 뾰족하조(尖).

형 날카롭다, 뾰족하다 **尖锐**

尖锐 jiānruì

尖 jiān 형 날카롭다, 뾰족하다
锐 ruì 형 날카롭다

형 날카롭다, 예리하다, 첨예하다

他尖锐地指出老师的错误。 그는 선생님의 실수를 날카롭게 지적했다.

尖锐的问题 예리한 문제　牙齿尖锐 이빨이 날카롭다

274 **艰** jiān

又 또, 다시 + 艮 딱딱하다
딱딱한(艮) 물건은 다시(又) 깨뜨리려고 해도 깨지지 않으니 참 어려워요(艰).

형 어렵다, 곤란하다 **艰巨** | **艰苦**

艰巨 jiānjù

艰 jiān 형 어렵다, 곤란하다
巨 jù 형 크다

형 대단히 어렵고 힘들다

我们一定要完成这个艰巨的任务。 우리는 반드시 이 어렵고 힘든 임무를 완성해야 한다.

任务艰巨 임무가 어렵고 힘들다　艰巨的工作 어렵고 방대한 일

✪ **巨大** jùdà (형+형) 형 (규모나 수량이) 거대하다 ▶ p.124

艰苦 jiānkǔ

艰 jiān 형 어렵다, 곤란하다
苦 kǔ 형 힘들다

형 고생스럽다, 어렵고 힘들다

他家很穷，生活非常艰苦。 그의 집은 가난해서 생활이 매우 어렵고 힘들다.

艰苦的岁月 고달픈 세월　生活艰苦 생활이 어렵고 힘들다

시험 TIP 유의어 비교 '艰苦'와 '辛苦'

'艰苦'는 형용사로만 쓰이기 때문에 목적어를 가질 수 없지만, '辛苦'는 형용사뿐만 아니라 동사로도 쓰이므로 '辛苦你了(수고했어요)'와 같이 목적어를 가질 수 있습니다. 또한 '辛苦'는 '辛辛苦苦'로 중첩하여 쓸 수 있지만, '艰苦'는 중첩 형식이 없습니다.

✪ **苦难** kǔnàn (형+명) 명 고난, 고초

275 **减** jiǎn

冫 얼음 + 咸 짜다
얼음(冫)이 짠(咸) 음식에 들어가면 짠맛이 줄어들죠(减).

동 빼다, 줄이다 **减肥** | **减轻** | **减少**

减肥 jiǎnféi

减 jiǎn 동 빼다, 줄이다
肥 féi 형 지방이 많다, 살찌다 명 비료

동 살을 빼다, 다이어트하다

她觉得减肥是件很难的事情。 그녀는 다이어트가 매우 힘든 일이라고 여긴다.

节食减肥 음식을 절제하여 살을 빼다　减肥食品 다이어트 식품　减肥方法 다이어트 방법

시험 TIP 듣기에서 자주 출제되는 '减肥'

'减肥'는 HSK 5급 듣기에서 많이 들리는 단어입니다. 이합사이므로 '减了很多次肥(다이어트를 여러 번 했다)'와 같이 '减'과 '肥'를 분리한 형태로 쓸 수 있습니다. 또 '减不下去(살이 빠지지 않는다)'처럼 '减'을 단독으로 쓸 수도 있으니 듣기 영역에서 주의해야 합니다.

✪ **肥皂** féizào (명+명) 명 비누 | **肥料** féiliào (명+명) 명 비료

减轻 jiǎnqīng

减 jiǎn 동 빼다, 줄이다
轻 qīng 형 가볍다

동 덜다, 가볍게 하다, 줄이다

他的经济负担减轻了。 그의 경제적 부담이 줄어들었다.

减轻压力 스트레스를 덜다　减轻负担 부담을 덜다

시험 TIP 암기하세요! '减轻'의 용법

'减轻'이 '减少'와 다른 점은 바로 '轻'에 있습니다. '가볍다'라는 의미의 '轻'이 있으므로, '压力'나 '负担'과 같이 무게가 나가는 단어와 호응합니다. '减轻'은 타동사와 자동사 용법 모두 가능하므로, 목적어를 가질 수도 있고 단독으로 쓸 수도 있습니다.

减少 jiǎnshǎo

减 jiǎn 동 빼다, 줄이다
少 shǎo 형 적다

동 (일부분을) 감소하다, 적게 하다

今年的参加人员比起去年减少了很多。 올해 참가한 인원은 작년에 비해 많이 감소했다.

减少工作量 업무량을 줄이다　减少成本 원가를 줄이다

276 建 jiàn

廴 길게 걷다 + 聿 붓
붓(聿)으로 글을 길게 써 내려가며(廴) 큰 뜻을 세워요(建).

동 1 (건물 등을) 짓다, 건축하다 **建筑 | 建设**
2 설립하다, 세우다 **建立**
3 제기하다, 제안하다 **建议**

建筑 jiànzhù

建 jiàn 동 짓다, 건축하다
筑 zhù 동 건설하다

동 (가옥, 도로, 교량 등을) 짓다, 건축하다, 건설하다

这里要建筑一座新的宿舍。 이곳에 새로운 숙소를 건축해야 한다.

建筑公路 도로를 건설하다　建筑房屋 집을 짓다

建设 jiànshè

建 jiàn 동 짓다, 건축하다
设 shè 동 세우다, 건립하다, 설치하다

동 건설하다, 세우다

没有科学文化知识就不能建设好新农村。 과학 문화 지식이 없이는 새로운 농촌을 세울 수 없다.

建设工厂 공장을 건설하다　建设国家 국가를 건설하다

✪ **设备** shèbèi (동+동) 동 갖추다, 설비하다 명 설비, 시설 ▶p.324

建立 jiànlì

建 jiàn 동 설립하다, 세우다
立 lì 동 세우다, 설립하다

동 건립하다, 세우다, 맺다

两国之间建立了正式外交关系。 양국은 정식 외교 관계를 맺었다.

建立关系 관계를 맺다　建立友谊 우의를 맺다　建立家庭 가정을 만들다

시험 TIP 독해 시험에서 자주 출제되는 '建立'

'建立'는 5급 독해 제1부분에 출제되는 중요한 단어입니다. '建立关系'가 특히 중요하니 꼭 암기해 두세요.

建议 jiànyì

建 jiàn 동 제기하다, 제안하다
议 yì 명 의견 동 의논하다

동 건의하다, 제안하다

명 건의, 제안

我建议你把文章修改一下。 나는 네가 글을 수정할 것을 제안한다. → 동사 용법

建议开个会 회의를 열 것을 건의하다　好的建议 좋은 제안　一条建议 한 가지 제안

시험 TIP '建议'의 문장 형식

'建议'는 '我建议你……(나는 네가 ~하면 좋겠다)'의 형식으로, 상대방에게 무언가를 제안할 때 사용합니다.

✪ **议论** yìlùn (동+동) 동 이러쿵저러쿵하다, 왈가왈부하다 명 의견, 논점 ▶p.274

277 讲 jiǎng

讠 말씀 + 井 우물

어른들은 말씀(讠)을 하실 때 우물(井)처럼 깊이 있게 말씀하시죠(讲).

동 1 말하다, 얘기하다 讲座

2 중시하다, 따지다 讲究

讲座 jiǎngzuò

讲 jiǎng 동 말하다, 얘기하다
座 zuò 명 좌석, 자리

명 강좌

明天下午学校有一个英语讲座。 내일 오후 학교에 영어 강좌가 있다.

举办讲座 강좌를 거행하다 参加讲座 강좌에 참가하다

✪ 座位 zuòwèi (명+명) 명 좌석, 자리

讲究 jiǎngjiu

讲 jiǎng 동 중시하다, 따지다
究 jiū 동 깊이 탐구하다, 추구하다

동 중시하다 [= 重视 zhòngshì ▶p.111]

명 따져 볼 만한 것, 주의할 만한 내용

형 정교하다, 우아하다, 세련되다 [= 精美]

我们要讲究工作方法。 우리는 업무 방법을 중시해야 한다. → 동사 용법

翻译的技术大有讲究。 번역의 기술에는 주의할 만한 내용이 많다. → 명사 용법

房间布置得很讲究。 방을 우아하게 꾸몄다. → 형용사 용법

讲究营养 영양을 중시하다 讲究方法 방법을 중시하다 讲究礼貌 예의를 중시하다

✪ 究竟 jiūjìng 부 도대체 [추궁의 의문문에 씀] [= 到底 dàodǐ]

278 降 jiàng

阝 언덕 + 夅 내려가다

가격이 언덕(阝)을 내려가듯(夅) 떨어져요(降).

동 1 내리게 하다, 떨어뜨리다 降低

2 떨어지다, 내리다 降落

✚ 降温 jiàngwēn (동+명) 동 기온이 떨어지다, 날씨가 추워지다

降低 jiàngdī

降 jiàng 동 내리게 하다, 떨어뜨리다
低 dī 형 낮다

동 떨어지다, 낮추다, 떨어뜨리다

这些商品价格已经降低了很多，但买的人还是不多。
이 상품들은 가격이 많이 떨어졌지만 사는 사람들은 여전히 많지 않다.

价格降低了 가격이 떨어졌다　降低成本 원가를 낮추다　降低物价 물가를 낮추다

시험 TIP 암기하세요! '降低'의 특징
'降低'는 목적어를 가질 수도 있고, 단독으로 쓰일 수도 있습니다. 호응 관계와 함께 암기해 두세요.

降落 jiàngluò

降 jiàng 동 떨어지다, 내리다
落 luò 동 떨어지다, 내려가다

동 낙하하다, 착륙하다 [↔ 起飞 qǐfēi]

飞机缓缓地降落在跑道上。비행기가 천천히 활주로에 착륙했다.

飞机降落 비행기가 착륙하다　降落伞 낙하산

✪ 落后 luòhòu (동+명) 동 낙후되다, 뒤처지다 ▶p.198

279 交 jiāo

交 사람의 종아리가 교차해 있는 모양을 본뜬 글자

동 1 사귀다, 교제하다 交际 | 外交
2 건네다, 제출하다
부 서로 交换 | 交流 | 交通

交际 jiāojì

交 jiāo 동 사귀다, 교제하다
际 jì 동 교제하다

동 교제하다, 서로 사귀다 [남녀 간의 사귐은 물론 일반적인 교제를 포함함]

口语交际能力是现代公民的必备能力。언어 교제 능력은 현대 시민의 필수 능력이다.

善于交际 교제에 능하다　交际圈 교제 범위

外交 wàijiāo

外 wài 명 외지, 밖, 외국
交 jiāo 동 사귀다, 교제하다

명 외교

我国和很多国家建立了外交关系。우리나라는 많은 국가와 외교 관계를 맺었다.

外交政策 외교정책　外交关系 외교 관계　外交活动 외교 활동

交换 jiāohuàn

交 jiāo 부 서로
换 huàn 동 교환하다, 바꾸다

동 교환하다

我们经常互相交换好的学习方法。우리는 자주 좋은 학습 방법을 서로 교환한다.

交换意见 의견을 교환하다　交换礼物 선물을 교환하다

交流 jiāoliú

交 jiāo 부 서로
流 liú 동 흐르다

동 교류하다, 소통하다

通过这次交流活动，我学到了很多东西。이번 교류 활동을 통해 나는 많은 것을 배웠다.

促进交流 교류를 촉진하다　文化交流 문화 교류　交流经验 경험을 교류하다

시험 TIP 유의어 비교 '交流'와 '交换'

'交流'는 서로 소통하고 참고해서 자신의 것을 더욱 풍부하게 만드는 데 중점을 두며, 목적어는 추상적인 사물입니다. 반면에 '交换'은 서로 교환하는 데 중점을 두고 있으며, 구체적인 대상을 목적어로 가질 수도 있습니다.

✪ **流传** liúchuán (동+동) 동 (작품 등이) 전해지다, 대대로 전해져 내려오다 ▶p.271

交通 jiāotōng

交 jiāo 부 서로
通 tōng 동 연결하다, 잇다, 전달하다

명 교통

交通警察每天指挥交通，非常辛苦。교통경찰은 매일 교통을 지휘하느라 엄청 고생한다.

交通发达 교통이 발달하다　交通便利 교통이 편리하다　交通堵塞 교통이 막히다

✪ **通讯** tōngxùn (동+명) 명 통신, 뉴스 ▶p.366

280 骄 jiāo

马 말 + 乔 높다
말(马) 위 높은(乔) 곳에 앉으면 거만해지겠죠(骄)?

형 교만하다, 거만하다 **骄傲**

骄傲 jiāo'ào

骄 jiāo 형 교만하다, 거만하다
傲 ào 형 거만하다

형 1 거만하다, 오만하다
　2 자랑스럽다, 자부하다 [= 自豪 zìháo ▶p.481]
명 자랑, 긍지, 자랑거리

这个学生虽然学习很好，但从不骄傲。 이 학생은 비록 공부는 잘하지만 거만하지 않다. → 형용사1 용법
我父母对我的进步感到骄傲。 내 부모님은 나의 발전에 대해 자랑스러워하신다. → 형용사2 용법
态度骄傲 태도가 거만하다　骄傲的历史 자랑스러운 역사

시험 TIP 주의하세요! '骄傲'의 의미
'骄傲'는 대부분 '거만하다'의 의미로 사용되지만, 간혹 '자랑스럽다'라는 의미로도 출제됩니다. '骄傲'의 두 가지 의미를 모두 알아 두세요.

281 狡 jiǎo

犭 개 + 交 사귀다
개(犭)가 여우와 사귀면(交) 여우를 닮아 교활해질(狡)지도 몰라요.

형 교활하다 **狡猾**

狡猾 jiǎohuá

狡 jiǎo 형 교활하다
猾 huá 형 교활하다

형 교활하다, 간사하다

狐狸是一种非常狡猾的动物。 여우는 아주 교활한 동물이다.

시험 TIP 암기하세요! '狡猾'
'狡猾'는 시험에 자주 출제되지는 않지만, 5급 독해 제1부분에서 답으로 한 번 출제된 적이 있습니다.

282 角 jiǎo jué

角 짐승의 뿔 모양을 본뜬 글자

jiǎo 명 1 (짐승의) 뿔
2 모서리, 각 **角度**
jué 명 (영화나 연극의) 역할 **角色 | 主角**

角度 jiǎodù

角 jiǎo 명 모서리, 각
度 dù 명 각도

명 사물을 보는 관점, 각도

事情可以从不同的角度分析。 일은 서로 다른 관점에서 분석할 수 있다.
历史的角度 역사적인 관점 从这个角度看 이 관점에서 보면

角色 juésè

角 jué 명 역할
色 sè 명 색

명 배역, 역할

我十分喜欢她在这部电影中扮演的角色。 나는 그녀가 이 영화 속에서 맡은 배역을 아주 좋아한다.
扮演角色 역할을 맡다 警察角色 경찰 역할

시험 TIP 다양한 발음의 '角'
'배역, 역할'의 의미일 때는 '角'의 발음이 'jiǎo'가 아닌 'jué'입니다. 헷갈리지 않도록 잘 숙지해 두세요.

主角 zhǔjué

主 zhǔ 형 가장 중요하다
角 jué 명 역할

명 (연극이나 영화 등의) 주인공

他是这部电影的男主角。 그는 이 영화의 남자 주인공이다.

283 阶 jiē

阝 언덕 + 介 끼다
언덕(阝)을 올라갈 때 사이 사이 끼어(介) 있는 것이 계단(阶)이죠.

명 계단, 계급 **阶段 | 台阶**

阶段 jiēduàn

阶 jiē 명 계단, 계급
段 duàn 명 사물의 한 부분

명 (사물의 발전) 단계

目前我国手机市场正处于实验阶段。 현재 우리 나라 휴대전화 시장은 실험 단계에 처해 있다.
初级阶段 초급 단계　处于……阶段 ~의 단계에 처해 있다

台阶 táijiē

台 tái 명 대 [물건을 받치거나 올려놓게 만든 부분]
阶 jiē 명 계단, 계급

명 층계, 계단

这座山的台阶有两千多个。 이 산의 층계는 2천여 개가 있다.

284 接 jiē

扌 손 + 立 서다 + 女 여자
손(扌)으로 서 있는(立) 여자(女)를 접촉해요(接).

동 1 접촉하다, 접근하다 **接触** | **接近**
2 받아들이다, 접수하다 **接受** | **接着** | **直接**
3 마중하다, 맞이하다 **迎接** | **接待**

接触 jiēchù

接 jiē 동 접촉하다, 접근하다
触 chù 동 닿다, 접촉하다

동 (물체에) 닿다, (사람과 사람이) 교제하다, 접촉하다

我曾经跟日本人接触过。 나는 예전에 일본인과 만난 적이 있다.
接触群众 대중과 접촉하다　接触物体 물체에 닿다

接近 jiējìn

接 jiē 동 접촉하다, 접근하다
近 jìn 형 가깝다

동 접근하다, 근접하다, 가까이 하다
형 가깝다, 비슷하다

我们的有些产品质量已经接近世界水平。 우리의 일부 제품 품질은 이미 세계적 수준에 근접했다. → 동사 용법
我以为我们很接近，却保持着距离。 나는 우리가 매우 가깝다고 여겼지만 거리를 유지한 채로 있다. → 형용사 용법
接近目标 목표에 근접하다　性格很接近 성격이 비슷하다

시험 TIP **'接近'의 특징**

'接近'은 동사와 형용사 용법이 다 있다는 것을 기억해 두세요. 그리고 '정도부사+接近'의 형식으로 쓸 수 있습니다.

接受 jiēshòu

接 jiē 동 받아들이다
受 shòu 동 받다

동 받아들이다, 수락하다

他从不接受别人的意见。 그는 이제껏 다른 사람의 의견을 받아들인 적이 없다.

接受礼物 선물을 받다 接受意见 의견을 받아들이다 接受邀请 초청을 받아들이다

接着 jiēzhe

接 jiē 동 받아들이다
着 zhe 조 ~하고 있다, ~하는 중이다

동 (손이나 물건 등으로) 받다, 받들다

부 (말이나 일을) 이어서, 계속하여, 뒤이어

上午做不完，下午接着做。 오전에 다 할 수 없으면 오후에 이어서 해. → 부사 용법

接着包 가방을 받아 들다 接着说 이어서 말하다

直接 zhíjiē

直 zhí 부 직접, 곧장
接 jiē 동 받아들이다

부 직접

형 직접의, 직접적인

我直接到那家饭店找你。 내가 직접 그 식당에 가서 너를 찾을게. → 부사 용법

直接去 직접 가다 直接跟他联系 직접 그와 연락하다

시험 TIP **주의하세요! '直接'의 용법**

'直接'는 사전에는 형용사라고 쓰여 있지만, 형용사뿐만 아니라 부사 용법도 있습니다. 실제로 부사 용법이 더 자주 쓰이니, 꼭 기억해 두세요.

迎接 yíngjiē

迎 yíng 동 맞이하다
接 jiē 동 마중하다, 맞이하다

동 영접하다, 맞이하다

他前往机场迎接世界各国的贵宾。 그는 공항에 가서 세계 각국의 귀빈을 맞이했다.

迎接贵宾 귀빈을 영접하다 迎接元旦 정월 초하루를 맞이하다

接待 jiēdài

接 jiē 동 마중하다, 맞이하다
待 dài 동 접대하다

동 (주로 정식적이거나 중요한 용건으로) 접대하다, 대접하다 [= 招待 zhāodài ▶p.442]

你们的热情接待使我们难以忘怀。 당신들의 친절한 대접은 우리가 잊지 않을 겁니다.

接待客人 손님을 접대하다

시험 TIP 유의어 비교 '接待'와 '招待'

	接待 jiēdài	招待 zhāodài
의미	동 접대하다, 대접하다	동 접대하다, 대접하다
비교	일반적인 접대, 사용 범위가 넓음	주로 음식이나 술자리로 상대방을 접대하는 것을 뜻함
특징	시험에는 '招待'가 더 많이 출제됨	

285 结 jiē jié

纟 실 + 士 선비 + 口 입
실(纟)을 이용해 선비(士)가 하는 말(口)을 묶어요(结).

jiē 동 (열매나 씨앗이) 열리다, 맺다 结实

jié 명 매듭

동 1 매다, 묶다

2 (관계를) 맺다, 결합하다 结构 | 结合

3 끝나다, 결말이 나다 结果 | 结束 | 结论 | 结账

➕ 蝴蝶结 húdié jié (명+명) 명 나비 리본, 나비넥타이

结实 jiēshi

结 jiē 동 열리다, 맺다
实 shí 형 가득하다, 실제적이다 명 과실, 열매

형 (사람이) 튼튼하다, (사물이) 튼튼하다, 단단하다

他的身体比以前结实多了。 그의 몸은 예전보다 훨씬 튼튼해졌다.

身体结实 몸이 튼튼하다　家具结实 가구가 튼튼하다

▶참고 성조에 따른 의미의 변화

'结实'를 'jiēshi'로 읽을 경우 '튼튼하다', '단단하다'라는 뜻의 형용사가 되지만, 'jiēshí'로 읽을 경우 '열매를 맺다'라는 술목 구문이 됩니다. 중국어는 성조에 따라 의미가 변하니, 조심해서 발음해야겠죠?

✪ 实际 shíjì (형+명) 명형 실제(적이다) ▶p.335

结构 jiégòu

结 jié 동 (관계를) 맺다, 결합하다
构 gòu 동 구성하다

명 구조, 구성

这座桥的结构有哪些特点？ 이 다리의 구조는 어떤 특징이 있습니까?

结构简单 구조가 간단하다　人体结构 인체 구조

✪ **构成** gòuchéng (동+동) 동 구성하다, 조성하다 ▶p.102

结合 jiéhé

结 jié 동 (관계를) 맺다, 결합하다
合 hé 동 합치다

동 결합하다, 결부하다

명 결합, 결부

学校教育和家庭教育要很好地结合起来。 학교 교육은 가정 교육과 잘 결합되어야 한다. → **동사 용법**

音乐和绘画的结合 음악과 회화의 결합　把 A 和 B 结合起来 A와 B를 결합하다

시험 TIP **'结合'의 문장 형식**

'**结合**'는 '**把 A 和 B 结合起来**'의 형식으로 써서 'A와 B를 결합하다'라는 의미를 나타냅니다. 독해 지문에서 종종 보이니, 잘 익혀 두세요.

✪ **合作** hézuò (동+동) 동 협력하다, 합작하다 ▶p.194

结果 jiéguǒ

结 jié 동 끝나다, 결말이 나다
果 guǒ 명 결과

명 결과, 결실

접 결국, 끝내, 그 결과

这次考试的结果于4月15日在网上公布。 이번 시험 결과는 4월 15일에 인터넷상으로 공포한다. → **명사 용법**

他没有认真学习，结果考了个倒数第一名。 그는 열심히 공부하지 않아 결국 꼴찌를 했다. → **접속사 용법**

公布结果 결과를 발표하다

시험 TIP **성조에 따른 의미의 변화**

'**结果**'를 'jiéguǒ'로 읽을 경우 '결과' 또는 '결국', '끝내'라는 뜻이 되지만, 'jiēguǒ'로 읽을 경우 '**结实** jiēshí'와 마찬가지로 '열매를 맺다'라는 술목 구문이 되니 주의해서 발음하세요. 또한 '**结果**'의 접속사 용법도 익혀 두세요.

结束 jiéshù

结 jié 동 끝나다, 결말이 나다
束 shù 동 묶다, 매다

동 끝나다, 마치다, 끝내다

大会结束后，各班的班主任又召开了会议。 전체 회의가 끝난 후, 각 반 담임교사끼리 다시 회의를 열었다.
比赛结束 시합이 끝나다　考试结束 시험이 끝나다　结束业务 업무를 끝내다

시험 TIP 주의하세요! '结束'의 목적어
'结束'는 대부분 목적어를 가지지 않지만, 간혹 '结束业务'와 같이 '어떤 일을 끝내다'라는 의미로도 쓰이니 잘 알아 두세요.

结论 jiélùn

结 jié 동 끝나다, 결말이 나다
论 lùn 명 주장, 관점 동 논의하다

명 결론

我和小王的事情已经得出结论了。 나와 샤오왕의 일은 이미 결론을 얻었다.
结论明确 결론이 명확하다　错误的结论 잘못된 결론

시험 TIP 搭配로 외우는 '结论'
호응 관계 '得出结论(결론을 얻다)'이 5급 독해 제1부분에 출제된 적이 있습니다. 호응 관계를 함께 외워 두세요.

✪ 论文 lùnwén (동+명) 명 논문 ▶p.274

结账 jiézhàng

结 jié 동 끝나다, 결말이 나다
账 zhàng 명 장부

동 계산하다, 결산하다

请给我结账。 계산 좀 해 주세요.

▶참고 표현plus '여기 계산요!'
식당에서 '계산해 주세요'라고 말할 때 흔히 '买单 mǎidān'이라는 표현을 쓰는데, 이는 '结账'의 구어적인 표현이라 할 수 있습니다. '结账'은 이합사이므로 다른 성분이 추가되면 '结一下账'과 같이 단어의 글자를 분리시켜야 합니다. '结账'은 '结帐 jiézhàng'이라고도 쓸 수 있습니다.

✪ 账户 zhànghù (명+명) 명 계좌, 구좌

286 节 jié

부수: 艹 풀
풀(艹)에도 마디(节)가 있어요.

명 1 (물체의) 마디
2 사항, 항목 节目
3 명절, 절기 节日
동 아끼다, 절약하다 节省 | 节约

➕ 节能 jiénéng (동+명) 동 에너지를 절약하다 ['节约能源'의 줄임말] | 节电 jiédiàn (동+명) 동 절전하다, 전기를 절약하다 | 季节 jìjié (명+명) 명 계절 | 调节 tiáojié (동+동) 동 (수량이나 정도 등을) 조절하다, 조정하다

节目 jiémù

节 jié 명 사항, 항목
目 mù 명 목록

명 (문예나 방송 등의) 프로그램

现在正在播放体育节目。 현재 체육 프로그램을 방송하고 있는 중이다.

电视节目 텔레비전 프로그램　节目很精彩 프로그램이 훌륭하다

✪ 目录 mùlù (명+명) 명 목록, 목차 ▶p.290

节日 jiérì

节 jié 명 명절, 절기
日 rì 명 (어떤 특정한) 날, 태양, 해

명 기념일, 명절

春节、中秋节都是中国的传统节日。 춘제, 중추제는 모두 중국의 전통 명절이다.

시험 TIP 시험에 나오는 중국의 주요 명절 및 기념일

HSK 전 영역에 자주 등장하는 중국의 주요 명절과 기념일을 기억해 두세요.

春节 Chūnjié 춘제(설날) [음력 1월 1일] / **中秋节** Zhōngqiūjié 중추제(추석) [음력 8월 15일] / **国庆节** Guóqìngjié 궈칭제 [10월 1일, '十一'라고도 함] / **劳动节** Láodòngjié 라오동제(노동절) [5월 1일, '五一'라고도 함] / **圣诞节** Shèngdànjié 크리스마스

节省 jiéshěng

节 jié 동 아끼다, 절약하다
省 shěng 동 아끼다, 덜다

동 아끼다, 절약하다, 절감하다 [= 节约 jiéyuē ▶p.234]

应该节省一些不必要的开支。 일부 불필요한 지출은 줄여야 한다.

节省时间 시간을 절약하다　节省开支 지출을 줄이다　节省人力 인력을 절약하다

시험 TIP 주의하세요! '节省时间'

'节省时间(시간을 절약하다)'은 듣기에서 '省时间'으로도 출제됩니다. '节'가 빠졌지만 의미는 같습니다. 듣기에서 헷갈리지 않도록 주의하세요.

✪ 省略 shěnglüè (동+동) 동 생략하다 ▶p.273

节约 jiéyuē

节 jié 동 아끼다, 절약하다
约 yuē 동 절약하다

동 절약하다 [비교적 큰 범위의 절약을 뜻함]

到了盛夏，我国政府节约起能源来了。 한여름이 되자 정부는 에너지를 절약하기 시작했다.

节约用水 물 사용을 절약하다　节约能源 에너지를 절약하다

287 解 jiě

角 뿔 + 刀 칼 + 牛 소
뿔(角)을 칼(刀)로 떼 소(牛)를 분해하고 설명할(解) 수 있나요?

동 1 풀다, 열다 **解放** | **解决**
2 없애다, 제거하다 **缓解**
3 설명하다, 해설하다 **解释**
4 알다, 이해하다 **了解**

➕ **解渴** jiěkě (동+형) 동 갈증을 해소하다 | **误解** wùjiě (형+동) 동 오해하다 | **谅解** liàngjiě (동+동) 동 양해하다

解放 jiěfàng

解 jiě 동 풀다, 열다
放 fàng 동 놓아주다, 놓다

동 해방하다

中国人民从封建统治下解放出来了。 중국 인민들은 봉건통치하에서 해방되었다.
解放思想 사상을 해방하다

✪ **放弃** fàngqì (동+동) 동 포기하다 ▶p.157

▶참고 중국의 '解放'
'解放'은 1949년 국민당 통치를 전복시킨 것을 뜻하기도 합니다. 따라서 '解放前(해방 전)', '解放后(해방 후)'라는 말은 1949년을 기준으로 한 전후를 가리키는 것입니다.

解决 jiějué

解 jiě 동 풀다, 열다
决 jué 동 결정하다

동 해결하다

这是解决问题的最佳途径。 이것은 문제를 해결하기에 가장 좋은 방법이다.
解决方法 해결 방법

✪ **决心** juéxīn (동+명) 명동 결심(하다), 다짐(하다)

缓解 huǎnjiě

缓 huǎn 형 느슨하다, 느리다
解 jiě 동 없애다, 제거하다

동 완화시키다, 완화되다, 느슨해지다

父母的爱对缓解孩子学习压力有很大的帮助。
부모의 사랑은 아이들의 학습 스트레스를 완화시키는 데 큰 도움이 된다.
缓解压力 스트레스를 풀다 缓解疲劳 피로를 풀다 病情缓解 병세가 완화되다

시험 TIP 암기하세요! '缓解'

'缓解'는 5급 독해 제1부분과 쓰기 제2부분 99번 문제에 출제된 적 있는 중요한 단어입니다.

解释 jiěshì

解 jiě 동 설명하다, 해설하다
释 shì 동 설명하다, 해석하다, 풀어주다

동 (뜻, 원인, 이유 등을) 설명하다, 해석하다, 해명하다 [= **说明** shuōmíng]

他俩的误会已经解释清楚。 그들 둘 사이의 오해는 이미 확실히 풀렸다.

解释原因 원인을 설명하다　解释误会 오해를 해명하다　解释清楚 명확히 해명하다

시험 TIP 시험에서 자주 출제되는 '解释'

'解释'는 듣기와 독해 영역에서 자주 출제됩니다. '설명하다'라는 기본적 의미 외에 '(오해를) 해명하다'라는 뜻도 있어요.

✪ **释放** shìfàng (동+동) 동 석방하다, 방출하다

了解 liǎojiě

了 liǎo 동 알다, 이해하다
解 jiě 동 알다, 이해하다

동 1 이해하다, 자세히 알다 [= **理解** lǐjiě ▶p.260]
2 알아보다, 조사하다

这些情况他都了解。 이런 상황들을 그는 모두 잘 알고 있다. → 동사1 용법

了解情况 상황을 잘 알다, 상황을 조사하다　据了解 조사에 따르면, 알아본 바에 따르면

시험 TIP 유의어 비교 '了解'와 '理解'

	了解 liǎojiě	**理解** lǐjiě
의미	동 이해하다, 자세히 알다	동 이해하다
비교	주로 주변의 상황 등 객관적 사실을 이해하고 있을 때 사용	주관적인 사실을 좀 더 깊이 있게 이해하고 있을 때 사용
예문	我了解你的情况。 나는 네 상황을 잘 알고 있다.	我理解你的心情。 나는 네 심정을 이해한다.
특징	'很', '十分'과 같은 정도부사의 수식을 받을 수 있음	

288 紧 jǐn

刂 칼 + 又 오른손 모양 + 糸 실
칼(刂)을 손(又)으로 잡고 실(糸)을 팽팽하게(紧) 잡아당겨요.

형 1 (공간적으로) 팽팽하다, 꽉 끼다, 빈틈이 없다 **紧张**
2 (시간적으로) 긴박하다, 급박하다 **紧急** | **抓紧**
3 (경제적으로) 쪼들리다, 빠듯하다
4 (형세가) 긴급하다, (관계가) 중요하다 **不要紧**

✚ **赶紧** gǎnjǐn 부 서둘러, 급히 | **紧密** jǐnmì (형+형) 형 긴밀하다 | **拉紧** lājǐn (동+형) 동 팽팽히 잡아당기다 | **要紧** yàojǐn (형+형) 형 중요하다, 심각하다 | **手头很紧** shǒutou hěn jǐn (주+부+술) 주머니 사정이 빠듯하다

紧张 jǐnzhāng

紧 jǐn 형 팽팽하다, 꽉 끼다, 빈틈이 없다
张 zhāng 형 팽팽하다, 긴장하다

형 1(정신적으로) 긴장하다, (흥분하여) 불안하다
2 바쁘다, 긴박하다, 격렬하다
3(물자가) 부족하다, 모자라다

他第一次上台唱歌，感到非常紧张。→ 형용사1 용법
그는 처음 무대에 올라 노래를 부르는 것이라서 굉장히 긴장했다.

最近我的工作比较紧张。요즘 나는 일이 비교적 바쁘다. → 형용사2 용법

这个城市的电力供应一直很紧张。이 도시의 전력 공급은 계속 부족하다. → 형용사3 용법

心情紧张 마음이 긴장되다　时间紧张 시간이 긴박하다　住房紧张 주택이 부족하다

시험 TIP 시험에서 자주 출제되는 '紧张'

'紧张'은 HSK에서 가장 많이 등장하는 단어 중 하나입니다. 단순히 심적으로 '긴장하다'라는 의미 외에 '(업무가) 바쁘다', '(물자가) 부족하다'라는 의미도 꼭 알아 두세요.

紧急 jǐnjí

紧 jǐn 형 긴박하다, 급박하다
急 jí 형 급하다

형 (일이나 사정이) 다급하다, 긴급하다

有紧急情况请立即告诉我。급한 일이 생기면 즉시 나에게 알려 줘.

紧急会议 긴급 회의　情况紧急 상황이 다급하다

✪ 急忙 jímáng 부 황급히, 바삐

抓紧 zhuājǐn

抓 zhuā 동 꽉 쥐다
紧 jǐn 형 빈틈이 없다, 긴박하다, 급박하다

동 1(사물을) 꽉 쥐다, 단단히 잡다
2(시간을) 다그치다, 서둘러 하다

你现在不抓紧学习，以后要后悔的。너는 지금 다그쳐서 공부를 안 한다면 나중에 후회할 거야. → 동사2 용법

抓紧机会 기회를 꽉 잡다　抓紧时间 시간을 다그치다(서두르다)

不要紧 búyàojǐn

不 bù 부 [부정을 나타냄]
要 yào 형 중요하다
紧 jǐn 형 (형세가) 긴급하다, (관계가) 중요하다

형 괜찮다, 문제없다

我的病不要紧，很快就会好的。내 병은 대수롭지 않아서 곧 좋아질 것이다.

SPEED CHECK

Step 1 한국어 단어를 보고, 그에 해당하는 중국어 뜻을 말해 보세요.

☐ 과정

☐ 기한을 넘기다, 기일이 지나다

☐ 재해

☐ 부끄러워하다, 수줍어하다

☐ (배나 비행기의) 운항편, 정기편

☐ 함께 사진을 찍다, 단체 사진, 합동 사진

☐ 종합하다, 총괄하다

☐ 합격이다, (규격이나 표준에) 맞다

☐ 합리적이다, 도리에 맞다, 합리적으로

☐ 적합하다, 적당하다, 알맞다

☐ 계약서, 계약

☐ (수량이나 내용 등이) 부합하다, 일치하다

☐ 협력하다, 협조하다, 호흡을 맞추다

☐ (주로 안 좋은) 결과, 뒷일

☐ 후회하다

☐ 낙후되다, 뒤떨어지다, 뒤처지다

☐ 갑자기, 문득

☐ 소홀하다, 경시하다

☐ 수염

☐ 허튼소리하다, 쓸데없는 말을 하다

☐ 화려하다, 아름답다

☐ (생활이) 호화롭다, 사치스럽다

☐ 그리워하다, 추억하다

☐ 의심(하다)

☐ 순환하다

☐ 환경

☐ 당황하다, 허둥대다

☐ 먼지

☐ (어려움, 실패, 좌절 등으로) 낙심하다, 풀이 죽다

☐ (사람이) 모이다, 회합하다, 회합, 모임, 집회

☐ (남녀 간의) 만남, 데이트

☐ (상황을) 종합하여 (상급자 혹은 대중에게) 보고하다

☐ 환율

☐ 활발하다, 활기차다, 생동적이다

☐ 활발하고 적극적이다, 활기차다

☐ 민첩하다, 융통성이 있다, 탄력적이다

☐ 기초, 토대, 바탕

☐ (감정이) 격해지다, 감격하다, 흥분하다

☐ 격렬하다, 치열하다

☐ 적극적인, 열성적인, 긍정적인

☐ (조금씩) 쌓다, 쌓이다, 누적되다

☐ (분산된 사람이나 사물이) 집합하다, 모이다

☐ 단체, 집단

☐ (분산된 힘이나 주의력을) 모으다, 집중하다

☐ 합격하다[주로 시험의 합격을 뜻함]

☐ 시기 적절하다, 때맞다, 제때에, 즉시, 곧바로

☐ 계획(하다)

☐ 추측하다, ~라고 예상하다

☐ 회계사, 회계

☐ (사람이) 외롭다, 쓸쓸하다

SPEED CHECK

Step 2 중국어 단어를 보고, 그에 해당하는 한국어 뜻을 말해 보세요.

- ☐ 过程 guòchéng
- ☐ 过期 guòqī
- ☐ 灾害 zāihài
- ☐ 害羞 hàixiū
- ☐ 航班 hángbān
- ☐ 合影 héyǐng
- ☐ 综合 zōnghé
- ☐ 合格 hégé
- ☐ 合理 hélǐ
- ☐ 合适 héshì
- ☐ 合同 hétong
- ☐ 符合 fúhé
- ☐ 配合 pèihé
- ☐ 后果 hòuguǒ
- ☐ 后悔 hòuhuǐ
- ☐ 落后 luòhòu
- ☐ 忽然 hūrán
- ☐ 忽视 hūshì
- ☐ 胡须 húxū
- ☐ 胡说 húshuō
- ☐ 华丽 huálì
- ☐ 豪华 háohuá
- ☐ 怀念 huáiniàn
- ☐ 怀疑 huáiyí
- ☐ 循环 xúnhuán
- ☐ 环境 huánjìng
- ☐ 慌张 huāngzhāng
- ☐ 灰尘 huīchén
- ☐ 灰心 huīxīn
- ☐ 聚会 jùhuì
- ☐ 约会 yuēhuì
- ☐ 汇报 huìbào
- ☐ 汇率 huìlǜ
- ☐ 活泼 huópō
- ☐ 活跃 huóyuè
- ☐ 灵活 línghuó
- ☐ 基础 jīchǔ
- ☐ 激动 jīdòng
- ☐ 激烈 jīliè
- ☐ 积极 jījí
- ☐ 积累 jīlěi
- ☐ 集合 jíhé
- ☐ 集体 jítǐ
- ☐ 集中 jízhōng
- ☐ 及格 jígé
- ☐ 及时 jíshí
- ☐ 计划 jìhuà
- ☐ 估计 gūjì
- ☐ 会计 kuàijì
- ☐ 寂寞 jìmò

SPEED CHECK

Step 1 한국어 단어를 보고, 그에 해당하는 중국어 뜻을 말해 보세요.

- □ 계속하다
- □ 기억(하다)
- □ 적다, 기록하다, (회의 등의) 기록
- □ 등기하다, 기재하다, 체크인하다
- □ (운동 경기 등의 성적을 나타내는) 기록
- □ 규율, 기율
- □ (거짓으로) ~인 척하다
- □ 겨울방학
- □ 가격, 값
- □ 가치
- □ 평가(하다)
- □ (행동을 포기하지 않고) 꾸준히 하다
- □ (의지, 성격, 역량이) 굳세다, 강하다
- □ 날카롭다, 예리하다, 첨예하다
- □ 고생스럽다, 어렵고 힘들다
- □ 살을 빼다, 다이어트하다
- □ 덜다, 가볍게 하다, 줄이다
- □ (일부분을) 감소하다, 적게 하다
- □ (가옥, 도로, 교량 등을) 짓다, 건축하다, 건설하다
- □ 건의(하다), 제안(하다)
- □ 강좌
- □ 중시하다, 따져 볼 만한 것
- □ 떨어지다, 낮추다, 떨어뜨리다
- □ 낙하하다, 착륙하다
- □ 교환하다
- □ 교류하다, 소통하다
- □ 거만하다, 자랑스럽다
- □ 교활하다, 간사하다
- □ 배역, 역할
- □ (연극이나 영화 등의) 주인공
- □ (사물의 발전) 단계
- □ 층계, 계단
- □ (물체에) 닿다, (사람과 사람이) 교제하다
- □ 접근하다, 가까이 하다, 가깝다, 비슷하다
- □ 받아들이다, 수락하다
- □ (말이나 일을) 이어서, 계속하여, 뒤이어
- □ 접대하다, 대접하다
- □ 구조, 구성
- □ 결합(하다), 결부(하다)
- □ 결과, 결실, 결국, 끝내, 그 결과
- □ 계산하다, 결산하다
- □ 아끼다, 절약하다, 절감하다
- □ 절약하다[비교적 큰 범위의 절약을 뜻함]
- □ 해방하다
- □ 완화시키다, 완화되다, 느슨해지다
- □ (뜻, 원인, 이유 등을) 설명하다, 해명하다
- □ (정신적으로) 긴장하다, (흥분하여) 불안하다
- □ 괜찮다, 문제없다
- □ (일이나 사정이) 다급하다, 긴급하다
- □ (시간을) 다그치다, 서둘러 하다

SPEED CHECK

Step 2 중국어 단어를 보고, 그에 해당하는 한국어 뜻을 말해 보세요.

□ 继续 jìxù
□ 记忆 jìyì
□ 记录 jìlù
□ 登记 dēngjì
□ 纪录 jìlù
□ 纪律 jìlǜ
□ 假装 jiǎzhuāng
□ 寒假 hánjià
□ 价格 jiàgé
□ 价值 jiàzhí
□ 评价 píngjià
□ 坚持 jiānchí
□ 坚强 jiānqiáng
□ 尖锐 jiānruì
□ 艰苦 jiānkǔ
□ 减肥 jiǎnféi
□ 减轻 jiǎnqīng
□ 减少 jiǎnshǎo
□ 建筑 jiànzhù
□ 建议 jiànyì
□ 讲座 jiǎngzuò
□ 讲究 jiǎngjiu
□ 降低 jiàngdī
□ 降落 jiàngluò
□ 交换 jiāohuàn

□ 交流 jiāoliú
□ 骄傲 jiāo'ào
□ 狡猾 jiǎohuá
□ 角色 juésè
□ 主角 zhǔjué
□ 阶段 jiēduàn
□ 台阶 táijiē
□ 接触 jiēchù
□ 接近 jiējìn
□ 接受 jiēshòu
□ 接着 jiēzhe
□ 接待 jiēdài
□ 结构 jiégòu
□ 结合 jiéhé
□ 结果 jiéguǒ
□ 结账 jiézhàng
□ 节省 jiéshěng
□ 节约 jiéyuē
□ 解放 jiěfàng
□ 缓解 huǎnjiě
□ 解释 jiěshì
□ 紧张 jǐnzhāng
□ 不要紧 búyàojǐn
□ 紧急 jǐnjí
□ 抓紧 zhuājǐn

289 **谨** jǐn

讠 말씀 + 堇 진흙
말(讠)은 진흙(堇)길 갈 때처럼 조심하고 삼가야(谨) 해요.

형 조심스럽다 **谨慎**

谨慎 jǐnshèn

谨 jǐn 형 조심스럽다
慎 shèn 형 신중하다

형 (언행이) 신중하다, 조심스럽다 [= **慎重** shènzhòng]

我爸爸做什么事情都小心谨慎。 우리 아빠는 무슨 일을 하든 매우 주의 깊고 신중하게 한다.

办事谨慎 일을 신중히 하다　说话谨慎 말을 조심스럽게 하다　为人谨慎 사람 됨됨이가 신중하다

290 **进** jìn

辶 가다 + 井 우물
쉬엄쉬엄 가다(辶) 우물(井)에서 목 좀 축이고 다시 나아가요(进).

동 1 (앞으로) 나아가다 **进步** | **进行**
2 (밖에서 안으로) 들다 **进口**

➕ **进入** jìnrù (동+동) 동 (어떤 범위나 시기에) 들어가다, 진입하다 | **前进** qiánjìn (명+동) 동 (앞을 향해) 나아가다, 전진하다 | **促进** cùjìn (동+동) 동 촉진하다, 촉진시키다 ▶p.118 | **改进** gǎijìn (동+동) 동 개선하다 ▶p.164

进步 jìnbù

进 jìn 동 (앞으로) 나아가다
步 bù 명 걸음, 일의 순서

동 (사람이나 사물 등이) 발전하다, 향상되다, 진보하다 [= **发展** fāzhǎn ▶p.152]

他的学习成绩有了一些进步。 그의 학습 성적은 약간 향상되었다.

进步很大 크게 발전하다　学习进步了 학습이 향상되었다

시험 TIP 주의하세요! '进步'의 해석

'进步'는 한자어 독음대로 읽으면 '진보'입니다. 하지만 우리가 일상에서 '진보하다'라는 말을 자주 쓰지는 않죠? 따라서 '进步'는 반드시 '발전하다'와 같이 해석해야 합니다. 주로 개인이 학습을 통해 발전할 때는 '进步'를 쓰고, 경제 발전이나 국가 발전 등 좀 더 큰 범위에서의 발전은 '发展'을 쓴다는 것도 알아 두세요.

进行 jìnxíng

进 jìn 동 (앞으로) 나아가다
行 xíng 동 걷다, 가다

동 (활동을) 진행하다

对这件事，我们马上进行调查。이 일에 대해서 우리가 바로 조사를 진행할게.
进行讨论 토론을 진행하다　进行比赛 시합을 진행하다

시험 TIP '进行'의 문장 형식
'进行'은 '对+목적어+进行+동사(2음절)'의 형태로 자주 씁니다. '进行' 뒤에는 단음절 동사가 올 수 없다는 점을 기억하세요.

进口 jìnkǒu

进 jìn 동 들다
口 kǒu 명 출입구, 항구, 입

동 수입하다
명 입구 [↔ 出口 chūkǒu ▶p.113]

这些设备是从国外进口的。이 설비들은 외국에서 수입한 것이다. → 동사 용법
进口商品 수입 상품　进口粮食 식량을 수입하다

291 精 jīng

米 쌀 + 青 푸르다
쌀(米)에서 푸른빛(青)이 나도록 정밀하게(精) 씻어요.

명 1 정수, 정화
　2 정신, 정력 **精力 | 精神**
형 1 정제하다
　2 정교하다, 정밀하다
　3 훌륭하다, 뛰어나다 **精彩**
　4 영리하다, 똑똑하다

➕ **精美** jīngměi (형+형) 형 정교하고 아름답다 | **精明** jīngmíng (형+형) 형 똑똑하다, 영리하다 | **精致** jīngzhì (형+형) 형 정교하다, 세밀하다 | **酒精** jiǔjīng (명+명) 명 알코올

精力 jīnglì

精 jīng 명 정신, 정력
力 lì 명 힘, 능력

명 정력 [정신과 체력], 에너지

他把主要的精力都用在创作上了。그는 대부분의 에너지를 창작하는 일에 썼다.
恢复精力 정력을 회복하다　集中精力 정력을 집중하다　精力充沛 에너지가 왕성하다

✪ **力量** lìliang (명+명) 명 힘, 능력, 역량 ▶p.265

精神 jīngshén jīngshen

精 jīng 명 정신, 정력
神 shén 명 정신, 마음

jīngshén 명 1 정신
2 원기, 활력

jīngshen 형 활기차다, 생기가 있다

工作的时候精神要集中。 일할 때는 정신을 집중해야 한다. → 명사1 용법

这孩子的两只眼睛显得特别精神。 이 아이의 두 눈은 매우 생기발랄해 보인다. → 형용사 용법

精神压力 정신적 스트레스 打起精神 정신을 가다듬다 特别精神 매우 생기발랄하다

시험 TIP 다양한 의미의 '精神'

학생들이 흔히 '精神'의 명사 용법만 알고 있는데, 듣기 영역에서 형용사 용법도 종종 출제됩니다. 정도부사 뒤에 '精神'이 있을 경우, 형용사 용법으로 쓰였다는 점을 기억하세요. 이때 '精神'은 'jīngshen'으로 발음합니다.

精彩 jīngcǎi

精 jīng 형 훌륭하다, 뛰어나다
彩 cǎi 명 색, 빛깔

형 (공연, 전시회, 언론, 문장 등이) 훌륭하다, 뛰어나다, 다채롭다 [= 出色 chūsè ▶p.114]

今晚的演出十分精彩。 오늘 밤 공연은 매우 훌륭하다.

节目精彩 프로그램이 훌륭하다 精彩的演出 훌륭한 공연

시험 TIP 시험에서 자주 출제되는 '精彩'

'精彩'는 HSK 전반에 걸쳐서 자주 출제되는 아주 중요한 단어 중 하나입니다. 공연(演出)이나 글(文章) 등과 결합하여 볼거리가 많아서 다채롭고 훌륭하다는 의미를 나타냅니다.

✪ 彩虹 cǎihóng (명+명) 명 무지개

292 经 jīng

부수: 纟 실
옛날에 경전(经)은 대나무에 써서 실(纟)로 묶었어요.

명 1 경전 经典
2 경맥

동 1 경영하다, 관리하다 经济 | 经理 | 经营
2 경과하다, 경험하다 经过 | 经历 | 经验
3 견디다, 버티다

형 보통이다, 통상적이다

✚ 经不起 jīng buqǐ (술+보) 견딜 수 없다 | 经常 jīngcháng 부 언제나, 항상 | 经费 jīngfèi (동+명) 명 경비, 비용 | 经商 jīngshāng (동+명) 동 장사를 하다 | 神经 shénjīng (명+명) 명 신경 ▶ p.327

Day 17

经典 jīngdiǎn

经 jīng 명 경전
典 diǎn 명 본보기가 되는 서적, 표준, 법칙, 모범

명 경전, 고전
형 오래도록 사랑 받는, 최고의, (저작이) 권위 있는

这是我看过的最经典的电影。 이것은 내가 본 것 중 최고의 영화였다. → 형용사 용법
经典的文学 오래도록 사랑 받는 문학 经典的著作 오래도록 사랑 받는 저서

✪ 典型 diǎnxíng (명+명) 형 전형적인, 대표적인

经济 jīngjì

经 jīng 동 경영하다, 관리하다
济 jì 동 (강을) 건너다, 구제하다

명 경제
형 (인력, 시간, 물자 등이) 경제적이다

我们一定要赶上世界经济发达的国家。 우리는 세계 경제 발달 국가를 반드시 따라잡아야 한다. → 명사 용법
经济发展 경제발전 经济不发达 경제가 발달하지 않다 既经济又实惠 경제적이고 실속 있다

经理 jīnglǐ

经 jīng 동 경영하다, 관리하다
理 lǐ 동 관리하다, 처리하다

명 사장, 매니저, 지배인, (기업의) 책임자

我不是经理，只是一个普通职员。 나는 사장이 아니고, 단지 보통 직원이다.

▶참고 상황에 따른 '经理'의 의미 변화
일반적으로 큰 기업은 '总经理'가 사장, '经理'는 팀장이라고 보면 되고, 작은 기업에서 '经理'는 사장이라고 보면 됩니다. 문맥에 따라 의미가 조금씩 달라지는 단어이므로 주의하세요.

经营 jīngyíng

经 jīng 동 경영하다, 관리하다
营 yíng 동 경영하다

동 경영하다, 운영하다

他准备经营一家服装店。 그는 옷 가게를 경영하려고 준비하고 있다.
苦心经营 심혈을 기울여 경영하다 经营企业 기업을 경영하다

✪ 营业 yíngyè (동+명) 동 영업하다 ▶p.416

经过 jīngguò

经 jīng 동 경과하다
过 guò 동 지나다, 경과하다

동 (장소, 시간, 동작 등을) 지나다, 경과하다, 거치다

명 경과, 과정

经过长期的努力，他终于考上了名牌大学。→ 동사 용법
장기간의 노력 끝에 그는 마침내 명문 대학에 합격했다.

经过北京 베이징을 거치다　经过一年 1년이 경과하다　事情的经过 사건의 경과

시험 TIP '经过'의 문장 구조

'어떤 기간 동안의 활동을 통해서'라는 의미를 표현하고 싶을 때, '经过+기간 동안의 활동+동작'의 형식을 많이 사용합니다. 위 예문을 통해 '经过'의 문장 구조를 잘 익혀 두세요.

经历 jīnglì

经 jīng 동 경험하다
历 lì 동 경험하다

동 (몸소) 경험하다, 겪다

명 경험, 체험

他的一生经历了许多事件。그는 한평생 수많은 사건을 경험했다. → 동사 용법

经历了不少事情 많은 일을 경험하다　亲身经历 직접 경험하다

痛苦的经历 고통스러운 경험

시험 TIP 유의어 비교 '经历'와 '经验'

'经历'는 동사와 명사 용법이 있고, '经验'은 명사 용법만 있으며 '노하우'의 의미를 포함합니다. '经历(경험)'가 쌓여서 '经验(노하우)'이 된다고 보면 됩니다. 한자의 독음 때문에 많은 학생들이 '어떤 일을 경험하다'의 경우에 '经验'을 쓰는데 이는 잘못된 표현입니다.

예 我经验了许多事情。(×) → 我经历了许多事情。(○) 나는 많은 일들을 겪었다.

经验 jīngyàn

经 jīng 동 경험하다
验 yàn 동 검증하다, 조사하다

명 경험, 노하우

在做领导工作方面他很有经验。지도자가 되는 방면에서 그는 매우 노련하다.

丰富的经验 풍부한 경험　工作经验 업무 경험(노하우)　积累经验 경험을 쌓다

293 举 jǔ

부수: 扌(手) 손
우리는 손(扌)으로 물건을 들어 올려요(举).

동 1 위로 들다
2 거동하다, 행동하다 **举办 | 举行**
3 뽑다, 선발하다
4 제출하다, 제시하다

➕ **举例子** jǔ lìzi (동+명) 예를 들다 | **举手** jǔshǒu (동+명) 동 손을 위로 들다 | **举重** jǔzhòng (동+명) 명 역도 | **选举** xuǎnjǔ (동+동) 명동 선거(하다), 선출(하다) ▶p.411

举办 jǔbàn

举 jǔ 동 **행동하다**
办 bàn 동 **(어떤 일을) 하다, 처리하다**

동 거행하다, 개최하다 [= **举行** jǔxíng ▶p.247]

这场音乐会举办得很成功。이번 음악회는 매우 성공적으로 치렀다.

举办晚会 파티를 개최하다　举办讲座 강좌를 열다

✪ **办理** bànlǐ (동+동) 동 (사무를) 처리하다 ▶p.74

举行 jǔxíng

举 jǔ 동 **행동하다**
行 xíng 동 **(어떤 일을) 하다**

동 거행하다, 개최하다 [= **举办** jǔbàn ▶p.247]

我们举行一个小型的欢迎会。우리는 조촐한 환영회를 열었다.

举行会谈 회담을 열다　举行婚礼 결혼식을 거행하다

同时举行 동시에 실시하다

시험 TIP **유의어 비교 '举办'과 '举行'**

'举办'과 '举行'은 거의 같지만, '举办'이 좀 더 조직적으로 행사를 거행할 때 사용합니다.

294 具 jù

具 두 손으로 물건을 바치는 모양의 글자와 '貝(조개→돈)'자가 합쳐진 글자

명 기구, 도구

동 갖추다, 구비하다 **具备 | 具体 | 具有**

➕ **工具** gōngjù (명+명) 명 도구, 수단 | **家具** jiājù (명+명) 명 가구 | **玩具** wánjù (동+명) 명 완구, 장난감

具备 jùbèi

具 jù 동 갖추다, 구비하다
备 bèi 동 준비하다

동 (필요한 것을) 갖추다, 구비하다

他不具备做教师的资格。 그는 선생님이 될 자격을 갖추고 있지 않다.

具备条件 조건을 갖추다 具备资格 자격을 갖추다

具体 jùtǐ

具 jù 동 갖추다, 구비하다
体 tǐ 명 물체

형 1 구체적이다
2 특정의

这些情况他谈得很具体。 이러한 상황들을 그는 매우 구체적으로 얘기했다. → 형용사1 용법

具体的情况 구체적인 상황 讲得具体 구체적으로 이야기하다 具体的对象 특정한 대상

具有 jùyǒu

具 jù 동 갖추다, 구비하다
有 yǒu 동 가지다

동 가지고 있다, 구비하다, 갖추다 [= 具备 jùbèi ▶p.248]

这篇作品具有独特的艺术魅力。 이 작품은 독특한 예술적 매력을 지니고 있다.

具有能力 능력을 지니다 具有坚强的品格 강한 품격을 지니다

시험 TIP 유의어 비교 '具有'와 '拥有'

'具有'는 HSK 지정단어에는 들어가 있지 않지만 실제 시험에서 많이 등장하는 아주 중요한 단어입니다. '具有'는 주로 '能力(능력)', '条件(조건)'과 같은 추상적인 명사를 목적어로 갖는 반면, 유의어인 '拥有(소유하다)'는 구체적인 명사와 추상명사를 모두 목적어로 가질 수 있습니다. ▶p.424

295 军 jūn

冖 덮다 + 车 차
전쟁 시에는 탱크 같은 차(车)들은 보이지 않도록 덮어서(冖) 군대(军)를 보호해요.

명 군대, 군단 军事 | 冠军

军事 jūnshì

军 jūn 명 군대, 군단
事 shì 명 일, 직업

명 군사

我们经常参加军事训练。 우리는 자주 군사훈련에 참가한다.

冠军 guànjūn

冠 guàn 동 으뜸가다, 일등하다
军 jūn 명 군대, 군단

명 우승, 챔피언

昨天的比赛谁得了冠军? 어제 시합에서 누가 우승했나요?
获得冠军 우승을 차지하다 冠军的位置 챔피언의 자리

시험 TIP 듣기 시험에서 자주 출제되는 '冠军'

'冠军'은 운동 경기에서의 우승을 의미하며, 듣기 시험에서 자주 등장합니다. 2등은 '亚军 yàjūn'이라고 하며, 3등은 '季军 jìjūn'이라고 합니다. '冠军'과 '亚军'만 알아 두셔도 됩니다.

296 开 kāi

본래 글자 '開'에서 '門(문)'을 떼어 버리고 '열다(开)'라는 뜻을 나타내요.

동 1 (닫힌 것을) 열다, (꺼진 것을) 켜다
2 (공연이나 회의 등을) 열다, 시작하다 **开发 | 开放 | 开幕式 | 开始 | 开玩笑 | 开心 | 召开**
3 (자동차나 기계 등을) 운전하다, 조종하다
4 (사업 등을) 열다, 개설하다

➕ **公开** gōngkāi (동+동) 형 공개적인 동 공개하다 ▶p.174 | **开花** kāihuā (동+명) 동 개화하다, 꽃이 피다 | **开会** kāihuì (동+명) 동 회의를 열다 | **开学** kāixué (동+명) 동 개학하다 | **开演** kāiyǎn (동+명) 동 (연극이나 영화 등을) 시작하다 | **离开** líkāi (동+동) 동 (사람이나 장소를) 떠나다 ▶p.258 | **展开** zhǎnkāi (동+동) 동 전개하다, 펼치다 ▶p.440 | **开门** kāimén (동+명) 동 문을 열다 | **开灯** kāidēng (동+명) 동 등을 켜다 | **开车** kāichē (동+명) 동 차를 운전하다 | **开医院** kāi yīyuàn (동+명) 병원을 열다

开发 kāifā

开 kāi 동 열다, 시작하다
发 fā 동 확대하다, 전개하다

동 개발하다, 개척하다, 발굴하다

中国西部正在积极开发自然资源。 중국 서부는 적극적으로 자연 자원을 개발하고 있다.
开发智力 지능을 개발하다 开发市场 시장을 개척하다

✪ **发展** fāzhǎn (동+동) 명 발전 동 발전하다, 발전시키다 ▶p.152

开放 kāifàng

开 kāi 동 열다, 시작하다
放 fàng 동 놓아주다, 풀어 주다

동 (시장, 공항, 항구, 공원, 도서관 등을) 개방하다

图书馆开放时间是早上8点到下午5点。 도서관 개방 시간은 오전 8시부터 오후 5시이다.

开放市场 시장을 개방하다

✪ 放松 fàngsōng (동+동) 동 (긴장을) 늦추다, (주의와 관리를) 느슨하게 하다 ▶p.156

开幕式 kāimùshì

开 kāi 동 열다, 시작하다
幕 mù 명 막
式 shì 명 식, 격식

명 개막식 [↔ 闭幕式 bìmùshì]

开幕式非常成功。 개막식은 매우 성공적이었다.

开始 kāishǐ

开 kāi 동 열다, 시작하다
始 shǐ 동 시작하다

동 시작하다, 시작되다

명 처음

他们夫妻俩又开始吵架了。 그들 부부 두 사람은 또 말다툼하기 시작했다. → 동사 용법

这事儿，开始我想不通，现在终于想通了。 → 명사 용법
이 일은 처음에 나는 이해가 가지 않았지만 지금은 드디어 이해가 되었다.

开始上课 수업을 시작하다　开始吵架 말다툼하기 시작하다　刚开始 막 시작했을 때

시험 TIP '开始'의 목적어

'开始'는 명사를 목적어로 가질 수 없고, 동사를 목적어로 가집니다. 즉, '开始课(×)'는 틀린 표현이며, '开始上课(○)'라고 해야 합니다.

开玩笑 kāi wánxiào

开 kāi 동 열다, 시작하다
玩笑 wánxiào 명 농담

동 농담하다

我只是跟你开个玩笑，别生气。 나는 단지 너에게 농담한 것뿐이야. 화내지 마.

开这种玩笑 이런 농담을 하다　喜欢开玩笑 농담하기를 좋아하다

✪ 笑话 xiàohua (동+명) 명 우스갯소리, 농담 동 비웃다

开心 kāixīn

开 kāi 동 열다, 시작하다
心 xīn 명 마음, 생각

형 (기분이) 즐겁다, 유쾌하다

和老朋友聊天儿我觉得非常开心。 오랜 친구와 수다를 떨어서 나는 정말 즐겁다.

玩儿得很开心 즐겁게 놀다　感到很开心 즐겁다고 느끼다

召开 zhàokāi

召 zhào 동 불러 모으다, 소집하다
开 kāi 동 열다, 시작하다

동 (회의를) 열다, 개최하다

昨天召开了学生座谈会。 어제 학생 좌담회가 열렸다.

召开会议 회의를 열다　成功召开 성공적으로 개최하다

297 抗 kàng

扌 손 + 亢 높다
손(扌)을 높이(亢) 들고 저항해요(抗).

동 막다, 저항하다 **抗议 | 抵抗**

抗癌 kàng'ái 동 암을 예방 치료하다 | **抗旱** kànghàn 동 가뭄에 견디다(맞서다) | **抗氧化物** kàngyǎnghuàwù 명 항산화물질

抗议 kàngyì

抗 kàng 동 막다, 저항하다
议 yì 명 의견 동 의논하다

동 항의하다

对于这件事，中国政府提出了强烈的抗议。 이 일에 대해 중국 정부는 강력한 항의를 제기했다.

提出抗议 항의를 제기하다

议论 yìlùn (동+동) 동 이러쿵저러쿵하다, 왈가왈부하다 명 의견, 논점 ▶p.274

抵抗 dǐkàng

抵 dǐ 동 저항하다, 막다
抗 kàng 동 막다, 저항하다

동 저항하다, 대항하다

我军的顽强抵抗使得敌人的进攻又一次失败了。
우리 군의 완강한 저항으로 인해 적의 공격이 또 한 차례 실패했다.

298 可 kě

부수: 口 입
입(口)이 있어야 말로 무엇인가를 강조할(可) 수 있겠죠.

조동 1 ~할 수 있다 [허가나 가능을 나타냄] **可见**
2 ~할 만하다 [어떤 가치나 의의가 있음을 나타냄] **可靠**

부 [강조를 나타냄] **可爱 | 可怜 | 可怕 | 可惜**

可见 kějiàn

可 kě 조동 **~할 수 있다**
见 jiàn 동 **보다**

접 ~임을 알 수 있다, ~라고 볼 수 있다

说了三遍还听不懂，可见你没好好儿听。
세 번이나 얘기했는데도 못 알아듣는 걸로 보아 너는 잘 안 들었다는 것을 알 수 있다.

由此可见 이로부터 알 수 있다

시험 TIP '可见'의 문장 형식
'可见'은 복문의 뒷 문장 맨 앞에 위치합니다. '근거·사실·상황 등의 설명, **可见+결론**'의 형태로 쓰인다는 것을 알아 두세요.

可靠 kěkào

可 kě 조동 **~할 만하다**
靠 kào 동 **기대다, 의지하다**

형 1 (사람이) 믿을 만하다, 믿음직하다
2 (정보나 소식이) 확실하다, 틀림없다

这个消息十分可靠。이 소식은 매우 확실하다. → 형용사2 용법

可靠的人 믿음직한 사람　可靠的消息 확실한 소식

可爱 kě'ài

可 kě 부 **[강조를 나타냄]**
爱 ài 동 **사랑하다**

형 귀엽다, 사랑스럽다

幼儿园的孩子个个都可爱极了。유치원의 아이들 하나하나가 매우 귀엽다.

长得可爱 귀엽게 생기다　可爱的小狗 귀여운 강아지

✪ **爱情** àiqíng (동+명) 명 남녀 간의 애정, 사랑

可怜 kělián

可 kě 부 [강조를 나타냄]
怜 lián 동 불쌍히 여기다

형 가련하다, 불쌍하다
동 불쌍하게 여기다

他从小失去父母，是个可怜的孤儿。 그는 어려서 부모를 잃어버린 불쌍한 고아이다. → 형용사 용법
可怜可怜他 그를 좀 불쌍하게 여기다

可怕 kěpà

可 kě 부 [강조를 나타냄]
怕 pà 동 두려워하다

형 무섭다, 두렵다

他生气的样子真可怕。 그가 화내는 모습은 정말 무섭다.
可怕的事情 무서운 일　可怕的疾病 무서운 질병

可惜 kěxī

可 kě 부 [강조를 나타냄]
惜 xī 동 유감스럽게 여기다, 애석하게 생각하다

형 아깝다, 아쉽다, 애석하다

这么好的机会错过了，多可惜啊！ 이렇게 좋은 기회를 놓치다니, 얼마나 아까운가!
可惜的事情 애석한 일　实在可惜 정말 아쉽다

299 空 kōng kòng

穴 구멍 + 工 장인
텅 빈(空) 구멍(穴)을 메우는 일은 장인(工)이 하는 일이죠.

kōng 형 (속이) 텅 비다 **空间**
명 하늘, 공중 **空气** | **空调** | **天**空
kòng 명 틈, 여백 **空闲** | **填**空

空间 kōngjiān

空 kōng 형 텅 비다
间 jiān 명 중간, 사이

명 공간

应该给孩子们一个可以进行娱乐活动的空间。 아이들에게 오락 활동을 할 수 있는 공간을 주어야 한다.
生存空间 생존 공간　生活空间 생활공간　发展空间 발전 공간(= 발전 가능성)

시험 TIP '空间'의 문장 구조

'空间'이 개사 '在/从/到'와 결합할 때는 방향을 나타내는 '里/中' 등이 함께 쓰여야 합니다.

예 在这个虚拟的空间里 이 사이버 공간에서

空气 kōngqì

空 kōng 명 하늘, 공중
气 qì 명 기체, 공기, 날씨

명 1 공기
2 분위기

这个地方的空气十分清新。 이곳의 공기는 매우 신선하다. → 명사1 용법

空气污染 공기오염　呼吸空气 공기를 마시다

✪ 气候 qìhòu (명+명) 명 기후

空调 kōngtiáo

空 kōng 명 하늘, 공중
调 tiáo 동 조절하다

명 에어컨

最近我家安装了一台空调。 최근에 우리 집에 에어컨 한 대를 설치했다.

安装空调 에어컨을 설치하다　打开空调 에어컨을 켜다

✪ 调整 tiáozhěng (동+동) 동 조정하다, 조절하다 ▶p.364

天空 tiānkōng

天 tiān 명 하늘
空 kōng 명 하늘, 공중

명 하늘, 공중

今天的天空晴朗无云。 오늘은 하늘이 쾌청하고 구름이 없다.

蓝色的天空 파란 하늘

空闲 kòngxián

空 kòng 명 틈, 여백
闲 xián 형 한가하다

명 짬, 틈, 여가
형 여유롭다, 한가하다

最近公司非常忙，我一点儿空闲都没有。 요즘 회사가 무척 바빠서 나는 약간의 짬도 없다. → 명사 용법

填空 tiánkòng

填 tián 동 채우다, 메우다
空 kòng 명 틈, 여백

동 (빈자리, 빈 곳 등을) 채우다, 메우다

给下面的句子填空。아래 문장의 빈 곳을 채우세요.
填空题 괄호 채우기 문제

300 恐 kǒng

工 장인 + 凡 평범하다 + 心 마음
장인(工)은 자신이 평범하지(凡) 않다고 생각해서 마음(心)이 두려워요(恐).

동 두려워하다 **恐怖**
부 아마, 대략 **恐怕**

恐怖 kǒngbù

恐 kǒng 동 두려워하다
怖 bù 동 두려워하다, 무서워하다

형 무섭다, 두렵다 [= **恐惧** kǒngjù]

这个电影太恐怖了，孩子不能看。이 영화는 너무 무서워서 아이들은 볼 수 없다.
恐怖电影 공포영화　恐怖的场面 무서운 장면

恐怕 kǒngpà

恐 kǒng 부 아마, 대략
怕 pà 부 아마, 어쩌면 동 두려워하다

부 아마 ~일 것이다 [= **也许** yěxǔ]

恐怕他不会同意我的意见。아마 그는 내 의견에 동의하지 않을 것이다.

시험 TIP '恐怕'의 용법

'恐怕'는 주로 바라지 않는 일이 일어날 것을 추측할 때 사용합니다. '두려워하다'라는 뜻의 '**害怕** hàipà'가 동사인 반면 '恐怕'는 부사라는 점에 유의하세요.

301 款 kuǎn

士 선비 + 示 보이다 + 欠 하품하다
선비(士)가 사람들이 잘 보이는(示) 곳에서 하품(欠)을 하고 스타일(款) 구기네요.

명 1 돈, 금액, 비용 **贷款** | **罚款** | **付款**
2 양식, 스타일

+ **存款** cúnkuǎn (동+명) 동 돈을 저금하다 | **汇款** huìkuǎn (동+명) 동 돈을 송금하다 ▶p.206 | **提款** tíkuǎn (동+명) 동 예금을 인출하다 [= **取款** qǔkuǎn] | **新款** xīnkuǎn (형+명) 명 새로운 스타일

贷款 dàikuǎn

贷 dài 동 **빌리다**
款 kuǎn 명 **돈, 금액, 비용**

동 대출하다
명 대출금

我们公司向银行贷了一笔款。 우리 회사는 은행에서 돈을 대출받았다. → **동사 용법**

罚款 fákuǎn

罚 fá 동 **벌하다**
款 kuǎn 명 **돈, 금액, 비용**

동 벌금을 부과하다
명 벌금, 과태료

违反交通规则当然要罚款。 교통 규칙을 위반하면 당연히 벌금을 물어야 한다. → **동사 용법**

付款 fùkuǎn

付 fù 동 **(돈을) 내다, 지불하다**
款 kuǎn 명 **돈, 금액, 비용**

동 돈을 지불하다, 돈을 내다

我想用信用卡付款，可以吗？ 저는 신용카드로 지불하고 싶은데, 괜찮나요?
付款方式 지불 방식　用现金付款 현금으로 지불하다

302 劳 láo

艹 풀 + 冖 덮다 + 力 힘
풀(艹)에 덮인(冖) 돌을 들어 내려고 힘(力)을 쓰며 일해요(劳).

동 1 노동하다 **劳动**
　 2 폐를 끼치다 **劳驾**
형 피곤하다 **疲劳**

+ **劳逸** láoyì (동+동) 명 노동과 휴식

劳动 láodòng

劳 láo 동 노동하다
动 dòng 동 움직이다

동 노동하다, 일하다

명 노동, 일 [주로 육체 노동을 가리킴]

我在农村劳动了几年。 나는 농촌에서 몇 년 동안 일했다. → 동사 용법

体力劳动 육체노동　脑力劳动 정신노동

劳驾 láojià

劳 láo 동 폐를 끼치다
驾 jià 명 [상대방을 가리키는 경어] 동 운전하다

동 실례합니다 [주로 인사말로 쓰임]

劳驾，请问这附近哪儿可以打电话?
실례합니다만, 이 근처 어디에서 전화를 걸 수 있죠?

✪ **驾驶** jiàshǐ (동+동) 동 (교통수단을) 운전하다, 몰다 | **驾照** jiàzhào (동+명) 명 운전면허증 ['驾驶执照'의 줄임말]

疲劳 píláo

疲 pí 형 피곤하다
劳 láo 형 피곤하다

형 (몸이나 정신이) 지치다, 피로하다, 피곤하다 [= **疲倦** píjuàn]

他太疲劳了，靠在椅子上就睡着了。 그는 너무 피곤해서 의자에 기대어 잠이 들었다.

身心过度疲劳 심신이 극도로 피로하다　感到疲劳 피곤함을 느끼다

303 离 lí

亠 돼지머리 + 凶 흉하다 + 禸 발자국
돼지(亠)가 밭 농작물을 망쳐(凶) 버린 후 발자국(禸)만 남기고 떠나 버렸어요(离).

동 분리하다, 떠나다 **离别 | 离婚 | 离开 | 分离 | 距离 | 脱离**

离别 líbié

离 lí 동 분리하다, 떠나다
别 bié 동 이별하다, 헤어지다

동 이별하다, 헤어지다

我很早就离别了家乡。 나는 아주 일찍 고향을 떠났다.

离别父母 부모님과 헤어지다　离别北京 베이징을 떠나다

시험 TIP 유의어 비교 '离别'와 '分别'

'离别'는 사람과 장소를 모두 목적어로 가질 수 있지만, '分别'는 자동사이므로 목적어를 가질 수 없습니다. 또한 '分别'는 사람과 사람 사이의 이별에만 쓸 수 있습니다. ▶p.157

离婚 líhūn

离 lí 동 분리하다, 떠나다
婚 hūn 명 혼인

동 이혼하다 [= 离异 líyì]

丈夫不同意离婚。 남편은 이혼에 동의하지 않는다.

坚持离婚 이혼을 고집하다 离婚手续 이혼 수속

시험 TIP '离婚'의 구어적 표현

듣기에서는 '离婚'을 그냥 '离'라고 말하기도 합니다. 역시 '离婚'의 의미임을 잊지 마세요.

예 我跟他离了。 나는 그와 이혼했어.

离开 líkāi

离 lí 동 분리하다, 떠나다
开 kāi 동 [동사 뒤에서 떠남 또는 분리를 나타내는 보어로 쓰임]

동 (사람, 사물, 장소를) 떠나다, 벗어나다

为了工作，他不得不离开了心爱的人。 일을 하기 위해 그는 어쩔 수 없이 사랑하는 사람을 떠났다.

离开父母 부모를 떠나다 离开家乡 고향을 떠나다

分离 fēnlí

分 fēn 동 나누다, 가르다
离 lí 동 분리하다, 떠나다

동 1 분리하다, 나누다
2 헤어지다, 이별하다 [= 分别 fēnbié ▶p.157]

他们夫妻俩分离了十多年了。 그들 두 부부는 십 수년 동안 헤어져 있었다. → 동사2 용법

分离出来 분리해 내다 骨肉分离 가족이 이별하다

시험 TIP 유의어 비교 '分离'와 '分手'

남녀 사이에 완전히 헤어지는 것은 '分手'라고 합니다. 반면 '分离'는 일반적인 관계에서 잠시 동안 헤어지는 것을 말합니다.

距离 jùlí

距 jù 동 떨어지다 명 간격
离 lí 동 분리하다, 떠나다 개 ~로부터, ~까지

명 거리, 간격

개 ~로부터, ~까지 [시간이나 장소와의 거리를 나타냄]

从我家到学校的距离太远，孩子上学很不方便。→ 명사 용법
우리 집은 학교와 거리가 너무 멀어서 아이가 등교하기에 불편하다.

距离考试还有多远? 시험까지는 얼마나 남았어? → 개사 용법

距离远 거리가 멀다

시험 TIP 다양한 의미의 '距离'

'距离'는 대부분 명사로 사용되지만, '离'와 같은 개사 용법도 있으니 함께 알아 두세요.

脱离 tuōlí

脱 tuō 동 벗다, 벗어나다
离 lí 동 분리하다, 떠나다

동 (어떤 환경이나 상황에서) 벗어나다, 이탈하다

我爸爸终于脱离了生命危险。 우리 아빠는 마침내 생명의 위험에서 벗어났다.

脱离危险 위험에서 벗어나다　脱离关系 관계에서 벗어나다

304 理 lǐ

王 임금 + 里 마을
임금(王)이 마을(里)을 다스려요(理).

명 도리, 이치 **理解 | 理想 | 理由 | 理论**
동 1 관리하다, 처리하다 **处理 | 管理**
2 정리하다 **理发**
3 상대하다, 아랑곳하다

➕ **不理** bùlǐ (부+동) 동 거들떠 보지 않다

理解 lǐjiě

理 lǐ 명 **도리, 이치**
解 jiě 동 **알다, 이해하다**

동 이해하다

我很理解你现在的心情。 난 지금 네 심정을 잘 이해하고 있다.
互相理解 서로 이해하다　理解能力 이해 능력

理想 lǐxiǎng

理 lǐ 명 **도리, 이치**
想 xiǎng 동 **생각하다**

명 이상, 꿈
형 이상적이다

我的理想是当一名足球运动员。 나의 꿈은 축구 선수가 되는 것이다. → **명사 용법**
远大的理想 원대한 꿈　实现理想 꿈을 실현하다

✪ **想念** xiǎngniàn (동+동) 동 그리워하다, 생각하다 ▶p.391

理由 lǐyóu

理 lǐ 명 **도리, 이치**
由 yóu 명 **이유**

명 이유, 까닭

这就是我爱上他的理由。 이것이 내가 그를 사랑하게 된 이유이다.
说出种种理由 갖가지 이유를 말하다　充分的理由 충분한 이유

理论 lǐlùn

理 lǐ 명 도리, 이치
论 lùn 명 주장, 관점

명 이론

这是一种新的理论。 이것은 일종의 새로운 이론이다.
教育理论 교육 이론　各种各样的理论 각종 이론

处理 chǔlǐ

处 chǔ 동 처리하다
理 lǐ 동 관리하다, 처리하다

동 (문제를) 처리하다, (일을) 안배하다

这个问题一定要严肃处理。 이 문제는 반드시 엄숙하게 처리해야 한다.
处理问题 문제를 처리하다　处理不当 처리가 적당하지 않다

管理 guǎnlǐ

管 guǎn 동 관리하다
理 lǐ 동 관리하다, 처리하다

동 관리하다

老师总是严格地管理每一名学生。 선생님은 항상 엄격하게 모든 학생을 관리한다.
管理企业 기업을 관리하다　加强管理 관리를 강화하다

理发 lǐfà

理 lǐ 동 정리하다
发 fà 명 머리카락

동 이발하다, 머리카락을 다듬다

我两个星期理一次发。 나는 2주에 한 번 이발한다.
理发师 이발사　理理发 이발을 좀 하다

시험 TIP 직업 유추하기

듣기에서 직업을 묻는 문제 중 헤어스타일을 뜻하는 '**发型** fàxíng'이나 가위를 뜻하는 '**剪** jiǎn'이라는 단어가 들리면, 정답은 '**理发师**', 즉 '이발사'입니다.

✪ **发型** fàxíng (명+명) 명 헤어스타일

305 礼 lǐ

礻(示) 보이다 + 乚 숨다
어른을 만나 보이지(礻) 않게 숨는(乚) 것은 예의(礼)가 아니죠.

명 1 예, 의식 礼拜天 | 礼貌 | 婚礼
2 선물 礼物

➕ 礼堂 lǐtáng (명+명) 명 강당, 홀, 예식장 | 典礼 diǎnlǐ (명+명) 명 의식, 식

礼拜天 lǐbàitiān

礼拜 lǐbài 명 주(周)
天 tiān 명 날, 하루

명 일요일 [= 礼拜日 lǐbàirì, 星期天 xīngqītiān]

礼拜天你做什么? 일요일에 너 뭐하니?

礼貌 lǐmào

礼 lǐ 명 예, 의식
貌 mào 명 용모, 생김새

명 예의, 예의범절 [= 礼节 lǐjié, 礼仪 lǐyí]
형 예의가 바르다

这些孩子个个懂礼貌，很让人喜欢。 이 아이들은 하나같이 예의가 발라서 사람들이 좋아한다. → 명사 용법

讲礼貌 예의바르다, 예의를 중시하다　懂礼貌 예의를 알다

婚礼 hūnlǐ

婚 hūn 명 혼인
礼 lǐ 명 예, 의식

명 결혼식, 혼례

我弟弟下个月要举行婚礼。 내 남동생은 다음 달에 결혼식을 하려고 한다.

参加婚礼 결혼식에 참가하다

礼物 lǐwù

礼 lǐ 명 선물
物 wù 명 물건

명 선물, 사은품

这是他给孩子准备的生日礼物。 이것은 그가 아이에게 주려고 준비한 생일 선물이다.

送礼物 선물을 주다　挑选礼物 선물을 고르다

시험 TIP 표현plus '선물을 주다'

'선물을 주다'라는 표현은 '送礼物'라고 하고, 줄여서 '送礼'라고 말하기도 합니다. 듣기에서 종종 출제되니 함께 알아 두세

요. 본 교재가 'HSK VOCA 礼物'인 거 아시죠? 절대 잊지 마시고 주변 친구들에게도 본 교재를 '礼物'로 추천해 주세요!

✪ **物价** wùjià (명+명) 명 물가

306 利 lì

禾 벼 + 刂 칼

벼(禾)를 칼(刂)로 베어 팔아서 이익(利)을 얻지요.

명 이익, 이윤 **利润 | 利息 | 利益 | 权利**

형 1 이롭다, 편리하다 **利用 | 胜利 | 有利**

2 날카롭다, 예리하다

利润 lìrùn

利 lì 명 이익, 이윤
润 rùn 명 이익, 이윤

명 이윤

这种买卖没什么大利润。이런 장사는 별로 이윤이 없다.

分配利润 이윤을 분배하다　追求利润 이윤을 추구하다

利息 lìxī

利 lì 명 이익, 이윤
息 xī 명 이자

명 이자

你应该把钱存到银行里，这样可以得到利息。돈을 은행에 저금해야 해. 그러면 이자를 얻을 수 있어.

利息高 이자가 높다　利息涨了 이자가 올랐다

利益 lìyì

利 lì 명 이익, 이윤
益 yì 명 이익, 이득 형 유익하다, 이롭다

명 이익

法律应该维护消费者的利益。법률은 당연히 소비자의 이익을 보호해야 한다.

个人利益 개인의 이익　集体利益 집단의 이익

✪ **益处** yìchù (형+명) 명 좋은 점, 이로운 점

权利 quánlì

权 quán 명 권리
利 lì 명 이익, 이윤

명 권리

子女有继承父母财产的权利。 자녀는 부모의 재산을 상속받을 권리가 있다.

公民的权利 국민의 권리　享受权利 권리를 누리다

利用 lìyòng

利 lì 형 이롭다, 편리하다
用 yòng 동 쓰다, 사용하다

동 이용하다

你要充分利用在中国学习的机会，多说汉语。
너는 중국에서 공부하는 기회를 충분히 이용해서 중국어를 많이 말해라.

利用时间 시간을 이용하다

시험 TIP '利用'의 문장 형식

'利用'은 '시간이나 기회를 이용하여 ~하다'라는 표현을 쓸 때 많이 사용합니다. '利用……的时间+동사', '利用……的机会+동사'의 형식으로 자주 쓰이니 알아 두세요.

✪ 用功 yònggōng (동+명) 동 열심히 공부하다, 힘써 배우다

胜利 shènglì

胜 shèng 동 이기다
利 lì 형 이롭다, 편리하다

동 승리하다

我们在比赛中取得了胜利。 우리는 시합에서 승리를 얻었다.

充满了胜利的信心 승리의 자신감으로 가득 차다

有利 yǒulì

有 yǒu 동 있다
利 lì 형 이롭다, 편리하다

형 유리하다, 이롭다

早期教育有利于孩子更好的发展。 조기교육은 아이들의 더 좋은 발전에 유리하다.

有利的条件 유리한 조건

시험 TIP '有利'의 문장 형식

'有利'는 '对+대상+有利'나 '有利于+대상'의 형식으로 자주 쓰입니다. '有利'의 문장 형식을 잘 알아 두세요.

307 力 lì　力 팔에 힘을 주었을 때 근육이 불거진 모양을 본뜬 글자

명 힘, 능력 力量 | 力气 | 魅力 | 尽力 | 压力 | 权力

➕ 动力 dònglì (동+명) 명 동력, 원동력 | 记忆力 jìyìlì (동+동+명) 명 기억력 | 视力 shìlì (동+명) 명 시력 | 有力 yǒulì (동+명) 동 힘이 있다, 강력하다

力量 lìliang

力 lì 명 힘, 능력
量 liàng 명 수량, 양

명 힘, 능력, 역량 [= 力气 lìqi ▶p.265]

我们一定要尽一切力量完成任务。 우리는 꼭 모든 능력을 다하여 임무를 완성해야 한다.

集中力量 힘을 집중하다　尽一切力量 모든 능력을 다하다

力气 lìqi

力 lì 명 힘, 능력
气 qì 명 기세, 날씨

명 (육체적인) 힘, 체력

这个小伙子的力气很大。 이 젊은이의 힘은 매우 세다.

卖力气 힘을 다하다　力气大 기운이 세다

✪ 气象台 qìxiàngtái (명+명+명) 명 기상청

魅力 mèilì

魅 mèi 동 유혹하다
力 lì 명 힘, 능력

명 매력

她是一个充满魅力的女人。 그녀는 매력이 충만한 여성이다.

具有魅力 매력을 가지고 있다　真正的魅力 진정한 매력

尽力 jìnlì

尽 jìn 동 다하다, 다 없어지다
力 lì 명 힘, 능력

동 온 힘을 다하다, 애쓰다

他一直在尽力帮助每一个有困难的人。 그는 줄곧 온 힘을 다해 어려움이 있는 사람들을 돕고 있다.

尽力帮助 온 힘을 다해 돕다　尽力而为 전력을 다하다

시험 TIP 암기하세요! '尽力而为'

5급 독해 제3부분 지문에 '尽力而为 jìn lì ér wéi'가 나온 적이 있습니다. 이와 비슷한 말인 '竭尽全力 jié jìn quán lì'도 출제된 적이 있습니다. '尽力'보다는 '竭尽'이 자신의 모든 힘을 쏟아붓는 정도가 더 강합니다.

压力 yālì

压 yā 동 누르다
力 lì 명 힘, 능력

명 스트레스, 압력

他受到了来自各方面的压力。 그는 여러 방면에서 스트레스를 받는다.

心理压力 심리적 스트레스　减轻压力 스트레스를 덜다　承受压力 스트레스를 견뎌 내다

시험 TIP 시험에서 자주 출제되는 '压力'

현대인들의 스트레스가 날로 증가하고 있죠? 그만큼 HSK 시험에서도 '压力'와 관련된 내용이 많이 출제되고 있습니다. 스트레스가 무조건 나쁜 것만은 아닙니다. 적당한 스트레스(适当的压力)가 오히려 도움이 된다는 내용은 시험에 단골로 출제됩니다.

权力 quánlì

权 quán 명 권력, 권한
力 lì 명 힘, 능력

명 권력, 권한

全国人民代表大会是中国的最高国家权力机关。 전국인민대표자 회의는 중국의 최고 국가 권력 기관이다.

行使权力 권력을 행사하다　国家的权力 국가의 권력

308 联 lián

耳 귀 + 关 닫다, 관계가 있다
귀(耳)를 닫고(关) 연락을(联) 끊고 살아요.

동 연결하다, 서로 관계되다 **联系 | 联络 | 联想**

명 연, 대련 **对联**

联系 liánxì

联 lián 동 연결하다
系 xì 동 연결하다

동 1 (사람과) 연락하다
　2 (업무상) 연계하다, 연결하다

我和他一直保持着书信联系。 나는 그와 계속 서신으로 연락을 유지하고 있다. → **동사 1 용법**

保持联系 연락을 유지하다　联系不上 연락이 안 되다　联系工作 업무를 연계하다

시험 TIP 시험에서 자주 출제되는 '联系'

'联系'는 5급에서 아주 중요한 단어이고, 특히 듣기와 독해 제1부분에서 자주 출제됩니다. '사람 사이에 연락하다'라는 의미와 '업무상 연계하다'라는 의미를 모두 알아야 합니다. 잘 익혀 두세요.

联络 liánluò

联 lián 동 연결하다
络 luò 명 그물

동 연락하다 [= 联系 liánxì ▶p.266]

명 연락

我和女友分手好多年了，今天突然想和她联络。 → 동사 용법

나는 여자친구와 헤어진 지 여러 해 되었는데, 오늘 갑자기 그녀와 연락을 하고 싶다.

联络网 연락망 联络感情 우정을 깊게 하다

시험 TIP '搭配'로 외우는 '联络'

'联络'는 6급 단어이면서 '联系'보다 사용 범위가 좁지만, '联络感情(우정을 깊게 하다)' 같은 호응 구문이 5급 듣기 영역에서 간혹 들리기도 합니다. 알아 두면 좋겠죠?

联想 liánxiǎng

联 lián 동 연결하다
想 xiǎng 동 생각하다

동 연상하다

명 연상

看了这部电影，使我联想到小时候的生活。 이 영화를 보니 나는 어렸을 때 생활이 생각났다. → 동사 용법

✪ 想象 xiǎngxiàng (동+명) 명동 상상(하다) ▶ p.391

对联 duìlián

对 duì 명 짝, 쌍, 대련
联 lián 명 연, 대련

명 대련, 주련 [종이나 천에 쓰거나 대나무 따위에 새긴 대구]

家家门口挂着对联。 집집마다 대련이 걸려 있다.

시험 TIP 중국의 '对联'

'对联'이란 한 쌍의 대구(對句)를 종이나 천에 쓰거나 대나무, 기둥 따위에 새긴 것으로, 좋은 의미의 글귀를 말합니다. 특히 설날에 쓰는 것을 '春联(儿)'이라고 합니다. 중국의 전통과 관련된 것으로, 독해 지문에 종종 보이니 알아 두세요.

309 料 liào

米 쌀 + 斗 말 [용량의 단위]
쌀(米)을 말(斗)로 퍼서 밥할 때의 재료(料)로 쓰지요.

명 재료, 원료 **材料 | 塑料袋 | 饮料 | 资料**
동 예상하다

➕ **没料到** méi liàodào (부+동) 예상하지 못하다

材料 cáiliào

材 cái 명 재료, 원료, 자료
料 liào 명 재료, 원료

명 재료, 소재, 자료

这一批建筑材料质量十分好。 이 건축 재료들은 품질이 아주 좋다.
寻找材料 자료를 찾다

시험 TIP '材料'의 의미
'材料'는 물건을 만드는 '재료'의 의미도 있고, '资料'와 같이 추상적인 '자료'의 의미도 있습니다.

塑料袋 sùliàodài

塑 sù 명 플라스틱, 비닐 등 가소성 있는 고분자 화합물의 총칭
料 liào 명 재료, 원료
袋 dài 명 봉지, 주머니

명 비닐 봉지

他正在把日用品放进塑料袋里。 그는 일상용품을 비닐 봉지 안에 넣고 있다.

참고 표현plus '비닐 봉지'
비닐 봉지의 정식 명칭은 '塑料袋'이지만, 중국인들은 일반적으로 그냥 '袋子 dàizi'라고 말한답니다.

饮料 yǐnliào

饮 yǐn 동 마시다
料 liào 명 재료, 원료

명 음료

你喜欢喝什么饮料? 너는 어떤 음료를 좋아하니?

资料 zīliào

资 zī 명 재료
料 liào 명 재료, 원료

명 (참고나 근거로 삼는) 자료, 데이터 [= **材料** cáiliào ▶p.268]

这些参考资料对于考生很有帮助。이 참고 자료들은 시험을 치르는 학생들에게 매우 도움이 된다.
参考资料 참고 자료　查找资料 자료를 검색하다

310 **零** líng　雨 비 + 令 명령
비(雨)가 하늘의 명령(令)을 받아 내리는데 그 양이 소량이에요(零).

형 자잘하다, 사소하다 **零件 | 零钱 | 零食**
수 0, 영

零件 língjiàn
零 líng 형 자잘하다, 사소하다
件 jiàn 명 하나씩 셀 수 있는 사물

명 (기계의) 부속품, 부품
他亲手用零件装了一辆玩具车送给儿子。그는 손수 부품을 이용해 장난감 차를 조립해서 아들에게 선물했다.
汽车零件 자동차 부품　零件坏了 부품이 망가졌다

零钱 língqián
零 líng 형 자잘하다, 사소하다
钱 qián 명 돈

명 잔돈
我没有零钱找给你。나는 너에게 거슬러 줄 잔돈이 없다.

시험 TIP 듣기 시험에서 자주 출제되는 '零钱'
'零钱'은 듣기에서 종종 들리는 단어입니다. '잔돈을 거슬러 주다'라는 표현인 '找零钱'도 함께 암기해 두세요.

零食 língshí
零 líng 형 자잘하다, 사소하다
食 shí 명 음식

명 군것질, 간식
大多数的孩子都喜欢吃零食。대부분의 아이들은 군것질을 좋아한다.

✪ **食堂** shítáng (명+명) 명 구내식당 | **食品** shípǐn (명+명) 명 식품 | **食物** shíwù (명+명) 명 음식물

311 领 lǐng

令 명령 + 页 머리
명령(令)을 내리는 우두머리(页)가 조직을 이끌어요(领).

명 목 领带
동 1 이끌다, 인도하다 领导
2 점유하다, 소유하다 领土 | 领域
3 받다, 수령하다, 받아들이다
4 깨닫다, 이해하다

✚ **领工资** lǐng gōngzī (술+목) 월급을 수령하다 | **领会** lǐnghuì (동+동) 동 깨닫다

领带 lǐngdài

领 lǐng 명 목
带 dài 명 벨트, 띠

명 넥타이

正式场合要求系好领带。 공식적인 자리에서는 넥타이를 착용하도록 요구한다.

시험 TIP 표현plus '~를 매다'

'넥타이를 매다/착용하다'라는 표현은 '系领带'라고 합니다. 이때 '系'의 발음은 'xì'가 아니라 'jì'라는 점에 유의하세요. '系安全带', '系腰带'라는 표현도 함께 알아 두세요. 본 교재를 통해 字를 많이 익혔으니, '安全带'와 '腰带'의 의미를 유추할 수 있겠죠? 네~ 바로 안전벨트(安全带)와 허리띠(腰带)입니다.

领导 lǐngdǎo

领 lǐng 동 이끌다, 인도하다
导 dǎo 동 이끌다

명 지도자, 리더, 우두머리, 상사
동 이끌다, 통솔하다

我的领导十分关心下属终身大事。 내 상사는 부하 직원의 결혼에 매우 관심을 가져 준다. → 명사 용법
公司的领导 회사의 리더 领导学生 학생을 통솔하다

시험 TIP 시험에서 자주 출제되는 '领导'

'领导'는 HSK에 가장 많이 등장하는 단어 중 하나입니다. 동사 용법보다는 명사 용법이 자주 쓰이며, 상황에 따라 회사의 사장님이 될 수도 있고 직속 상사가 될 수도 있습니다.

✪ **导游** dǎoyóu (동+동) 명 여행 가이드 동 (관광객을) 안내하다 ▶p.133

领土 lǐngtǔ

领 lǐng 동 점유하다, 소유하다
土 tǔ 명 흙, 토양, 토지

명 영토

独岛是大韩民国的领土。 독도는 대한민국의 영토이다.

✪ **土地** tǔdì (명+명) 명 토지, 농토 | **土豆** tǔdòu (명+명) 명 감자

领域 lǐngyù

领 lǐng 동 **점유하다, 소유하다**
域 yù 명 **일정한 경계 내의 땅**

명 영역, 분야(학술, 사상, 사회 활동의 범위)

任何国家都不应该侵犯别国的领域。 어떠한 국가도 다른 나라의 영역을 침범해서는 안 된다.
侵犯领域 영역을 침범하다 知识领域 지식 영역

312 流 liú

氵 물 + 㐬 깃발
물(氵) 위로 떠내려온 깃발(㐬)이 흘러가요(流).

동 1 (물, 액체가) 흐르다 **流泪**
2 전하다, 퍼지다 **流传** | **流行**
명 흐름, 물결
형 (흐르는 물과 같이) 순조롭다, 거침없다 **流利** | **轮流**

✚ **河流** héliú (명+명) 명 강, 하천 | **交流** jiāoliú (부+동) 동 교류하다, 소통하다 ▶p.226

流泪 liúlèi

流 liú 동 **흐르다**
泪 lèi 명 **눈물**

동 눈물을 흘리다, 울다

他独自在房间不停地流泪。 그는 혼자 방에서 계속 눈물을 흘린다.

✪ **泪水** lèishuǐ (명+명) 명 눈물

流传 liúchuán

流 liú 동 **전하다, 퍼지다**
传 chuán 동 **전하다**

동 (역사적 흔적이나 작품 등을) 전하다, 대대로 전해져 내려오다

这些故事是从老一辈流传下来的。 이 이야기들은 앞 세대들로부터 전해져 온 것이다.
普遍流传 보편적으로 전해지다 流传的故事 전해진 이야기

✪ **传播** chuánbō (동+동) 동 전파하다, 퍼뜨리다 ▶p.118 | **传达** chuándá (동+동) 동 전달하다

流行 liúxíng

流 liú 동 전하다, 퍼지다
行 xíng 동 널리 퍼뜨리다

동 유행하다, 성행하다
형 유행하는, 성행하는

这首歌在全世界都非常流行。 이 노래는 전 세계에서 굉장히 유행하고 있다. → 동사 용법

样式流行 스타일이 유행하다　流行歌曲 유행가　流行感冒 유행성 감기

流利 liúlì

流 liú 형 순조롭다, 거침없다
利 lì 형 이롭다, 편리하다, 순조롭다

형 (말하는 것이) 막힘이 없다, 유창하다

他用流利的外语与外宾交谈。 그는 유창한 외국어로 외국 손님과 이야기를 한다.

流利的口才 유창한 말재간　一口流利的汉语 유창한 중국어

轮流 lúnliú

轮 lún 동 교대로 하다
流 liú 형 순조롭다, 거침없다

동 교대하여 ~하다, 돌아가면서 ~하다

值班的人轮流去睡。 당직을 서는 사람들은 교대로 잔다.

轮流发言 돌아가며 발언하다　轮流休息 순번으로 쉬다

313 录 lù

크 돼지 머리 + 氺 물
돼지 머리(크)가 물(氺)에 떠내려 가는 것을 기록해요(录).

동 1 기록하다 记录 ▶p.216
2 채택하다 录取
3 녹음하다 录音

录取 lùqǔ

录 lù 동 채택하다
取 qǔ 동 얻다, 가지다

동 (시험 등을 통하여) 채용하다, 합격시키다, 뽑다

我的同学终于被北京大学录取了。 나의 반 친구는 마침내 베이징대학교에 합격했다.

录取通知书 합격통지서　被大学录取了 대학에 합격했다

시험 TIP 시험에서 자주 출제되는 '录取'

'录取'는 HSK 5급 쓰기 제1부분의 단골 제시어입니다. 듣기에서도 자주 출제되는 중요한 단어이니 잘 익혀 두세요.

✪ 取消 qǔxiāo (동+동) 동 취소하다 ▶p.393

录音 lùyīn

录 lù 동 녹음하다
音 yīn 명 음, 소리

명 녹음
동 녹음하다

用这种录音机录音效果好。 이런 녹음기를 사용해 녹음하면 효과가 좋다. → 동사 용법

录音机 녹음기　录音带 녹음 테이프

✪ 音乐 yīnyuè (명+명) 명 음악

314 略 lüè

田 밭 + 各 각각
밭(田)을 각각(各) 나누어 가질 때 내 몫을 줄였어요(略).

동 1 생략하다, 빼다, 줄이다 **省略**
　2 빼앗다, 약탈하다 **侵略**
부 약간, 조금

省略 shěnglüè

省 shěng 동 빼다, 덜다
略 lüè 동 생략하다, 빼다, 줄이다 부 약간, 조금

동 생략하다

这部电影省略了最重要的那部分内容。 이 영화는 가장 중요한 그 부분의 내용을 생략했다.

✪ 略微 lüèwēi 부 약간, 조금 [= 稍微 shāowēi]

侵略 qīnlüè

侵 qīn 동 침입하다
略 lüè 동 빼앗다, 약탈하다

동 침략하다

任何国家都不能侵略其他国家的领土。 어떠한 국가도 다른 국가의 영토를 침략해서는 안 된다.

315 论 lùn

讠 말씀 + 仑 생각하다
말씀(讠)을 생각하며(仑) 논하니 논할 론(论)이죠.

동 1 논의하다, 의논하다 **辩论** | **议论** | **论文** | **讨论** ▶p.358
2 말하다, 언급하다

명 주장, 관점

辩论 biànlùn

辩 biàn 동 변론하다, 해명하다
论 lùn 동 논의하다, 의논하다

동 변론하다, 논쟁하다

他们正在激烈地进行辩论。 그들은 격렬하게 변론을 하고 있다.

辩论赛 변론대회 [= **辩论会**]

议论 yìlùn

议 yì 동 의논하다
论 lùn 동 논의하다, 의논하다

동 이러쿵저러쿵하다, 왈가왈부하다

명 의견, 논점

背后议论别人的缺点是不好的。 뒤에서 남의 결점을 왈가왈부하는 것은 좋지 않다. → 동사 용법

背后议论别人 뒤에서 다른 사람에 대해 이러쿵저러쿵 이야기하다

议论纷纷 의견이 분분하다, 왈가왈부하다

论文 lùnwén

论 lùn 동 논의하다, 의논하다
文 wén 명 글, 문자

명 논문

论文不及格不能毕业。 논문이 불합격하면 졸업할 수 없다.

毕业论文 졸업논문 博士论文 박사논문

✪ **文字** wénzì (명+명) 명 문자, 글

316 马 mǎ

马 말의 모양을 본뜬 글자

명 말 **马虎**

+ **斑马** bānmǎ (명+명) 명 얼룩말 | **马车** mǎchē (명+명) 명 마차 | **马上** mǎshàng 부 곧, 바로, 즉시 | **骑马** qímǎ (동+명) 동 말을 타다 | **千里马** qiānlǐmǎ (수+양+명) 명 천리마 | **一匹马** yì pǐ mǎ (수+양+명) 말 한 필

马虎 mǎhu

马 mǎ 명 말
虎 hǔ 명 호랑이

형 부주의하다, 덜렁대다, 소홀하다 [= **粗心** cūxīn ▶p.396, **大意** dàyi]

安全问题来不得半点马虎。 안전 문제는 조금도 소홀히 해서는 안 된다.

马虎的毛病 덜렁대는 버릇　做事马虎 일 처리가 세심하지 못하다

시험 TIP '马虎'의 중첩형

'马虎'는 중첩 형식인 '马马虎虎 mǎmǎ hūhū'로 자주 쓰입니다. 또한 동의어인 '粗心'과 '大意'도 번갈아 가며 자주 출제되는 단어이니 기억해 두세요.

317 满 mǎn

氵 물 + 艹 풀 + 两 둘
물(氵)을 풀밭(艹)에 두 차례(两) 주니 밭에 물이 가득해요(满).

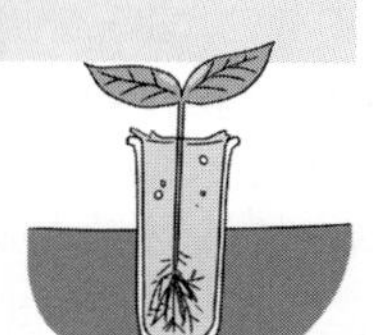

형 1 차다, 가득하다 **充满** ▶p.109
2 전부의, 전체의
3 만족하다, 흡족하다 **满意** | **满足** | **不满**

동 일정한 기한이 다 차다
예 不满一年 1년이 차지 않다

+ **圆满** yuánmǎn (형+형) 형 원만하다, 순조롭다 | **自满** zìmǎn (명+형) 형 자만하다 | **坐满** zuòmǎn (동+형) 가득 앉아 있다 | **满身** mǎnshēn (형+명) 명 온몸

满意 mǎnyì

满 mǎn 형 만족하다, 흡족하다
意 yì 명 생각, 의사, 뜻, 의미

형 만족하다, 만족스럽다

领导对我的工作感到满意。 상사는 내 일에 대해 만족스러워 했다.

对……感到满意 ~에 대해 만족하다　表示满意 만족스러움을 표시하다　让你满意 너를 만족시키다

시험 TIP 시험에 자주 출제되는 '满意'

'满意'는 형용사이므로 목적어를 가질 수 없으며, '对+대상+满意' 또는 '让+사람+满意'의 형식으로 쓰입니다. HSK에 자주 등장하는 단어이니 확실히 공부해 두세요!

★ **意义** yìyì (명+명) 명 뜻, 의의 ▶p.420

满足 mǎnzú

满 mǎn 형 만족하다, 흡족하다
足 zú 형 충분하다, 넉넉하다

동 만족시키다
형 (스스로) 만족하다

政府应该满足人民的需要。 정부는 반드시 국민의 요구를 만족시켜야 한다. → 동사 용법
满足需要 요구를 만족시키다　得到满足 만족을 얻다, 만족하다

시험 TIP 암기하세요! '满足'의 용법
'满足'는 대부분 타동사로 쓰이므로 뒤에 목적어를 가질 수 있습니다. 형용사로 쓰이는 '满意'가 주로 어떤 대상에 대한 만족을 나타내는 반면, '满足'는 스스로 만족하는 경우에 사용합니다.

✪ **足够** zúgòu (형+동) 형 충분하다, 족하다

不满 bùmǎn

不 bù 부 [부정을 나타냄]
满 mǎn 형 만족하다, 흡족하다

형 불만스럽다, 불만족하다

妈妈对我的成绩很不满。 엄마는 내 성적에 매우 불만스러워 하신다.
有什么不满? 무슨 불만 있니?
表示不满 불만을 표하다

시험 TIP '不满'의 문장 형식
'不满'은 형용사이므로 목적어를 가질 수 없으며, '对+대상+不满'의 형식으로 쓰입니다.

318 毛 máo

毛 사람의 눈썹이나 머리털 혹은 짐승의 털 모양을 본뜬 글자

명 털, (새의) 깃털 **毛巾** | **眉毛**
형 (일 처리가) 경솔하다, 덤벙대다 **毛病**

✚ **毛衣** máoyī (명+명) 명 스웨터 | **羽毛** yǔmáo (명+명) 명 깃털 | **羽毛球** yǔmáoqiú (명+명+명) 명 배드민턴

毛巾 máojīn

毛 máo 명 털
巾 jīn 명 수건, 보자기

명 수건

谁把我的毛巾拿走了? 누가 내 수건을 가져갔어?

眉毛 méimao

眉 méi 명 눈썹
毛 máo 명 털

명 눈썹

我的眉毛很浓。 내 눈썹은 매우 짙다.

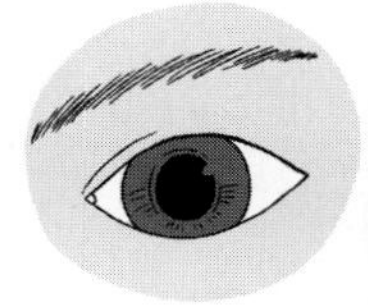

毛病 máobìng

毛 máo 형 (일 처리가) 경솔하다
病 bìng 명 병

명 (사람의) 결점이나 약점, (기계의) 고장

从小养成的毛病不容易改。 어릴 때 길러진 버릇은 고치기 어렵다.

出毛病 고장 나다　坏毛病 나쁜 버릇

시험 TIP '毛病'의 해석

'毛病'은 사람에게 쓰이면 '결점, 약점'을, 기계에 쓰이면 '고장'을 뜻합니다. 앞뒤 문맥을 잘 살펴서 의미를 이해하세요.

✪ 病毒 bìngdú (명+명) 명 (컴퓨터의) 바이러스

319 **矛** máo 　矛 뾰족한 쇠를 박은 창 모양을 본뜬 글자

명 창 矛**盾**

矛盾 máodùn　矛 máo 명 창 / 盾 dùn 명 방패

명 모순, 갈등, 대립

相处时间长了，两人难免会产生矛盾。

함께한 시간이 길어지면, 두 사람 사이에 갈등이 생기는 것을 면하기 어렵다.

产生矛盾 갈등이 생기다　矛盾很深 갈등이 매우 깊다

320 **迷** mí　辶 가다 + 米 쌀

길을 쉬엄쉬엄 가다가(辶) 쌀(米)도 다 떨어지고 판단력도 잃었어요(迷).

동 1 헷갈리다, 판단력을 잃다 迷**路**

2 빠지다, 심취하다 迷**惑** | 迷**信**

명 애호가, 광 **球**迷

迷路 mílù　迷 mí 동 헷갈리다 / 路 lù 명 길

동 길을 잃다

第一次来西安时，我迷了两次路。 처음 시안에 왔을 때, 나는 두 번이나 길을 잃었다.

시험 TIP 시험에서 자주 출제되는 '迷路'

'迷路'는 5급 서술형 듣기에서 자주 들리는 단어입니다. 주인공이 길을 잃었다가 고생 끝에 살아 난다는 스토리는 단골 출제 메뉴입니다.

迷惑 míhuò

迷 mí 동 빠지다, 심취하다
惑 huò 동 현혹시키다

동 미혹되다(시키다), 현혹되다(시키다)

看问题要看问题的实质，不要被表面现象所迷惑。
문제를 볼 때 문제의 본질을 봐야지 표면적인 현상에 미혹되어서는 안 된다.

迷信 míxìn

迷 mí 동 빠지다, 심취하다
信 xìn 동 믿다

명 미신
동 맹신하다, 덮어놓고 믿다

不要迷信命运，要自己创造人生。 운명을 맹신하지 말고, 스스로 인생을 창조해야 한다. → 동사 용법

✪ **信任** xìnrèn (동+동) 명동 신임(하다) ▶p.398 | **信心** xìnxīn (동+명) 명 자신감, 확신, 신념 ▶p.398

球迷 qiúmí

球 qiú 명 구기 운동, 공
迷 mí 명 애호가, 광

명 (축구·농구 등 구기 운동의) 팬, 마니아

他是一个球迷，只要有球赛，他场场不落。 그는 축구 마니아로서 시합이 있기만 하면 빠뜨리지 않는다.

시험 TIP 듣기 시험에서 자주 출제되는 '球迷'

'球迷'는 5급 듣기에서 자주 들리는 단어입니다. '球'라고 하면 모든 구기 운동을 다 포함하여 말할 수 있지만, '球迷'는 주로 축구팬을 말합니다.

321 密 mì

宀 집 + 必 반드시 + 山 산
집(宀)을 지을 때는 반드시(必) 산(山) 속에 지어야 나무들이 빽빽하게(密) 우거지죠.

형 1 빽빽하다, 조밀하다
2 (관계가) 가깝다, 친밀하다 **密切**

명 비밀 **密码** | **秘密**

密切 mìqiè

密 mì 형 가깝다, 친밀하다
切 qiè 형 가깝다, 밀접하다

형 (관계가) 가깝다, 긴밀하다

我们两个人的关系非常密切。 우리 두 사람은 아주 가까운 사이이다.

关系密切 관계가 밀접하다 密切的合作 긴밀한 협력

시험 TIP 搭配로 외우는 '密切'

'关系密切(관계가 밀접하다)'는 시험에 간혹 출제되는 중요한 호응 관계입니다.

密码 mìmǎ

密 mì 명 **비밀**
码 mǎ 명 **숫자를 나타내는 부호**

명 비밀번호, 암호

我忘记了信用卡的密码。 나는 신용카드 비밀번호를 잊어버렸다.

输入密码 비밀번호를 입력하다 忘记密码 비밀번호를 잊어버리다

시험 TIP 搭配로 외우는 '密码'

'输入密码(비밀번호를 입력하다)'는 쓰기 제1부분에 출제된 적이 있는 호응 관계입니다. 그리고 아직 HSK에 등장하지는 않았지만 인터넷상에서 '密码'와 함께 쓰는 'ID'도 알아 두세요. 인터넷상에서 쓰는 ID는 '帐号 zhànghào'라고 합니다.

秘密 mìmì

秘 mì 명 **비밀**
密 mì 명 **비밀**

명 비밀 [= 机密 jīmì]

他的秘密始终没有人知道。 그의 비밀은 줄곧 아는 사람이 없다.

保守秘密 비밀을 지키다 公开秘密 비밀을 공개하다

시험 TIP '秘密'와 '秘诀'

秘密의 '秘'가 들어간 단어 중 필수 어휘는 아니지만 秘诀(mìjué 비결, 비법)가 시험에 정말 많이 출제되고 있으니 꼭 함께 암기해 두세요!

322 免 miǎn

토끼(兔)에서 점 하나(丶)를 빼면 죽음도 면할(免) 수 있어요.

동 모면하다, 피하다 **免费 | 避免 | 不免**

免费 miǎnfèi

免 miǎn 동 **모면하다, 피하다**
费 fèi 명 **비용, 요금**

동 무료로 하다, 공짜로 하다

医院决定免费为她治疗。병원은 무료로 그녀를 치료해 주기로 결정했다.

시험 TIP 암기하세요! '免费'의 용법

'免费'는 동사이므로 직접 술어가 될 수도 있지만, 다른 동사의 앞에 위치하여 부사어로 쓰이는 경우가 많습니다.

예 免费参观 무료로 참관하다

✪ 费用 fèiyòng (명+명) 명 비용 ▶p.426

避免 bìmiǎn

避 bì 동 피하다
免 miǎn 동 모면하다, 피하다

동 피하다, 모면하다

讨论时发生矛盾是避免不了的。토론할 때 갈등이 생기는 것은 피할 수 없다.

避免危机 위기를 모면하다 不可避免 피할 수 없다

不免 bùmiǎn

不 bù 부 [부정을 나타냄]
免 miǎn 동 모면하다, 피하다

부 피할 수 없다, ~하기 마련이다 [= 未免 wèimiǎn]

他第一次上讲台，不免有些紧张。그는 처음으로 무대에 오르는 거라 조금 긴장하지 않을 수 없다.

不免紧张 긴장을 피할 수 없다 不免要说谎 거짓말을 피할 수 없다

시험 TIP 주의하세요! '不免'의 품사

'不免'은 우리말로는 동사처럼 해석이 되지만 품사가 부사라는 점에 유의해야 합니다. 부사이기 때문에 동사 앞에 위치하고, 동사는 주로 바라지 않는 상황의 것이 옵니다. 또한 '不免' 뒤에는 조동사 '会'나 '要'가 자주 오는데, 습관적으로 함께 쓰이는 것이니 굳이 해석할 필요는 없습니다.

323 面 miàn

面 사람의 얼굴과 그 윤곽을 나타낸 글자

명 1 얼굴, 낯
2 (물체의) 표면, 겉면 面积
3 방면, 부위 片面 | 全面
4 밀가루, 국수

동 (얼굴을) 맞대다, 대면하다 面对 | 面临 | 面试

접미 방면, 쪽, 편

✚ 表面 biǎomiàn (명+명) 명 표면 ▶p.85 | 方便面 fāngbiàn miàn (형+명) 명 (인스턴트) 라면 | 封面 fēngmiàn (명+명) 명 (책, 잡지 등의) 표지 | 画面 huàmiàn (명+명) 명 화면 | 路面 lùmiàn (명+명) 명 길바닥 | 面包 miànbāo (명+명) 명 빵 | 面条 miàntiáo (명+명) 명 국수 | 面孔 miànkǒng (명+명) 명 낯, 얼굴

面积 miànjī

面 miàn 명 (물체의) 표면
积 jī 명 곱, 승적(乘积) 동 쌓다

명 면적

我们学校的面积很小。 우리 학교 면적은 매우 작다.

✪ 积累 jīlěi (동+동) 동 (경험 등을) 쌓다, 축적하다 ▶p.211

片面 piànmiàn

片 piàn 형 단편적이다 명 조각, 편
面 miàn 명 방면, 부위

형 일방적이다, 단편적이다 [↔ 全面 quánmiàn]
명 한쪽, 일방, 단편

你的这个观点带有一定的片面性。 너의 이 관점은 어느 정도 일방성을 가지고 있다. → 명사 용법

片面之词 한쪽의 말, 단편적인 말　观点片面 관점이 일방적이다

全面 quánmiàn

全 quán 형 전체의
面 miàn 명 방면, 부위

형 전면적이다, 전반적이다 [↔ 片面 piànmiàn]
명 전면, 모든 방면

我们必须学会全面地看问题。 우리는 전면적으로 문제를 보는 법을 반드시 배워야 한다. → 형용사 용법

全面情况 전반적인 상황　考虑得不全面 전반적으로 고려하지 않다

面对 miànduì

面 miàn 동 대면하다
对 duì 동 대하다, 응하다 형 맞은편의

동 (어떤 상황에) 마주하다, 직면하다

面对困难，他充满勇气和信心。 어려움에 직면했지만 그는 자신감과 용기가 충만했다.

面对现实 현실에 직면하다　面对危机 위기에 직면하다

✪ 对面 duìmiàn (형+접미) 명 반대편, 맞은편 ▶p.146

面临 miànlín

面 miàn 동 대면하다
临 lín 동 임박하다, 오다

동 (문제나 형세 등에) 직면하다, 당면하다

他正面临着生命危险。 그들은 생명의 위험에 직면해 있다.
面临考试 시험이 눈앞에 닥치다 面临危险 위험에 직면하다 面临失业 실업에 직면하다

시험 TIP 유의어 비교 '面临'과 '面对'

	面临 miànlín	面对 miànduì
의미	동 (문제나 형세 등에) 직면하다, 당면하다	동 (어떤 상황에) 마주하다, 직면하다
비교	'面临'은 '临(임할 림)'이 있기 때문에 '움직여서 나에게 오고 있다'라는 느낌을 내포함. 따라서 '考试'처럼 시간적으로 다가오고 있는 것에 씀	'面对'는 크게 보면 개사 '对'와 비슷함. 다만 '面'이 있기 때문에 그 대상이 바로 눈앞에 있다고 생각하면 됨
예문	他马上要面临毕业了。(○) 그는 곧 졸업에 직면하게 된다. 他马上要面对毕业了。(×)	他不敢面对现实。(○) 그는 현실에 감히 직면하지 못한다. 他不敢面临现实。(×)

Day 19

面试 miànshì

面 miàn 동 대면하다
试 shì 명 시험 동 시험을 보다

명 면접시험

我明天要去参加面试。 나는 내일 면접시험을 본다.
参加面试 면접시험을 보다 通过面试 면접시험에 통과하다 面试结果 면접시험 결과

시험 TIP 시험에 자주 출제되는 '面试'

'面试'는 HSK 지정단어는 아니지만 시험에 자주 등장하는 단어입니다. 특히 듣기에서 일자리 찾기(找工作)와 관련된 대화에서 자주 들립니다.

324 描 miáo

扌 손 + 苗 묘목
손(扌)으로 묘목(苗)을 그려서 모사해요(描).

동 모사하다, 베끼다 描写

描写 miáoxiě

描 miáo 동 모사하다, 베끼다
写 xiě 동 적다, 베끼다

동 모사하다 [= 描述 miáoshù, 描绘 miáohuì]

他正在创作一部描写高中生的小说。 그는 고등학생을 묘사한 소설을 창작하고 있다.
描写内心世界 내면세계를 묘사하다 描写的技巧 묘사의 기교

시험 TIP 유의어 비교

'描写', '描述', '描绘', 이 세 단어는 동의어로 쓰이기도 하지만, 엄밀히 말하면 '写', '述', '绘'의 차이가 있습니다. '描写'는 글로, '描述'는 말로, '描绘'는 그림으로 묘사할 때 쓰입니다.

325 明 míng

日 해 + 月 달
해(日)와 달(月)이 만나니 밝아요(明).

형 1 밝다, 환하다 **明星 | 透明**
2 명백하다, 분명하다 **明确 | 明显 | 明信片 | 证明** ▶p.457
동 알다, 이해하다 **明白 | 发明** ▶p.149
명 (올해나 오늘의) 다음

➕ **分明** fēnmíng (동+형) 형 분명하다 | **明亮** míngliàng (형+형) 형 (빛이) 밝다, 환하다 | **明月** míngyuè (형+명) 명 밝은 달

明星 míngxīng

明 míng 형 밝다, 환하다
星 xīng 명 별

명 유명 스타

孩子们特别崇拜电影明星。 아이들은 특히 스타 배우를 숭배한다.

电影明星 스타 배우　崇拜明星 스타를 숭배하다

✪ **星星** xīngxing (명+명) 명 별

透明 tòumíng

透 tòu 동 침투하다
明 míng 형 밝다, 환하다

형 1 (물체가) 투명하다
2 (태도나 일 처리가) 투명하다, 공개적이다

这里有一块透明的玻璃，经过的时候要小心。→ 형용사1 용법
여기에 투명한 유리가 있으니까 지나갈 때 조심해야 한다.

半透明 반투명　透明的液体 투명한 액체　透明的生活 공개적인 생활

明确 míngquè

明 míng 형 명백하다, 분명하다
确 què 형 확실하다 부 확실히, 분명히

형 명확하다, 분명하다

这次失败的根本原因在于想法不够明确。 이번에 실패한 근본적인 원인은 생각이 명확하지 않았다는 것이다.

态度明确 태도가 분명하다　明确的目标 명확한 목표

✪ **确实** quèshí (부+형) 형 확실하다, 틀림없다 부 확실히, 정말로 ▶p.317

明显 míngxiǎn

明 míng 형 명백하다, 분명하다
显 xiǎn 형 분명하다 동 드러내다, 나타내다

형 뚜렷하다, 분명하다

通过努力，他的汉语水平有了明显的提高。 노력을 통해서 그의 중국어 실력은 눈에 띄게 향상되었다.
差距明显 격차가 뚜렷하다 病状明显 병세가 뚜렷하다 明显的效果 분명한 효과

시험 TIP 암기하세요! '明显'의 용법
'明显'은 '눈에 확 띄다'라는 어감이 있습니다. 형용사이지만 동사 앞에 위치하여 동사를 수식하는 부사어로도 쓰입니다.
예 你的汉语水平明显退步了。 너의 중국어 수준이 눈에 띄게 퇴보했다.

Day 19

✪ 显示 xiǎnshì (동+동) 동 뚜렷하게 보여 주다, 드러내 보이다 ▶p.385

明信片 míngxìnpiàn

明 míng 형 명백하다, 분명하다
信 xìn 명 서신, 편지
片 piàn 명 조각, 편

명 엽서

我这次旅游的时候给他寄了很多明信片。 나는 이번 여행을 할 때 그에게 많은 엽서를 보냈다.

明白 míngbai

明 míng 동 알다, 이해하다
白 bái 형 명백하다, 분명하다, 희다, 밝다

동 알다, 이해하다

事到如今，难道你还不明白吗? 일이 이 지경에까지 이르렀는데, 설마 넌 아직도 모르겠다는 말이니?
明白道理 도리를 알다 明白你的意思 당신의 뜻을 이해한다

✪ 白天 báitiān (형+명) 명 낮

326 名 míng

夕 저녁 + 口 입
옛날에는 저녁(夕)이 되면 사람이 잘 안 보여서 입(口)으로 자신의 이름(名)을 말했어요.

명 이름, 명칭
형 유명한, 저명한 名牌 | 名胜古迹 | 有名 | 著名

✚ 点名 diǎnmíng (동+명) 동 출석을 부르다 | 签名 qiānmíng (동+명) 동 서명하다 | 人名 rénmíng (명+명) 명 인명 | 书名 shūmíng (명+명) 명 책 이름 | 姓名 xìngmíng (명+명) 명 성명

名牌 míngpái

名 míng 형 유명한, 저명한
牌 pái 명 팻말, 상표

명 유명 상표, 명품

他考上了南方一所名牌大学。그는 남방의 한 명문 대학에 합격했다.

名牌衣服 명품 옷　名牌大学 명문 대학

✪ 牌子 páizi (명+접미) 명 상표, 브랜드

名胜古迹 míngshèng gǔjì

名 míng 형 유명한, 저명한
胜 shèng 형 경치가 아름답다
古 gǔ 형 오래되다
迹 jì 명 발자취, 행적

명 명승고적

西安的名胜古迹太多了。시안의 명승고적은 너무 많다.

有名 yǒumíng

有 yǒu 동 있다, 소유하다
名 míng 형 유명한, 저명한

형 유명하다

他是一位有名的作家。그는 유명한 작가이다.

有名的音乐家 유명한 음악가　很有名 매우 유명하다

著名 zhùmíng

著 zhù 형 저명하다, 현저하다, 뚜렷하다
名 míng 형 유명한, 저명한

형 저명하다, 유명하다 [= 有名 yǒumíng ▶p.286]

参加今晚宴会的大部分是著名的艺术家。오늘 밤 연회에 참가한 대부분은 유명한 예술가이다.

著名的小说 저명한 소설　著名作家 유명한 작가

시험 TIP 유의어 비교 '著名'과 '闻名'

'著名'은 '有名'의 서면어라고 생각하면 됩니다. '著名'은 형용사이므로 목적어를 갖지 않으며, 역시 '유명하다'라는 뜻의 '闻名 wénmíng'은 동사이기 때문에 '闻名世界(세상에 널리 이름을 떨치다)'처럼 쓸 수 있습니다.

327 命 mìng

口 입 + 令 명령하다
옛날에는 임금이 입(口)으로 명령한(令) 말은 생명(命)을 걸고 이행해야 했죠.

명 1 생명, 수명 **寿命 | 拼命**
2 운명 **命运 | 革命**

동 명령하다 **命令**

➕ **救命** jiùmìng (동+명) 동 목숨을 구하다, 살리다 | **生命** shēngmìng (명+명) 명 생명 ▶p.328 | **生命力** shēngmìnglì (명+명+명) 명 생명력 | **命名** mìngmíng (동+명) 동 이름을 붙이다, 명명하다

寿命 shòumìng

寿 shòu 명 **목숨**
命 mìng 명 **생명, 수명**

명 수명, 목숨

由于医疗水平的提高，人的寿命大大地延长了。 의료 수준이 높아짐에 따라 사람의 수명도 크게 연장되었다.
延长寿命 수명을 연장하다　机器的寿命 기계의 수명

拼命 pīnmìng

拼 pīn 동 **필사적으로 하다**
命 mìng 명 **생명, 수명**

동 필사적으로 하다, 죽을 힘을 다하다
부 필사적으로

为了能考上名牌大学，现在他拼命学习。 →부사 용법
명문 대학에 합격하기 위해 현재 그는 필사적으로 공부한다.

拼命挣钱 억척같이 돈을 벌다

시험 TIP 시험에서 자주 출제되는 '拼命'
부사 용법이 중요한 '拼命'은 HSK 6급 지정단어이지만, 5급 독해 지문에서도 자주 보이니 꼭 알아 두세요!

命运 mìngyùn

命 mìng 명 **운명**
运 yùn 명 **운, 운명**

명 운명

我不知道自己将来的命运会怎么样。 나는 내 장래 운명이 어떻게 될지 모른다.

시험 TIP 命运掌握在自己手里
여러분의 운명은 누구의 손에 달려 있나요? 운명은 바로 자기 손 안에 달려 있는 거죠. 그래서 시험 문제에 자주 보이는 문장이 있어요. 바로 '命运掌握在自己手里(운명은 자기 손 안에 달려 있다)'입니다.

✪ **运气** yùnqi (명+명) 명 운, 운수 ▶p.436

革命 gémìng

革 gé 동 고치다, 바꾸다
命 mìng 명 운명

명 혁명

동 혁명하다

这里进行了前所未有的文化革命。 이곳에서 전에 없던 문화혁명을 진행했다. → 명사 용법

进行革命 혁명을 진행하다　技术革命 기술 혁명

命令 mìnglìng

命 mìng 동 명령하다
令 lìng 동 명령하다

명 명령

동 명령하다

这是领导的命令，我们必须服从。 이것은 지도자의 명령이니 우리는 반드시 복종해야 한다. → 명사 용법

328 模 mó

木 나무 + 莫 없다
없는(莫) 물건을 갖고 싶어서 나무(木)로 본떠서(模) 만들었어요.

명 규범, 본보기, 모범 **模范**

동 본뜨다, 모방하다 **模仿** | **模糊**

模范 mófàn

模 mó 명 본보기, 모범
范 fàn 명 규범, 본보기

명 모범, 모범적인 사람 [= **榜样** bǎngyàng]

형 모범적이다, 본보기가 되다

作为班长，要起到模范作用。 반장으로서 모범적인 역할을 해야 한다. → 형용사 용법

模范市民 모범 시민　劳动模范 모범 근로자

模仿 mófǎng

模 mó 동 본뜨다, 모방하다
仿 fǎng 동 본뜨다, 모방하다

동 모방하다, 흉내 내다

小孩子喜欢模仿大人的动作。 어린아이는 어른의 동작을 모방하기 좋아한다.

✪ **仿佛** fǎngfú 부 마치 ~인 것 같다

模糊 móhu

模 mó 동 본뜨다, 모방하다
糊 hú 형 뚜렷하지 않다

형 모호하다, 뚜렷하지 않다 [↔ 清晰 qīngxī]

他在我脑海中的印象越来越模糊。 내 머릿속에 있는 그의 인상은 갈수록 모호해졌다.

▶참고 '模糊'의 특징

'模糊'는 주로 시각이나 청각, 감각, 인상, 기억 등이 명확하지 않을 때 사용하는 단어입니다. 출제 빈도는 그리 높지 않으며, 아래의 꼬리 단어 '糊涂'가 시험에 자주 출제되는 중요한 단어입니다.

✪ **糊涂** hútu (형+동) 형 흐리멍덩하다, 어리석다, 멍청하다, (내용이) 혼란스럽다

Day 19

329 目 mù

目 눈의 모양을 본떠 만든 글자

명 1 눈 **目标 | 目的 | 目前**
2 목록, 항목, 명칭 **目录 | 项目 | 题目 | 节目** ▶p.234

目标 mùbiāo

目 mù 명 눈
标 biāo 명 표지, 표준, 기준

명 목표, 목표물, 표적

做任何事都应该有明确的目标。 어떤 일을 하든 간에 명확한 목표가 있어야 한다.

目标远大 목표가 원대하다 达到目标 목표에 도달하다

시험 TIP 搭配로 외우는 '目标'

'目标'는 어떤 행동을 통해 도달하려는 경지나 기준을 말합니다. '达到目标'가 시험에 자주 출제되니 꼭 외워 두세요.

✪ **标准** biāozhǔn (명+명) 명 표준, 기준 형 표준적이다 ▶p.84

目的 mùdì

目 mù 명 눈
的 dì 명 과녁, 표적

명 목적

我来这里的目的是想见见你。 내가 이곳에 온 목적은 네가 보고 싶어서야.

目的明确 목적이 명확하다 学习的目的 공부의 목적 达到目的 목적을 이루다

시험 TIP 유의어 비교 '目的'와 '目标'

	目的 mùdì	目标 mùbiāo
의미	명 목적	명 목표, 목표물, 표적
특징	대부분 같은 뜻으로 쓰이므로 치환이 가능한 경우가 많음	
비교	이루려고 하는 일, 가려는 방향, 염두에 두고 있는 바, 의도 등을 함축, '目标'보다 추상적임	구체적인 표지나 표식, 수치, 기준 등을 함축 **达到今年的出口**目标 올해의 수출 목표를 달성하다

目前 mùqián

目 mù 명 눈
前 qián 명 앞, 미래

명 지금, 현재

目前我不能给你肯定的答复。 지금은 제가 당신에게 확실한 답을 줄 수 없습니다.

目前的情况 현재의 상황　目前的形势 현재의 형세

✪ **前途** qiántú (명+명) 명 전도, 앞날, 장래

目录 mùlù

目 mù 명 목록, 항목
录 lù 명 기록 동 녹음하다

명 목록, 목차, 차례

你在复习的时候可以根据目录内容进行。 너는 복습할 때 목차 내용을 근거로 진행해도 된다.

资料目录 자료 목록　图书目录 도서 목록

✪ **录音** lùyīn (동+명) 명동 녹음(하다) ▶p.273

项目 xiàngmù

项 xiàng 명 항목
目 mù 명 목록, 항목

명 항목, 프로젝트

我正在申请一个研究项目。 나는 현재 연구 프로젝트에 신청 중이다.

体育项目 체육 종목　比赛项目 시합 종목

시험 TIP 듣기 시험에서 자주 출제되는 '项目'

'项目'는 핵심 단어는 아니지만 듣기 영역에서 자주 들리는 단어입니다. 문맥에 따라 '항목', '종목', '프로젝트' 등 비교적 다양하게 해석될 수 있습니다.

题目 tímù

题 tí 명 제목, 문제
目 mù 명 목록, 항목

명 1 제목, 표제, 테마
2 (시험) 문제

我作文的题目是《我的父亲》。 내 작문 제목은 「나의 아버지」이다. → 명사1 용법
今天英语考试的题目非常容易。 오늘 영어 시험 문제는 무척 쉬웠다. → 명사2 용법
作文题目 작문 제목　考试题目 시험 문제

330 难 nán

又 오른손 모양 + 隹 새
오른손(又)으로 새(隹)를 잡으려면 힘들죠(难).

형 1 어렵다, 힘들다 **难怪 | 难过 | 难受 | 难以 | 难道 | 困难**
2 좋지 않다, 나쁘다 **难看**

难怪 nánguài

难 nán 형 어렵다, 힘들다
怪 guài 동 꾸짖다

부 어쩐지 [= 怪不得 guàibude]

难怪他今天没上课，原来是病了。 어쩐지 그가 오늘 수업에 안 온다 했더니, 알고 보니 아팠구나.

시험 TIP '难怪'로 대화 내용 유추하기

'难怪'는 어떤 일에 대한 궁금증이 풀렸을 때 사용하는 표현으로, '原来'와 자주 호응하여 '알고 보니 ~구나'라는 의미로 쓰입니다. 듣기에서 '难怪' 뒤의 내용을 정확히 못 들었다고 해도, 몰랐던 궁금증이 풀렸다는 사실은 알 수 있습니다.

难过 nánguò

难 nán 형 어렵다, 힘들다
过 guò 동 (시간이) 지나다, (시간을) 보내다

형 (마음이) 괴롭다, 고통스럽다 [= 难受 nánshòu ▶p.292]

他刚刚考完试就得知了一个令人难过的消息。
그는 막 시험이 끝나자마자 괴로운 소식을 알게 되었다.
心里难过 마음이 괴롭다　难过的样子 고통스러워하는 모습

难受 nánshòu

难 nán 형 어렵다, 힘들다
受 shòu 동 참다, 견디다

형 1 (몸이 아파서) 불편하다, 아프다
2 (마음의 상처를 받아) 괴롭다, 견디기 어렵다

看着儿子受伤的腿，妈妈的心里很难受。 → 형용사2 용법
아들이 다리를 다친 것을 보고, 엄마는 마음이 아팠다.

肚子难受 배가 아프다　心里很难受 마음이 매우 아프다

✪ 受不了 shòu buliǎo (동+동) 동 견딜 수 없다 ▶p.344

难以 nányǐ

难 nán 형 어렵다, 힘들다
以 yǐ 개 ~으로써, ~로 인해

부 ~하기 어렵다

那段美丽的时光，使我终身难以忘怀。 그 아름다웠던 시절은 내가 평생 잊기 힘들다.

难以相信 믿기 어렵다　难以想象 상상하기 어렵다

시험 TIP 독해 시험에서 자주 출제되는 '难以'

'难以'는 HSK 지정단어는 아니지만 독해 지문에서 자주 등장합니다. 서면어로, 주로 2음절 동사 앞에 사용합니다.

难道 nándào

难 nán 형 어렵다, 힘들다
道 dào 명 길, 도리

부 설마 ~이겠는가?, ~란 말인가? [= 难道说 nándào shuō]

难道你还不明白吗? 설마 넌 아직도 모르겠단 말이야? ['당연히 알아야지'의 의미를 내포함]

시험 TIP 암기하세요! '难道'의 용법

'难道'는 반문의 어기를 강하게 하며, 문장 끝의 '不成', '吗'와 호응하기도 합니다. 또한 어기부사로서 주어 앞뒤에 모두 위치할 수 있습니다.

困难 kùnnan

困 kùn 형 곤란하다, 고생하다
难 nán 형 어렵다, 힘들다

명 곤란, 어려움
형 (사정이) 어렵다, 힘들다, 곤란하다

他们在技术上遇到很大的困难。 그들은 기술상에 큰 어려움을 만났다. → 명사 용법

遇到困难 어려움을 만나다　克服困难 어려움을 극복하다

시험 TIP 암기하세요! '困难'의 용법

'困难'은 형용사 용법보다는 명사 용법이 시험 전반에 걸쳐 자주 등장합니다. 문장 내에서의 쓰임을 잘 외워 두세요.

难看 nánkàn

难 nán 형 좋지 않다, 나쁘다
看 kàn 동 보다

형 보기 싫다, 추하다, 못생기다 [= 不好看 bù hǎokàn]

他病了几天，所以现在的脸色很难看。 그는 며칠 아파서 지금 얼굴색이 보기 안 좋다.

331 能 néng

⺣ 곰을 본뜬 글자 + ⺦ 짐승의 발바닥을 본뜬 글자
곰의 재능이 다양하다는 데에서 '할 수 있다(能)'라는 뜻이 전해져 왔어요.

명 1 능력, 수완 能力
2 에너지 能源

조동 ~할 수 있다 能干 | 不能

➕ 本能 běnnéng (명+명) 명 본능 | 才能 cáinéng (명+명) 명 재능 | 功能 gōngnéng (명+명) 명 기능 ▶p.172 | 性能 xìngnéng (명+명) 명 성능 | 耗能 hàonéng (동+명) 동 에너지를 소모하다

能力 nénglì

能 néng 명 능력, 수완
力 lì 명 힘, 능력

명 능력

我们应该给他机会让他充分发挥自己的能力。
우리는 그에게 기회를 줘서 그가 자신의 능력을 충분히 발휘하게 해야 한다.

学习能力 학습 능력　缺乏能力 능력이 부족하다

✪ 力量 lìliang (명+명) 명 힘, 능력, 역량 ▶p.265

能源 néngyuán

能 néng 명 에너지
源 yuán 명 근원, 기원, 자원

명 에너지, 에너지원

我们应该注意节约能源。 우리는 에너지를 아끼는 데에 신경 써야 한다.

利用能源 에너지를 이용하다　节约能源 에너지를 아끼다

能干 nénggàn

能 néng 조동 ~할 수 있다
干 gàn 형 유능하다 동 (어떤 일을) 하다

형 유능하다, 일 처리가 뛰어나다

公司刚找来的这些工人非常能干。 회사에서 막 데려온 이 직원들은 매우 유능하다.

✪ 干活儿 gànhuór (동+명+접미) 동 일하다 [주로 육체노동을 가리킴]

不能 bù néng

不 bù 부 [부정을 나타냄]
能 néng 조동 ~할 수 있다

조동 ~해서는 안 된다, ~할 수 없다

这儿不能抽烟。 이곳에서는 담배를 피우면 안 된다.
停电了，我不能学习。 정전이 되어서 나는 공부를 할 수가 없다.

시험 TIP **주의하세요! '不能'의 의미**

'不能'은 대부분 '~해서는 안 된다'라는 금지의 의미를 나타냅니다. '~할 수 없다'라는 의미로 쓰일 경우에는 위의 두 번째 예문처럼 '어떤 조건 때문에 할 수 없다'라는 것을 나타냅니다.

332 排 pái

扌 손 + 非 아니다
제대로 된 배열이 아니면(非) 손(扌)으로 다시 배열해요(排).

명 줄, 열
동 1 배열하다, 배치하다 **排队 | 排列**
2 배제하다

✚ 排出 páichū (동+동) 동 배출하다

排队 páiduì

排 pái 동 배열하다
队 duì 명 대오, 팀

동 정렬하다, 줄을 서다

同学们排着队走进运动场。 학우들은 줄을 서서 운동장에 걸어 들어갔다.
排队买票 줄을 서서 표를 사다 排队上车 줄을 서서 차에 오르다 按顺序排队 순서대로 줄을 서다

排列 páiliè

排 pái 동 배열하다
列 liè 동 배열하다 명 줄, 대열

동 (순서에 따라) 배열하다

展厅里排列着各种各样的展览品。 전시 홀에는 다양한 전시품이 배열되어 있다.

排列顺序 순서를 배열하다　名单排列 명단을 배열하다

✪ 列车 lièchē (명+명) 명 열차, 기차

Day 19

333 赔 péi

贝 조개(돈) + 立 서다 + 口 입
돈(贝)을 배상하지(赔) 않자 두 사람이 서서(立) 입(口)씨름을 해요.

동 1 변상하다, 배상하다 赔偿
2 사과하다, 사죄하다
3 손해를 보다, 밑지다

✚ 赔礼 péilǐ (동+명) 동 사과하다, 사죄하다 | 赔本 péiběn (동+명) 동 손해를 보다

赔偿 péicháng

赔 péi 동 변상하다, 배상하다
偿 cháng 동 돌려주다

동 변상하다, 배상하다

这块玻璃是我碰破的，应该由我来赔偿。
이 유리 조각은 내가 부딪쳐서 깨뜨린 것이니 당연히 내가 배상해야 한다.

要求赔偿 변상을 요구하다　赔偿损失 손해를 배상하다

시험 TIP 다양한 의미의 '赔'

'赔偿'의 '赔'는 '배상하다'라는 의미로 많이 쓰이지만, '사죄하다(赔礼)'와 '손해 보다(赔本)'의 의미도 있음을 알아 두세요. 간혹 5급 독해 지문에서 이 의미로 쓰인 '赔'가 보이기도 합니다.

SPEED CHECK

Step 1 한국어 단어를 보고, 그에 해당하는 중국어 뜻을 말해 보세요.

- □ (언행이) 신중하다, 조심스럽다
- □ 발전하다, 향상되다, 진보하다
- □ 수입하다, 입구
- □ 원기, 활력, 활기차다, 생기가 있다
- □ (공연, 전시회, 언론, 문장 등이) 훌륭하다
- □ 경제, (인력, 시간, 물자 등이) 경제적이다
- □ (장소, 시간, 동작 등을) 지나다, 경과하다
- □ (몸소) 경험하다, 경험, 체험
- □ 경험, 노하우
- □ 거행하다, 개최하다
- □ 구체적이다, 특정의
- □ 가지고 있다, 구비하다, 갖추다
- □ 우승, 챔피언
- □ 개발하다, 개척하다, 발굴하다
- □ 농담하다
- □ (기분이) 즐겁다, 유쾌하다
- □ (회의를) 열다, 개최하다
- □ 항의하다
- □ 가련하다, 불쌍하다, 불쌍하게 여기다
- □ 무섭다, 두렵다
- □ 아깝다, 아쉽다, 애석하다
- □ 공간
- □ 짬, 틈, 여가, 여유롭다, 한가하다
- □ (빈자리, 빈 곳 등을) 채우다, 메우다
- □ 아마 ~일 것이다
- □ 대출하다, 대출금
- □ 돈을 지불하다, 돈을 내다
- □ 노동(하다), 일(하다)[주로 육체 노동을 가리킴]
- □ 실례합니다[주로 인사말로 쓰임]
- □ (몸이나 정신이) 지치다, 피로하다, 피곤하다
- □ (사람, 사물, 장소를) 떠나다, 벗어나다
- □ 거리, 간격, ~로부터, ~까지
- □ 이해하다
- □ 이론
- □ (문제를) 처리하다, (일을) 안배하다
- □ 관리하다
- □ 예의, 예의가 바르다
- □ 결혼식, 혼례
- □ 이윤
- □ 이자
- □ 권리
- □ 이용하다
- □ 승리하다
- □ (육체적인) 힘, 체력
- □ 매력
- □ 온 힘을 다하다, 애쓰다
- □ 스트레스, 압력
- □ (사람과) 연락하다, (업무상) 연계하다
- □ 재료, 소재, 자료
- □ (참고나 근거로 삼는) 자료, 데이터

SPEED CHECK

Step 2 중국어 단어를 보고, 그에 해당하는 한국어 뜻을 말해 보세요.

- □ 谨慎 jǐnshèn
- □ 进步 jìnbù
- □ 进口 jìnkǒu
- □ 精神 jīngshen
- □ 精彩 jīngcǎi
- □ 经济 jīngjì
- □ 经过 jīngguò
- □ 经历 jīnglì
- □ 经验 jīngyàn
- □ 举办 jǔbàn
- □ 具体 jùtǐ
- □ 具有 jùyǒu
- □ 冠军 guànjūn
- □ 开发 kāifā
- □ 开玩笑 kāi wánxiào
- □ 开心 kāixīn
- □ 召开 zhàokāi
- □ 抗议 kàngyì
- □ 可怜 kělián
- □ 可怕 kěpà
- □ 可惜 kěxī
- □ 空间 kōngjiān
- □ 空闲 kòngxián
- □ 填空 tiánkòng
- □ 恐怕 kǒngpà
- □ 贷款 dàikuǎn
- □ 付款 fùkuǎn
- □ 劳动 láodòng
- □ 劳驾 láojià
- □ 疲劳 píláo
- □ 离开 líkāi
- □ 距离 jùlí
- □ 理解 lǐjiě
- □ 理论 lǐlùn
- □ 处理 chǔlǐ
- □ 管理 guǎnlǐ
- □ 礼貌 lǐmào
- □ 婚礼 hūnlǐ
- □ 利润 lìrùn
- □ 利息 lìxī
- □ 权利 quánlì
- □ 利用 lìyòng
- □ 胜利 shènglì
- □ 力量 lìliang
- □ 魅力 mèilì
- □ 尽力 jìnlì
- □ 压力 yālì
- □ 联系 liánxì
- □ 材料 cáiliào
- □ 资料 zīliào

SPEED CHECK

Step 1 한국어 단어를 보고, 그에 해당하는 중국어 뜻을 말해 보세요.

- □ 잔돈
- □ 군것질, 간식
- □ 지도자, 리더, 우두머리, 상사, 이끌다, 통솔하다
- □ 영역
- □ 눈물을 흘리다, 울다
- □ (말하는 것이) 막힘이 없다, 유창하다
- □ (시험 등을 통하여) 채용하다, 합격시키다, 뽑다
- □ 침략하다
- □ 이러쿵저러쿵하다, 왈가왈부하다
- □ 부주의하다, 덜렁대다, 소홀하다
- □ 만족시키다, (스스로) 만족하다
- □ (사람의) 결점이나 약점, (기계의) 고장
- □ 모순, 갈등, 대립
- □ 길을 잃다
- □ 미혹되다(시키다), 현혹되다(시키다)
- □ (관계가) 가깝다, 긴밀하다
- □ 비밀번호, 암호
- □ 무료로 하다, 공짜로 하다
- □ 피하다, 모면하다
- □ 피할 수 없다, ~하기 마련이다
- □ 일방적이다, 단편적이다, 한쪽, 일방, 단편
- □ 전면적이다, 전반적이다, 전면, 모든 방면
- □ (문제나 형세 등에) 직면하다, 당면하다
- □ (어떤 상황에) 마주하다, 직면하다
- □ 묘사하다
- □ 유명 스타
- □ 명확하다, 분명하다
- □ 뚜렷하다, 분명하다
- □ 유명 상표, 명품
- □ 명승고적
- □ 저명하다, 유명하다
- □ 수명, 목숨
- □ 운명
- □ 혁명(하다)
- □ 모범, 모범적인 사람, 모범적이다, 본보기가 되다
- □ 모방하다, 흉내 내다
- □ 모호하다, 뚜렷하지 않다
- □ 목표, 목표물, 표적
- □ 목적
- □ 목록, 목차, 차례
- □ 항목, 프로젝트
- □ 제목, 표제, 테마, (시험) 문제
- □ 어쩐지
- □ (마음의 상처를 받아) 괴롭다, 견디기 어렵다
- □ ~하기 어렵다
- □ 설마 ~이겠는가? ~란 말인가?
- □ (사정이) 어렵다, 힘들다, 곤란하다
- □ 에너지, 에너지원
- □ 유능하다, 일 처리가 뛰어나다
- □ (순서에 따라) 배열하다
- □ 변상하다, 배상하다

SPEED CHECK

Step 2 중국어 단어를 보고, 그에 해당하는 한국어 뜻을 말해 보세요.

- □ 零钱 língqián
- □ 零食 língshí
- □ 领导 lǐngdǎo
- □ 领域 lǐngyù
- □ 流泪 liúlèi
- □ 流利 liúlì
- □ 录取 lùqǔ
- □ 侵略 qīnlüè
- □ 议论 yìlùn
- □ 马虎 mǎhu
- □ 满足 mǎnzú
- □ 毛病 máobìng
- □ 矛盾 máodùn
- □ 迷路 mílù
- □ 迷惑 míhuò
- □ 密切 mìqiè
- □ 密码 mìmǎ
- □ 免费 miǎnfèi
- □ 避免 bìmiǎn
- □ 不免 bùmiǎn
- □ 片面 piànmiàn
- □ 全面 quánmiàn
- □ 面临 miànlín
- □ 面对 miànduì
- □ 描写 miáoxiě
- □ 明星 míngxīng
- □ 明确 míngquè
- □ 明显 míngxiǎn
- □ 名牌 míngpái
- □ 名胜古迹 míngshèng gǔjì
- □ 著名 zhùmíng
- □ 寿命 shòumìng
- □ 命运 mìngyùn
- □ 革命 gémìng
- □ 模范 mófàn
- □ 模仿 mófǎng
- □ 模糊 móhu
- □ 目标 mùbiāo
- □ 目的 mùdì
- □ 目录 mùlù
- □ 项目 xiàngmù
- □ 题目 tímù
- □ 难怪 nánguài
- □ 难受 nánshòu
- □ 难以 nányǐ
- □ 难道 nándào
- □ 困难 kùnnan
- □ 能源 néngyuán
- □ 能干 nénggàn
- □ 排列 páiliè
- □ 赔偿 péicháng

334 碰 pèng

石 돌 + 並 나란하다
길 가던 두 사람이 돌(石)에 나란히(並) 부딪쳤어요(碰).

동 1 충돌하다, 부딪치다 **碰钉子**
2 (우연히) 만나다 **碰见**
3 (어떤 일을) 시도해 보다, 부딪쳐 보다 **碰运气**

碰钉子 pèng dīngzi

碰 pèng 동 충돌하다, 부딪치다
钉子 dīngzi 명 못

관용 거절을 당하다, 퇴짜맞다, 좌절을 맛보다 [비유적인 표현]

为这事我已经碰过三回钉子了。 이 일로 나는 이미 세 번이나 거절당했다.

시험 TIP 표현plus '碰钉子'

'碰钉子'를 직역하면 '못에 부딪치다'입니다. '거절을 당하다', '퇴짜맞다', '좌절을 맛보다'는 '못에 부딪치다'에서 확장된 의미로, 같은 의미인 '**遭到拒绝**(거절당하다)'도 함께 알아 두세요.

碰见 pèngjiàn

碰 pèng 동 (우연히) 만나다
见 jiàn 동 만나다

동 우연히 만나다, 마주치다

真巧，我在街上碰见了老朋友。 뜻밖에도 나는 길에서 옛 친구를 우연히 만났다.

시험 TIP 듣기 시험에서 자주 출제되는 '碰见'

'碰见'은 듣기에서 자주 들리는 단어입니다. 우연히 마주치는 것을 뜻하기 때문에 '**真巧**', '**这么巧**'와 같은 표현을 함께 써서 우연한 상황임을 강조하기도 합니다.

碰运气 pèng yùnqi

碰 pèng 동 시도해 보다, 부딪쳐 보다
运气 yùnqi 명 운명, 운수

동 운에 맡기다, 운수를 시험해 보다

这事没有把握，只能碰运气了。 이 일은 확신이 없어서 운에 맡길 수밖에 없다.

335 批 pī

扌 손 + 比 비교하다
물건을 손(扌)에 들고 비교하면서(比) 나쁜 점을 비평해요(批).

동 1 비평하다 **批评**
2 비준하다, 허가하다 **批准**

➕ **批改** pīgǎi (동+동) 동 (문장이나 글을 바르게) 교정하다, 고치다 | **批判** pīpàn (동+동) 동 비판하다, 비평하다

批评 pīpíng

批 pī 동 비평하다
评 píng 동 평하다

동 비평하다, 나무라다, 꾸짖다
명 비평, 꾸지람

老师狠狠地批评了我们。 선생님은 아주 매섭게 우리를 꾸짖었다. → 동사 용법
被老师批评 선생님께 혼나다　批评了一顿 한바탕 나무라다　尖锐的批评 날카로운 비평

✪ **评价** píngjià (동+명) 명동 판단(하다), 평가(하다) ▶p.219

批准 pīzhǔn

批 pī 동 비준하다, 허가하다
准 zhǔn 동 허락하다

동 비준하다, 허가하다, 승인하다
명 비준, 허가, 승인

大会批准了他的请求。 총회는 그의 요구를 승인해 주었다. → 동사 용법
得到批准 허가를 얻다　批准请求 요구를 승인하다

336 平 píng

부수: 干 방패
방패(干)는 평평(平)하니까 '干'이 부수로 쓰였네요.

형 1 (사물이) 평평하다
2 (수량이나 상태 등이) 차이가 없이 고르다, 균등하다
平等 | **平衡** | **平均** | **水平**
3 안정되다, 평온하다 **平静** | **和平** | **一路平安**
4 보통의, 일상적인 **平常** | **平时**

平等 píngděng

平 píng 형 균등하다
等 děng 형 같다, 대등하다

형 평등하다, 대등하다

명 평등

父母要平等对待子女们。부모는 자녀들을 평등하게 대해야 한다. → 형용사 용법

男女平等 남녀평등　地位平等 지위가 대등하다　平等对待 평등하게 대하다

平衡 pínghéng

平 píng 형 균등하다
衡 héng 형 평평하다, 고르다 동 가늠하다, 따져보다

형 (사물이 한쪽으로 기울지 않고) 균형이 맞다

她的工资比别人低，心里很不平衡。그녀의 보수가 남들보다 적어서 마음이 편하지 않았다.

供求平衡 공급과 수요가 균형을 이루다　保持平衡 균형을 유지하다

✪ **衡量** héngliáng (동+동) 동 비교하다, 따지다, 평가하다

平均 píngjūn

平 píng 형 균등하다
均 jūn 형 균등하다, 균일하다

동 균등하게 하다, 고르게 하다

平均每次持续3－4天。매번 평균 3~4일을 지속한다.

平均每人100元 모든 사람이 100위안씩 균등하게 나누다　平均在90分以上 평균 90점 이상

✪ **均匀** jūnyún (형+형) 형 균등하다, 균일하다

水平 shuǐpíng

水 shuǐ 명 물
平 píng 형 균등하다

명 수준, 능력

你要参加本次的汉语水平考试吗? 너 이번 중국어능력시험(HSK)에 참가하니?

经济发展水平 경제 발전 수준　消费水平 소비 수준　提高汉语水平 중국어 수준을 향상시키다

平静 píngjìng

平 píng 형 안정되다, 평온하다
静 jìng 형 조용하다, 고요하다

형 (마음이) 평온하다, 차분하다, 여유롭다

她的心情十分平静。그녀의 마음은 몹시 평온하다.
心情平静 마음이 평온하다　保持平静 평온함을 유지하다

和平 héping　和 hé 형 조화롭다, 화목하다
平 píng 형 안정되다, 평온하다

명 평화
全世界人民都热爱和平。전 세계 사람들은 평화를 사랑한다.
热爱和平 평화를 사랑하다　维护世界和平 세계 평화를 지키다

一路平安 yílù píng'ān　一路 yílù 명 여정
平安 píng'ān 형 편안하다, 무사하다

성 가는 길이 편안하길 빌다 [먼 곳으로 떠나는 사람에게 쓰는 축복의 말]
我祝你一路平安。당신의 여정이 무사하길 빕니다.

平常 píngcháng　平 píng 형 보통의, 일상적인
常 cháng 형 보통이다

형 보통이다, 평범하다 [= 普通 pǔtōng ▶p.305]
명 평소 [= 平时 píngshí ▶p.303]
她今天打扮得很平常。그녀는 오늘 평범하게 꾸몄다. → 형용사 용법
我平常不抽烟。나는 평소 담배를 피우지 않는다. → 명사 용법

平时 píngshí　平 píng 형 보통의, 일상적인
时 shí 명 시기, 때

명 평상시, 평소
她今天取得的好成绩，都是平时努力的结果。
그녀가 오늘 좋은 성적을 취득한 것은 모두 평소에 노력한 결과이다.

337 破 pò

石 돌 + 皮 가죽
큰 돌(石)을 작게 깨뜨려서(破) 가축의 가죽(皮)을 벗겨요.

동 깨다, 파손되다 破产 | 破坏 | 打破

Day 20

破产 pòchǎn

破 pò 동 깨다, 파손되다
产 chǎn 명 재산, 생산품

동 파산하다, 도산하다

经济危机使许多企业宣布破产。 경제 위기는 수많은 기업이 파산을 선포하게 만들었다.

宣布破产 파산을 선포하다　银行破产 은행이 파산하다

✪ 产品 chǎnpǐn (명+명) 명 제품, 생산품

破坏 pòhuài

破 pò 동 깨다, 파손되다
坏 huài 동 망가지다

동 파괴하다, 훼손하다, 깨뜨리다

你的不诚实破坏了我们之间的友谊。 너의 솔직하지 못함이 우리 사이의 우정을 깨뜨렸다.

破坏家庭 가정을 파괴하다　破坏关系 관계를 깨뜨리다　遭到破坏 파괴를 당하다

打破 dǎpò

打 dǎ 동 치다
破 pò 동 깨다, 파손되다

동 (원래 있던 제한, 구속, 속박을) 타파하다, 깨다, 깨뜨리다

王明打破过两次世界纪录。 왕밍은 세계기록을 두 차례 깨뜨렸다.

打破传统观念 전통 관념을 깨다　打破世界新纪录 세계신기록을 깨다

시험 TIP 시험에 출제될 가능성이 높은 '打破'

'打破'는 시험에서 답으로 자주 출제되었던 단어입니다. 출제 가능성이 높으니 암기해 두세요.

338 迫 pò

辶 가다 + 白 희다
너무 자주 가서(辶) 그에게 강요하니(迫) 그의 얼굴이 하얗게(白) 질렸어요.

형 급박하다, 다급하다 **迫切**

동 강요하다 **强迫**

迫切 pòqiè

迫 pò 형 급박하다, 다급하다
切 qiè 형 급박하다, 다급하다

형 절박하다, 절실하다, 다급하다

他迫切盼望着回家过年。 그는 고향에 돌아가서 설을 쇠기를 간절히 바라고 있다.

迫切的心情 절박한 심정　迫切地要求 절박하게 요구하다

强迫 qiǎngpò

强 qiǎng 동 강제로 시키다, 강박하다
迫 pò 동 강요하다

동 강요하다, 강제로 시키다

妈妈强迫我学习英语。 엄마는 내게 영어를 공부하라고 강요한다.
强迫学生学习 학생들에게 공부하라고 강요하다　强迫别人接受 다른 사람에게 받아들이도록 강요하다

시험 TIP '强迫'의 문장 형식
'强迫'는 '주어+强迫+사람+동작……'의 형식으로 쓰여, 어떤 사람에게 어떤 행동을 할 것을 강요할 때 사용합니다.

Day 20

339 普 pǔ

並 나란하다 + 日 해
해(日) 위에 구름이 나란히(並) 두루두루(普) 덮여 있어요.

형 보편적이다, 일반적이다, 전반적이다 普遍 | 普通

普遍 pǔbiàn

普 pǔ 형 보편적이다, 전반적이다
遍 biàn 형 널리 퍼져 있다

형 보편적이다, 널리 퍼져 있다
부 보편적으로

住房难已成为普遍的社会问题。 주택난은 이미 보편적인 사회문제가 되었다. → 형용사 용법
普遍现象 보편적인 현상　普遍认为 보편적으로 생각하다　普遍关心 보편적으로 관심을 가지다

시험 TIP 다양한 품사의 '普遍'
'普遍'은 형용사 용법보다 동사 앞에서 동사를 수식하는 부사 용법이 자주 시험에 출제됩니다. 호응 관계를 외워 두세요.

普通 pǔtōng

普 pǔ 형 보편적이다, 일반적이다
通 tōng 형 공통적인, 보편적인

형 평범하다, 일반적이다, 보통이다

王教授就住在这所普通的平房里。 왕 교수님은 이 평범한 단층집에 사신다.
普通工人 평범한 노동자　普通楼房 평범한 집　普通话 표준 중국어

시험 TIP 시험에서 자주 출제되는 '普通'
'普通'은 HSK 지정단어는 아니지만, HSK 전반에 걸쳐서 자주 등장하는 단어이니 꼭 기억해 두세요.

340 奇 qí

大 크다 + 可 할 수 있다
나는 뭐든지 크게(大) 할 수 있는(可) 기이한(奇) 인물이에요.

형 기이하다, 보기 드물다, 평범하지 않다 **奇怪 | 奇迹**

➕ **奇特** qítè (형+형) 형 이상하고도 특별하다, 독특하다 | **奇观** qíguān (형+명) 명 기이한 풍경

奇怪 qíguài

奇 qí 형 기이하다, 보기 드물다
怪 guài 형 괴상하다

형 이상하다, 묘하다, 괴상하다

我当时就觉得他有点奇怪。 나는 당시에 그가 조금 이상하다고 생각했다.
发型奇怪 헤어스타일이 기이하다　奇怪的现象 기이한 현상

奇迹 qíjì

奇 qí 형 기이하다, 보기 드물다
迹 jì 명 발자취, 흔적

명 기적

她的成功真是个奇迹。 그녀의 성공은 진짜 기적이다.
创造奇迹 기적을 만들다　出现奇迹 기적이 나타나다

시험 TIP '迹'의 쓰임
奇迹의 '迹'자가 들어간 HSK 6급 필수 어휘 중 아래 두 단어도 함께 암기해 두세요.
痕迹 hénjì 명 흔적, 자취 | 踪迹 zōngjì 명 종적, (발)자취

341 签 qiān

竹 대나무 + 佥 모두
옛날에는 종이 대신 대나무(竹)에 모두(佥)들 서명을 했죠(签).

명 대나무를 깎아서 만든 가는 막대기
동 서명하다, 사인하다 **签证 | 签字**

➕ **牙签** yáqiān (명+명) 명 이쑤시개 | **书签** shūqiān (명+명) 명 책갈피 | **标签** biāoqiān (명+명) 명 상표, 라벨, 꼬리표

签证 qiānzhèng

签 qiān 동 서명하다, 사인하다
证 zhèng 명 증거, 증명서

명 비자

동 입국을 허가하다

他去美国的签证还没办下来呢。 그는 미국에 가는 비자가 아직 안 나왔다 → 명사 용법

시험 TIP 단어plus 비자(签证)와 여권(护照)

'签证'을 알았으니 '여권'도 함께 알아 볼까요? 여권은 '护照 hùzhào'라고 합니다. 듣기 시험에 자주 출제되는 단어이니 함께 알아 두세요.

✪ **证件** zhèngjiàn (명+명) 명 증서, 증명서 ▶p.457

签字 qiānzì

签 qiān 동 **서명하다, 사인하다**
字 zì 명 **문자, 글자**

동 서명하다, 사인하다 [= 签名 qiānmíng]

这次考试需要家长在试卷上签字。 이번 시험은 학부모가 시험지에 사인을 해야 한다.

✪ **字幕** zìmù (명+명) 명 자막

342 强 qiáng

弓 활 + 虽 비록
활(弓)은 비록(虽) 휘어지긴 하지만 강하조(强).

형 1 (힘이) 강하다, 세다 **强调** | **强烈**
2 (감정이나 의지가) 강하다, 굳세다 **坚强** ▶p.220
3 우월하다, 좋다 [비교문에 쓰임]

✚ **加强** jiāqiáng (동+형) 동 강화하다, 보강하다 | **强大** qiángdà (형+형) 형 강대하다 | **强国** qiángguó (형+명) 명 강대국 | **强壮** qiángzhuàng (형+형) 형 (몸이) 튼튼하다, 건장하다

▶참고 여러 가지로 발음되는 '强'

'强'에는 'qiáng' 외에 'qiǎng(강제로 하다)'과 'jiàng(고집스럽다)'의 용법이 있습니다.

强调 qiángdiào

强 qiáng 형 **강하다, 세다**
调 diào 명 **억양, 어조**

동 강조하다

一味强调学习的重要性，可能会使孩子产生心理压力。
오로지 학습의 중요성만 강조한다면, 아이들에게 심리적 스트레스가 생기게 될 것이다.

一再强调 재차 강조하다 强调安全 안전을 강조하다

强烈 qiángliè

强 qiáng 형 강하다, 세다
烈 liè 형 (강도나 힘이) 세다, 크다

형 강렬하다, 세차고 강하다

这一事件引起社会各界的强烈的反响。 이 사건은 사회 각계의 강한 반향을 일으켰다.

强烈的愿望 강렬한 염원　强烈要求 강렬히 요구하다

343 巧 qiǎo

工 장인 + 丂 솜씨가 있다
'丂'는 '巧'의 옛날 글자로, 장인(工)이 물건을 정교(丂)하게 만듦을 뜻해요.

형 1 (학문, 견해, 기술, 솜씨 등이) 뛰어나다, 빼어나다 **巧妙**
2 (우연한 기회 또는 사실과) 마주치다, 공교롭다

명 기술, 재주, 기교 **技巧**

➕ **来得真巧** lái de zhēn qiǎo (동+조+부+형) 때마침 잘 왔다 | **熟能生巧** shú néng shēng qiǎo (동+조동+동+명) 성 익숙해지면 요령이 생긴다

巧妙 qiǎomiào

巧 qiǎo 형 뛰어나다, 빼어나다
妙 miào 형 정교하다, 아름답다

형 (방법이나 기술이) 훌륭하다, 기막히다

这篇文章的构思非常巧妙。 이 글의 구상은 매우 훌륭하다.

设计巧妙 디자인이 훌륭하다　方法巧妙 방법이 기막히다

시험 TIP 주의하세요! '巧妙'의 의미

'巧妙'를 한자 독음대로 읽으면 '교묘'입니다. 우리말의 '교묘하다'와 같은 의미의 단어라고 생각하면 절대 안 됩니다! '巧妙'는 '훌륭하다', '기가 막히게 뛰어나다'라는 의미입니다. 꼭 기억해 두세요.

▶참고 단어plus 巧克力

'巧'로 시작하는 외래어를 하나 알아볼까요? 초콜릿을 중국어로 '巧克力 qiǎokèlì'라고 한답니다.

技巧 jìqiǎo

技 jì 명 능력, 재능, 기술
巧 qiǎo 명 기술, 기교

명 기교, 요령, 테크닉

这一年来他的绘画技巧有了很大的进步。 요 1년 동안 그의 회화 테크닉이 매우 향상되었다.

掌握技巧 요령을 숙달하다　沟通技巧 소통의 기술　理财技巧 재테크 요령

344 亲 qīn

'맵다'라는 글자 '辛' 옆으로 점이 2개 있는 형상
매운(辛) 음식은 둘이서 사이 좋게(亲) 먹어야 하죠.

명 부모, 혈통, 친척 亲戚
형 (관계나 감정이) 가깝다, 사이가 좋다 亲爱 | 亲切
부 직접, 몸소 亲自

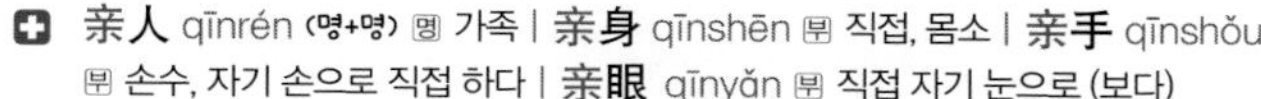
➕ 亲人 qīnrén (명+명) 명 가족 | 亲身 qīnshēn 부 직접, 몸소 | 亲手 qīnshǒu 부 손수, 자기 손으로 직접 하다 | 亲眼 qīnyǎn 부 직접 자기 눈으로 (보다)

亲戚 qīnqi

亲 qīn 명 부모, 혈통, 친척
戚 qī 명 친척

명 친척

听说你有亲戚在中国？ 듣자 하니 너 중국에 친척이 있다며?

시험 TIP 远亲不如近邻
우리는 흔히 '먼 친척은 가까운 이웃만 못하다'라고 하는데, 중국어로는 '远亲不如近邻'이라고 합니다.

亲爱 qīn'ài

亲 qīn 형 가깝다, 사이가 좋다
爱 ài 동 사랑하다

형 친애하는, 사랑하는

亲爱的爸爸，我很想念您。 사랑하는 아빠, 정말 보고 싶어요.

亲切 qīnqiè

亲 qīn 형 가깝다, 사이가 좋다
切 qiè 형 가깝다, 밀접하다

형 친근하다, 밀접하다

他的脸上露出了亲切的微笑。 그의 얼굴에 친근한 미소가 지어졌다.
关系亲切 관계가 밀접하다 亲切的微笑 친근한 미소

亲自 qīnzì

亲 qīn 부 직접, 몸소
自 zì 부 스스로, 몸소, 저절로 대 자기, 자신

부 직접, 스스로, 몸소

很多事情应该让孩子亲自解决。 많은 일들을 아이가 직접 해결하도록 해야 한다.

✪ 自己 zìjǐ (대+대) 대 자기, 자신 | 自行车 zìxíngchē (부+동+명) 명 자전거

345 勤 qín

堇 진흙 + 力 힘
진흙(堇)으로 물건을 만들려면 힘(力)을 들여 부지런히(勤) 일해야 해요.

형 부지런하다, 근면하다 **勤奋 | 勤劳**

勤奋 qínfèn

勤 qín 형 **부지런하다, 근면하다**
奋 fèn 동 **분발하다, 진작하다**

형 (일이나 공부를) 매우 열심히 하다, 근면하다 [= **努力** nǔlì]

我哥哥曾经是一个勤奋的学生。 우리 오빠는 예전에 근면한 학생이었다.

工作勤奋 일을 열심히 하다　勤奋好学 근면하고 배우기 좋아하다

시험 TIP **암기하세요! '勤奋'**

5급 듣기에서 '**工作勤奋**'이 녹음에 나오고, 정답으로 '**工作努力**'가 제시된 적이 있습니다. 동의어 '**勤奋**'과 '**努力**'는 함께 공부해 두세요.

✪ **奋斗** fèndòu (동+동) 동 (목적을 위해) 매우 노력하다, 분투하다

勤劳 qínláo

勤 qín 형 **부지런하다, 근면하다**
劳 láo 동 **노동하다**

형 (고생을 두려워하지 않고) 부지런히 일하다, 근면하다

我觉得韩国人非常勤劳。 나는 한국인이 굉장히 근면하다고 생각한다.

✪ **劳动** láodòng (동+동) 명동 일(하다), 노동(하다) ▶p.257

346 轻 qīng

부수: 车 차
차(车)는 가벼워야(轻) 잘 나가요.

형 1 (무게, 비중, 수량이) 가볍다, 작다 **减轻** ▶p.222
　2 수월하다, 홀가분하다 **轻松 | 轻易**

동 경시하다 **轻视**

轻松 qīngsōng

轻 qīng 형 수월하다, 홀가분하다
松 sōng 형 느슨하다, 헐겁다

형 수월하다, 편안하다, 홀가분하다

作为家长，应该让孩子轻松愉快地学习。
부모로서 아이들이 편안하고 유쾌하게 공부하도록 해야 한다.

轻松愉快 편안하고 유쾌하다　心情很轻松 마음이 편안하다
工作轻松 일이 수월하다

轻易 qīngyì

轻 qīng 형 수월하다, 홀가분하다
易 yì 형 쉽다

부 함부로, 쉽사리, 마음대로, 마구

他从来不轻易发表意见。 그는 이제껏 함부로 의견을 발표한 적이 없다.
你不能轻易相信别人。 남을 쉽게 믿어서는 안 된다.
轻易放弃 쉽사리 포기하다　轻易下结论 쉽사리 결론을 내리다

참고 '轻易'와 부정부사 '不'

'轻易'는 부정부사 '不'와 함께 쓰일 경우, '不轻易……'와 '轻易不……'의 어순이 모두 가능합니다. 의미는 '함부로 ~하지 않다', '좀처럼 ~하지 않다'로 비슷하며, '不轻易……'를 좀 더 많이 사용합니다.

轻视 qīngshì

轻 qīng 동 경시하다
视 shì 동 보다

동 경시하다, 얕보다, 가볍게 보다 [= 看不起 kàn buqǐ]

即使是成功的人，也不应该轻视他人。 설령 성공한 사람이라 할지라도 타인을 경시해서는 안 된다.
轻视名利 명예와 이익을 경시하다　不可轻视 경시할 수 없다

347 清 qīng

氵 물 + 青 푸르다
물(氵)이 푸른색(青)을 띠면 깨끗하고 맑다(清)는 의미죠.

형 1 (액체나 기체가) 맑다, 깨끗하다 清淡
2 분명하다, 또렷하다 清楚

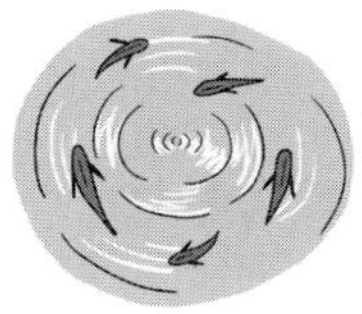

➕ 清晨 qīngchén (형+명) 명 새벽녘, 이른 아침 | 清醒 qīngxǐng (형+동) 형 (의식이나 정신을) 차리다, 깨어나다

清淡 qīngdàn

清 qīng 형 맑다, 깨끗하다
淡 dàn 형 싱겁다, 연하다

형 1 (색이) 연하다
2 (음식이) 담백하다

我觉得日本料理比较清淡。 나는 일본 음식이 비교적 담백하다고 생각한다. → 형용사2 용법
清淡的食物 담백한 음식　颜色清淡 색깔이 연하다

清楚 qīngchu

清 qīng 형 분명하다, 또렷하다
楚 chǔ 형 선명하다, 또렷하다

형 뚜렷하다, 분명하다, (판단이) 명석하다
동 이해하다, 알다

你说得不清楚。 네 말은 분명하지가 않다. → 형용사 용법
我也不清楚他为什么要这样做。 나도 그가 왜 이렇게 하려는지 잘 모르겠다. → 동사 용법
记得清清楚楚 아주 뚜렷이 기억하다　头脑清楚 머리가 명석하다

348 情 qíng

忄 마음 + 青 푸르다
마음(忄)이 차가운(=파랗다, 青) 사람도 감정(情)은 있어요.

명 1 감정, 정, 애정 **情绪**
2 (일의) 사정, 상황, 정황 **情景** | **情况**

+ **爱情** àiqíng (동+명) 명 남녀 간의 사랑, 애정 | **表情** biǎoqíng (명+명) 명 (얼굴) 표정 ▶p.85 | **病情** bìngqíng (명+명) 명 병세 | **感情** gǎnqíng (동+명) 명 감정 ▶p.168 | **事情** shìqing (명+명) 명 일, 사건 | **同情** tóngqíng (형+명) 동 동정하다 | **心情** xīnqíng (명+명) 명 심정, 마음 ▶p.396

情绪 qíngxù

情 qíng 명 감정, 정
绪 xù 명 기분, 정서

명 정서, 기분, 감정

情绪冲动时，最容易犯错误。 감정이 복받쳐 올랐을 때 가장 실수를 하기 쉽다.
情绪稳定 정서가 안정되다　控制情绪 기분을 억제하다

참고 '情绪'의 의미
'情绪'는 어떤 활동을 통해 만들어지는 심리 상태로, 주로 남들이 겉으로 봐서 알아차릴 수 있는 감정을 뜻합니다.

情景 qíngjǐng

情 qíng 명 **상황, 정황**
景 jǐng 명 **풍경, 배경, 상황**

명 (구체적인 장소에서의) 상황, 정경, 모습

我还清楚地记得当年的情景。나는 아직도 그 당시의 상황을 또렷이 기억한다.

当时的情景 당시의 상황　熟悉的情景 익숙한 정경

情况 qíngkuàng

情 qíng 명 **상황, 정황**
况 kuàng 명 **상황, 사정**

명 상황, 정황

有紧急情况请立即告诉我。긴급한 상황이 생기면 즉시 나에게 알려 줘.

经济情况 경제 상황　真实的情况 진실된 상황　情况严重 상황이 심각하다

349 请 qǐng

부수: 讠 말씀
말(讠)로 청하니, 청할 청(请)이죠.

동 1 청하다, 부탁하다 **申请** | **请求** ▶p.315
2 (남을) 초청하다, 초빙하다 **邀请**

➕ **请假** qǐngjià (동+명) 동 휴가를 신청하다, 휴가를 내다 | **请教** qǐngjiào (동+동) 동 지도를 부탁하다, 가르침을 청하다 | **请客** qǐngkè (동+명) 동 초대하다, 한턱내다

申请 shēnqǐng

申 shēn 동 **설명하다**
请 qǐng 동 **청하다, 부탁하다**

동 (상급자, 관련 부서에 어떤 것을) 신청하다, 요구하다
명 신청

今年年初我的申请已得到批准。 올해 연초에 내가 한 신청이 허가를 얻어 냈다. → 명사 용법

申请入学 입학을 신청하다　申请奖学金 장학금을 신청하다　批准申请 신청을 허가하다

邀请 yāoqǐng

邀 yāo 동 **초청하다, 초대하다**
请 qǐng 동 **초청하다, 초빙하다**

동 초청하다, 초대하다
명 초청, 초대

学校邀请他去参加文艺活动。 → 동사 용법
학교는 그에게 문예 활동에 참가해 달라고 초청했다.

邀请代表团 대표단을 초청하다　邀请专家 전문가를 초청하다
接受邀请 초청을 받아들이다

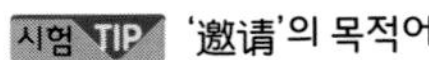

'邀请'의 목적어

'邀请'은 누군가를 초청해서 어떤 활동을 해 달라고 요청하는 것입니다. 따라서 주로 '누가 무엇을 하다'라는 주술 구조를 목적어로 가집니다.

350 求 qiú

부수: 氺 물
옛날에는 식수(氺)를 구하기가(求) 매우 힘들었어요.

동 (어떤 일을 해 달라고 간곡하게) 청하다, 부탁하다, 추구하다, 요구하다

请求 | 要求 | 征求 | 追求

请求 qǐngqiú

请 qǐng 동 청하다, 부탁하다
求 qiú 동 청하다, 부탁하다

동 요구하다, 부탁하다

명 요구, 부탁

他向警察请求帮助。 그는 경찰에게 도움을 청했다. → 동사 용법

拒绝请求 부탁을 거절하다　诚恳地请求 간절하게 부탁하다

要求 yāoqiú

要 yāo 동 구하다, 요구하다
求 qiú 동 청하다, 요구하다

명 요구, 요청

동 요구하다, 요청하다

你有什么要求可以提出来。 너 무슨 요구가 있으면 말해도 돼. → 명사 용법

要求赔偿 배상을 요구하다　符合要求 요구에 부합하다

征求 zhēngqiú

征 zhēng 동 구하다, 모집하다
求 qiú 동 청하다, 요구하다

동 (서면이나 구두로 의견 등을) 구하다

我已经征求过大家的意见了。 나는 이미 모두의 의견을 구했다.

征求意见 의견을 구하다　征求看法 견해를 구하다

시험 TIP 搭配로 외우는 '征求'

'征求意见(의견을 구하다)'은 HSK 5급 시험에 종종 출제되는 호응 관계입니다. 꼭 암기해 두세요.

追求 zhuīqiú

追 zhuī 동 뒤쫓다, 추구하다
求 qiú 동 추구하다

동 1 (목적에 도달하기 위해) 추구하다
　2 (이성에게) 구애하다

每个人都有自己所追求的理想。 모든 사람은 자신이 추구하는 이상이 있다. → 동사1 용법
追求完美 완벽을 추구하다　追求幸福 행복을 추구하다

351 缺 quē

缶 항아리 모양 + 夬 터지다
항아리(缶)가 터져서(夬) 결함(缺)이 생겼어요.

동 (물건 또는 사람이) 부족하다, 모자라다 缺点 | 缺乏 | 缺少

缺点 quēdiǎn

缺 quē 동 부족하다
点 diǎn 명 방면, 부분, 간식

명 결점, 단점

一个人总是有缺点的。 사람은 항상 단점이 있기 마련이다.
指出缺点 결점을 지적하다　改正缺点 단점을 고치다

✪ 点心 diǎnxin (명+명) 명 (과자류의) 간식

缺乏 quēfá

缺 quē 동 부족하다, 모자라다
乏 fá 동 모자라다, 부족하다

동 (있어야 하는 것이) 부족하다, 모자라다, 결핍되다 [= 缺少 quēshǎo ▶p.316]

这次试验由于我们缺乏经验，所以失败了。
이번 실험은 우리가 경험이 부족해서 실패했다.
缺乏人力 인력이 부족하다　缺乏经验 경험이 부족하다
缺乏自信 자신감이 부족하다

缺少 quēshǎo

缺 quē 동 부족하다, 모자라다
少 shǎo 동 모자라다, 결핍되다

동 (사람이나 물건의 수량이) 부족하다, 모자라다

她们缺少与别人沟通的能力。 그녀들은 다른 사람과 의사소통하는 능력이 부족하다.
缺少人手 일손이 부족하다　缺少资金 자금이 부족하다

시험 TIP 유의어 비교 '缺少'와 '缺乏'

'缺乏'와 '缺少'는 동의어입니다. 다만 '缺乏'가 좀 더 추상적이고 서면어의 색채가 강합니다. '缺少'는 수량이 부족함을 좀 더 강조하지요. 두 단어의 목적어는 '~이/가'로 해석되니 주의하세요.

352 确 què

石 돌 + 角 뿔
사람은 돌(石)과 뿔(角)처럼 의지가 확고해야(确) 해요.

형 확실하다, 진실하다 **确定**
부 확실히, 분명히 **确认** | **确实** | **的确**

确定 quèdìng

确 què 형 확실하다
定 dìng 동 정하다

동 (변동이 없도록) 확정하다, 확실하게 정하다
형 분명하다, 확실하다

我暂时还不能确定放假的时间。 나는 당분간은 휴가 때를 확정할 수 없다. → **동사 용법**
我需要的是确定的答复。 내가 필요한 것은 명확한 대답이다. → **형용사 용법**
确定目标 목표를 확정하다　确定的答复 명확한 대답

确认 quèrèn

确 què 부 확실히, 분명히
认 rèn 동 식별하다, 분간하다, 승인하다

동 (사실이나 원칙을) 확인하다, 확실하게 알아보다

这是真品，已经有专家确认过了。 이것은 진품으로 이미 전문가가 확인했다.
确认人数 인원수를 확인하다　确认身份 신분을 확인하다

确实 quèshí

确 què 부 확실히, 분명히
实 shí 형 진실하다

부 확실히, 정말로 [= **的确** díquè ▶p.317]
형 확실하다, 틀림없다

这件事确实不是那么简单。 이 일은 확실히 그리 간단하지 않다. → **부사 용법**
他已经找到了确实的证据。 그는 이미 확실한 증거를 찾았다. → **형용사 용법**
确实如此 확실히 이러하다　确实的证据 확실한 증거

的确 díquè

的 dí 부 정말로, 확실히
确 què 부 확실히, 분명히

부 확실히, 분명히

我面对这些问题，的确没有办法。 나는 이런 문제들에 직면해서는 정말 방법이 없다.

시험 TIP 다양한 발음의 '的'

'的确'의 '的'는 'de'가 아닌, 'dí'라고 발음하는 것에 유의하세요.

353 热 rè

执 잡다 + 灬 불

불(灬)을 손으로 잡으면(执) 뜨거워요(热).

형 1 (온도가) 높다, 뜨겁다

2 (애정이) 깊다, (관계가) 친밀하다, (분위기나 마음이) 뜨겁다

热爱 | 热烈 | 热闹 | 热情 | 热心

3 환영을 받다, 인기가 있다

동 (음식물 등을) 가열하다, 데우다

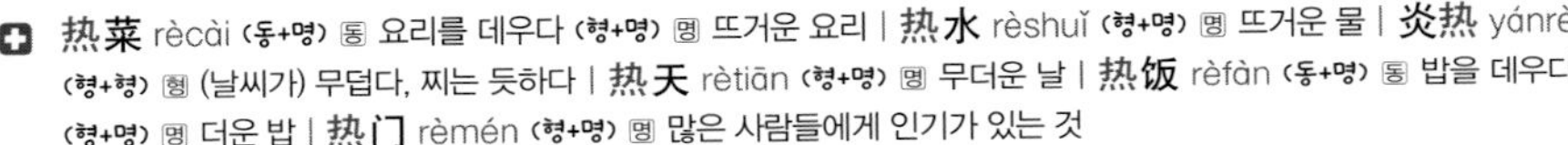

➕ **热菜** rècài (동+명) 동 요리를 데우다 (형+명) 명 뜨거운 요리 | **热水** rèshuǐ (형+명) 명 뜨거운 물 | **炎热** yánrè (형+형) 형 (날씨가) 무덥다, 찌는 듯하다 | **热天** rètiān (형+명) 명 무더운 날 | **热饭** rèfàn (동+명) 동 밥을 데우다 (형+명) 명 더운 밥 | **热门** rèmén (형+명) 명 많은 사람들에게 인기가 있는 것

热爱 rè'ài

热 rè 형 (애정이) 깊다

爱 ài 동 사랑하다

동 매우 사랑하다

他十分热爱自己的工作。 그는 자신의 일을 매우 사랑한다.

热爱祖国 조국을 매우 사랑하다　热爱工作 일을 매우 사랑하다　热爱生活 생활을 매우 사랑하다

✪ **爱人** àiren (동+명) 명 남편 또는 아내 [배우자를 가리킴] | **爱好** àihào (동+동) 명 취미

热烈 rèliè

热 rè 형 (분위기나 마음이) 뜨겁다

烈 liè 형 (강도나 힘이) 세다, 크다

형 (감정이나 장면이) 열렬하다, 뜨겁다

부 열렬히

体育代表团回到北京，受到热烈的欢迎。 → 형용사 용법

스포츠 대표단은 베이징에 돌아와서 열렬한 환영을 받았다.

热烈欢迎 열렬히 환영하다　热烈的掌声 뜨거운 박수 소리

热闹 rènao

热 rè 형 (분위기가) 뜨겁다

闹 nào 형 떠들썩하다

형 (장소가) 떠들썩하다, 활기차다, 번화하다

명 활기찬 광경, 떠들썩한 모습

街上热闹极了。 거리가 무척 활기차다. → 형용사 용법

商店热闹 상점이 활기차다 凑热闹 함께 어울려 떠들썩하게 놀다 热闹的场面 떠들썩한 장면

热情 rèqíng

热 rè 형 (관계가) 친밀하다, (마음이) 뜨겁다
情 qíng 명 감정, 애정

형 마음이 따뜻하다, (태도가) 친절하다

명 열정

我在中国留学的那些日子里，中国人都对我很热情。 → 형용사 용법
내가 중국에서 유학하던 나날 동안 중국인들은 나에게 매우 친절했다.

热情好客 마음이 따뜻하고, 손님 접대를 좋아하다 热情招待 친절하게 대접하다 工作热情 업무 열정

시험 TIP 다양한 의미의 '热情'

'热情'은 한자 독음대로 '열정'이라는 뜻도 가지고 있지만, 주로 사람을 대할 때 '따뜻한 마음으로 대하다', '친절하다'라는 의미로 많이 쓰입니다. '热情'의 다양한 의미를 잘 외워 두세요.

热心 rèxīn

热 rè 형 (마음이) 뜨겁다
心 xīn 명 마음

형 친절하다, (마음이) 따뜻하다

동 열심이다, 적극적이다

售货员热心地向他介绍商品。 판매원은 그에게 친절하게 상품을 소개했다. → 형용사 용법

热心人 마음이 따뜻한 사람 热心帮助 친절하게 돕다

시험 TIP 유의어 비교 '热心'과 '热情'

'热心'과 '热情'은 모두 '친절하다', '따뜻한 마음으로 상대방을 대하다'라는 의미를 가지고 있습니다. 다만 '마음이 따뜻한 사람'이라고 말할 때는 '热情人'이 아닌, '热心人'이라고 해야 합니다.

354 忍 rěn

刃 칼날 + 心 마음
마음(心)에 칼날(刃)을 품으며 꾹 참고 인내하지요(忍).

동 참다, 인내하다 忍不住 | 忍耐

忍不住 rěnbuzhù

忍 rěn 동 참다, 인내하다
不 bù 부 [부정을 나타냄]
住 zhù 동 [고정의 어감을 나타내는 보어로 쓰임]

동 참을 수 없다, 억누르지 못하다

看见分别多年的姐姐，他的眼泪忍不住掉了下来。
오랫동안 헤어졌던 누나를 보자, 그는 참지 못하고 눈물을 흘렸다.

시험 TIP '忍不住'의 문장 형식

'忍不住'는 단독으로 술어로 쓰이기도 하지만, '忍不住+동사'의 형식으로 쓰여 '~하는 것을 참을 수 없다', '참지 못하고 ~하다'라는 의미를 강조하기도 합니다.

忍耐 rěnnài

忍 rěn 동 참다, 인내하다
耐 nài 동 참다, 견디다

동 인내하다, 참다

他得了重感冒，但还是忍耐着继续工作。 그는 심한 감기에 걸렸지만 그래도 참으며 계속 일을 한다.

忍耐力 인내력　忍耐着痛苦 고통을 인내하고 있다

355 荣 róng

艹 풀 + 冖 덮다 + 木 나무
풀(艹)로 나무(木)를 덮으니(冖) 초목이 무성해요(荣).

동 (초목이) 무성하다

형 1 영광스럽다, 영예롭다 荣幸 | 荣誉
2 흥성하다, 번성하다 繁荣

荣幸 róngxìng

荣 róng 형 영광스럽다
幸 xìng 형 행운이다, 행복하다

형 영광스럽다

见到您，我感到非常荣幸。 당신을 뵙게 되어 저는 매우 영광입니다.

✪ 幸运 xìngyùn (형+명) 형 운이 좋다, 행운이다 명 행운 ▶p .408

荣誉 róngyù

荣 róng 형 영예롭다
誉 yù 명 명성, 명예

명 명예, 영예

他获得了科技界的最高荣誉。그는 과학 기술계의 제일 높은 명예를 얻었다.
荣誉学位 명예 학위　祖国的荣誉 조국의 명예

繁荣 fánróng

繁 fán 형 많다, 번잡하다
荣 róng 형 흥성하다, 번성하다

형 번영하다, 번창하다

纽约是美国最为繁荣的城市之一。뉴욕은 미국에서 가장 번영한 도시 가운데 하나이다.
繁荣时期 번영 시기　市场繁荣 시장이 번창하다

Day 21

356 容 róng

宀 집 + 谷 곡식
집(宀) 안에 곡식(谷)이 많으면 얼굴(容)이 활짝 펴져요.

명 용모, (얼굴의) 표정
동 받아들이다, 포함하다 宽容 | 从容

➕ 容器 róngqì (동+명) 명 용기, 그릇 | 整容 zhěngróng (동+명) 동 얼굴을 성형하다 | 笑容 xiàoróng (동+명) 명 웃는 얼굴 | 容易 róngyì (동+형) 형 쉽다, 용이하다 부 ~하기 쉽다 | 内容 nèiróng (명+동) 명 내용

宽容 kuānróng

宽 kuān 형 넓다
容 róng 동 받아들이다

동 관용하다, 너그럽게 받아들이다

宽容是最美丽的一种情感，我们要学会宽容。관용은 가장 아름다운 감정으로, 우리는 관용을 배워야 한다.

从容 cóngróng

从 cóng 동 따르다, 순종하다
容 róng 동 받아들이다

형 (태도가) 침착하다, 조용하다, (시간이나 경제적으로) 여유가 있다

他做什么事都是那么从容自如。그는 무슨 일을 하든지 항상 침착하고 태연하다.

357 融 róng

鬲 가마솥 + 虫 벌레
가마솥(鬲)에 벌레(虫)를 넣고 끓여서 녹여요(融).

동 1 녹다, 풀리다 **融化**
2 융합하다, 화합하다 **融合** | **融洽**
3 유통하다 **金融**

融化 rónghuà

融 róng 동 녹다, 풀리다
化 huà 동 변하다, 녹다

동 (얼음, 눈이) 녹다, 융해되다

春天来了，小河里的冰逐渐融化了。 봄이 오자 개울가의 얼음이 점점 녹았다.

融合 rónghé

融 róng 동 융합하다, 화합하다
合 hé 동 합치다

동 융합하다

共同的理想把他们俩的心紧紧融合在一起。 공통의 이상이 그들 둘의 마음을 단단히 함께 융합했다.

融洽 róngqià

融 róng 동 융합하다, 화합하다
洽 qià 동 의논하다, 화목하다

동 사이가 좋다, 조화롭다

他很快就适应了新环境，和同学们相处得非常融洽。
그는 새로운 환경에 매우 빨리 적응해서, 학급 친구들과 매우 사이 좋게 지냈다.

关系融洽 관계가 조화롭다　感情融洽 감정이 좋다

金融 jīnróng

金 명 자금
融 동 유통하다

명 금융

最近，金融市场不景气，股票跌得厉害。 최근 금융 시장이 불경기라 주가가 굉장히 심하게 떨어졌다.

金融危机 금융 위기, 외환 위기　金融机构 금융 기관

358 沙 shā

氵 물 + 少 적다
물(氵)이 적은(少) 곳에는 모래(沙)가 많기 마련이죠.

명 모래 沙漠 | 沙滩

➕ 风沙 fēngshā (명+명) 명 바람과 함께 날리는 모래 |
沙发 shāfā 명 소파 | 沙子 shāzi (명+접미) 명 모래

沙漠 shāmò

沙 shā 명 모래
漠 mò 명 사막

명 사막

中国西部地区有很多沙漠。 중국 서부지역에는 사막이 매우 많다.

沙滩 shātān

沙 shā 명 모래
滩 tān 명 모래사장

명 모래톱, 백사장

我喜欢躺在沙滩上晒太阳。 나는 백사장에 누워서 일광욕하는 것을 좋아한다.
安静的沙滩 조용한 백사장　沙滩的面积 백사장의 면적

359 善 shàn

羊 양 + 䒑(艹) 풀 + 口 입
양(羊)처럼 풀(䒑)을 입(口)으로 먹는 동물은 성격이 착해요(善).

형 1 선량하다, 착하다 善良
2 양호하다, 좋다, 훌륭하다 改善 ▶p.164 | 完善 ▶p.373
동 (어떤 일에) 능하다, 뛰어나다 善于

善良 shànliáng

善 shàn 형 선량하다, 착하다
良 liáng 형 좋다, 훌륭하다

형 선량하다, 착하다

那么善良的人，怎么会杀人？ 그렇게 착한 사람이 어떻게 살인을 해?
心地善良 마음이 착하다　善良的性格 선량한 성격

✪ 良好 liánghǎo (형+형) 형 좋다, 양호하다

善于 shànyú

善 shàn 동 능하다, 뛰어나다
于 yú 개 ~에

동 ~를 잘하다, ~에 능숙하다

他很善于把握时机。 그는 시기를 잘 잡는다.

善于写作 글쓰기에 능하다　善于交际 교제에 능하다

시험 TIP '善于'의 목적어

'善于'는 일반적으로 뒤에 동사를 목적어로 가집니다. 위의 호응 구문을 함께 외우며 공부해 두세요.

360 设 shè

讠 말씀 + 殳 몽둥이
아이가 말(讠)을 듣지 않으면 몽둥이(殳)를 드는 방법까지 생각해야죠(设).

동 1 설치하다, 배치하다 **设备**
　2 방법을 생각하다, 계획하다 **设计**

设备 shèbèi

设 shè 동 설치하다, 배치하다
备 bèi 동 갖추다, 설비하다

명 설비, 시설

동 갖추다, 설비하다

设备太落后，影响生产效率。 설비가 너무 노후하면 생산 효율에 영향을 준다. → 명사 용법

安装设备 설비를 설치하다　医疗设备 의료 설비

设计 shèjì

设 shè 동 계획하다
计 jì 동 계획하다, 꾸미다

명 설계, 디자인

동 설계하다, 디자인하다

经过大家的努力，新式服装设计出来了。 여러분의 노력으로 새 의류 디자인이 나왔습니다. → 명사 용법

设计家具 가구를 디자인하다　精美的设计 정교하고 아름다운 디자인

✪ **计划** jìhuà (동+동) 명동 계획(하다) ▶p.213

361 射 shè

身 몸 + 寸 마디

몸(身)을 집중하여 손가락 마디마디(寸)로 화살을 잡고 쏴요(射).

동 1 쏘다, 발사하다 **射击**

2 (빛, 열, 전파를) 발산하다, 쏘다 **辐射** | **照射**

射击 shèjī

射 shè 동 **쏘다**
击 jī 동 **공격하다**

동 사격하다

명 사격 (경기)

他不停地对着目标射击着。 그는 멈추지 않고 목표물에 대고 사격하고 있다. → **동사 용법**

辐射 fúshè

辐 fú 명 **바퀴살**
射 shè 동 **발산하다**

동 1 (중심에서 여러 방향으로) 복사하다, 방사하다

2 (전자파 등이) 사방으로 방출되다

电磁辐射具有潜在的健康危害。 전자파 방출은 잠재적인 건강 상의 위험을 가지고 있다. → **동사2 용법**

照射 zhàoshè

照 zhào 동 **비추다**
射 shè 동 **발산하다**

동 비치다, 비추다, 쪼이다

夏天在日光下照射的时间太长会损害皮肤。

여름에 햇빛 아래에서 빛을 쪼이는 시간이 너무 길면 피부가 손상될 수 있다.

362 身 shēn

身 아기를 가진 여자의 모습을 본뜬 글자

명 1 몸, 신체 **身材**

2 지위, 신분 **身份**

3 물체의 중요 부분, 몸통

➕ **本身** běnshēn (형+명) 명 그 자신, 그 자체, 본인 | **浑身** húnshēn (형+명) 명 온몸, 전신 | **终身** zhōngshēn (형+명) 명 일생, 평생 | **车身** chēshēn (명+명) 명 차체

身材 shēncái

身 shēn 명 몸, 신체
材 cái 명 (사람의) 자질, 소질

명 몸매, 체격

她非常羡慕身材苗条的人。 그녀는 몸매가 날씬한 사람을 매우 부러워한다.

身材矮小 체격이 작다　苗条的身材 날씬한 몸매

身份 shēnfèn

身 shēn 명 지위, 신분
份 fèn 명 지위, 위치

명 신분, 지위, 품위 [=身分 shēnfèn]

他是以记者的身份来中国访问的。 그는 기자 신분으로 중국을 방문한 것이다.

身份平等 신분이 평등하다　身份证 신분증　学生身份 학생 신분

363 深 shēn

氵물 + 罙 점점
물(氵)속으로 점점(罙) 들어가면 깊어지죠(深).

형 깊다 深刻

深刻 shēnkè

深 shēn 형 깊다
刻 kè 형 (정도가) 심하다

형 (인상, 느낌, 감상, 체험 등이) 깊다

中国给我留下了很深刻的印象。 중국은 나에게 깊은 인상을 남겼다.

深刻的认识 깊은 인식

시험 TIP 표현plus '~에게 ~한 인상을 남기다'

'주어+给+대상+留下了……的印象'은 '~에게 ~한 인상을 남기다'라는 구문입니다. 5급 쓰기 제1부분에 자주 출제되는 형식이니 암기해 두세요.

✪ 刻苦 kèkǔ (형+형) 형 매우 열심히 하다, 고생을 견디다, 애쓰다

364 神 shén

礻 보이다 + 申 설명하다
귀신(神)은 보이지(礻) 않아서 설명하기(申)가 어려워요.

명 1 신, 귀신
2 정신, 마음 **神经** | **精神** ▶p.244
형 신비롭다, 불가사의하다 **神秘**

财神 cáishén (명+명) 명 재물신

神经 shénjīng

神 shén 명 정신, 마음
经 jīng 명 경맥

명 신경
他的运动神经十分发达。그의 운동신경은 매우 발달했다.
神经衰弱 신경쇠약

神秘 shénmì

神 shén 형 신비롭다, 불가사의하다
秘 mì 명 비밀

형 신비하다, 불가사의하다
有些自然现象看上去很神秘，但仍然可以认识。
어떤 자연 현상은 겉으로 보기에는 신비스럽지만, 그래도 인식할 수 있다.

秘密 mìmì (명+명) 명 비밀

365 生 shēng

풀이나 나무가 싹트는 모양에서 파생되어 '태어나다(生)'라는 의미가 생겼어요.

동 1 (아이를) 낳다, 출산하다, 생산하다 **生产**
2 살다, 생존하다 **生动** | **生活** ▶p.208
3 발생하다, 생기다 **生气** | **产生** ▶p.94
명 1 생명, 목숨 **生命**
2 학생
형 생소하다, 낯설다 **陌生**

➕ **诞生** dànshēng (동+동) 동 탄생하다 | **花生** huāshēng (명+동) 명 땅콩 | **生词** shēngcí (형+명) 명 새 단어 | **生存** shēngcún (동+동) 동 생존하다 | **生命力** shēngmìnglì (명+명+명) 명 생명력 | **生意** shēngyi (동+명) 명 영업, 장사 | **天生** tiānshēng (형+동) 형 천성적인, 선천적인 | **卫生** wèishēng (동+동) 형 청결하다, 위생적이다 | **研究生** yánjiūshēng (동+동+명) 명 대학원생 | **野生** yěshēng (형+동) 형 야생의, 길들이지 않은 | **师生** shīshēng (명+명) 명 교사와 학생

生产 shēngchǎn

生 shēng 동 낳다, 생산하다
产 chǎn 동 생산하다, 낳다, 만들다

동 (공구를 이용하여 필요한 물품을) 만들다, 생산하다

今年上半年的生产情况比去年同期好。
올해 상반기 생산 상황은 작년 같은 시기보다 좋다.

生产机器 기계를 생산하다　生产汽车 자동차를 생산하다

✪ **产生** chǎnshēng (동+동) 동 (감정 등이) 생기다, 출현하다 ▶p.94

生动 shēngdòng

生 shēng 동 살다, 생존하다
动 dòng 동 움직이다

형 생기 발랄하다, 생동감 있다

这部作品的语言特别生动。 이 작품의 언어는 특히 생동감 있다.

生动有趣 생동감 있고 재미있다　描写生动 묘사가 생동감 있다

生气 shēngqì

生 shēng 동 발생하다, 생기다
气 qì 명 화

동 화를 내다 [= **发火** fāhuǒ]
명 살아 움직이는 힘, 생명력, 생기

爸爸对这件事非常生气。 아빠는 이 일에 몹시 화가 났다. → 동사 용법

生命 shēngmìng

生 shēng 명 생명, 목숨
命 mìng 명 생명, 운명

명 생명

生命对于人来说，只有一次。 생명은 사람에게 있어서 단지 한 번뿐이다.

维持生命 생명을 유지하다　宝贵的生命 귀중한 생명

✪ **命运** mìngyùn (명+명) 명 운명 ▶p.287

陌生 mòshēng　陌 mò 명 길, 도로
生 shēng 형 생소하다, 낯설다

형 생소하다, 낯설다

你千万不要轻易和陌生人说话。 너 제발 함부로 낯선 사람과 말하지 마.

陌生的声音 낯선 소리

366 施 shī

方 방향 + 人 사람 + 也 또한

사방(方)에서 사람들이(人) 너도 나도(也) 베푸는(施) 행위를 실시해요(施).

동 1 실행하다, 실시하다 **措施 | 设施**

2 (은혜 등을) 베풀다

措施 cuòshī　措 cuò 동 안배하다, 계획하다
施 shī 동 실행하다, 실시하다

명 대책, 대비, 조치

我们应该采取有效的措施。 우리는 당연히 효과적인 조치를 취해야 한다.

安全措施 안전 조치　有效的措施 유효한 조치　采取措施 조치를 취하다

시험 TIP **搭配로 외우는 '措施'**

'采取措施(조치를 취하다)'는 5급 독해 제1부분에 자주 출제되는 중요한 호응 관계이니 꼭 암기해 두세요.

设施 shèshī　设 shè 동 설치하다, 배치하다
施 shī 동 실행하다, 실시하다

명 (어떤 필요에 의해 세운) 시설

要注意爱护公共设施。 공공 시설은 아끼고 보호해야 한다.

设施完善 시설이 완벽하다　交通设施 교통 시설

367 失 shī

부수: 大 크다

손발을 움직여 춤을 추다가 감각을 잃어버린(失) 멍한 상태를 본뜬 글자예요.

동 1 잃다, 놓치다 **失眠 | 失去 | 失业 | 损失 | 消失** ▶p.392

2 목적을 달성하지 못하다 **失败 | 失望**

失眠 shīmián

失 shī 동 잃다, 놓치다
眠 mián 명 잠, 수면

동 잠을 이루지 못하다
명 불면증

我最近常常失眠，所以白天工作时没精神。→ 동사 용법
나는 요즘 자주 잠을 못 자서 낮에 일할 때 활력이 없다.

시험 TIP 듣기 시험에서 자주 출제되는 '失眠'

'失眠'의 '眠'은 '睡眠'을 의미합니다. 듣기에서 '失眠'이 들리면, 주로 같은 의미인 '睡不着觉'가 답으로 출제됩니다.

失去 shīqù

失 shī 동 잃다, 놓치다
去 qù 동 잃다, 놓치다

동 잃다, 잃어버리다

你已经失去了这次的参赛资格。 너는 이미 이번 경기 참여 자격을 잃었다.

失去机会 기회를 잃다　失去朋友 친구를 잃다　失去信心 자신감을 잃다

시험 TIP '失去'의 목적어

'失去'의 목적어로는 사람과 사물이 모두 올 수 있습니다. HSK 시험에 자주 출제되는 중요한 단어이니, '술어+목적어' 구조의 호응 관계를 꼭 암기해 두세요.

失业 shīyè

失 shī 동 잃다, 놓치다
业 yè 명 직업

동 직업을 잃다, 일자리를 찾지 못하다 [↔ 就业 jiùyè]

一大批毕业生失业在家。 수많은 졸업생들이 일자리를 찾지 못하고 집에서 지낸다.

面临失业 실업에 직면하다　失业问题 실업 문제

시험 TIP '失业'의 의미

'失业'는 다니던 직장을 잃었을 때도 사용하지만, 일자리를 찾지 못하고 있는 사람한테도 쓸 수 있습니다. 이합사이므로 다른 성분이 들어가면 '失了业'와 같이 써야 합니다.

损失 sǔnshī

损 sǔn 동 손실을 입히다
失 shī 동 잃다, 놓치다

명 손해, 손실 [주로 경제적인 손실을 뜻함]
동 손해 보다, 잃어버리다

这次台风给中国造成了巨大的损失。 이번 태풍은 중국에 커다란 손해를 초래했다. → 명사 용법

巨大的损失 커다란 손해　赔偿损失 손해를 보상하다

시험 TIP **주의하세요! '损失'의 용법**

'损失'는 동사 용법도 있지만 대부분 명사 용법으로 시험에 출제됩니다. 우리말의 '손해'를 한자로 쓴 '损害'와 헷갈리지 않도록 주의하세요. '损害'는 '损害健康(건강을 해치다)'과 같이 주로 '~를 해치다'라는 의미로 사용됩니다. 우리말의 '손해'에 해당되는 말은 '损失'라는 것, 꼭 기억하세요!

失败 shībài

失 shī 동 목적을 달성하지 못하다
败 bài 동 패하다

명 실패, 패배
동 실패하다, 패배하다

失败是成功之母。 실패는 성공의 어머니이다. → 명사 용법
导致失败 실패를 초래하다　事业失败 사업이 실패하다　失败者 실패자

失望 shīwàng

失 shī 동 목적을 달성하지 못하다
望 wàng 동 희망하다, (멀리) 바라보다

형 실망하다

看见他那失望的样子，我也很难过。 그가 실망하는 모습을 보고, 나 또한 너무 괴로웠다.
彻底失望 철저히 실망하다　让我失望 나를 실망시키다

참고 **'失望'의 올바른 활용**

'失望'은 형용사이기 때문에 뒤에 목적어를 가질 수 없고, 把자문에도 쓸 수 없습니다. 우리말의 '너 나를 실망시켰어!'를 직역하여 '你把我失望'이라고 하면 잘못된 표현입니다. 꼭 '你让我失望'이라고 표현하세요.

✪ **望远镜** wàngyuǎnjìng (동+형+명) 명 망원경

368 时 shí

日 해 + 寸 마디
시간(时)은 하루(日)를 마디(寸)로 나눈 것이에요.

명 1 때, 시기, 시(时) **时代** | **时刻** | **时期** | **当时** | **临时** | **暂时**
2 풍속, 유행 **时髦** | **时尚**

➕ **不时** bùshí 부 때때로, 늘, 이따금씩 | **及时** jíshí (동+명) 형 시기 적절하다 부 제때에, 즉시 ▶p.213 | **时光** shíguāng (명+명) 명 세월, 시기, 시절 | **时机** shíjī (명+명) 명 시기, 때, 기회 | **随时** suíshí 부 수시로, 언제든지 | **一时** yìshí 부 잠시, 짧은 시간, 순간 | **有时候** yǒushíhou 부 이따금, 간혹, 가끔

时代 shídài

时 shí 명 때, 시기
代 dài 명 시대, 시기

명 (개인의 어떤) 시기나 시절, (역사상의 어떤) 시대

虽然我们俩时代不同，但我们仍然聊得很愉快。
비록 우리 둘은 시대는 달랐지만, 그래도 유쾌하게 얘기를 나눴다.

青年时代 청년 시기　封建时代 봉건시대

✪ 代沟 dàigōu (명+명) 명 세대 차이

时刻 shíkè

时 shí 명 때, 시기
刻 kè 명 때, 순간 형 (정도가) 심하다

명 시각, 순간
부 늘, 항상, 시시각각, 언제나

领导要时时刻刻关心群众生活。 지도자는 언제나 대중들의 삶에 관심을 가져야 한다. → 부사 용법

关键时刻 결정적인 순간　时刻准备 항상 준비하다

✪ 刻苦 kèkǔ (형+형) 형 고생을 견디다, 매우 열심히 하다

时期 shíqī

时 shí 명 때, 시기
期 qī 명 시기, 일정한 기간

명 시기, 특정한 때

现在是旅行的最好时期。 지금은 여행하기 가장 좋은 시기이다.

和平时期 평화 시기　非常时期 비상 시기

当时 dāngshí

当 dāng 개 바로, 그때
时 shí 명 때, 시기

명 당시, 그때

她的父母很早就去世了，当时她只有十五岁。 그녀의 부모는 일찍 돌아가셨는데, 당시에 그녀는 겨우 15세였다.

当时的生活 당시의 생활　当时的情况 당시의 상황

临时 línshí

临 lín 동 (어떤 시간에) 임하다
时 shí 명 때, 시기

부 임시로, 때가 되어서, 갑자기

형 임시의, 잠시의

张老师临时有事来不了了。 장 선생님은 갑자기 일이 생겨서 올 수 없게 되었다. → 부사 용법
她在这里做秘书工作是临时的。 그녀는 이곳에서 비서 업무를 임시로 하고 있다. → 형용사 용법
临时住几天 임시로 며칠 동안 머물다 临时政府 임시정부

시험 TIP 시험에서 자주 출제되는 '临时'

'临时'는 5급 쓰기 99번에 출제된 적이 있으며, 듣기에서도 자주 들리는 단어입니다. 때가 되어서 갑자기 일이 생겼을 때도 '临时'를 사용하고, 잠시 동안 임시로 뭔가를 할 때도 '临时'를 사용합니다.

暂时 zànshí

暂 zàn 부 잠시, 잠깐
时 shí 명 때, 시기

명 잠시, 잠깐

贵重的东西暂时放在朋友家里。 귀중품을 잠시 친구 집에 놔뒀다.
暂时现象 잠깐의 현상 暂时停止营业 잠시 영업을 중지하다

시험 TIP '暂时'의 문장성분

'暂时'는 시간을 나타내는 명사로, 술어를 수식하는 부사어뿐 아니라 명사를 수식하는 관형어로도 사용할 수 있습니다.

时髦 shímáo

时 shí 명 풍속, 유행
髦 máo 명 [옛날, 어린아이들의 이마에 늘어뜨린 짧은 머리카락]

형 유행이다, 현대적이다

他这个人就喜欢赶时髦。 그는 유행 쫓는 것만 좋아해.
赶时髦 유행을 쫓다 穿着时髦 복장이 현대적이다

时尚 shíshàng

时 shí 명 풍속, 유행
尚 shàng 명 풍조, 물결

명 (당시의) 유행, 시대 흐름
형 유행에 맞다, 트렌드에 맞다

我认为青少年追求时尚有一定的好处。 → 명사 용법
나는 청소년들이 트렌드를 쫓는 것은 어느 정도 좋은 점이 있다고 여긴다.
追求时尚 트렌드를 쫓다 落后于时尚 유행에 뒤지다

시험 TIP '时尚'의 의미

'时尚'이 '새롭다(新)'에 초점을 둔 것이라면, '流行'은 '짧은 기간 동안 많은 사람들이 추구하는 것'에 초점을 둔 것입니다. 따라서 과거에 '流行'했던 것이 다시 '流行'할 수도 있는 것이지요. 하지만 이럴 경우 '时尚'이라고는 쓰지 않습니다. '时尚'을 추구하는 것은 일종의 예술이고, 간단한 모방이나 대중 심리를 따르는 것을 나타내지는 않습니다.

369 实 shí

宀 집 + 头 우두머리

집(宀)의 우두머리(头)인 가장은 모든 일을 충실히(实) 해야 해요.

형 1 충실하다, 꽉 차다, 가득하다 **充实**

2 진실하다, 거짓이 없다 **实话** | **老实**

3 사실적이다, 실제적이다 **实际** | **实践** | **实习** | **实现** | **实行** | **实验** | **实用** | **实在**

명 1 과실, 열매

2 실제, 사실 **现实** ▶p.386

➕ **果实** guǒshí (명+명) 명 열매, 과실 | **其实** qíshí 부 사실은 | **确实** quèshí (부+형) 형 확실하다, 틀림없다 부 확실히, 정말로 ▶p.317

充实 chōngshí

充 chōng 형 충실하다, 꽉 차다, 가득하다
实 shí 형 가득하다

형 (내용, 인원, 물자 등이) 충실하다, 풍부하다

동 충실하게 하다, 풍부하게 하다

我最近每天过得很充实。 나는 요즘 매일 알차게 보낸다. → 형용사 용법

内容充实 내용이 풍부하다　生活充实 생활이 충실하다

实话 shíhuà

实 shí 형 진실하다, 거짓이 없다
话 huà 명 말, 언어

명 사실, 솔직한 말

他说的绝对是大实话。 그가 말한 것은 절대적으로 사실이다.

说实话 사실을 말하다　实话实说 사실대로 말하다

老实 lǎoshi

老 lǎo 부 아주, 매우
实 shí 형 진실하다, 거짓이 없다

형 솔직하다, 진실하다, 정직하다

你老实说，这到底是谁干的？ 너 솔직히 말해. 이거 도대체 누가 한 거야?

说老实话 솔직하게 말해서　为人老实 사람 됨됨이가 정직하다

实际 shíjì

实 shí 형 사실적이다, 실제적이다
际 jì 명 때, 즈음

명 실제, 사실

형 실제적이다, 구체적이다, 현실적이다

他提出了一些不符合实际的要求。 그는 실제에 맞지 않는 요구를 했다. → 명사 용법

大家应该考虑我们公司的实际情况。 모두들 우리 회사의 실제적 상황을 고려해야 합니다. → 형용사 용법

实际上 사실상, 실제적으로　符合实际 실제에 부합하다　不切实际 실제에 맞지 않다

시험 TIP 독해 시험에서 자주 출제되는 '实际'

'实际'는 HSK 5급 독해에서 자주 출제되는 중요한 단어입니다. 특히 '实际上'은 앞에 나오는 내용을 부정하고, 뒤에 있는 내용이 옳다는 것을 강조할 때 사용합니다. 따라서 '实际上'이 나오면 그 뒷부분에서 답을 찾으면 됩니다. '实际'와 '实际上'은 전혀 다른 뜻이므로 주의해야 합니다. '实际上'은 '其实'와 같은 의미입니다.

实践 shíjiàn

实 shí 형 사실적이다, 실제적이다
践 jiàn 동 실행하다

명 실천, 실행, 이행

동 실천하다, 실행하다

无论如何我也会实践我的诺言。 무슨 일이 있어도 나는 나의 약속을 실천할 것이다. → 동사 용법

实践诺言 약속을 실천하다　社会实践 사회 실천

实习 shíxí

实 shí 형 사실적이다, 실제적이다
习 xí 동 배우다, 학습하다, 익숙하다

동 실습하다, 견습하다

他在这所中学实习过三个月。 그는 이 중학교에서 3개월간 실습한 적이 있다.

实习记者 인턴기자, 수습기자　到工厂实习 공장에 가서 실습하다

✪ 习惯 xíguàn (동+동) 명 습관 동 습관이 되다, 익숙해지다

实现 shíxiàn

实 shí 형 사실적이다, 실제적이다
现 xiàn 동 나타나다, 드러내다

동 실현하다, 달성하다

你只要好好努力，就能够实现梦想。 네가 열심히 노력하기만 하면, 꿈을 실현시킬 수 있을 거야.

实现愿望 꿈을 실현하다　实现理想 이상을 실현하다

✪ 现象 xiànxiàng (동+명) 명 현상 ▶p.387

Day 22

实行 shíxíng

实 shí 형 사실적이다, 실제적이다
行 xíng 동 (어떤 일을) 하다

동 (정책이나 계획을) 실행하다

实行改革开放后，各地的经济有了很大发展。 개혁개방을 실행한 후, 각 지역의 경제는 크게 발전했다.

实行方案 방안을 실행하다　实行办法 방법을 실행하다

实验 shíyàn

实 shí 형 사실적이다, 실제적이다
验 yàn 동 검증하다, 조사하다

명 실험

化学课、物理课都离不开实验。 화학 수업, 물리 수업은 모두 실험과 떨어질 수 없다.

科学实验 과학 실험　实验结果 실험 결과　实验室 실험실

实用 shíyòng

实 shí 형 사실적이다, 실제적이다
用 yòng 동 쓰다, 사용하다

형 실용적이다

这种书柜既美观又实用。 이런 책장은 아름답고 실용적이다.

实用价值 실용 가치　实用的办法 실용적인 방법

✪ 用途 yòngtú (동+명) 명 용도 ▶p.426

实在 shízài

实 shí 형 사실적이다, 실제적이다
在 zài 동 존재하다

부 확실히, 정말 [= 的确 díquè ▶p.317, 确实 quèshí ▶p.317]
형 진실하다, 정직하다

我最近很忙，实在无法与你见面。 나는 요즘 바빠서 정말로 너와 만날 수 없다. → 부사 용법

这个人很实在，是个可靠的人。 이 사람은 매우 정직해서 믿을 만한 사람이다. → 형용사 용법

实在抱歉 정말 죄송합니다　人很实在 사람이 진실하다

시험 TIP 다양한 의미의 '实在'

'实在'는 부사 용법이 자주 쓰입니다. 형용사로 쓰일 경우에는 '사람이 진실하다'라는 의미인 것도 함께 알아 두세요.

370 使 shǐ

亻 사람 + 吏 옛날 관리
관리(吏)가 사람(亻)에게 일을 시켜요(使).

동 1 쓰다, 사용하다 **使劲儿 | 使用**
2 ~에게 ~하게 하다

명 외교관

➕ **大使馆** dàshǐguǎn (형+명+명) 명 대사관 | **虚心使人进步，骄傲使人落后** xūxīn shǐ rén jìnbù, jiāo'ào shǐ rén luòhòu (형+동+명+동, 형+동+명+동) 겸손은 사람을 발전시키고, 자만은 사람을 뒤처지게 한다

使劲儿 shǐ jìnr

使 shǐ 동 **쓰다, 사용하다**
劲儿 jìnr 명 **힘**

동 힘을 쓰다, 힘을 들이다 [= 用力 yònglì]

我使劲儿抓住绳子才没有掉下去。 나는 힘껏 밧줄을 붙잡아서 겨우 떨어지지 않았다.

使用 shǐyòng

使 shǐ 동 **쓰다, 사용하다**
用 yòng 동 **쓰다**

동 사용하다

我们还从来没使用过这种机器。 우리는 여태껏 이런 기계는 써 본 적이 없다.

使用资金 자금을 사용하다　使用电脑 컴퓨터를 사용하다

시험 TIP **유의어 비교 '使用'과 '利用'**

'使用'은 주로 구체적인 물건을 사용할 때 쓰며, '利用'은 주로 시간이나 기회를 사용할 때 씁니다.

371 势 shì

执 잡다 + 力 힘
손에 막대기를 힘(力)주어 잡고(执) 자세(势)를 잡아요.

명 1 세력, 위세
2 정세, 기세, 형세 **趋势**
3 자태, 몸짓 **姿势**

➕ **势力** shìlì (명+명) 명 세력

Day 22

趋势 qūshì

趋 qū 동 나아가다, 향해 가다
势 shì 명 정세, 기세, 형세

명 추세, 경향

现代人掌握多国语言已经成为必然趋势。
현대인들이 여러 나라의 언어를 마스터하는 것은 이미 필연적인 추세가 되었다.

上升趋势 상승 추세　发展趋势 발전 추세

姿势 zīshì

姿 zī 명 자태
势 shì 명 자태, 몸짓

명 자세, 모양 [= 姿态 zītài]

她站立的姿势高贵优雅。 그녀가 서 있는 자세는 고상하고 우아하다.

姿势端正 자세가 단정하다　基本姿势 기본 자세

372 事 shì

事 깃발을 단 깃대를 손으로 세우고 있는 모양을 본뜬 글자

명 1 일 **事实** | **事物** | **事先**
2 사고, 사건
3 직업, 업무 **人事**

동 종사하다 **从事**

➕ **出事** chūshì (동+명) 동 사고가 나다 | **懂事** dǒngshì (동+명) 형 철들다, 사리를 분별하다 | **董事长** dǒngshì zhǎng (명+명+명) 명 대표이사, 회장, 이사장 | **事情** shìqing (명+명) 명 일, 사건 | **事项** shìxiàng (명+명) 명 사항 | **心事** xīnshì (명+명) 명 고민, 걱정

事实 shìshí

事 shì 명 일
实 shí 명 실제, 사실

명 사실

不管你信不信，事实总是事实。 네가 믿든 안 믿든 사실은 사실이야.

弄清事实 사실을 명확하게 하다　基本事实 기본 사실

事物 shìwù

事 shì 명 일
物 wù 명 물건, 사물

명 (객관적으로 존재하는) 사물

他总喜欢从个人的角度来观察事物。 그는 항상 개인적인 각도에서 사물을 관찰하는 것을 좋아한다.
具体事物 구체적인 사물 客观事物 객관적인 사물

✪ 物体 wùtǐ (명+명) 명 물체

事先 shìxiān

事 shì 명 일
先 xiān 명 앞, 전

명 사전에, 미리

我事先已经做了一些调查。 나는 사전에 이미 조사를 좀 했다.
事先做好准备 사전에 준비를 하다 事先说明 사전에 설명하다

시험 TIP 듣기 시험에서 자주 출제되는 '事先'
'事先'은 시간을 나타내는 명사로, 동사 앞에서 부사어로 쓰입니다. 듣기에서 자주 들리는 단어이니 암기해 두세요.

人事 rénshì

人 rén 명 사람
事 shì 명 직업, 업무, 일

명 1 사람의 일 [인간사 또는 인력으로 할 수 있는 일]
2 인사 [직원의 임용이나 평가 등과 관련된 행정적인 일]

我在单位负责人事工作。 나는 회사에서 인사 업무를 책임지고 있다. → 명사2 용법
人事调整 인사 조정 人事部 인사팀

시험 TIP 듣기 시험에서 자주 출제되는 '人事部'
'人事部'는 회사의 '인사팀'을 뜻하는 단어로, 듣기에서 종종 답으로 출제되는 단어입니다.

从事 cóngshì

从 cóng 동 종사하다
事 shì 동 종사하다

동 ~에 종사하다

我在公司里专门从事统计工作。 나는 회사에서 전문적으로 통계 업무에 종사한다.
从事研究工作 연구 업무에 종사하다 从事商业活动 상업 활동에 종사하다

시험 TIP 주의하세요! '从事'의 문장 형식
'从事'는 항상 '从事+업종'의 형태로 쓰고, '从事+직업(老师, 医生……)'으로는 쓸 수 없습니다.

373 收 shōu

丩 얽히다 + 攵 치다
얽힌(丩) 나락을 쳐서(攵) 낟알을 거두어 들여요(收).

동 1 받다, 접수하다
2 (농작물을) 거두어 들이다, 수확하다 **收获**
3 (경제적인 이익을) 얻다, 획득하다 **收据** | **收入**
4 (널리거나 흩어져 있는 것을) 거두어 들이다, 모으다, 수집하다 **收拾**

收获 shōuhuò

收 shōu 동 거두어 들이다, 수확하다
获 huò 동 수확하다, 얻다, 획득하다

명 수확, 성과, 소득
동 (농작물을) 거두어 들이다, 수확하다

这次去工厂实习，同学们都有很大收获。→ 명사 용법
이번에 공장에 가서 실습함으로써 학생들 모두에게 큰 수확이 있었다.

收获粮食 양식을 수확하다　学习收获 학습 성과　得到不少收获 많은 성과를 얻다

✪ **获得** huòdé (동+동) 동 획득하다, 얻다 ▶p.139

收据 shōujù

收 shōu 동 얻다, 획득하다
据 jù 명 증거, 증서

명 영수증

物业公司给我开收据了。관리사무소는 나에게 영수증을 발행해 주었다.

시험 TIP 중국의 영수증 종류

'**收据**'는 영수증이란 의미이지만, 법적 효력을 가지거나 회사에 청구(**报销**)할 수 있는 영수증이 아닌, '확인증'에 불과합니다. 법적 효력을 가지거나 회사에의 청구를 위한 영수증은 '**发票** fāpiào'라고 합니다. 그러니 중국에서 물건을 살 때는 꼭 '**发票**'를 요구해야 하죠. 실제 HSK에서도 '**收据**'보다는 '**发票**'가 출제됩니다.

收入 shōurù

收 shōu 동 얻다, 획득하다
入 rù 명 수입

명 수입, 소득

全年的收入还比不上你一个月的收入。올 한 해의 수입이 너의 1개월 수입에 비할 바가 못 된다.

固定收入 고정 수입　收入稳定 수입이 안정적이다

收拾 shōushi

收 shōu 동 거두어 들이다, 모으다
拾 shí 동 줍다, 정리하다

동 1 정리하다, 정돈하다
2 혼내 주다, 손봐 주다

她把屋子收拾得像新房一样漂亮。그녀는 방을 신혼 방처럼 예쁘게 정리했다. → 동사1 용법

老公不听话，要不要好好收拾收拾他一次？→ 동사2 용법
남편이 말을 안 듣는데 한번 혼 좀 내 줘야 할까요?

收拾房间 방을 정리하다 收拾行李 짐을 챙기다

시험 TIP 주의하세요! '拾'의 발음

'拾'는 원래 2성이지만 '收拾'에서 '拾'는 경성으로 읽어야 합니다. '혼내 주다'라는 의미의 '收拾'가 출제된 적이 있으니 참고해 두세요. 또한 '收拾'의 '拾 shí'는 단독으로 쓰여 '줍다'라는 의미를 나타냅니다. 독해 지문에 종종 나오니 잘 알아 두세요.

374 手 shǒu

手 다섯 손가락을 편 모양을 본뜬 글자

명 1 손 **手工 | 手术 | 手套 | 手指**
2 수단, 수법 **手段 | 手续**
3 기술을 가진 사람

对手 duìshǒu (형+명) 명 (시합의) 상대, 적수 ▶p.146 | **挥手** huīshǒu (동+명) 동 손을 흔들다 | **举手** jǔshǒu (동+명) 동 손을 들다 | **猎手** lièshǒu (동+명) 명 사냥꾼 | **伸手** shēnshǒu (동+명) 동 손을 내밀다, 손을 뻗다 | **手表** shǒubiǎo (명+명) 명 손목시계 | **握手** wòshǒu (동+명) 동 손을 잡다, 악수하다 | **招手** zhāoshǒu (동+명) 동 (상대방에게 오라고 손을 들어) 손짓하다 | **歌手** gēshǒu (명+명) 명 가수

手工 shǒugōng

手 shǒu 명 손
工 gōng 명 작업, 노동, 공업

명 수공 [손기술로 하는 공예]

这个东西是手工制作的。이 물건은 수공으로 만든 것이다.

做手工 수가공하다 手工作品 수공예 작품

工厂 gōngchǎng (명+명) 명 공장 | **工程师** gōngchéngshī (명+명+명) 명 기술자, 엔지니어 | **工具** gōngjù (명+명) 명 도구, 수단 | **工人** gōngrén (명+명) 명 노동자, 근로자 | **工业** gōngyè (명+명) 명 공업 | **工资** gōngzī (명+명) 명 급여, 임금 ▶p.480

手术 shǒushù

手 shǒu 명 손
术 shù 명 기술

명 수술

整个手术过程非常顺利。 전체 수술 과정은 아주 순조로웠다.

动手术 수술하다　整容手术 성형수술

手套 shǒutào

手 shǒu 명 손
套 tào 명 덮개, 커버

명 장갑, 글러브

天冷了，别忘了戴手套。 날씨가 추워졌으니까 장갑 끼는 것 잊지 마.

一双手套 장갑 한 켤레　戴手套 장갑을 끼다

手指 shǒuzhǐ

手 shǒu 명 손
指 zhǐ 명 손가락 동 가리키다, 지적하다

명 손가락

他的三个手指被机器弄伤了。 그의 손가락 세 개는 기계에 상처를 입었다.

✪ 指出 zhǐchū (동+동) 동 지적하다, 설명하다 ▶p.462

手段 shǒuduàn

手 shǒu 명 수단, 수법
段 duàn 명 방법

명 수단, 수법

为了达到目的，他不择手段。 목적을 이루기 위해서 그는 수단을 가리지 않는다.

手段高明 수법이 뛰어나다　不择手段 수단을 가리지 않다

시험 TIP **'手段'의 의미**

'手段'은 주로 안 좋은 의미의 수단을 얘기할 때 사용합니다. 따라서 교통수단은 '交通手段'이라고 하지 않고, '交通工具'라고 해야 합니다.

手续 shǒuxù

手 shǒu 명 수단, 수법
续 xù 동 이어지다, 계속하다

명 수속, 절차

请按时办理登机手续。 정해진 시간에 탑승 수속을 해 주세요.

办理手续 수속을 밟다　简单的手续 간단한 수속

✪ **续杯** xùbēi (동+명) 동 (음료 등을) 리필하다

375 售 shòu

隹 새 + 口 입
새(隹)를 사라고 입(口)으로 떠들며 팔아요(售).

동 팔다, 판매하다 **售货员 | 销售**

售货员 shòuhuòyuán

售 shòu 동 팔다, 판매하다
货 huò 명 물품, 상품
员 yuán 명 [어떤 분야에 종사하는 사람을 가리킴]

명 (상점의) 점원, 판매원

这个商店的售货员很热情。 이 상점의 판매원은 매우 친절하다.

시험 TIP 직업 구분하기

듣기 시험에 잘 나오는 '**售货员**'은 상점에서 물건을 파는 직원을 가리킵니다. '**服务员** fúwùyuán'은 식당이나 호텔의 서비스 직원이며, '**推销员** tuīxiāoyuán'은 돌아다니며 판매하는 세일즈맨을 가리킵니다. '**售货**(물건을 팔다)', '**服务**(봉사하다, 서비스하다)', '**推销**(판로를 확장하다, 마케팅하다)' 등의 단어를 알면 인물의 직업을 쉽게 유추할 수 있겠죠?

销售 xiāoshòu

销 xiāo 동 팔다, 판매하다
售 shòu 동 팔다, 판매하다

동 팔다, 판매하다

今年的销售量早完成了。 올해의 판매량은 이미 달성했다.

销售量 판매량　销售产品 상품을 판매하다

시험 TIP 销售의 '销'

销售에서 **销**가 아주 중요합니다. **销**가 들어가서 확장된 아래 단어들은 HSK 5급과 6급에 걸쳐 시험에 자주 출제되는 단어들이니 함께 암기해 두세요.

销量 xiāoliàng 명 (상품의) 판매량 | **销路** xiāolù 명 (상품의) 판로 | **畅销** chàngxiāo 형 잘 팔리다

376 受 shòu

爫 손톱 + 冖 덮다 + 又 오른손 모양
손톱(爫)으로 컵 위에 종이를 덮어(冖) 줬더니 손(又)으로 받아요(受).

동 1 받다, 받아들이다 受到 | 享受
2 참다, 견디다 受不了
3 (재난이나 불운 등을) 당하다 受伤

➕ **承受** chéngshòu (동+동) 동 참다, 견디다, 감당하다 ▶p.105 | **感受** gǎnshòu (동+동) 동 느끼다 명 느낌 ▶p.168 | **接受** jiēshòu (동+동) 동 받아들이다, 접수하다 ▶p.230 | **难受** nánshòu (형+동) 형 괴롭다, 견디기 어렵다 ▶ p.292

受到 shòudào

受 shòu 동 받다, 받아들이다
到 dào 동 [동작의 결과를 나타냄], 이르다, 닿다

동 얻다, 받다

这次事件受到了社会的普遍关注。 이번 사건은 사회의 보편적인 관심을 받았다.

受到表扬 칭찬을 받다 受到关注 관심을 받다 受到安慰 위로를 받다

✪ **到期** dàoqī (동+명) 동 기한이 되다, 만기가 되다

享受 xiǎngshòu

享 xiǎng 동 누리다
受 shòu 동 받다, 받아들이다

동 (물질적·정신적으로) 만족을 얻다, 누리다, 즐기다
명 만족, 향유

有人享受美食的乐趣，有人享受读书的乐趣。 → 동사 용법
어떤 사람들은 맛있는 음식의 즐거움을 누리고, 어떤 사람들은 독서의 즐거움을 누린다.

享受乐趣 즐거움을 누리다 充分享受 충분히 누리다 物质享受 물질적 향유

시험 TIP 搭配로 외우는 '享受'
'享受乐趣(즐거움을 누리다)'는 5급과 6급 시험에 자주 출제되는 중요한 호응 관계이니 꼭 기억해 두세요.

受不了 shòu buliǎo

受 shòu 동 참다, 견디다
不了 bùliǎo 동 ~할 수 없다

동 참을 수 없다, 견딜 수 없다

我受不了你的这种态度。 나는 너의 이런 태도를 참을 수 없다.

今天热得让人受不了。 오늘은 견딜 수 없이 덥다.

시험 TIP '受不了'의 활용

'受不了'는 '(어떤 상황을) 참을 수 없다'라는 의미입니다. 주로 아플 때, 날씨가 매우 춥거나 더울 때 사용합니다.

受伤 shòushāng

受 shòu 동 당하다
伤 shāng 명 상처 동 다치다

동 (사람이나 동물이) 상처를 입다, 부상을 당하다

这次车祸让他受了重伤。 이번 차 사고는 그에게 중상을 입혔다.
腰部受伤 허리를 다치다

✪ 伤心 shāngxīn (동+명) 동 상심하다, 슬퍼하다 ▶p.397

377 舒 shū

舍 집 + 予 나
집(舍)에서는 내(予)가 하고 싶은 것을 마음껏 할 수 있으니 마음이 풀어져요(舒).

동 (마음이나 근육 등을 편안하게) 펴다, 풀다, 늦추다 **舒服 | 舒适**

舒服 shūfu

舒 shū 동 펴다, 풀다, 늦추다
服 fú 동 적응하다, (약을) 먹다

형 (육체와 정신이) 편안하다, 안락하다, 쾌적하다

我今天身体有点儿不舒服。 나는 오늘 몸이 좀 불편하다.
身体舒服 몸이 편안하다　心里不舒服 마음이 불편하다

✪ 服药 fúyào (동+명) 동 약을 복용하다

舒适 shūshì

舒 shū 동 펴다, 풀다, 늦추다
适 shì 형 편(안)하다, 알맞다, 적합하다

형 기분이 좋다, 편안하다, (환경이) 쾌적하다

我家的沙发非常舒适。 우리 집 소파는 무척 편안하다.
环境舒适 환경이 쾌적하다　舒适的沙发 편안한 소파

✪ 适当 shìdàng (형+형) 형 적당하다, 알맞다 | 适宜 shìyí (형+형) 형 알맞다, 적합하다, 적절하다

378 熟 shú

孰 누구 + 灬 불
누군가(孰)가 불(灬)로 음식을 익혀요(熟).

형 1 (음식이나 과일이) 익다
2 숙련되다, 능숙하다 **熟练**
3 잘 알다, 익숙하다 **熟悉**

熟练 shúliàn

熟 shú 형 **숙련되다, 능숙하다**
练 liàn 형 **노련하다** 동 **연습하다**

형 능숙하다, 숙련되어 있다

学生们已经能**熟练**地使用电脑了。 학생들은 이미 능숙하게 컴퓨터를 사용할 수 있게 되었다.

技术**熟练** 기술이 숙련되다　**熟练**的工人 숙련된 노동자

✪ **练习** liànxí (동+동) 동 연습하다 명 연습 문제, 숙제

熟悉 shúxī

熟 shú 형 **잘 알다, 익숙하다**
悉 xī 동 **알다**

형 잘 알다, 익숙하다
동 익히다, 숙지하다

他对这个工作不**熟悉**。 그는 이 일에 대해서 잘 알지 못한다. → 형용사 용법

彼此很**熟悉** 서로 잘 안다　**熟悉**环境 환경을 익히다

SPEED CHECK

Step 1 한국어 단어를 보고, 그에 해당하는 중국어 뜻을 말해 보세요.

- □ 우연히 만나다, 마주치다
- □ 비평하다, 나무라다, 꾸짖다, 비평, 꾸지람
- □ 비준하다, 허가하다, 승인하다
- □ 보통이다, 평범하다, 평소
- □ (사물이 한쪽으로 기울지 않고) 균형이 맞다
- □ 균등하게 하다, 고르게 하다
- □ (마음이) 평온하다, 차분하다, 여유롭다
- □ 평화
- □ 파산하다, 도산하다
- □ 절박하다, 절실하다, 다급하다
- □ 보편적이다, 널리 퍼져 있다, 보편적으로
- □ 평범하다, 일반적이다, 보통이다
- □ 이상하다, 묘하다, 괴상하다
- □ 기적
- □ 비자, 입국을 허가하다
- □ 서명하다, 사인하다
- □ 강조하다
- □ (방법이나 기술이) 훌륭하다, 기막히다
- □ 친척
- □ 친애하는, 사랑하는
- □ 친근하다, 밀접하다
- □ (일이나 공부를) 매우 열심히 하다, 근면하다
- □ 부지런히 일하다, 근면하다
- □ 수월하다, 편안하다, 홀가분하다
- □ 함부로, 쉽사리, 마음대로, 마구
- □ 경시하다, 얕보다, 가볍게 보다
- □ (색이) 연하다, (음식이) 담백하다
- □ 정서, 기분, 감정
- □ 상황, 정황
- □ 초청(하다), 초대(하다)
- □ 요구(하다), 부탁(하다)
- □ 결점, 단점
- □ (있어야 하는 것이) 부족하다, 모자라다, 결핍되다
- □ (사람이나 물건의 수량이) 부족하다, 모자라다
- □ (변동이 없도록) 확정하다, 확실하게 정하다
- □ (사실이나 원칙을) 확인하다, 확실하게 알아보다
- □ 확실히, 정말로, 확실하다, 틀림없다
- □ 확실히, 분명히
- □ (감정이나 장면이) 열렬하다, 뜨겁다
- □ (장소가) 떠들썩하다, 활기차다, 번화하다
- □ 친절하다, (마음이) 따뜻하다
- □ 참을 수 없다, 억누르지 못하다
- □ 인내하다, 참다
- □ 영광스럽다
- □ 명예, 영예
- □ 번영하다, 번창하다
- □ 사막
- □ 선량하다, 착하다
- □ ~를 잘하다, ~에 능숙하다
- □ 설비, 시설, 갖추다, 설비하다

SPEED CHECK

Step 2 중국어 단어를 보고, 그에 해당하는 한국어 뜻을 말해 보세요.

- ☐ 碰见 pèngjiàn
- ☐ 批评 pīpíng
- ☐ 批准 pīzhǔn
- ☐ 平常 píngcháng
- ☐ 平衡 pínghéng
- ☐ 平均 píngjūn
- ☐ 平静 píngjìng
- ☐ 和平 hépíng
- ☐ 破产 pòchǎn
- ☐ 迫切 pòqiè
- ☐ 普遍 pǔbiàn
- ☐ 普通 pǔtōng
- ☐ 奇怪 qíguài
- ☐ 奇迹 qíjì
- ☐ 签证 qiānzhèng
- ☐ 签字 qiānzì
- ☐ 强调 qiángdiào
- ☐ 巧妙 qiǎomiào
- ☐ 亲戚 qīnqi
- ☐ 亲爱 qīn'ài
- ☐ 亲切 qīnqiè
- ☐ 勤奋 qínfèn
- ☐ 勤劳 qínláo
- ☐ 轻松 qīngsōng
- ☐ 轻易 qīngyì
- ☐ 轻视 qīngshì
- ☐ 清淡 qīngdàn
- ☐ 情绪 qíngxù
- ☐ 情况 qíngkuàng
- ☐ 邀请 yāoqǐng
- ☐ 请求 qǐngqiú
- ☐ 缺点 quēdiǎn
- ☐ 缺乏 quēfá
- ☐ 缺少 quēshǎo
- ☐ 确定 quèdìng
- ☐ 确认 quèrèn
- ☐ 确实 quèshí
- ☐ 的确 díquè
- ☐ 热烈 rèliè
- ☐ 热闹 rènao
- ☐ 热心 rèxīn
- ☐ 忍不住 rěnbuzhù
- ☐ 忍耐 rěnnài
- ☐ 荣幸 róngxìng
- ☐ 荣誉 róngyù
- ☐ 繁荣 fánróng
- ☐ 沙漠 shāmò
- ☐ 善良 shànliáng
- ☐ 善于 shànyú
- ☐ 设备 shèbèi

SPEED CHECK

Step 1 한국어 단어를 보고, 그에 해당하는 중국어 뜻을 말해 보세요.

- □ 설계(하다), 디자인(하다)
- □ 몸매, 체격
- □ 신분, 지위, 품위
- □ (인상, 느낌, 감상, 체험 등이) 깊다
- □ 신경
- □ 생기 발랄하다, 생동감 있다
- □ 생명
- □ 생소하다, 낯설다
- □ 대책, 대비, 조치
- □ (어떤 필요에 의해 세운) 시설
- □ 잃다, 잃어버리다
- □ 직업을 잃다, 일자리를 찾지 못하다
- □ 손해, 손실[주로 경제적인 손실을 뜻함]
- □ 실패(하다), 패배(하다)
- □ (개인의 어떤) 시기나 시점, (역사상의 어떤) 시대
- □ 시각, 순간, 늘, 항상, 시시각각, 언제나
- □ 임시로, 때가 되어서, 갑자기
- □ 잠시, 잠깐
- □ 유행이다, 현대적이다
- □ (당시의) 유행, 유행에 맞다
- □ 사실, 솔직한 말
- □ 솔직하다, 진실하다, 정직하다
- □ 실제적이다, 구체적이다, 현실적이다
- □ 실습하다, 견습하다
- □ 실현하다, 달성하다
- □ (정책이나 계획을) 실행하다
- □ 실험
- □ 실용적이다
- □ 힘을 쓰다, 힘을 들이다
- □ 자세, 모양
- □ 사실
- □ (객관적으로 존재하는) 사물
- □ 사전에, 미리
- □ ~에 종사하다
- □ (농작물을) 거두어들이다, 수확하다
- □ 영수증
- □ 수입, 소득
- □ 정리하다, 정돈하다, 혼내 주다, 손봐 주다
- □ 수공[손기술로 하는 공예]
- □ 수술
- □ 수단, 수법
- □ 수속, 절차
- □ 팔다, 판매하다
- □ (상점의) 점원, 판매원
- □ 만족을 얻다, 누리다, 즐기다
- □ 참을 수 없다, 견딜 수 없다
- □ 상처를 입다, 부상을 당하다
- □ 편안하다, 안락하다, 쾌적하다
- □ 능숙하다, 숙련되어 있다
- □ 잘 알다, 익숙하다, 익히다, 숙지하다

SPEED CHECK

Step 2 중국어 단어를 보고, 그에 해당하는 한국어 뜻을 말해 보세요.

- ☐ 设计 shèjì
- ☐ 身材 shēncái
- ☐ 身份 shēnfen
- ☐ 深刻 shēnkè
- ☐ 神经 shénjīng
- ☐ 生动 shēngdòng
- ☐ 生命 shēngmìng
- ☐ 陌生 mòshēng
- ☐ 措施 cuòshī
- ☐ 设施 shèshī
- ☐ 失去 shīqù
- ☐ 失业 shīyè
- ☐ 损失 sǔnshī
- ☐ 失败 shībài
- ☐ 时代 shídài
- ☐ 时刻 shíkè
- ☐ 临时 línshí
- ☐ 暂时 zànshí
- ☐ 时髦 shímáo
- ☐ 时尚 shíshàng
- ☐ 实话 shíhuà
- ☐ 老实 lǎoshi
- ☐ 实际 shíjì
- ☐ 实习 shíxí
- ☐ 实现 shíxiàn
- ☐ 实行 shíxíng
- ☐ 实验 shíyàn
- ☐ 实用 shíyòng
- ☐ 使劲儿 shǐ jìnr
- ☐ 趋势 qūshì
- ☐ 事实 shìshí
- ☐ 事物 shìwù
- ☐ 事先 shìxiān
- ☐ 从事 cóngshì
- ☐ 收获 shōuhuò
- ☐ 收据 shōujù
- ☐ 收入 shōurù
- ☐ 收拾 shōushi
- ☐ 手工 shǒugōng
- ☐ 手术 shǒushù
- ☐ 手段 shǒuduàn
- ☐ 手续 shǒuxù
- ☐ 销售 xiāoshòu
- ☐ 售货员 shòuhuòyuán
- ☐ 享受 xiǎngshòu
- ☐ 受不了 shòu buliǎo
- ☐ 受伤 shòushāng
- ☐ 舒服 shūfu
- ☐ 熟练 shúliàn
- ☐ 熟悉 shúxī

379 **属** shǔ

尸 주검 + 禹 우 임금
죽은(尸) 우 임금(禹)에 관한 얘기는 전설에 속하죠(属).

동 1 ~에 속하다 属于 | 下属
2 ~띠이다 예 我属兔。나는 토끼띠이다.
명 1 종류, 분류 金属
2 가족

+ 家属 jiāshǔ (명+명) 명 가족

属于 shǔyú

属 shǔ 동 ~에 속하다
于 yú 개 ~에

동 ~(의 범위)에 속하다

李小明属于那种不爱说话的人。리샤오밍은 말하는 것을 좋아하지 않는 그런 사람에 속한다.

시험 TIP '属于'의 목적어
'属于' 뒤에는 사람이나 장소 혹은 단체가 목적어로 옵니다. 위의 예문을 통해 '属于'의 문장 형식을 잘 외워 두세요.

下属 xiàshǔ

下 xià 명 아래
属 shǔ 동 속하다

명 부하, 부하 직원

他总要求下属要有十全十美的表现。그는 항상 부하 직원에게 완전무결한 실력을 갖추어야 한다고 요구한다.

金属 jīnshǔ

金 jīn 명 금속
属 shǔ 명 종류, 분류

명 금속

这种零件有金属的，也有塑料的。이 부품은 금속으로 된 것도 있고, 플라스틱으로 된 것도 있다.
贵重的金属 귀중한 금속　金属加工 금속 가공

380 数 shǔ shù

米 쌀 + 女 여자 + 攵 치다
여자(女)가 쌀(米)의 나락을 치면서(攵) 숫자를 세어요(数).

shǔ 동 수를 세다, (하나하나) 계산하다
shù 명 수, 수량 **数据 | 数量 | 数码 | 数字**

大多数 dàduōshù (형+형+명) 명 대다수 | **数学** shùxué (명+명) 명 수학 |
无数 wúshù (동+명) 형 무수하다, 셀 수 없이 많다 ▶p.381 |
说话算数 shuō huà suàn shù (동+명+동+명) 관용 말에 책임을 지다

数据 shùjù

数 shù 명 수, 수량
据 jù 명 증거, 증서

명 (통계) 수치, 데이터

请把这个数据输入电脑里。이 데이터를 컴퓨터에 입력해 주세요.
数据显示 통계에 따르면　分析数据 데이터를 분석하다

数量 shùliàng

数 shù 명 수, 수량
量 liàng 명 수량, 양

명 수량, 양

大熊猫的数量越来越少了。판다의 수가 갈수록 감소하고 있다.
扩大数量 수량을 확대하다　数量相等 수량이 서로 같다

数码 shùmǎ

数 shù 명 수, 수량
码 mǎ 명 숫자를 나타내는 부호

명 숫자, 디지털

今天卖出的数码相机比昨天多。오늘 판매한 디지털카메라는 어제보다 많다.
数码时代 디지털 시대

码头 mǎtou (명+접미) 명 부두, 선창

数字 shùzì

数 shù 명 수, 수량
字 zì 명 문자, 글자

명 숫자, 수량
형 디지털의

请把这些数字由小到大排列出来。 이 숫자들을 작은 것에서 큰 것 순서로 배열해 주세요. → **명사 용법**
惊人的数字 놀라운 숫자　数字电视 디지털 텔레비전

✪ **字幕** zìmù (명+명) 명 자막

381 顺 shùn

川 내 + 页 머리
냇물(川)이 유유히 흐르듯 머리(页)를 숙이고 고분고분 따르지요(顺).

동 1 (같은 방향으로) 향하다, 따르다 **顺序**
2 순종하다, 복종하다 **孝顺**
형 순조롭다, 순탄하다 **顺利**
부 ~하는 김에 **顺便**

顺序 shùnxù

顺 shùn 동 **향하다, 따르다**
序 xù 명 **순서, 차례**

명 순서, 차례
你应该把它们按照一定的顺序排列起来。 너는 그것들을 일정한 순서에 따라 배열해야 한다.

孝顺 xiàoshùn

孝 xiào 동 **효도하다**
顺 shùn 동 **순종하다, 복종하다**

동 효도하다
형 효성스럽다
孝顺父母是中国的传统道德。 부모에게 효도하는 것은 중국의 전통적인 도덕이다. → **동사 용법**

顺利 shùnlì

顺 shùn 형 **순조롭다, 순탄하다**
利 lì 형 **순조롭다** 명 **이익**

형 순조롭다
他的努力使他顺利得到了这份工作。 그의 노력은 그가 이 일을 순조롭게 얻도록 해 주었다.
顺利完成 순조롭게 완성하다　工作顺利 업무가 순조롭다

✪ **利益** lìyì (명+명) 명 이익 ▶p.263

Day 23

顺便 shùnbiàn

顺 shùn 부 ~하는 김에
便 biàn 형 편리하다, 편하다

부 ~하는 김에, 겸사겸사

我去医院看病，顺便看望了一位住院的朋友。 나는 병원에 진찰을 받으러 간 김에 입원한 친구를 문병했다.

✪ **便利** biànlì (형+형) 형 편리하다

382 思 sī

田 밭 + 心 마음
넓은 밭(田)에서 마음(心)이 복잡한 일들을 생각하면(思) 좀 편안해질까요?

동 사고하다, 생각하다 **思考**

명 생각, 사상 **思想**

✚ **思路** sīlù (동+명) 명 사고의 방향, 생각의 갈피 | **思维方式** sīwéi fāngshì (명+명) 명 사고방식 | **有意思** yǒu yìsi (동+명) 형 재미있다, 흥미 있다 | **心思** xīnsi (명+명) 명 생각, 마음

思考 sīkǎo

思 sī 동 사고하다, 생각하다
考 kǎo 동 고려하다

동 깊이 사고하다, 생각하다

这件事情我们应该换位思考一下。 이 일은 우리가 반드시 입장을 바꾸어 사고를 좀 해 봐야 한다.

思考问题 문제를 깊이 생각하다　独立思考 홀로 생각하다

思想 sīxiǎng

思 sī 명 생각, 사상
想 xiǎng 동 생각하다

명 생각, 사상

你这种思想是什么时候产生的? 당신의 이런 사상은 언제 생긴 것입니까?

思想改造 사상 개조　道家思想 도가 사상　思想准备 마음의 준비

✪ **想法** xiǎngfa (동+명) 명 생각, 의견

383 素 sù

주인 主 + 糸 실
주인(主)이 좋아하는 실(糸)의 기본 성분(素)은 흰색이에요.

형 1 본래의, 원래의 **素质**

2 (색깔이나 모양이) 점잖다, 소박하다 **朴素**

명 기본 성분, 요소 **因素**

➕ **维生素** wéishēngsù (동+명+명) 명 비타민

素质 sùzhì

素 sù 형 본래의, 원래의
质 zhì 명 성질, 본질

명 자질, 소양

运动员的身体素质很好。 운동선수의 신체적 자질은 매우 좋다.

文学素质 문학 자질　素质教育 소양 교육

朴素 pǔsù

朴 pǔ 형 순박하다
素 sù 형 점잖다, 소박하다

형 (색, 양식, 생활 등이) 소박하다, 검소하다, 화려하지 않다 [↔ 华丽 huálì ▶p.200]

她今天打扮得很朴素。 그녀는 오늘 소박하게 꾸몄다.

生活朴素 생활이 검소하다　朴素的衣服 화려하지 않은 옷

因素 yīnsù

因 yīn 명 원인, 이유
素 sù 명 기본 성분, 요소

명 요소, 원인, 조건

造成这种结果的因素有许多，你应该总结一下。
이러한 결과를 초래한 요소는 매우 많으니 너는 총정리를 해야 한다.

根本因素 근본 요소　有利的因素 유리한 조건　决定因素 결정적 요소

384 速 sù

辶 가다 + 束 묶다
가다가(辶) 발이 묶여(束) 빨리(速) 가지 못하는 사람의 심정을 아나요?

명 속도 **速度**

형 빠르다, 신속하다 **迅速**

➕ **车速** chēsù (명+명) 명 차량의 속도 | **高速公路** gāosù gōnglù (형+명) 명 고속도로 | **快速** kuàisù (형+형) 형 신속하다, 빠르다, 쾌속의 | **加速** jiāsù (동+명) 동 (속도를) 올리다, 가속하다

速度 sùdù

速 sù 명 속도
度 dù 명 정도 동 (시간을) 보내다

명 속도

开车的速度太快了不安全。 운전 속도가 너무 빠르면 안전하지 않다.

速度很快 속도가 빠르다　速度太慢 속도가 너무 느리다

✪ **度假** dùjià (동+명) 동 휴가를 보내다

迅速 xùnsù

迅 xùn 형 빠르다, 신속하다
速 sù 형 빠르다, 신속하다

형 신속하다, 재빠르다

부 신속하게, 빠르게

改革开放以来，中国的经济迅速发展。 개혁개방 이래로 중국의 경제는 빠르게 발전했다. → 부사 용법

迅速处理 신속하게 처리하다　动作迅速 동작이 빠르다

385 缩 suō

纟 실 + 宿 자다
실(纟)이 자는(宿) 동안 줄어들었어요(缩).

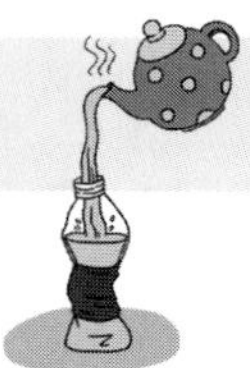

동 줄어들다, 수축하다 **缩短 | 缩小**

缩短 suōduǎn

缩 suō 동 줄어들다, 수축하다
短 duǎn 형 짧다

동 (길이, 거리, 시간 등을) 단축하다, 줄이다 [↔ 延长 yáncháng ▸p.96]

他的一句话大大缩短了两人之间的距离。 그의 말 한 마디가 두 사람 사이의 거리를 크게 가까워지게 했다.

缩短工作时间 업무 시간을 단축하다　缩短距离 거리를 단축하다

✪ **短期** duǎnqī (형+명) 명 단기, 단기간

缩小 suōxiǎo

缩 suō 동 줄어들다, 수축하다
小 xiǎo 형 작다

동 (범위나 규모를) 축소하다, 줄이다 [↔ 扩大 kuòdà ▸p.125]

怎样把电脑上的图片缩小? 컴퓨터상의 이미지를 어떻게 축소하나요?

缩小差距 격차를 줄이다　缩小范围 범위를 줄이다

386 坦 tǎn

土 땅 + 旦 아침
평탄한(坦) 땅(土)에서 아침(旦)이 밝아요.

형 1 평탄하다
2 솔직하다 坦率

➕ 平坦 píngtǎn (형+형) 형 (땅 등이) 평탄하다

坦率 tǎnshuài

坦 tǎn 형 솔직하다
率 shuài 형 솔직하다

형 솔직하다, 정직하다

他坦率地说出了自己对这一问题的看法。 그는 이 문제에 대한 자신의 견해를 솔직하게 말했다.
坦率的态度 솔직한 태도 坦率地说 솔직하게 말하다

시험 TIP 암기하세요! '坦率'
'坦率'는 5급 쓰기 99번에 출제된 적이 있는 단어입니다. 좀 어려운 단어이므로 신경 써서 공부해 두세요.

387 逃 táo

辶 가다 + 兆 조짐
불길한 조짐이(兆) 보이면 천천히 걸어서 가더라도(辶) 도망쳐야(逃) 해요.

동 달아나다, 도망치다 逃避

➕ 逃跑 táopǎo (동+동) 동 도망치다, 달아나다 | 逃走 táozǒu (동+동) 동 도망치다, 도주하다 | 逃离 táolí (동+동) 동 도망치다, 달아나다 | 逃生 táoshēng (동+명) 동 목숨을 건지다, 죽음에서 벗어나다 | 逃课 táokè (동+명) 동 수업을 빼먹다, 땡땡이 치다

逃避 táobì

逃 táo 동 달아나다, 도망치다
避 bì 동 피하다

동 피하다, 도피하다

生和死是任何一个人都逃避不了的。 삶과 죽음은 어떤 사람도 피할 수 없는 것이다.
逃避现实 현실을 도피하다 逃避不了 피할 수 없다

✪ 避免 bìmiǎn (동+동) 동 (안 좋은 일을) 피하다, 모면하다 ▶p.281

388 **讨** tǎo

讠 말씀 + 寸 마디
어른들의 말씀(讠)은 뼈 마디마디(寸)에 새겨 토론하고 연구해야(讨) 해요.

동 1 토론하다, 연구하다 **讨论**
2 초래하다, 야기하다 **讨厌**
3 요구하다, 바라다, 빌다

讨人喜欢 tǎo rén xǐhuan (동+명+동) 다른 사람의 호감을 사다, 남에게 귀여움을 받다 | **讨饭** tǎofàn (동+명) 동 밥을 빌다, 걸식하다

讨论 tǎolùn

讨 tǎo 동 토론하다, 연구하다
论 lùn 동 논의하다, 의논하다

동 토론하다

我希望大家讨论讨论再说。 저는 여러분들이 토론을 좀 한 뒤에 다시 얘기했으면 합니다.
讨论问题 문제를 토론하다　讨论得很热烈 열띠게 토론하다

讨厌 tǎoyàn

讨 tǎo 동 초래하다, 야기하다
厌 yàn 동 싫어하다, 미워하다

형 싫다, 밉살스럽다
동 싫어하다, 미워하다

这个人真讨厌，一打电话就说起来没完。→ 형용사 용법
이 사람은 정말 밉살스럽다. 전화를 한 번 하면 말이 끝이 없다.
我一直很讨厌老鼠。 나는 줄곧 쥐를 매우 싫어했다. → 동사 용법

厌恶 yànwù (동+동) 동 혐오하다, 싫어하다

389 **特** tè

牛 소 + 寺 절
소(牛)는 절(寺)에서 특별히(特) 대하지요.

형 특수하다, 특별하다 **特别** | **特点** | **特殊** | **特征**
부 특별히, 일부러 **特意**

独特 dútè (형+형) 형 독특하다 ▶p.143 | **特产** tèchǎn (형+명) 명 특산(물) | **特地** tèdì 부 특별히, 일부러 | **特色** tèsè (형+명) 명 특색, 특징

特别 tèbié

特 tè 형 특수하다, 특별하다
别 bié 형 유다르다, 특수하다

형 (보통 것에 비해) 특별하다, 유별나다

부 1 특히, 아주 [= 非常 fēicháng]
2 그중에서도 특히 [= 尤其 yóuqí]

这个人的脾气很特别。 이 사람의 성격은 매우 유별나다. → 형용사 용법

这个节目特别吸引观众。 이 프로그램은 특히 관중을 매료시킨다. → 부사1 용법

我喜欢听音乐，特别是古典音乐。 → 부사2 용법
나는 음악 감상하는 것을 좋아하는데, 그중에서도 특히 클래식을 좋아한다.

样式特别 스타일이 특별하다　特别漂亮 특히 예쁘다

시험 TIP '特别'의 용법

'特别'는 형용사 용법, 부사 용법 모두 시험에 자주 출제됩니다. 우리말의 '특별하다'와 '특히'의 의미 그대로 쓰입니다. 또한 여러 개 중에서 한 가지를 강조할 때 사용하는 '尤其'의 용법도 있다는 것을 잘 알아 두세요.

特点 tèdiǎn

特 tè 형 특수하다, 특별하다
点 diǎn 명 방면, 부분 동 지정하다

명 특색, 특징

这座建筑物的结构有哪些特点? 이 건축물의 구조에는 어떤 특징들이 있습니까?

主要特点 주요 특징　共同的特点 공통된 특징

✪ 点名 diǎnmíng (동+명) 동 출석을 부르다

特殊 tèshū

特 tè 형 특수하다, 특별하다
殊 shū 형 다르다, 특별하다

형 특수하다, 특별하다

他们之间有一种特殊的关系。 그들 사이에는 특별한 관계가 있다.

特殊情况 특수한 상황　特殊待遇 특별한 대우

시험 TIP 유의어 비교 '特殊'와 '特别'

'特别'는 형용사 용법과 더불어 부사 용법이 있지만, '特殊'는 형용사 용법만 있다는 점에 주의하세요.

特征 tèzhēng

特 tè 형 특수하다, 특별하다
征 zhēng 명 현상, 흔적, 자취 동 구하다, 모집하다

명 특징

他的脸上的特征不明显。 그의 얼굴 특징은 뚜렷하지 않다.

文化特征 문화적 특징　主要特征 주요 특징

✪ **征求** zhēngqiú (동+동) 동 (의견을) 구하다 ▶p.315

特意 tèyì

特 tè 부 특별히, 일부러
意 yì 명 뜻, 의미, 의견, 염원

부 특히, 특별히, 일부러

这是我特意为你选购的生日礼物。 이것은 내가 특별히 너를 위해 구입한 생일 선물이야.

特意买 특별히 사다　特意邀请 특별히 초청하다

390 提 tí

扌 손 + 是 옳다
손(扌)을 옳은(是) 방향으로 들어(提) 올려요.

동 1(손으로) 들다
2(아래에서 위로) 끌어 올리다, 높이다 **提高**
3(정해진 시간을) 앞당기다 **提前**
4(생각, 의견 등을) 제시하다, 제기하다 **提倡** | **提供** | **提醒** | **提问** | **提纲**
5(물건, 돈 등을) 꺼내다, 찾다

✚ **提包** tíbāo (동+명) 명 손가방, 핸드백 | **提出** tíchū (동+동) 동 (의견 등을) 제기하다 | **小提琴** xiǎotíqín (형+동+명) 명 바이올린 | **提款** tíkuǎn (동+명) 동 돈을 인출하다

提高 tígāo

提 tí 동 끌어올리다, 높이다
高 gāo 형 높다

동 높이다, 향상시키다, 향상되다

和以前相比，人民的生活水平有了很大的提高。
이전과 비교해 보면 사람들의 생활수준이 많이 향상되었다.

提高效率 효율을 높이다　提高水平 수준을 향상시키다　有所提高 어느 정도 향상되다

✪ **高大** gāodà (형+형) 형 높고 크다 | **高度** gāodù (형+명) 명 고도, 높이 | **高原** gāoyuán (형+명) 명 고원

시험 TIP 시험에서 자주 출제되는 '提高'

'提高'는 5급 시험에서 자주 출제되는 중요한 단어입니다. 타동사와 자동사로서의 역할이 모두 가능하며, '有了很大的提高'처럼 동사 '有'의 목적어로도 자주 쓰입니다.

提前 tíqián

提 tí 동 (정해진 시간을) 앞당기다
前 qián 명 (방위, 시간, 순서의) 앞

동 (예정된 시간이나 기한을) 앞당기다 [↔ 推迟 tuīchí ▶p.370]

他们提前完成了那项任务。 그들은 그 임무를 앞당겨 완성했다.

提前开会 회의 시간을 앞당기다　提前行动 미리 행동하다　提前了一个小时 한 시간을 앞당겼다

시험 TIP 주의하세요! '提前'의 품사

'提前'은 HSK 듣기에서 가장 많이 들리는 단어 중 하나입니다. 일반적으로 '提前' 뒤에는 또 동사가 오기 때문에 우리말로는 부사처럼 해석이 되지만, 실제로는 동사라는 것을 알아 두세요.

✪ 前进 qiánjìn (명+동) 동 (앞을 향해) 나아가다, 전진하다

提倡 tíchàng

提 tí 동 제시하다, 제기하다
倡 chàng 동 제창하다

동 (사람들이 행동할 것을) 제창하다, 부르짖다 [= 主张 zhǔzhāng ▶p.473]

学校提倡普通话教育。 학교는 표준어 교육을 제창했다.

提倡节约 절약을 제창하다　提倡计划生育 가족계획을 제창하다

提供 tígōng

提 tí 동 제시하다, 제기하다
供 gōng 동 공급하다

동 (의견, 자료, 물자, 조건 등을) 제공하다

他向我们提供了大量的信息。 그는 우리들에게 대량의 정보를 제공했다.

提供食品 식품을 제공하다　提供资金 자금을 제공하다　提供信息 정보를 제공하다

✪ 供应 gōngyìng (동+동) 동 (물자, 인력을) 공급하다, 제공하다

提醒 tíxǐng

提 tí 동 제시하다, 제기하다
醒 xǐng 동 깨닫다, 각성하다

동 일깨우다, 깨우치다, 주의를 주다 [사람을 목적어로 가짐]

他经常提醒自己千万不要粗心。 그는 항상 자신에게 제발 덜렁대지 말라고 일깨운다.

及时提醒 제때에 일깨우다　提醒自己 자신을 일깨우다

提问 tíwèn

提 tí 동 제시하다, 제기하다
问 wèn 동 묻다

동 (주로 교사가 학생에게) 질문하다

명 질문

小王举起右手回答老师的提问。 샤오왕은 오른손을 들고 선생님의 질문에 대답했다. → 명사 용법

老师的提问 선생님의 질문　回答提问 질문에 대답하다

✪ **问候** wènhòu (동+동) 동 안부를 묻다, 문안드리다

提纲 tígāng

提 tí 동 제시하다, 제기하다
纲 gāng 명 요강, 요점

명 (작문, 발언, 학습, 연구, 토론 등의) 대강, 요지

你发言之前先写个提纲。 너는 발언 전에 먼저 요지를 써라.

391 体 tǐ

亻 사람 + 本 근본
인간(亻)의 근본(本)은 신체(体)죠.

명 1 몸, 신체 **体育**
　2 물체 **体积** | **体现**
동 1 체험하다, 체득하다 **体会** | **体验**
　2 입장을 바꾸어 생각하다, 알아주다 **体贴**

✚ **全体** quántǐ (형+명) 명 전체, 전부 [일반적으로 사람을 수식함] | **体谅** tǐliàng (동+동) 동 알아 주다, 이해하다 | **体温** tǐwēn (명+명) 명 체온 | **体重** tǐzhòng (명+명) 명 체중

 体育 tǐyù

体 tǐ 명 몸, 신체
育 yù 명 교육

명 체육, 스포츠

他最喜欢的体育活动是足球和游泳。 그가 가장 좋아하는 체육 활동은 축구와 수영이다.

体育产业 체육 산업　体育比赛 체육 경기

体积 tǐjī

体 tǐ 명 물체
积 jī 명 곱, 승적(乘积) 동 쌓다

명 부피

这台电视机体积太大，进不去车门。 이 텔레비전은 부피가 너무 커서 차 문으로 들어가지지 않는다.

占体积 부피를 차지하다　包裹的体积 소포의 부피

✪ **积累** jīlěi (동+동) 동 (경험 등을) 쌓다 ▶p.211

体现 tǐxiàn

体 tǐ 명 물체
现 xiàn 동 드러내다, 나타나다

동 구현하다, 구체적으로 보여주다 [= 表现 biǎoxiàn ▶p.87]

这个提案体现了人民的利益和要求。 이 제안은 사람들의 이익과 요구를 구체적으로 보여 주었다.

体现精神 정신을 구현하다　体现传统 전통을 구현하다　充分体现 충분히 구현하다

시험 TIP '体现'의 의미

'体现'은 '表现'처럼 추상적인 것을 구체적으로 보여 주는 것을 뜻합니다. 다만 '表现'처럼 명사로 쓰이지는 않습니다.

体会 tǐhuì

体 tǐ 동 체험하다, 체득하다
会 huì 동 이해하다

동 몸으로 느끼다, 체득하다, (몸소) 깨닫다
명 체득, 이해

他能够体会到别人不曾体会到的东西。→ 동사 용법
그는 다른 사람이 깨닫지 못했던 것을 몸소 깨달을 수 있었다.

我的体会很深刻。 나의 깨달음은 매우 깊다. → 명사 용법

体会感情 감정을 이해하다　深刻体会 깊이 깨닫다

시험 TIP '体会'의 문장 형식

'体会'는 몸소 체험하여 알게 되었다는 의미입니다. 주로 뒤에 결과보어 '到'를 써서 '体会到……'의 형식으로 사용합니다.

体验 tǐyàn

体 tǐ 동 체험하다, 체득하다
验 yàn 동 검증하다, 조사하다

동 (몸소) 경험하다, 체험하다

这次去乡下让他体验到了另外一种生活。 이번에 시골에 간 것은 그가 또 다른 생활을 체험하게 해 주었다.

亲身体验 몸소 체험하다　体验生活 생활을 체험하다

体贴 tǐtiē

体 tǐ 동 입장을 바꾸어 생각하다, 알아주다
贴 tiē 동 붙이다

동 자상하게 돌보다

他十分体贴妻子。 그는 부인에게 매우 자상하다.

体贴老人 노인을 자상하게 돌보다　细心体贴 세심하게 돌보다

392 调 tiáo diào

讠 말씀 + 周 두루

어른들의 말씀(讠)을 두루두루(周) 들어서 자신이 부족한 부분을 잘 조정해야(调) 해요.

tiáo 동 1 조절하다, 조정하다 调整 | 协调

2 놀리다, 희롱하다 调皮

diào 동 1 옮기다, 이동하다

2 조사하다 调查

명 1 억양, 어조

2 멜로디, 곡조

➕ 调味 tiáowèi (동+명) 동 맛을 조절하다 | 单调 dāndiào (형+명) 형 단조롭다 ▶p.127 | 强调 qiángdiào (형+명) 동 강조하다 ▶p.307 | 声调 shēngdiào (명+명) 명 성조

调整 tiáozhěng

调 tiáo 동 조절하다, 조정하다
整 zhěng 동 정돈하다, 정리하다

동 조정하다, 조절하다 [= 调节 tiáojié]

老师应该根据学生的学习情况，调整教学内容。
선생님은 학생들의 학습 상황에 따라 수업 내용을 조절해야 한다.

调整时间 시간을 조정하다　调整心态 심리상태를 조절하다

✪ 整理 zhěnglǐ (동+동) 동 정리하다, 정돈하다 ▶p.455

协调 xiétiáo

协 xié 동 조화하다, 협조하다
调 tiáo 동 조절하다, 조정하다

형 잘 어울리다, 조화를 이루다

동 (의견, 관계를) 조정하다, 협조하다

他们俩合作得很协调。그들 둘은 협력이 아주 잘 이루어진다. → 형용사 용법

各部门要相互协调，共同完成这项任务。각 부문은 서로 협조하여 함께 이 임무를 완성해야 한다. → 동사 용법

动作协调 동작이 조화를 잘 이룬다　互相协调 서로 협조하다　协调发展 협조하면서 발전하다

调皮 tiáopí

调 tiáo 동 놀리다, 희롱하다
皮 pí 형 장난이 심하다 명 피부, 살갗

형 장난스럽다, 짓궂다 [= 淘气 táoqì]

这孩子调皮得要命。이 아이는 장난이 너무 심하다.

调皮的孩子 개구쟁이 十分调皮 매우 장난이 심하다

✪ **皮肤** pífū (명+명) 명 피부

调查 diàochá

调 diào 동 조사하다
查 chá 동 조사하다

동 조사하다 [주로 현장에서 이루어지는 조사를 뜻함]

大学生要经常做些社会调查。 대학생은 자주 사회 조사를 해야 한다.
亲自调查 직접 조사하다 据调查 조사에 따르면 调查报告 조사 보고서

시험 TIP 독해 시험에서 자주 출제되는 '调查'

'调查'는 독해 지문에 많이 등장합니다. 주로 '据调查'나 '调查显示'의 형식을 빌어 조사의 결과를 보여줄 때 사용합니다.

393 通 tōng

辶 가다 + 甬 길
길(甬)을 걸어 가면서(辶) 장애물을 통과해요(通).

동 1 통과하다, 지나가다, (길이) 통하다 **通过**
2 연결하다, 잇다, 교류하다 **沟通** | **交通** ▶p.226
3 전달하다, 통지하다 **通讯** | **通知**

형 공통적인, 보편적인 **通常** | **普通** ▶p.305

명 어떤 방면에 능통한 사람

⊕ **中国通** Zhōngguó tōng (고유+명) 명 중국통 [중국에 관해 잘 아는 사람]

通过 tōngguò

通 tōng 동 통과하다, 지나가다
过 guò 동 지나다

동 (장소를) 지나다, (시험, 법안을) 통과하다
개 (수단, 방식 등을) 통해서

他们通过森林才能达到江边。 그들은 숲을 지나서야 강가에 도착할 수 있었다. → 동사 용법
通过书籍得到了不少知识。 책을 통해서 많은 지식을 얻었다. → 개사 용법
通过大桥 다리를 통과하다 考试通过了 시험을 통과하다 通过调查 조사를 통해서

시험 TIP 시험에 자주 출제되는 '通过'

'通过'는 '어떤 수단이나 방식을 통해서'라는 개사 용법이 시험에 자주 출제됩니다. 동사 용법으로 쓰인 구문 '考试通过了(시험에 통과하다)'도 출제된 적이 있으니, 두 가지 의미를 모두 숙지해 두세요.

沟通 gōutōng

沟 gōu 명 고랑, 도랑
通 tōng 동 연결하다, 잇다, 교류하다

동 소통하다, 교류하다

有的父母和孩子之间最大的问题就是缺乏沟通。
일부 부모와 아이 사이의 가장 큰 문제는 바로 소통이 부족하다는 것이다.

善于沟通 소통을 잘하다 缺乏沟通 소통이 부족하다

通讯 tōngxùn

通 tōng 동 전달하다, 통지하다
讯 xùn 명 편지, 소식

명 통신, 뉴스, 기사

现在的通讯技术非常发达。 현재의 통신 기술은 매우 발달했다.

通讯工具 통신수단

通知 tōngzhī

通 tōng 동 전달하다, 통지하다
知 zhī 동 알리다, 알게 하다 명 지식, 학문

동 통지하다, 알리다
명 통지, 통지서

你如果不能参加，提前通知我一声。 네가 만약에 참석할 수 없다면, 미리 나에게 좀 알려 줘. → 동사 용법

通知学生 학생에게 통지하다 入学通知 입학통지서 接到通知 통지를 받다

✪ 知识 zhīshi (명+명) 명 지식

通常 tōngcháng

通 tōng 형 공통적인, 보편적인
常 cháng 형 일반적인, 보통의

형 통상적인, 일반적인, 보통의
부 통상적으로, 일반적으로

他通常早上先锻炼一个小时，然后去上班。 → 부사 용법
그는 일반적으로 아침에 먼저 한 시간 운동을 하고 나서 출근한다.

通常的情况 일반적인 상황 通常的方法 통상적인 방법

시험 TIP 시험에 자주 출제되는 '通常'
'通常'은 부사 용법이 시험에 자주 출제됩니다. 문장에서의 위치, 쓰임 등을 잘 알아 두세요.

✪ 常识 chángshí (형+명) 명 상식

394 统 tǒng

纟 실 + 充 채우다
실(纟)로 속을 가득 채워(充) 거느려요(统).

동 1 통솔하다, 거느리다 统一 | 统治
2 종합하다, 총괄하다
명 계통, 사물 간의 연속적인 관계 系统

➕ 传统 chuántǒng (동+명) 명 전통 ▶p.117 | 统计 tǒngjì (동+동) 명동 통계(하다) | 总统 zǒngtǒng (형+동) 명 대통령

统一 tǒngyī

统 tǒng 동 통솔하다, 거느리다
一 yī 형 같다, 동일하다

동 통일하다
형 일치되다, 통일되다

经过讨论，大家的认识逐渐统一起来了。토론을 거쳐서 사람들의 인식이 점점 통일되기 시작했다. → 동사 용법
网络有太多不统一的意见了。인터넷상에는 일치되지 않은 의견이 너무 많다. → 형용사 용법
统一祖国 조국을 통일하다　统一的国家 통일된 국가　意见统一 의견이 통일되다

✪ 一致 yízhì (형+동) 형 (언행, 의견이) 일치하다 부 일제히, 동시에 함께 ▶p.418

统治 tǒngzhì

统 tǒng 동 통솔하다, 거느리다
治 zhì 동 다스리다, 관리하다, 치료하다

동 통치하다, 지배하다
명 통치, 지배

皇帝去世以后由他的儿子继续统治这个国家。→ 동사 용법
황제가 죽은 후 그의 아들이 계속해서 이 나라를 통치했다.

✪ 治疗 zhìliáo (동+동) 동 치료하다 ▶p.466

系统 xìtǒng

系 xì 명 계통, 계열
统 tǒng 명 계통, 사물 간의 연속적인 관계

명 체계, 계통, 시스템

他的消化系统很健康，所以吃饭还不错。그의 소화 계통은 건강해서 밥 먹는 것은 그런대로 괜찮다.

教育系统 교육 체계　系统完善 시스템이 완벽하다

395 痛 tòng

疒 병들다 + 甬 길
병(疒)은 길(甬)을 따라 전염되어 사람들을 아프게(痛) 만들어요.

형 아프다, 슬퍼하다 **痛苦**

부 마음껏, 실컷 **痛快**

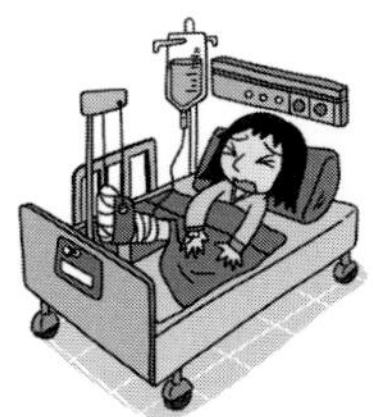

悲痛 bēitòng (형+형) 형 (마음이) 비통하다, 슬프다 | **疼痛** téngtòng (형+형) 형 (신체가) 아프다 | **头痛** tóutòng (명+형) 명 두통 | **镇痛剂** zhèntòngjì (동+형+명) 명 진통제

痛苦 tòngkǔ

痛 tòng 형 아프다
苦 kǔ 형 고통스럽다, 괴롭다

형 고통스럽다, 괴롭다

自然灾害给人们带来了极大的痛苦。자연재해는 사람들에게 극대한 고통을 가져다 주었다.

感到痛苦 고통을 느끼다

苦恼 kǔnǎo (형+형) 형 고통스럽다, 괴롭다 동 고뇌하다, 고민하다

痛快 tòngkuai

痛 tòng 부 마음껏, 실컷
快 kuài 형 유쾌하다, 즐겁다

형 1 (마음이) 통쾌하다, 유쾌하다
2 (성격이) 시원스럽다

考完试了，咱们痛痛快快地玩儿一天吧。시험이 끝났으니 우리 신나게 하루 놀자. → 형용사1 용법

痛快的生活 즐거운 생활　玩儿得很痛快 매우 신나게 놀다　性格痛快 성격이 시원스럽다

시험 TIP 자주 쓰이는 '痛快'의 의미

'매우 신나게 놀았다'라는 표현을 '玩了个痛快'라고도 하는데 이때 '个'는 보어를 만드는 조사 '得' 대신 쓰인 것이며, '痛快'가 보어로 쓰인 것입니다.

396 突 tū

穴 구멍 + 犬 개

구멍(穴)에서 개(犬)가 갑자기(突) 튀어 나왔어요.

동 뚫다, 돌파하다 **突出 | 突破**

부 갑자기, 돌연 **突然**

突出 tūchū

突 tū 동 뚫다, 돌파하다
出 chū 동 나오다, 참석하다

형 두드러지다, 뛰어나다, 뚜렷하다

동 두드러지게 하다, 돋보이게 하다

她在这个领域有了突出的成就。 그녀는 이 영역에서 뛰어난 성과를 거두었다. → 형용사 용법

画人物时要注意突出人物特点。 → 동사 용법
인물을 그릴 때는 인물의 특징을 두드러지게 하는 데 신경 써야 한다.

成绩突出 성적이 뛰어나다 突出的成就 뛰어난 성과 突出特点 특징을 두드러지게 하다

✪ 出席 chūxí (동+명) 동 회의에 참가하다, 출석하다 ▶p.115

突破 tūpò

突 tū 동 돌파하다
破 pò 동 깨뜨리다

동 (한계, 난관을) 돌파하다, 타파하다, 새로운 진전을 이루다

我国的粮食产量已经突破了五亿吨大关。 우리나라의 식량 생산량은 이미 5억 톤의 관문을 돌파했다.

突然 tūrán

突 tū 부 갑자기, 돌연
然 rán 접미 [사물이나 동작의 상태를 나타냄]

형 (동작이나 상황이) 갑작스럽다, 의외이다

부 갑자기, 난데없이 [= 忽然 hūrán ▶p.199]

这件事太突然了。 이 일은 너무 갑작스럽다. → 형용사 용법

那辆车突然停下来。 그 차가 갑자기 멈췄다. → 부사 용법

突然的变化 갑작스러운 변화 突然出现 갑자기 나타나다

시험 TIP 유의어 비교 '突然'과 '忽然'

'突然'과 '忽然'은 부사 용법으로 쓰일 때는 같습니다. '突然'은 형용사 용법도 있는 반면, '忽然'은 부사 용법만 있다는 것이 차이점입니다.

397 推 tuī

扌 손 + 隹 새

손(扌)을 뻗어 새(隹)를 밀어요(推).

동 1 (손으로 물체를) 밀다 [↔ 拉 lā ▶p.40]
2 (정해 놓은 기간을) 미루다, 연기하다 **推迟**
3 사양하다, 정중히 거절하다 **推辞**
4 확대하다, 전개하다 **推广**
5 추천하다 **推荐**

➕ **推门** tuīmén (동+명) 동 문을 밀다

推迟 tuīchí

推 tuī 동 미루다, 연기하다
迟 chí 형 늦다

동 연기하다, 미루다 [↔ 提前 tíqián ▶p.361]

大会推迟一天举行。 회의는 하루 연기해서 개최한다.

推迟一天 하루 미루다　推迟起飞 비행기 이륙을 지연시키다

시험 TIP 듣기 시험에서 자주 출제되는 '推迟'

'(기한을) 앞당기다'라는 의미의 '提前'과 마찬가지로 '推迟'도 듣기 시험에 자주 출제되는 중요한 단어입니다. 특히 듣기 영역에서 비행기 이륙 시간과 관련한 대화에 자주 등장하니 잘 알아 두세요.

✪ **迟到** chídào (형+동) 동 지각하다

推辞 tuīcí

推 tuī 동 사양하다, 정중히 거절하다
辞 cí 동 사양하다

동 (임명, 요청, 선물 등을) 거절하다, 사양하다 [= 拒绝 jùjué]

他只是表面上推辞，其实心里很想去。 그는 단지 겉으로만 사양하고, 사실 마음속으로는 가고 싶어 한다.

一再推辞 연거푸 거절하다　推辞的理由 사양하는 이유

▶참고 유의어 비교 '推辞'와 '拒绝'

'推辞'와 '拒绝'는 모두 '거절하다', '사양하다'라는 의미입니다. '推辞'가 '拒绝'보다 어감이 좀 더 부드럽고 정중해요.

✪ **辞职** cízhí (동+명) 동 (회사나 자신의 직무를) 사직하다, 그만두다 ▶p.460

推广 tuīguǎng

推 tuī 동 확대하다, 전개하다
广 guǎng 형 넓다, 광범위하다

동 널리 보급하다, 확대하다

这种方法要尽快推广到农村去。 이러한 방법은 최대한 빨리 농촌으로 보급해야 한다.

推广普通话 표준어를 널리 보급하다　推广新技术 신기술을 널리 보급하다

시험 TIP '推广'의 의미

'推广'은 '제품을 널리 알린다'는 의미도 있어서, '宣传(xuānchuán 선전하다, 홍보하다)'의 동의어로 듣기에서 출제된 적이 있습니다.

✪ 广泛 guǎngfàn (형+형) 형 광범위하다, 범위가 넓다 ▶p.184

推荐 tuījiàn

推 tuī 동 추천하다
荐 jiàn 동 추천하다

동 추천하다

我把这个优秀学生推荐给你们。 제가 이 우수한 학생을 당신들에게 추천합니다.

推荐电影 영화를 추천하다　推荐作品 작품을 추천하다　推荐书 추천서

시험 TIP 시험에서 자주 출제되는 '推荐'

'推荐'은 5급 쓰기 99번에 출제된 적이 있고, 듣기에서도 자주 들리는 중요한 단어입니다. 반드시 외워 두세요.

398 退 tuì

辶 가다 + 艮 딱딱하다
길을 가다가(辶) 앞에 딱딱한(艮) 물체가 가로막고 있어 뒤로 후퇴해요(退).

동 1 뒤로 물러나다, 후퇴하다 退步
2 퇴직하다 退休
3 반환하다, 돌려주다

➕ 退商品 tuì shāngpǐn (술+목) 반품하다 | 退役 tuìyì (동+명) 동 (운동 선수가) 은퇴하다 | 退伍 tuìwǔ (동+명) 동 (군인이) 제대하다, 퇴역하다 | 退款 tuìkuǎn (동+명) 동 돈을 돌려주다, 환불하다

退步 tuìbù

退 tuì 동 후퇴하다
步 bù 명 걸음, 일의 순서

동 퇴보하다, 후퇴하다 [↔ 进步 jìnbù ▶p.242]

他虽然病了，耽误了几个月的课，但成绩并没退步。
그는 비록 아파서 몇 달 동안 수업에 지장을 받았지만 성적은 전혀 뒤떨어지지 않았다.

成绩退步 성적이 퇴보하다　社会退步 사회가 퇴보하다

✪ 步骤 bùzhòu (명+동) 명 (일이나 진행의) 순서, 단계, 절차

退休 tuìxiū

退 tuì 동 퇴직하다
休 xiū 동 쉬다, 휴식하다, 퇴직하다

동 퇴직하다

他因为身体不好提前一年退休了。 그는 몸이 안 좋아서 1년 앞당겨 퇴직했다.

✪ 休闲 xiūxián (동+형) 동 한가롭게 보내다, 한가로이 지내다

399 完 wán

宀 집 + 元 으뜸
집(宀)을 최고(元)로 다 갖추어 지으니 완전해요(完).

형 완전하다, 완벽하다 **完美 | 完全 | 完善 | 完整**

동 1 완성하다, 끝마치다 **完成**

2 완결되다, 마치다, 다 써서 없애다 [주로 동사 뒤에서 보어로 쓰임]

예 **事情做**完**了** 일이 다 종결되었다 / **把钱都用**完**了** 돈을 모두 다 썼다

完美 wánměi

完 wán 형 완전하다, 완벽하다
美 měi 형 아름답다, 만족하다

형 결함이 없다, 완벽하다

妈妈是一个追求完美的人。 엄마는 완벽함을 추구하는 사람이다.

完美无缺 완벽하여 결점이 없다, 완전무결하다 追求完美 완벽을 추구하다

✪ 美好 měihǎo (형+형) 형 좋다, 아름답다, 행복하다 | 美术 měishù (형+명) 명 미술

完全 wánquán

完 wán 형 완전하다, 완벽하다
全 quán 형 완전하다, 완비하다

형 (부족함이 없이) 완전하다, 충분하다

부 완전히, 전부, 전혀

我觉得这是一个不完全的说法。 나는 이것이 완전하지 않은 표현이라고 생각한다. → 형용사 용법

你说的话很有道理，我完全同意。 네가 한 말은 매우 일리가 있어. 나는 전적으로 동의해. → 부사 용법

不完全的说法 완전하지 않은 표현 意思不完全 의미가 완전하지 않다 完全同意 완전히 동의하다

完善 wánshàn

完 wán 형 완전하다, 완벽하다
善 shàn 형 좋다, 훌륭하다, 착하다

형 (모자라거나 흠잡을 데 없이) 완전하다, 완벽하다
동 완전하게 하다, 완벽하게 하다

这个公司的管理制度完善得很。 이 회사의 관리 제도는 매우 완벽하다. → 형용사 용법
制度完善 제도가 완벽하다　设备完善 설비가 완벽하다　完善制度 제도를 완벽하게 하다

✪ 善良 shànliáng (형+형) 형 선량하다, 착하다 ▶p.323

完整 wánzhěng

完 wán 형 완전하다, 완벽하다
整 zhěng 형 완전하다, 온전하다, 가지런하다

형 (손상이 없이) 온전하다, 완전하다

故宫里的文物保存得相当完整。 고궁 안의 문물은 상당히 온전하게 보존되어 있다.
结构完整 구조가 완전하다　完整地保存 온전히 보전하다

✪ 整齐 zhěngqí (형+형) 형 가지런하다, 반듯하다 ▶p.455

完成 wánchéng

完 wán 동 완성하다, 끝마치다
成 chéng 동 이루다 명 성취, 성과

동 완성하다, (예정대로) 끝내다, 완수하다

他因为一直玩儿，所以没有完成作业。 그는 줄곧 놀았기 때문에 숙제를 끝내지 못했다.
完成任务 임무를 완수하다　提前完成 앞당겨 완수하다

✪ 成就 chéngjiù (명+동) 명 성취, 성과 동 성취하다, 이루다 ▶p.102

400 往 wǎng

彳 걷다 + 主 주인
아픈 다리를 이끌고 조금씩 걸어서(彳) 주인(主)에게로 나아가요(往).

동 ~로 향하다, 가다 往返 | 往来
개 ~를 향해, ~의 방향으로
형 과거의, 예전의, 옛날의 往往

➕ 前往 qiánwǎng (명+동) 동 나아가다, 향하여 가다 | 向往 xiàngwǎng (동+동) 동 동경하다, 그리워하다 | 往年 wǎngnián (형+명) 명 이전, 옛날, 왕년 | 往日 wǎngrì (형+명) 명 이전, 과거 | 往事 wǎngshì (형+명) 명 과거의 일, 옛일 | 往外跑 wǎng wài pǎo (개+명+동) 밖을 향해 뛰다

往返 wǎngfǎn

往 wǎng 동 가다
返 fǎn 동 돌아오다

동 왕복하다

我买了去北京的往返票。 나는 베이징에 가는 왕복 표를 샀다.

往来 wǎnglái

往 wǎng 동 가다
来 lái 동 오다

동 1 (사람이나 교통수단이) 왕래하다, 오가다
2 교제하다, 사귀다 [= 交往 jiāowǎng]

大街上往来的行人越来越多。 대로에 오고 가는 행인들이 갈수록 많아진다. → 동사1 용법
我跟大学的同学经常往来。 나는 대학 동창과 자주 왕래한다. → 동사2 용법
汽车往来 차가 오가다　跟他没什么往来 그와 별로 왕래하지 않는다

✪ **来临** láilín (동+동) 동 오다, 이르다, 도래하다

往往 wǎngwǎng

往 wǎng 형 과거의, 예전의
往 wǎng 형 과거의, 예전의

부 주로, 대부분, 종종

他往往工作到深夜才休息。 그는 종종 밤 늦게까지 일하고 나서야 쉰다.

시험 TIP 유의어 비교 '往往'과 '常常'

	往往 wǎngwǎng	常常 chángcháng
의미	부 주로, 대부분, 종종	부 늘, 항상, 자주
비교	• 주로 과거에 일어난 경험을 바탕으로 규칙성을 발견하고, 그에 대한 결론을 내릴 때 사용 • 미래 시제에는 쓸 수 없음	• 단지 동작의 횟수만 강조하기 때문에 미래 시제에도 쓸 수 있음

401 望 wàng

亡 멸망하다 + 月 달 + 王 임금
멸망한(亡) 한 나라의 임금(王)이 달(月)을 바라보며(望) 한숨을 지어요.

동 1 (멀리) 바라보다, 조망하다
2 방문하다, 찾아가다 **看望**
3 바라다, 희망하다 **盼望** | **愿望** ▸p.434 | **失望** ▸p.331

✚ **望远镜** wàngyuǎnjìng (동+형+명) 명 망원경

看望 kànwàng

看 kàn 동 방문하다, 문안하다
望 wàng 동 방문하다, 찾아가다

동 방문하다, 문안하다, 찾아가 보다

他每年春节都回老家去看望父母。 그는 매년 설날마다 고향에 돌아가 부모님을 찾아뵙는다.

看望老师 선생님을 찾아뵙다

盼望 pànwàng

盼 pàn 동 바라다
望 wàng 동 바라다, 희망하다

동 간절히 바라다, 희망하다

我们天天盼望着你能早点儿回来。 우리는 매일같이 네가 빨리 돌아올 수 있기를 간절히 바라고 있다.

402 威 wēi

부수: 女 여자
아름다운 여자(女)는 위엄(威)도 있어요.

명 위엄

동 위협하다, 협박하다 **威胁**

威胁 wēixié

威 wēi 동 위협하다
胁 xié 동 위협하다, 협박하다

동 협박하다, 위협하다

空气污染威胁着城市人民的健康。 공기 오염은 도시 사람들의 건강을 위협하고 있다.

威胁生命 생명을 위협하다　受到威胁 위협을 받다

403 危 wēi

⺈ 위태롭다 + 㔾 사람이 고개를 숙이고 주저앉은 모습
위태로운(⺈) 상황에서 사람이 주저앉은 모습(㔾)으로 위험함(危)을 나타낸 글자예요.

형 위험하다, 위급하다 **危险 | 危机**

동 해치다, 위험에 빠뜨리다 **危害**

危险 wēixiǎn

危 wēi 형 위험하다, 위급하다
险 xiǎn 형 위험하다

형 위험하다, 안전하지 못하다 [↔ 安全 ānquán ▶p.70]

명 위험

开车并不危险，只要遵守交通规则。 교통 규칙을 준수하기만 하면 운전은 결코 위험하지 않다. → 형용사 용법

小学生自己上学很危险，因为交通很乱。 → 형용사 용법
초등학생이 혼자서 학교에 가는 것은 위험하다. 왜냐하면 교통이 혼잡하기 때문이다.

危险的工作 위험한 일　冒着危险 위험을 무릅쓰다

危机 wēijī

危 wēi 형 위험하다, 위급하다
机 jī 명 기회, 때

명 위기

我们国家发生了严重的金融危机。 우리나라에 심각한 금융 위기가 발생했다.

危机很严重 위기가 매우 심각하다　金融危机 금융 위기

危害 wēihài

危 wēi 동 해치다, 위험에 빠뜨리다
害 hài 동 해를 끼치다 형 해롭다

동 해를 끼치다, 손상시키다, 해치다

명 해로움, 손해

吸烟不仅对健康不利，甚至可能危害生命。 → 동사 용법
흡연은 건강에 안 좋을 뿐 아니라 심지어는 생명에 해를 끼칠 수도 있다.

战争的危害给人们带来了极大的痛苦。 전쟁의 위해는 사람들에게 막대한 고통을 가져온다. → 명사 용법

危害健康 건강을 해치다　危害生命 생명을 해치다　造成了危害 해를 끼쳤다

시험 TIP 유의어 비교 '危害'와 '损害'

	危害 wēihài	损害 sǔnhài
의미	동 해를 끼치다, 손상시키다, 해치다 명 해로움, 손해	동 해를 끼치다, 해치다
비교	'损害'는 명사 용법이 없다는 것에 주의	
예문	危害健康(○) 건강에 해를 끼치다 战争的危害(○) 전쟁의 위해	损害健康(○) 건강에 해를 끼치다 战争的损害(×)

✪ 害虫 hàichóng (형+명) 명 해충

404 围 wéi

口 에워싸다 + 韦 가죽
가죽(韦)을 에워싸고(口) 둘러(围) 서서 구경을 해요.

동 에워싸다, 둘러싸다 围巾 | 围绕
명 사방, 주위, 둘레 范围 | 周围

➕ 围棋 wéiqí (동+명) 명 바둑

围巾 wéijīn

围 wéi 동 에워싸다, 둘러싸다
巾 jīn 명 행주, 보자기, 수건

명 목도리, 스카프

这条围巾又长又厚，真暖和。이 목도리는 길고 두꺼워서 정말 따뜻하다.
围围巾 목도리를 두르다　戴围巾 목도리를 하다

围绕 wéirào

围 wéi 동 에워싸다, 둘러싸다
绕 rào 동 휘감다, 돌다, 우회하다

동 1 (둘레나 주위를) 돌다, 둘러싸다
2 (어떤 문제나 사건을) 둘러싸다, 중심에 놓다

月亮围绕着地球转。달은 지구를 에워싸고 회전한다. → 동사1 용법
围绕着他 그의 주위를 둘러싸고 있다　围绕着问题展开了讨论 문제를 둘러싸고 토론했다

✪ 绕道 ràodào (동+명) 동 길을 돌아가다, 우회하다

范围 fànwéi

范 fàn 명 범위
围 wéi 명 사방, 주위, 둘레

명 범위

政府已限制了这些人的活动范围。정부는 이미 이 사람들의 활동 범위를 제한했다.
工作范围 업무 범위　扩大范围 범위를 넓히다

周围 zhōuwéi

周 zhōu 명 주변, 주위, 둘레
围 wéi 명 사방, 주위, 둘레

명 주위, 둘레

这周围的治安情况还不错。이곳 주위의 치안 상황은 그런대로 괜찮다.
周围安静 주위가 조용하다　周围的朋友 주위의 친구

405 维 wéi

纟 실 + 隹 새

실(纟)로 새(隹)의 발목을 묶어 놓은 상태를 유지해요(维).

동 유지하다, 지탱하다 **维持 | 维护**

维持 wéichí

维 wéi 동 유지하다, 지탱하다
持 chí 동 유지하다, 지키다

동 유지하다, 지켜 나가다, 보호하다

我希望可以一直维持现状。 나는 계속 현상을 유지할 수 있기를 희망한다.

维持生活 생계를 유지하다 维持生命 생명을 유지하다 维持秩序 질서를 유지하다

✪ **持续** chíxù (동+동) 동 지속하다, 이어지다

维护 wéihù

维 wéi 동 유지하다, 지탱하다
护 hù 동 지키다, 보호하다

동 지키다, 보호하다

消费者的利益应该得到维护。 소비자의 권익은 마땅히 보호받아야 한다.

维护利益 이익을 보호하다 维护权利 권리를 보호하다

✪ **护照** hùzhào (동+명) 명 여권

406 委 wěi

禾 벼 + 女 여자

재테크를 잘하려면 여자(女)에게 곡식(禾)을 맡기는(委) 게 좋겠죠?

동 맡기다, 위탁하다 **委托**

형 의기소침하다, 활기가 없다 **委屈**

委托 wěituō

委 wěi 동 맡기다, 위탁하다
托 tuō 동 맡기다

동 위탁하다, 의뢰하다, 맡기다

这种重要的事情不能委托别人。 이런 중요한 일은 다른 사람에게 맡겨서는 안 된다.

✪ **托儿所** tuō'érsuǒ (동+명+명) 명 탁아소

委屈 wěiqu

委 wěi 형 의기소침하다, 활기가 없다
屈 qū 동 억울하다

형 (부당한 지적이나 대우를 받아) 억울하다, 섭섭하다
동 억울하게 하다, 섭섭하게 만들다

她觉得很委屈。그녀는 매우 억울하다는 생각이 들었다. → 형용사 용법
让他做这样的工作，实在是委屈他了。→ 동사 용법
그에게 이러한 일을 하게 하다니, 정말로 그를 섭섭하게 하는 것이다.

受委屈 억울함을 당하다　委屈的感觉 섭섭한 느낌　委屈别人 다른 사람을 섭섭하게 하다

407 温 wēn

氵 물 + 日 해 + 皿 그릇
물(氵)을 그릇(皿)에 담아 햇볕(日)에 쬐이면 따뜻해져요(温).

명 온도 **温度**
형 1 따뜻하다 **温暖**
2 (성격이나 태도가) 부드럽다, 온화하다 **温柔**

高温 gāowēn (형+명) 명 고온, 높은 온도 | **气温** qìwēn (명+명) 명 기온 | **体温** tǐwēn (명+명) 명 체온 | **温和** wēnhé (형+형) 형 (기후가) 따뜻하다, (성질이) 온화하다

温度 wēndù

温 wēn 명 온도
度 dù 명 정도

명 온도

室内、室外温度差别太大，容易感冒。실내외 온도 차이가 너무 크면 쉽게 감기에 걸린다.
温度高 온도가 높다　温度低 온도가 낮다

温暖 wēnnuǎn

温 wēn 형 따뜻하다
暖 nuǎn 형 따뜻하다 동 따뜻하게 하다

형 (기후, 장소, 사물이) 따뜻하다, 온화하다 [= **暖和** nuǎnhuo]

天气异常温暖。날씨가 몹시 따뜻하다.
天气温暖 날씨가 따뜻하다　阳光温暖 햇볕이 따뜻하다
温暖的气候 따뜻한 기후

温柔 wēnróu

温 wēn 형 (성격이나 태도가) 부드럽다, 온화하다
柔 róu 형 부드럽다, 연약하다

형 (주로 여성이) 부드럽고 상냥하다

她总是用温柔的声音教导我们。 그녀는 항상 부드럽고 상냥한 목소리로 우리를 가르친다.

态度温柔 태도가 부드럽다　温柔的语气 상냥한 어투

408 稳 wěn

禾 벼 + 急 급하다
벼(禾)를 급하게(急) 수확하고 나니 마음이 편안해요(稳).

형 평온하다, 안정되다 **稳定**

稳定 wěndìng

稳 wěn 형 평온하다, 안정되다
定 dìng 형 안정적이다, 평안하다

형 안정되다

他的收入很稳定。 그의 수입은 매우 안정적이다.

情绪稳定 정서가 안정되다　物价稳定 물가가 안정되다

409 无 wú 无(無) 수풀이 불에 타서 없어진 모양을 본뜬 글자

동 없다 **无聊 | 无奈 | 无数**

접 ~를 막론하고 **无论**

无聊 wúliáo

无 wú 동 없다
聊 liáo 동 한담하다, 잡담하다

형 무료하다, 지루하다

他一闲下来，就感到十分无聊。 그는 한가해지면 매우 무료하다고 느낀다.

生活无聊 생활이 무료하다 闲得无聊 한가해서 따분하다

✪ **聊天** liáotiān (동+명) 동 이야기하다, 잡담하다

无奈 wúnài

无 wú 동 없다
奈 nài 동 어찌하다

동 어쩔 수 없다, 방법이 없다, 부득이하다 [= **无可奈何** wúkě nàihé]

父母为女儿的一番话感到非常无奈。 부모는 딸의 한마디 말 때문에 어찌할 바를 몰랐다.

시험 TIP '无奈'의 활용

'**无奈**'는 어떤 상황에 대해 방법이 없어 어찌할 바를 모를 때 사용합니다. 5급 듣기의 태도와 관련된 문제의 답으로 종종 출제되기도 합니다. 예문을 통해 '**无奈**'의 위치나 의미를 잘 익혀 두세요.

无数 wúshù

无 wú 동 없다
数 shù 명 수, 수량

형 무수하다, 셀 수 없이 많다

经过无数次的失败，他终于取得了这样的成功。 무수히 많은 실패 끝에 그는 마침내 이런 성공을 거두었다.

✪ **数字** shùzì (명+명) 명 숫자 형 디지털의 ▶p.352

无论 wúlùn

无 wú 접 ~를 막론하고
论 lùn 동 말하다, 언급하다

접 ~에 상관없이, ~를 막론하고 [= 不管 bùguǎn, 不论 búlùn]

无论有多大的困难，我都要坚持下去。 어려움이 얼마나 크든 나는 (포기하지 않고) 꾸준히 할 것이다.

시험 TIP '无论'의 문장 형식

접속사 '无论' 뒤에는 '의문대사 / 多 / 多么 / A不A / A还是B / AB'가 와서 결과에 영향을 미치지 않는 '조건'을 나타내요.

예 明天一早我们无论如何也要出发了。 내일 아침 일찍 우리는 어쨌든 간에 출발할 것이다.

小王喜欢逛商场，无论买不买东西，都要逛上大半天。
샤오왕은 쇼핑하는 것을 좋아해서 물건을 사든 안 사든 상관없이 반나절을 쇼핑하곤 한다.

我无论长相还是声音都和十二、三岁的孩子一样。 나는 생김새든 목소리든 간에 열 두세 살의 아이와 같다.

410 误 wù

讠 말씀 + 吴 오 나라
삼국시대 오 나라(吴)의 손권은 말(讠)을 실수(误)할 때가 많았어요.

명 실수, 잘못 **错误**

형 틀리다, 잘못되다 **误会**

동 늦다, 지체하다 **耽误**

错误 cuòwù

错 cuò 명 착오, 잘못
误 wù 명 실수, 잘못

명 실수, 잘못

형 틀리다, 잘못되다

他们的错误是严重的。 그들의 실수는 심각하다. → 명사 용법

犯错误 잘못을 범하다 承认错误 실수를 인정하다 错误的理解 잘못된 이해

误会 wùhuì

误 wù 형 틀리다, 잘못되다
会 huì 동 이해하다

동 오해하다

명 오해

我不是那个意思，你千万别误会。 나는 그런 뜻이 아니야. 제발 오해하지 마. → 동사 용법

产生误会 오해가 생기다 消除误会 오해를 풀다

耽误 dānwu

耽 dān 동 지연하다, 지체하다
误 wù 동 늦다, 지체하다

동 (시간을 지체하거나 시기를 놓쳐서) 일을 그르치다, 시간을 빼앗다, 지체하다

不好意思，我**耽误**你的宝贵时间了。 당신의 소중한 시간을 빼앗아서 미안합니다.

耽误时间 시간을 지체하다, 시간을 빼앗다 **耽误**工作 (시간 때문에) 일을 그르치다

耽误学习 공부를 지체하다

411 吸 xī

口 입 + 及 닿다
입(口)에 닿는(及) 공기를 들이마셔요(吸).

동 1 (코나 입으로) 들이마시다, 들이쉬다 **呼吸**
2 흡수하다 **吸收**
3 끌어당기다 **吸引**

呼吸 hūxī

呼 hū 동 숨을 내쉬다
吸 xī 동 들이마시다, 들이쉬다

동 호흡하다, 숨을 쉬다

屋内太闷，我去外边**呼吸**一下新鲜空气。 실내가 너무 답답해서 나는 밖에 나가서 신선한 공기를 좀 마셨다.

人工**呼吸** 인공호흡

吸收 xīshōu

吸 xī 동 흡수하다
收 shōu 동 받다, 거두어들이다

동 (물체가 외부의 어떤 물질을) 흡수하다, 빨아들이다

深色的衣服容易**吸收**热量。 짙은 색 옷은 열을 잘 흡수한다.

吸收水分 수분을 흡수하다 **吸收**营养 영양을 흡수하다

✪ **收获** shōuhuò (동+동) 동 수확하다 명 수확, 성과 ▶p.340

吸引 xīyǐn

吸 xī 동 끌어당기다
引 yǐn 동 잡아당기다

동 매료시키다, 사로잡다, 끌어당기다

我被这个感人的故事深深地**吸引**住了。 나는 이 감동적인 이야기에 깊게 매료되었다.

这个地方吸引很多游客前来观光。 이 곳은 많은 여행객들이 와서 관광하게끔 매료시킨다.

吸引观众 관중을 매료시키다　吸引视线 시선을 사로잡다　吸引注意力 주의력을 끌다

시험 TIP '吸引'의 문장 형식

'吸引' 뒤에는 명사가 목적어로 오는 경우가 많습니다. 하지만 위의 예문처럼 '吸引+사람+동사'의 형태로 쓰이는 경우도 듣기나 독해에서 종종 보이니 잘 알아 두세요.

✪ **引起** yǐnqǐ (동+동) 동 일으키다, 야기하다

412 细 xì

纟 실 + 田 밭

실(纟)로 밭(田)의 채소를 꼼꼼하게(**细**) 묶어 손질해요.

형 1 가늘다

2 꼼꼼하다, 자세하다, 섬세하다 **细节 | 详细 | 仔细**

细节 xìjié

细 xì 형 꼼꼼하다, 자세하다, 섬세하다

节 jié 명 사항, 항목

명 자세한 사정, 세부 (사항), 사소한 부분

不同类型的性格有不同的细节表现。 각각 다른 스타일의 성격은 세세한 표현도 각각 다르다.

细节问题 사소한 문제　细节描写 세부 묘사　注意细节 세부 사항에 신경을 쓰다

✪ **节目** jiémù (명+명) 명 프로그램 ▶p.234

详细 xiángxì

详 xiáng 형 상세하다

细 xì 형 꼼꼼하다, 자세하다, 섬세하다

형 상세하다, 자세하다

这本说明书不够详细。 이 설명서는 그다지 상세하지 않다.

详细信息 자세한 소식　详细描述 상세한 묘사

仔细 zǐxì

仔 zǐ 형 자세하다, 세밀하다

细 xì 형 꼼꼼하다, 자세하다, 섬세하다

형 자세하다, 꼼꼼하다, 세심하다

부 자세히, 꼼꼼히

老师十分仔细地给我分析了这个问题。 선생님은 매우 꼼꼼하게 이 문제를 분석해 주셨다. → 형용사 용법

仔细考虑 세심하게 고려하다　仔细研究 자세하게 연구하다

413 显 xiǎn

日 해 + 业 일
해(日)가 뜨면 일(业)하러 나가는 사람들이 거리에 나타나죠(显).

형 분명하다, 뚜렷하다 显然 | 明显 ▶p.285
동 드러내다, 나타내다 显得 | 显示

显然 xiǎnrán

显 xiǎn 형 분명하다, 뚜렷하다
然 rán 접미 [사물이나 동작의 상태를 나타냄]

형 확연하다, 분명하다, 틀림없다
부 확연히, 분명히, 틀림없이

很显然，这不是他想要的。 틀림없어. 이것은 그가 원하던 것이 아니야. → 형용사 용법

显然看过 분명히 봤다　显然是病了 병이 난 게 확실하다　很显然的事情 매우 명백한 일

시험 TIP 주의하세요! '显然'의 용법

'显然'은 중한사전에 형용사만 나와 있지만, 사실상 부사 용법으로 훨씬 많이 사용합니다. '显然' 뒤에 나오는 내용이 분명하다는 것을 강조할 때 사용합니다.

显得 xiǎnde

显 xiǎn 동 드러내다, 나타내다
得 de 조 [보어를 이끌어내는 구조조사]

동 ~처럼 보이다

她干活儿显得特别老练。 그녀는 일하는 게 굉장히 노련해 보인다.

显得干净 깨끗해 보인다　显得高兴 기뻐 보인다

시험 TIP '显得'의 문장 형식

'显得'는 원래 동사 '显' 뒤에 조사 '得'가 합쳐져서 이루어진 단어입니다. 따라서 뒤에 명사로 된 목적어를 가지지 않고, '显得+형용사'의 형태로 많이 쓰입니다. 이 단어는 5급 듣기뿐 아니라 쓰기 제1부분에도 자주 출제되는 중요한 단어이니, 꼭 암기해 두세요.

显示 xiǎnshì

显 xiǎn 동 드러내다, 나타내다
示 shì 동 보이다, 밝히다

동 뚜렷하게 보여 주다, 드러내 보이다

调查显示，男性比女性更重视自己的形象。
조사에 따르면, 남성이 여성보다 자신의 이미지를 더욱 중시한다고 한다.

显示器 모니터

시험 TIP 주의하세요! '显示'의 용법

'显示'는 중한사전에 '나타내다', '보여 주다'와 같이 '表现'과 비슷한 의미의 용법으로 나와 있습니다. 하지만 사실 중국인들은 '调查显示', '研究显示'처럼 조사나 연구의 결과를 보여 줄 때 사용하는 경우가 대부분입니다.

414 现 xiàn

王 임금 + 见 보다

임금님(王)을 자세히 보면(见) 위엄이 저절로 나타나요(现).

명 현재, 지금 **现代 | 现金 | 现实**

동 드러내다, 나타나다 **现象 | 表现** ▶p.87 | **发现** ▶p.150 | **出现** ▶p.114 | **体现** ▶p.363

现代 xiàndài

现 xiàn 명 현재, 지금
代 dài 명 (역사상) 시대

명 현대, 현시대

在现代社会中，人际关系是很重要的。 현대사회에서 인간관계는 매우 중요하다.

现代社会 현대사회　现代文明 현대문명

现金 xiànjīn

现 xiàn 명 현재, 지금
金 jīn 명 돈, 금속

명 현금

身上别带太多的现金，不安全。 몸에 너무 많은 현금을 지니지 마세요. 안전하지 못해요.

✪ **金钱** jīnqián (명+명) 명 금전, 화폐, 돈 | **金属** jīnshǔ (명+명) 명 금속 ▶p.351

现实 xiànshí

现 xiàn 명 현재, 지금
实 shí 명 실제, 사실 형 실제적이다

명 현실

我们应该面对这个现实。 우리는 반드시 이 현실에 직면해야 한다.

反映现实 현실을 반영하다　面对现实 현실에 직면하다

✪ **实际** shíjì (형+명) 명형 실제(적이다) ▶p.335

现象 xiànxiàng

现 xiàn 동 드러내다, 나타나다
象 xiàng 명 형상, 모양

명 현상

在实验过程中，出现了异常现象。 실험 과정에서 이상 현상이 나타났다.

自然现象 자연적인 현상　表面现象 표면적인 [겉으로 드러나는] 현상

✪ 象征 xiàngzhēng (명+명) 명동 상징(하다) ▶p.392

415 羡 xiàn

羊 양 + 次 다음
양(羊)털로 만든 옷을 다음(次)에 사려니까 이미 산 사람이 부러워요(羡).

동 흠모하다, 부러워하다 羡**慕**

羡慕 xiànmù

羡 xiàn 동 흠모하다, 부러워하다
慕 mù 동 사모하다, 흠모하다

동 흠모하다, 부러워하다

人们都用羡慕的眼光看着他。 사람들은 모두 부러운 눈빛으로 그를 바라보고 있다.

羡慕别人 다른 사람을 부러워하다　令人羡慕 부럽게 만들다

Day 25

416 相 xiāng xiàng

木 나무 + 目 눈
나무(木)와 나의 눈(目)이 서로(相) 마주하는 모습을 떠올려 보세요.

xiāng 부 서로 **相处** | **相当** | **相对** | **相反** | **相关** | **相似** | **相同** | **相信** | **互相**

xiàng 명 용모, 외모 **长相** | **照相**

相处 xiāngchǔ

相 xiāng 부 서로
处 chǔ 동 교제하다, 처하다, 살다, 처리하다

동 함께 지내다, 함께 살다

我和我同屋相处得很好。 나는 내 룸메이트와 함께 잘 지내고 있다.

참고 相爱容易，相处难

'相处'는 듣기에서 자주 들리는 단어입니다. 중국인들이 즐겨 쓰는 말 중에 '相爱容易，相处难'이란 말이 있는데요. '연애는 쉬워도 함께 사는 것은 어렵다'라는 말입니다. 여러분도 동의하시나요?

✪ **处理** chǔlǐ (동+동) 동 (일을) 처리하다 ▶p.261

相当 xiāngdāng

相 xiāng 부 서로
当 dāng 형 상당하다, 서로 걸맞다

동 서로 비슷하다, 맞먹다

부 꽤, 매우, 상당히

这两个厂的技术力量基本相当。이 두 공장의 기술 역량은 기본적으로 비슷하다. → 동사 용법

这是一个相当不错的条件。이것은 상당히 괜찮은 조건이다. → 부사 용법

年龄相当 나이가 비슷하다　相当好 매우 좋다

相对 xiāngduì

相 xiāng 부 서로
对 duì 동 대조하다, 맞대보다, 대하다

형 상대적인

부 상대적으로

什么事情都是相对的，不是绝对的。어떤 일이든 모두 상대적이지, 절대적이지 않다. → 형용사 용법

这个结果相对来说还算准确。이 결과는 상대적으로 그럭저럭 정확한 편이다. → 부사 용법

相对的速度 상대적인 속도　相对真理 상대적 진리　相对来说 상대적으로 말해서

✪ **对待** duìdài (동+동) 동 (사람이나 사물을) 대하다 ▶p.145

相反 xiāngfǎn

相 xiāng 부 서로
反 fǎn 형 반대의, 거꾸로의 동 반대하다

형 상반되다, 서로 반대되다

접 반대로, 도리어

两个人的意见正好相反。두 사람의 의견은 딱 서로 반대이다. → 형용사 용법

看法相反 견해가 상반되다　相反的结论 상반된 결론

✪ **反对** fǎnduì (동+동) 동 반대하다, 찬성하지 않다 ▶p.154

相关 xiāngguān

相 xiāng 부 서로
关 guān 동 관계되다

동 상관되다, 서로 관련되다

体育产业和人民健康密切相关。 스포츠 산업은 사람들의 건강과 밀접한 관계를 맺고 있다.

A 和 B 密切相关 A와 B는 밀접한 관계이다

시험 TIP '相关'의 문장 형식

'A 和 B 密切相关' 구문은 독해 지문에서 자주 출제되니, 꼭 암기해 두세요.

✪ 关系 guānxi (동+동) 명 관계 동 관계되다, 관련되다 ▶p.179

相似 xiāngsì

相 xiāng 부 서로
似 sì 동 닮다, ~인 듯하다

형 서로 닮다, 비슷하다

这两种颜色非常相似。 이 두 가지 색상은 굉장히 비슷하다.

年龄相似 나이가 비슷하다 性格相似 성격이 비슷하다

✪ 似乎 sìhū 부 마치 (~인 것 같다)

相同 xiāngtóng

相 xiāng 부 서로
同 tóng 형 같다, 동일하다

형 서로 같다, 똑같다

你的意见跟我完全相同。 너의 의견은 나와 완전히 같다.

相同的衣服 똑같은 옷 性格相同 성격이 같다

相信 xiāngxìn

相 xiāng 부 서로
信 xìn 동 믿다

동 믿다

我相信你说的都是事实。 나는 네가 말한 것이 모두 사실이라고 믿는다.

轻易相信 쉽게 믿다 相信你的话 너의 말을 믿는다

시험 TIP '相信'의 목적어

'相信'은 목적어로 명사뿐 아니라 하나의 문장이 올 수도 있습니다. 듣기에서 '我相信+주어+동사……'의 형식이 많이 들리는데, 이때는 '相信' 뒤에 나오는 내용에 집중해서 들어야 합니다.

互相 hùxiāng

互 hù 부 서로
相 xiāng 부 서로

부 서로 [= 相互 xiānghù]

夫妻之间要互相理解。 부부간에는 서로 이해해야 한다.

互相关心 서로 관심을 가지다　互相照顾 서로 보살피다　互相尊重 서로 존중하다

시험 TIP '互相'의 특징

'互相'과 '相互'는 부사 용법이 서로 같으므로 굳이 구분할 필요가 없습니다. 또한 '互相'은 위 예문에서처럼 조동사 뒤에 위치해서 동사를 수식한다는 점도 알아 두세요.

长相 zhǎngxiàng

长 zhǎng 동 생기다, 자라다
相 xiàng 명 용모, 외모

명 얼굴의 생김새, 용모 [= 相貌 xiàngmào]

你知道他的长相吗? 너 그 사람 얼굴 생김새 아니?

照相 zhàoxiàng

照 zhào 동 사진을 찍다
相 xiàng 명 용모, 외모

동 사진을 찍다, 촬영하다 [= 拍照 pāizhào ▶p.445]

咱们先在这儿照完相再去故宫。 우리 우선 이곳에서 사진을 다 찍고 나서 고궁에 가자.

照相机 사진기　照几张相 사진을 몇 장 찍다

417 想 xiǎng

相 서로 + 心 마음
서로(相) 마음(心)이 통하면 상대방이 자꾸 생각나요(想).

동 1 생각하다, 그리워하다 **想念 | 想象 | 幻想**
2 예측하다, 추측하다

조동 ~하고 싶다, ~할 작정이다

➕ **想法** xiǎngfa (동+명) 명 생각, 의견, 견해 | **想家** xiǎngjiā (동+명) 동 집을 그리워하다 | **想方设法** xiǎng fāng shè fǎ (동+명+동+명) 성 온갖 방법을 다 생각하다 | **猜想** cāixiǎng (동+동) 동 추측하다, 추측하여 생각하다

想念 xiǎngniàn

想 xiǎng 동 생각하다, 그리워하다
念 niàn 동 그리워하다

동 그리워하다, 생각하다 [= 怀念 huáiniàn ▶p.201]

我很想念和我一起学习的大学同学。 나는 나와 함께 공부했던 대학 동창들이 무척 그립다.

想念故乡 고향을 그리워하다　想念父母 부모를 그리워하다

想象 xiǎngxiàng

想 xiǎng 동 생각하다
象 xiàng 명 모양, 형상

동 상상하다

명 상상

我可以想象出母亲收到信时那高兴的样子。 → 동사 용법

나는 어머니가 편지를 받을 때의 그 기뻐하는 모습을 상상할 수 있다.

幻想 huànxiǎng

幻 huàn 형 비현실적이다
想 xiǎng 동 생각하다

명 환상

동 환상을 가지다

年轻人对未来充满了美丽的幻想。 젊은 사람들은 미래에 대한 아름다운 환상이 가득하다. → 명사 용법

Day 25

418 象 xiàng

象 코끼리의 코와 귀의 특징을 본뜬 글자

명 1 코끼리

2 (어떤 사물의) 형상, 모양 **象棋 | 象征**

+ **抽象** chōuxiàng (동+명) 형 추상적이다 ▶p.112 | **对象** duìxiàng (형+명) 명 대상, 결혼 상대 ▶p.147 | **景象** jǐngxiàng (명+명) 명 광경, 모습 | **气象** qìxiàng (명+명) 명 기상 | **现象** xiànxiàng (동+명) 명 현상 ▶p.387 | **印象** yìnxiàng (동+명) 명 인상 | **一头大象** yì tóu dàxiàng (수+양+명) 코끼리 한 마리

象棋 xiàngqí

象 xiàng 명 형상, 모양
棋 qí 명 장기, 바둑

명 중국식 장기

他象棋下得不错。 그는 장기를 잘 둔다.

시험 TIP **주의하세요! '棋'의 의미**

중국어에서 '棋'는 장기(象棋)와 바둑(围棋 wéiqí)을 모두 가리킵니다. 따라서 듣기 시험에서 종종 들리는 '下棋'도 '바둑을 두다'와 '장기를 두다'가 모두 가능합니다.

✪ **棋盘** qípán (명+명) 명 바둑판, 장기판

象征 xiàngzhēng

象 xiàng 명 **형상, 모양**
征 zhēng 명 **흔적, 형상**

동 상징하다

명 상징

白鸽象征着和平。 흰 비둘기는 평화를 상징한다. → **동사 용법**

和平的象征 평화의 상징　象征着和平 평화를 상징한다

419 消 xiāo

氵물 + 肖 꺼지다

불은 물(氵)이 닿으면 꺼져서(肖) 사라져요(消).

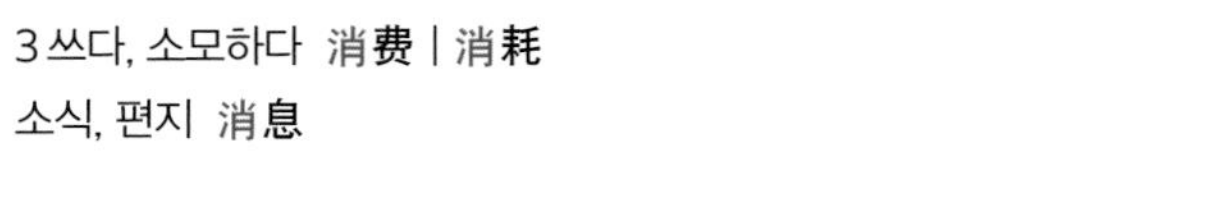

동 1 사라지다, 없어지다 **消失**
　2 제거하다, 없애다 **消化** | **消灭** | **取消** | **消除** ▶p.116
　3 쓰다, 소모하다 **消费** | **消耗**

명 소식, 편지 **消息**

消失 xiāoshī

消 xiāo 동 **사라지다, 없어지다**
失 shī 동 **잃다, 놓치다**

동 (어떤 사물이 점점 작아져서) 사라지다, 소실되다

她的形象，从来没有在我的记忆中消失过。 그녀의 형상은 한 번도 내 기억 속에서 사라진 적이 없다.

逐渐消失 점점 사라지다　画面消失了 화면이 사라졌다

시험 TIP **'消失'의 목적어**

'消失'는 자동사이므로 목적어를 가지지 않습니다. 따라서 5급 독해 제1부분에서 밑줄 뒤에 목적어가 있다면 '消失'는 답이 될 수 없겠죠?

✪ **失去** shīqù (동+동) 동 잃다, 잃어버리다 ▶p.330

消化 xiāohuà

消 xiāo 동 제거하다, 없애다
化 huà 동 소화하다, 없애다 명 화학

동 소화하다

这些食品在胃里不容易消化。 이러한 식품들은 위에서 소화하기 어렵다.

消化功能 소화 기능　消化系统 소화 계통

✪ 化学 huàxué (명+명) 명 화학

消灭 xiāomiè

消 xiāo 동 제거하다, 없애다
灭 miè 동 없애다, 소멸시키다

동 소멸하다, 없애다, 사라지다

你可以消灭一个国家，但不能消灭人民的爱国心。
당신은 한 국가는 없앨 수 있지만, 국민들의 애국심은 없앨 수 없다.

消灭病毒 바이러스를 없애다　消灭国家 국가를 없애다

✪ 灭亡 mièwáng (동+동) 동 망하다, 멸망하다

取消 qǔxiāo

取 qǔ 동 얻다, 가지다
消 xiāo 동 제거하다, 없애다

동 취소하다

他被取消了代表的资格。 그는 대표의 자격이 취소되었다.

取消资格 자격을 취소하다　取消计划 계획을 취소하다　航班取消了 비행편이 취소되었다

시험 TIP 듣기 시험에서 자주 출제되는 '取消'

'取消'는 듣기 영역에서 자주 들리는 단어입니다. 특히 '航班取消了(비행편이 취소되었다)'가 가장 많이 출제되었습니다.

消费 xiāofèi

消 xiāo 동 쓰다, 소모하다
费 fèi 동 쓰다, 소비하다

동 (재화를) 쓰다, 소비하다

人类每天都要消费掉大量的生活用品。 인류는 매일 대량의 생활용품을 소비한다.

消费者 소비자　消费观念 소비 관념

시험 TIP 搭配로 외우는 '消费'와 '消耗'

'消费'의 대상은 주로 생활용품 관련 구체적 사물이고, '消耗 xiāohào'의 대상은 주로 '体力/精力/能量/时间' 등입니다.

✪ 费电 fèidiàn (동+명) 동 전력을 쓰다 | 费心 fèixīn (동+명) 동 마음을 쓰다, 신경을 쓰다

消耗 xiāohào

消 xiāo 동 소모하다
耗 hào 동 소모하다

동 (정신, 체력, 물자 등을) 소모하다
명 소모, 소비

由于采用了新技术，大大降低了能源消耗。→명사 용법
새로운 기술을 채택했기 때문에 에너지 소모를 매우 많이 낮췄다.

시험 TIP 시험에 자주 출제되는 '消耗'
'消耗'는 6급 필수 어휘지만 5급 독해 지문에서부터 많이 출제됩니다. 꼭 암기해 두세요.

消息 xiāoxi

消 xiāo 명 소식, 편지
息 xī 명 소식

명 소식, 뉴스, 보도

听到女儿不幸的消息，母亲伤心地哭了。 딸의 불행한 소식을 들은 어머니는 슬퍼하며 우셨다.
传达消息 소식을 전하다 报道消息 뉴스를 보도하다

420 效 xiào

交 사귀다 + 攵 치다
사귀는(交) 친구가 의기소침해 있을 때 북을 쳐(攵) 사기를 북돋으면 효과(效)가 좋아요.

명 효과, 효용 效果 | 效率

➕ 见效 jiànxiào (동+명) 동 효과를 보다 | 奏效 zòuxiào (동+명) 동 효과가 있다, 효과를 얻다

效果 xiàoguǒ

效 xiào 명 효과, 효용
果 guǒ 명 결과, 과일, 열매

명 효과 [= 效益 xiàoyì]

这种药的效果非常好。 이 약은 효과가 굉장히 좋다.
明显的效果 뚜렷한 효과 治疗效果 치료 효과

시험 TIP 시험에서 자주 출제되는 '效果'
'效果'는 5급 듣기에서 자주 들리고, 독해 제1부분 답으로도 출제되는 단어입니다. 의미와 호응 관계를 모두 알아 두세요.

✪ 果实 guǒshí (명+명) 명 (식물의) 열매, 과실

效率 xiàolǜ

效 xiào 명 효과, 효용
率 lǜ 명 비율

명 효율, 능률

合理的办法是提高工作效率，而不是延长工作时间。
합리적인 방법은 업무 효율을 높이는 것이지, 업무 시간을 늘리는 것이 아니다.

工作效率 업무 효율 提高效率 효율을 높이다

421 欣 xīn

斤 도끼 + 欠 하품
도끼(斤) 든 나무꾼이 하품(欠)을 하듯 입을 크게 벌리고 기뻐해요(欣).

형 즐겁다, 기쁘다 欣赏

+ 欣慰 xīnwèi (형+형) 형 기쁘고 위안이 되다

欣赏 xīnshǎng

欣 xīn 형 즐겁다, 기쁘다
赏 shǎng 동 감상하다

동 1 감상하다 [주로 '欣赏+사물'의 형태로 씀]
2 마음에 들어 하다 [주로 '欣赏+사람/사물'의 형태로 씀]

欣赏音乐有益于身心健康。 음악 감상은 심신의 건강에 도움이 된다. → 동사1 용법
这个人很能干，我很欣赏。 이 사람은 일을 잘해서 내가 매우 좋아한다. → 동사2 용법
欣赏作品 작품을 감상하다 欣赏音乐 음악을 감상하다 欣赏能力 능력을 마음에 들어 하다

시험 TIP 암기하세요! '欣赏'의 의미
'欣赏'은 자주 '감상하다'라는 의미로 시험에 출제되지만, '사람이나 사물을 마음에 들어 하다'라는 의미로 출제된 적도 있습니다. 두 가지 의미를 꼭 알아 두세요.

422 心 xīn

心 사람의 심장 모양을 본뜬 글자

명 1 마음, 생각 心理 | 心情 | 粗心 | 耐心 | 伤心
2 심장 心脏
3 한가운데, 중심 核心

+ 心得 xīndé (명+동) 명 깨달은 바, 심득 | 心思 xīnsi (명+명) 명 (어떤 것을 하려는) 마음, 기분 | 心事 xīnshì (명+명) 명 걱정거리 | 担心 dānxīn (동+명) 동 걱정하다, 근심하다 | 点心 diǎnxin (명+명) 명 (과자류의) 간식 | 关心 guānxīn (동+명) 동 관심을 가지다 ▶p.179 | 决心 juéxīn (동+명) 명 결심, 결의 동 결심하다 | 热心 rèxīn (형

+명) 형 친절하다, (마음이) 따뜻하다 동 열심이다, 적극적이다 ▶p.319 | **虚心** xūxīn (형+명) 형 (잘난 체하지 않고) 겸허하다 ▶p.409 | **掌心** zhǎngxīn (명+명) 명 손바닥

心理 xīnlǐ

心 xīn 명 **마음, 생각**
理 lǐ 명 **도리, 이치**

명 심리, 정신

抑郁症是一种心理疾病。 우울증은 일종의 심리적인 질병이다.

心理医生 정신과 의사 心理健康 정신건강

시험 TIP 주의하세요! '心理'와 '心里'

'心理'와 '心里'를 잘 구분하세요. '心理'는 '심리, 정신', '心里'는 '마음속'이라는 의미입니다. 글자 모양이 비슷하여 혼동할 수 있으니, 주의해야 합니다.

心情 xīnqíng

心 xīn 명 **마음, 생각**
情 qíng 명 **감정, 정**

명 마음, 심정, 기분

这种好天气出来旅游，心情十分舒畅。 이런 좋은 날씨에 나가서 여행을 하니 마음이 매우 후련하다.

心情愉快 마음이 즐겁다 心情舒畅 마음이 상쾌하다, 마음이 후련하다

✪ **情绪** qíngxù (명+명) 명 정서, 기분 ▶p.312

粗心 cūxīn

粗 cū 형 **굵다, 거칠다, 소홀하다**
心 xīn 명 **마음, 생각**

형 소홀하다, 덜렁대다, 세심하지 못하다 [↔ **细心** xìxīn]

这次考得不好，原因是你太粗心。 이번 시험을 잘 못 본 것은 네가 너무 덜렁댔기 때문이야.

시험 TIP 듣기 시험에서 자주 출제되는 '粗心'

'粗心'은 듣기에서 자주 등장하는 단어입니다. 동의어인 '**大意** dàyi'와 함께 쓰여 '**粗心大意**'라고도 합니다.

耐心 nàixīn

耐 nài 동 **참다, 견디다, 인내하다**
心 xīn 명 **마음, 생각**

형 인내심 있다, 참을성 있다, 끈기 있다

명 인내심, 참을성

我已经失去了说服他的耐心。 나는 이미 그를 설득할 인내심을 잃어버렸다. → **명사 용법**

耐心等待 끈기 있게 기다리다 很有耐心 매우 인내심이 있다

시험 TIP **'耐心'의 문장 형식**

'耐心'은 형용사로 쓰일 경우 주로 동사를 수식하는 부사어로 쓰입니다. 이때 '耐心+동사'로 직접 수식하기도 하고, '耐心地+동사'의 형식으로 쓸 수도 있습니다.

伤心 shāngxīn

伤 shāng 동 **다치다**
心 xīn 명 **마음, 생각**

동 상심하다, 슬퍼하다, 마음 아파하다

我为这件事感到很伤心。 나는 이 일로 인해 매우 마음이 아프다.

伤心流泪 슬퍼서 눈물을 흘리다　伤心地哭 슬피 울다　伤心的故事 슬픈 이야기

시험 TIP **'伤心'의 특징**

'伤心'은 심리동사로, '非常'과 같은 정도부사의 수식을 받을 수 있습니다.

心脏 xīnzàng

心 xīn 명 **심장**
脏 zàng 명 **내장**

명 심장, 중심부 [종종 비유적인 의미로 쓰임]

首都北京是中国的心脏。 수도 베이징은 중국의 심장(중심부)이다.

心脏病 심장병　心脏手术 심장 수술　城市的心脏 도시의 심장

▶참고 **다양한 발음의 '脏'**

'脏'은 'zāng'으로 읽으면 '더럽다', '지저분하다'라는 의미입니다. ▶p.61

核心 héxīn

核 hé 명 **(사물의) 핵(심)**
心 xīn 명 **한가운데, 중심**

명 핵심, 중심

生产力是企业的核心。 생산력은 기업의 핵심이다.

核心人物 핵심 인물　核心技术 핵심 기술

423 信 xìn

亻 사람 + 言 말씀

사람(亻)의 말(言)은 거짓이 없이 믿을(信) 수 있어야 해요.

동 믿다, 신임하다 **信任 | 信心 | 相信** ▶p.389

명 1 신용, 신의 **信用卡**

2 서신, 편지 **信封 | 短信**

3 소식, 정보 **信息**

4 증거, 근거, 기호 **信号**

信任 xìnrèn

信 xìn 동 믿다, 신임하다
任 rèn 동 신뢰하다, 신임하다 명 직무, 임무

동 신임하다, 믿다

명 신임

我不想失去领导的信任。 나는 상사의 신임을 잃고 싶지 않다. →명사 용법

信任朋友 친구를 믿다 得到信任 신임을 얻다

✪ 任务 rènwu (명+명) 명 임무

信心 xìnxīn

信 xìn 동 믿다, 신임하다
心 xīn 명 마음, 생각

명 자신감, 확신, 신념

我对这件事没有信心。 나는 이 일에 대해 자신감이 없다.

树立信心 자신감을 세우다 坚定的信心 확고한 자신감

信用卡 xìnyòngkǎ

信 xìn 명 신용, 신의
用 yòng 동 사용하다
卡 kǎ 명 카드

명 신용카드

我在这个商店用信用卡买过衣服。 나는 이 상점에서 신용카드로 옷을 구입한 적이 있다.

시험 TIP 듣기 시험에서 자주 출제되는 '信用卡'

'信用卡'는 듣기 영역에서 장소와 관련한 지문 중 자주 들리는 단어입니다. '신용카드를 긁다'라는 표현은 '刷卡 shuākǎ'라고 하며, 물건값을 계산(结账 jiézhàng)할 때 씁니다.

信封 xìnfēng

信 xìn 명 서신, 편지
封 fēng 명 봉투, 봉지

명 편지봉투

信封上一定要写上邮政编码。 편지봉투 위에 우편번호를 꼭 써야 한다.

참고 다양하게 쓰이는 '封'

'信封'은 편지봉투이지만, '一封信'이라고 하면 '한 통의 편지'라는 의미로 이때 '封'은 양사로 쓰인 것입니다.

短信 duǎnxìn

短 duǎn 형 짧다
信 xìn 명 서신, 편지

명 문자 메시지, 짧은 편지

我弟弟坐着不停地看手机短信。 내 남동생은 앉아서 계속 휴대전화 문자 메시지를 보고 있다.

信息 xìnxī

信 xìn 명 소식, 정보
息 xī 명 소식

명 소식, 뉴스, 정보

我已很久没有收到他的信息了。 나는 이미 매우 오랫동안 그의 소식을 받지 못했다.

经济信息 경제 정보　信息社会 정보화 사회

信号 xìnhào

信 xìn 명 증거, 근거, 기호
号 hào 명 기호, 부호, 신호

명 신호

铁路上红灯是停车的信号。 철로 위의 빨간불은 차를 멈추라는 신호이다.

发出信号 신호를 보내다　信号灯 신호등

✪ 号码 hàomǎ (명+명) 명 번호, 사이즈

SPEED CHECK

Step 1 한국어 단어를 보고, 그에 해당하는 중국어 뜻을 말해 보세요.

- □ ~(의 범위)에 속하다
- □ (통계) 수치, 데이터
- □ 숫자, 수량, 디지털의
- □ 순서, 차례
- □ ~하는 김에, 겸사겸사
- □ 깊이 사고하다, 생각하다
- □ 생각, 사상
- □ (색, 양식, 생활 등이) 소박하다, 검소하다
- □ 요소, 원인, 조건
- □ 신속하다, 재빠르다, 신속하게, 빠르게
- □ (길이, 거리, 시간 등을) 단축하다, 줄이다
- □ (범위나 규모를) 축소하다, 줄이다
- □ 피하다, 도피하다
- □ 토론하다
- □ 싫어하다, 미워하다
- □ 특색, 특징
- □ 특징
- □ 높이다, 향상시키다, 향상되다
- □ (예정된 시간이나 기한을) 앞당기다
- □ (의견, 자료, 물자, 조건 등을) 제공하다
- □ 일깨우다, 깨우치다, 주의를 주다
- □ (주로 교사가 학생에게) 질문하다, 질문
- □ 몸으로 느끼다, 체득하다, (몸소) 깨닫다
- □ (몸소) 경험하다, 체험하다
- □ 체육, 스포츠

- □ 구현하다, 구체적으로 보여 주다
- □ 조정하다, 조절하다
- □ 조사하다
- □ (장소를) 지나다, (시험, 법안을) 통과하다
- □ 소통하다, 교류하다
- □ 통신, 뉴스, 기사
- □ 통지하다, 알리다, 통지, 통지서
- □ 통치(하다), 지배(하다)
- □ 체계, 계통, 시스템
- □ (마음이) 통쾌하다, 유쾌하다
- □ 두드러지다, 뛰어나다, 뚜렷하다
- □ 갑자기, 난데없이
- □ 연기하다, 미루다
- □ 거절하다, 사양하다
- □ 널리 보급하다, 확대하다
- □ 추천하다
- □ 퇴직하다
- □ 결함이 없다, 완벽하다
- □ (손상이 없이) 온전하다, 완전하다
- □ 왕복하다
- □ 주로, 대부분, 종종
- □ 방문하다, 문안하다, 찾아가 보다
- □ 간절히 바라다, 희망하다
- □ 협박하다, 위협하다
- □ 위험하다, 안전하지 못하다

SPEED CHECK

Step 2 중국어 단어를 보고, 그에 해당하는 한국어 뜻을 말해 보세요.

□ 属于 shǔyú
□ 数据 shùjù
□ 数字 shùzì
□ 顺序 shùnxù
□ 顺便 shùnbiàn
□ 思考 sīkǎo
□ 思想 sīxiǎng
□ 朴素 pǔsù
□ 因素 yīnsù
□ 迅速 xùnsù
□ 缩短 suōduǎn
□ 缩小 suōxiǎo
□ 逃避 táobì
□ 讨论 tǎolùn
□ 讨厌 tǎoyàn
□ 特点 tèdiǎn
□ 特征 tèzhēng
□ 提高 tígāo
□ 提前 tíqián
□ 提供 tígōng
□ 提醒 tíxǐng
□ 提问 tíwèn
□ 体会 tǐhuì
□ 体验 tǐyàn
□ 体育 tǐyù

□ 体现 tǐxiàn
□ 调整 tiáozhěng
□ 调查 diàochá
□ 通过 tōngguò
□ 沟通 gōutōng
□ 通讯 tōngxùn
□ 通知 tōngzhī
□ 统治 tǒngzhì
□ 系统 xìtǒng
□ 痛快 tòngkuai
□ 突出 tūchū
□ 突然 tūrán
□ 推迟 tuīchí
□ 推辞 tuīcí
□ 推广 tuīguǎng
□ 推荐 tuījiàn
□ 退休 tuìxiū
□ 完美 wánměi
□ 完整 wánzhěng
□ 往返 wǎngfǎn
□ 往往 wǎngwǎng
□ 看望 kànwàng
□ 盼望 pànwàng
□ 威胁 wēixié
□ 危险 wēixiǎn

SPEED CHECK

Step 1 한국어 단어를 보고, 그에 해당하는 중국어 뜻을 말해 보세요.

- □ 위기
- □ (둘레나 주위를) 돌다, 둘러싸다
- □ 범위
- □ 유지하다, 지켜 나가다, 보호하다
- □ 억울하다, 섭섭하다
- □ (기후, 장소, 사물이) 따뜻하다, 온화하다
- □ (주로 여성이) 부드럽고 상냥하다
- □ 안정되다
- □ 어쩔 수 없다, 방법이 없다, 부득이하다
- □ 오해(하다)
- □ (시간을 지체하여) 일을 그르치다, 시간을 빼앗다
- □ (외부의 어떤 물질을) 흡수하다, 빨아들이다
- □ 호흡하다, 숨을 쉬다
- □ 매료시키다, 사로잡다, 끌어당기다
- □ 자세한 사정, 세부 (사항), 사소한 부분
- □ 자세하다, 꼼꼼하다, 세심하다
- □ 확연히, 분명히, 틀림없이
- □ ~처럼 보이다
- □ 뚜렷하게 보여 주다, 드러내 보이다
- □ 현실
- □ 흠모하다, 부러워하다
- □ 함께 지내다, 함께 살다
- □ 서로 비슷하다, 맞먹다, 꽤, 매우, 상당히
- □ 상대적인, 상대적으로
- □ 서로 닮다, 비슷하다
- □ 서로 같다, 똑같다
- □ 얼굴의 생김새, 용모
- □ 사진을 찍다, 촬영하다
- □ 환상, 환상을 가지다
- □ 중국식 장기
- □ 상징(하다)
- □ (재화를) 쓰다, 소비하다
- □ 소화하다
- □ 소멸하다, 없애다, 사라지다
- □ (어떤 사물이 점점 작아져서) 사라지다, 소실되다
- □ 취소하다
- □ 보도, 뉴스, 소식
- □ 효과
- □ 효율, 능률
- □ 감상하다, 마음에 들어 하다
- □ 마음, 심정, 기분
- □ 소홀하다, 덜렁대다, 세심하지 못하다
- □ 인내심 있다, 참을성 있다, 끈기 있다
- □ 상심하다, 슬퍼하다, 마음 아파하다
- □ 심장, 중심부 [종종 비유적인 의미로 쓰임]
- □ 핵심, 중심
- □ 신임하다, 믿다, 신임
- □ 자신감, 확신, 신념
- □ 문자 메시지, 짧은 편지
- □ 소식, 뉴스, 정보

SPEED CHECK

Step 2 중국어 단어를 보고, 그에 해당하는 한국어 뜻을 말해 보세요.

- □ 危机 wēijī
- □ 围绕 wéirào
- □ 范围 fànwéi
- □ 维持 wéichí
- □ 委屈 wěiqu
- □ 温暖 wēnnuǎn
- □ 温柔 wēnróu
- □ 稳定 wěndìng
- □ 无奈 wúnài
- □ 误会 wùhuì
- □ 耽误 dānwu
- □ 吸收 xīshōu
- □ 呼吸 hūxī
- □ 吸引 xīyǐn
- □ 细节 xìjié
- □ 仔细 zǐxì
- □ 显然 xiǎnrán
- □ 显得 xiǎnde
- □ 显示 xiǎnshì
- □ 现实 xiànshí
- □ 羡慕 xiànmù
- □ 相处 xiāngchǔ
- □ 相当 xiāngdāng
- □ 相对 xiāngduì
- □ 相似 xiāngsì
- □ 相同 xiāngtóng
- □ 长相 zhǎngxiàng
- □ 照相 zhàoxiàng
- □ 幻想 huànxiǎng
- □ 象棋 xiàngqí
- □ 象征 xiàngzhēng
- □ 消费 xiāofèi
- □ 消化 xiāohuà
- □ 消灭 xiāomiè
- □ 消失 xiāoshī
- □ 取消 qǔxiāo
- □ 消息 xiāoxi
- □ 效果 xiàoguǒ
- □ 效率 xiàolǜ
- □ 欣赏 xīnshǎng
- □ 心情 xīnqíng
- □ 粗心 cūxīn
- □ 耐心 nàixīn
- □ 伤心 shāngxīn
- □ 心脏 xīnzàng
- □ 核心 héxīn
- □ 信任 xìnrèn
- □ 信心 xìnxīn
- □ 短信 duǎnxìn
- □ 信息 xìnxī

424 兴 xīng xìng

부수: 八 두 손을 편 모양
사람이 두 손을 벌리고(八) 무언가를 들어서 일으키는(兴) 모양이 연상되는 글자예요.

xīng 동 매우 왕성하게 일어나다, 흥성하다 兴**奋**
xìng 명 흥미, 취미 兴**趣**

兴奋 xīngfèn

兴 xīng 동 **매우 왕성하게 일어나다, 흥성하다**
奋 fèn 동 **진작하다, 분발하다**

형 (기뻐서) 흥분하다, 감격하다

听了这个好消息，他兴奋得一夜没睡好觉。 이 좋은 소식을 듣고서 그는 흥분되어 밤새 잠을 제대로 못 잤다.
兴奋的样子 기뻐서 흥분한 모습 感到兴奋 흥분하다

✪ **奋斗** fèndòu (동+동) 동 (어떤 목적에 도달하기 위해) 매우 노력하다, 분투하다

兴趣 xìngqù

兴 xìng 명 **흥미, 취미**
趣 qù 명 **흥미, 재미**

명 흥미, 재미

我对音乐感兴趣。 나는 음악에 흥미를 느낀다.
感兴趣 흥미를 느끼다 产生兴趣 흥미가 생기다

시험 TIP 시험에서 자주 출제되는 '兴趣'
'兴趣'는 HSK에서 아주 중요한 단어 중 하나로, 어떤 대상에 대한 주관적인 흥미를 느낄 때 사용합니다. 주로 '对+대상+感兴趣 / 产生兴趣'로 쓰이니, 구문을 통으로 기억해 두세요.

425 形 xíng

开 열다 + 彡 길게 자란 머리털
창문을 열고(开) 길게 자란 머리(彡)를 빗질하는 여자의 형상(形)이 아름다워요.

동 형용하다 **形容**
명 형상, 형체 **形成** | **形式** | **形势** | **形象** | **形状**

形容 xíngróng

形 xíng 동 형용하다
容 róng 명 모양, 용모

동 묘사하다, 형용하다

那是一种难以用言语来形容的感动。그것은 말로는 형용하기 어려운 감동이었다.

难以形容 형용하기 어렵다　无法形容 묘사할 길이 없다

✪ 容貌 róngmào (명+명) 명 용모

形成 xíngchéng

形 xíng 명 형체, 형상
成 chéng 동 이루다, 완성하다, ~가 되다

동 형성하다, 이루다

多年形成的习惯是不容易改掉的。오랜 시간에 걸쳐 형성된 습관은 쉽게 고칠 수 없다.

形成习惯 습관을 형성하다　形成规范 규범을 형성하다

✪ 成为 chéngwéi (동+동) 동 ~가 되다, ~로 변하다 ▶p.103

形式 xíngshì

形 xíng 명 형체, 형상
式 shì 명 형식

명 (사물 등의) 형상, (구조 등의) 형식

电影是一种比较受欢迎的艺术形式。영화는 비교적 환영받는 예술 형식이다.

形式多样 형식이 다양하다　艺术形式 예술 형식

形势 xíngshì

形 xíng 명 형체, 형상
势 shì 명 정세, 기세, 세력

명 정세, 기세, 형편

目前国内的经济形势是比较好的。현재 국내의 경제 정세는 비교적 좋은 편이다.

国际形势 국제 정세

✪ 势力 shìlì (명+명) 명 세력

形象 xíngxiàng

形 xíng 명 형체, 형상
象 xiàng 명 형상, 모양

명 형상, 이미지, 캐릭터

他们在作品中把形象描写得很详细。 그들은 작품 속에서 이미지를 매우 상세하게 묘사했다.
典型形象 전형적인 이미지　具体的形象 구체적인 이미지

시험 TIP 암기하세요! '形象'의 의미
'形象'은 '형상', '이미지'라는 의미 외에 작품 속의 '캐릭터'를 뜻하기도 합니다. 시험에 출제된 적이 있으니 알아 두세요.

✪ **象征** xiàngzhēng (명+명) 명동 상징(하다) ▶p.392

形状 xíngzhuàng

形 xíng 명 형체, 형상
状 zhuàng 명 외관, 형상, 모습

명 (어떤 물체의) 겉모양, 형상

这两个桌子的形状大体相同。 이 두 개의 테이블의 모양은 대체로 서로 같다.
变换形状 겉모양을 바꾸다　地球的形状 지구의 형상

✪ **状态** zhuàngtài (명+명) 명 상태 ▶p.478

426 行 xíng háng

彳 왼발의 걷는 모양 + 亍 오른발의 걷는 모양
좌우의 발을 번갈아 옮겨서 걸어요(行).

xíng 동 1 걷다, 가다 行人
2 (어떤 일을) 하다 举行 ▶p.247
명 행위, 행동 行动 | 行为
형 1 유능하다, 뛰어나다
2 여행의, 여행과 관련 있는
háng 명 직업, 분야 行业

✚ **行李** xíngli (동+명) 명 짐 | **行李箱** xínglǐ xiāng (명+명) 명 여행용 가방 | **行医** xíngyī (동+명) 동 의료 행위를 하다 | **行走** xíngzǒu (동+동) 동 (사람이나 동물이) 걷다, 걸어가다 | **步行** bùxíng (명+동) 동 걸어서 가다, 도보로 가다 | **航行** hángxíng (동+동) 동 (선박이나 비행기가) 항행하다 | **言行** yánxíng (명+명) 명 언행, 말과 행동 | **真行** zhēn xíng (부+형) 정말 뛰어나다 | **银行** yínháng (명+명) 명 은행

行人 xíngrén

行 xíng 동 걷다, 가다
人 rén 명 사람

명 행인, 통행인

开车时要注意街上的行人。 운전할 때는 길거리의 행인을 조심해야 한다.

行动 xíngdòng

行 xíng 명 행위, 행동
动 dòng 동 움직이다

명 행동, 움직임, 거동

他的行动总是比别人积极。 그의 행동은 항상 다른 사람보다 적극적이다.

行动积极 행동이 적극적이다　采取行动 행동을 취하다

✪ **动作** dòngzuò (동+동) 명 동작 ▶p.142

行为 xíngwéi

行 xíng 명 행위, 행동
为 wéi 동 (어떤 일을) 하다

명 행동, 행위

一个人的内在素质可以通过他的行为表现出来。 한 사람의 내적 자질은 그의 행동을 통해서 나타날 수 있다.

礼貌的行为 예의 바른 행동　犯罪行为 범죄 행위

시험 TIP 유의어 비교 '行为'와 '行动'

우리말의 '행동'에 해당하는 중국어는 '行动'이 아니라 '行为'입니다. 가령, '예의 바른 행동'이라는 표현은 '礼貌的行动(×)'이 아니라 '礼貌的行为'라고 해야 합니다. 시험에서도 '行为'가 답인 경우가 '行动'보다 많습니다. '行动'은 구체적인 움직임을 뜻하는 단어입니다.

行业 hángyè

行 háng 명 직업, 분야
业 yè 명 업계, 업무, 분야

명 업종, 업계

这几年服装行业发展很快。 요 몇 년 사이 의류 업계의 발전이 매우 빠르다.

服务行业 서비스 업종

427 幸 xìng

辛 고생하다 + 一 하나
행복(幸)은 고생(辛)과 종이 한(一) 장의 차이에요.

형 행복하다, 행운이다 幸福 | 幸运

부 다행히, 요행으로 幸亏

幸福 xìngfú

幸 xìng 형 행복하다, 행운이다
福 fú 명 복, 행복

형 행복하다
명 행복

人总是想要追求幸福的生活。 사람은 항상 행복한 생활을 추구하려고 한다. → 형용사 용법

追求幸福 행복을 추구하다　享受幸福 행복을 누리다　幸福的生活 행복한 생활

✪ 福气 fúqì (명+명) 명 운, 복

幸运 xìngyùn

幸 xìng 형 행복하다, 행운이다
运 yùn 명 운명, 운

형 운이 좋다, 행운이다
명 행운

他很幸运，这次得了一等奖。 그는 매우 운이 좋아서 이번에 1등을 했다. → 형용사 용법

非常幸运 매우 행운이다　带来幸运 행운을 가져오다

시험 TIP 암기하세요! '幸运'의 의미

'幸运'은 한국어의 '행운'과 같은 의미로, 중국어에서는 명사 용법뿐 아니라 형용사 용법도 있음에 유의해야 합니다. 5급 독해 제1부분에 형용사 용법이 출제된 적이 있으니, 꼭 외워 두세요.

✪ 运气 yùnqi (명+명) 명 운, 운수 ▶p.436

幸亏 xìngkuī

幸 xìng 부 다행히, 요행으로
亏 kuī 부 다행히, 덕분에

부 다행히, 운 좋게, 요행으로 [= 幸好 xìnghǎo]

幸亏你来了，不然我们还真没办法了。
다행히 네가 왔으니 망정이지, 그렇지 않았으면 우리는 정말 방법이 없었어.

시험 TIP 암기하세요! '幸亏'의 용법

'幸亏'는 유리한 상황으로 인해 안 좋은 일을 피했을 때 사용하며, 복문의 뒷문장에는 '才'나 '不然' 등이 호응해 쓰입니다.

428 虚 xū

虍 범호엄 + 业 일
호랑이(虍)가 먹이를 찾는 일(业)을 하러 가니 호랑이 동굴이 텅 비었어요(虚).

형 1 공허하다, 텅 비다
　2 겸허하다, 자만하지 않다 虚心 | 谦虚

3 허위적이다, 거짓이다

➕ 虚度 xūdù (형+동) 동 (세월을) 헛되이 보내다, 허송세월을 하다 | 虚假 xūjiǎ (형+형) 형 허위의, 거짓의 명 허위, 거짓

虚心 xūxīn
虚 xū 형 겸허하다, 자만하지 않다
心 xīn 명 마음

형 겸허하다, 겸손하다 [= 谦虚 qiānxū ▶p.409]

虚心使人进步，骄傲使人落后。 겸손은 사람을 발전하게 만들고, 교만은 사람을 뒤처지게 만든다.

虚心请教 겸허히 가르침을 청하다　虚心接受 겸허히 받아들이다

谦虚 qiānxū
谦 qiān 형 겸허하다, 겸손하다
虚 xū 형 겸허하다, 자만하지 않다

형 겸허하다, 겸손하다

他总认为自己是最棒的，一点也不谦虚。 그는 항상 자신이 가장 잘났다고 여기며 조금도 겸손하지 않다.

为人谦虚 사람 됨됨이가 겸손하다　态度谦虚 태도가 겸손하다

시험 TIP 시험에서 자주 출제되는 '谦虚'와 '虚心'

'谦虚'와 '虚心'은 같은 의미이고, 5급 독해와 쓰기에서 자주 출제되는 단어입니다. 단, 상대방에게 직접적으로 겸손하다고 말할 때는 '虚心'을 쓰지 않고 '你太谦虚了! (너 정말 겸손하구나!)'라는 표현을 사용합니다. 부사어로 쓰여 동사를 수식할 때는 '虚心'을 사용합니다.

429 **叙** xù
余 나 + 又 또
나(余)의 의견을 또(又)다시 서술해요(叙).

동 말하다, 이야기하다, 진술하다 叙述

叙述 xùshù
叙 xù 동 말하다, 이야기하다, 진술하다
述 shù 동 진술하다

동 서술하다, 진술하다, 설명하다

我给他们叙述了当时的情况。 나는 그들에게 당시의 상황을 서술했다.

叙述往事 지난 일을 서술하다　详细叙述 상세하게 서술하다

430 宣 xuān

宀 집 + 亘 뻗치다
집(宀) 안에 좋은 일이 뻗치니(亘) 이를 널리 공개해요(宣).

동 공개하다, 발표하다 **宣布 | 宣传**

宣布 xuānbù

宣 xuān 동 공개하다, 발표하다
布 bù 동 선포하다

동 선포하다, 발표하다 [= **公布** gōngbù ▶p.173]

韩国政府宣布了新通过的法律。 한국 정부는 새롭게 통과된 법률을 선포했다.
向群众宣布 군중을 향해 선포하다　宣布结果 결과를 발표하다　正式宣布 정식으로 선포하다

宣传 xuānchuán

宣 xuān 동 공개하다, 발표하다
传 chuán 동 전파하다, 퍼뜨리다

동 홍보하다

做广告就是宣传自己的产品。 광고를 하는 것은 자사의 제품을 홍보하는 것이다.
大力宣传 대대적으로 홍보하다　宣传效果 광고 효과

✪ **传播** chuánbō (동+동) 동 전파하다, 널리 퍼뜨리다 ▶p.118

431 选 xuǎn

辶 가다 + 先 먼저
먼저(先) 가서(辶) 좋은 물건을 선택해요(选).

동 1 선택하다, 고르다, 뽑다 **选择 | 挑选**
2 선거하다 **选举**

选择 xuǎnzé

选 xuǎn 동 선택하다, 고르다, 뽑다
择 zé 동 선택하다, 고르다

동 (사람이나 사물을) 선택하다

我不想选择这种生活方式。 나는 이런 생활 방식을 선택하고 싶지 않다.
选择对象 결혼 상대를 선택하다　选择方案 방안을 선택하다
选择机会 기회를 선택하다

挑选 tiāoxuǎn

挑 tiāo 동 선택하다, 고르다
选 xuǎn 동 선택하다, 고르다, 뽑다

동 (여러 개 중에서) 고르다, 선택하다

这儿有不少东西供你挑选。 이곳에 많은 물건들이 있으니 네가 골라라.

挑选人才 인재를 고르다　挑选产品 제품을 고르다

시험 TIP 유의어 비교 '挑选'과 '选择'

'挑选'과 '选择'는 기본적으로 같은 의미의 단어입니다. 다만 '选择'는 주로 두 가지 경우의 수 중에서 신중하게 한 개를 선택할 때 사용하며, '挑选'은 여러 가지 경우의 수 중에서 고를 때 사용합니다.

选举 xuǎnjǔ

选 xuǎn 동 선거하다
举 jǔ 동 뽑다, 선발하다

동 선거하다, 선출하다

명 선거, 선출

同学们选举小王为班长。 학우들은 샤오왕을 반장으로 선출했다. → 동사 용법

选举代表 대표를 선출하다　选举我当主任 나를 주임으로 선출하다

시험 TIP '选举'의 문장 형식

'选举'는 동사로 쓰일 때, '选举+사람+为+직책'의 형식으로 많이 사용됩니다. 위의 예문과 호응 구문을 보며 '选举'의 문장 형식을 잘 익혀 두세요.

432 询 xún

讠 말씀 + 旬 열흘
모르는 것이 있으면 말(讠)로 열흘(旬) 동안 물어봐야(询) 해요.

동 묻다, 문의하다 **询问 | 咨询**

询问 xúnwèn

询 xún 동 묻다, 문의하다
问 wèn 동 묻다, 질문하다

동 질문하다, 묻다, 문의하다 [= 打听 dǎting ▶p.122]

校长向同学们询问了他们的学习情况。 교장 선생님은 학생들에게 그들의 학습 상황을 물어보셨다.

详细询问 상세하게 물어보다　询问结果 결과를 문의하다

시험 TIP 시험에서 자주 출제되는 '询问'

'询问'은 '问'의 서면어로, 5급 독해 제1부분에서 답으로 종종 출제됩니다.

咨询 zīxún

咨 zī 동 상의하다, 자문하다
询 xún 동 묻다, 문의하다

동 자문하다, 컨설팅하다

我想咨询一些法律方面的问题。 나는 법률 방면의 문제에 대해 자문을 구하고 싶다.

心理咨询师 심리 컨설턴트　就业咨询 취업 컨설팅

433 寻 xún

彐 돼지 머리 + 寸 마디
손 마디(寸)만 한 크기의 돼지 머리(彐) 고기를 찾아(寻) 먹으면 맛있죠.

동 찾다 **寻找**

寻找 xúnzhǎo

寻 xún 동 찾다
找 zhǎo 동 찾다

동 찾다

这几天我一直在寻找丢失的小狗。 요 며칠 간 나는 줄곧 잃어버린 강아지를 찾고 있다.

寻找方法 방법을 찾다　到处寻找 여기저기서 찾다

시험 TIP '寻找'의 목적어

'寻找'는 추상적인 것과 구체적인 사물, 사람 등을 모두 그 대상으로 할 수 있습니다.

434 严 yán

严 '亚(아시아)'라는 글자 밑에 꼬리(丿)가 붙은 모양

형 1 엄하다, 엄격하다 **严格** | **严肃**
2 심하다, 모질다 **严重**

严格 yángé

严 yán 형 엄하다, 엄격하다
格 gé 명 규격, 격식

형 (요구, 관리, 규정이) 엄격하다

我对自己要求很严格。 나는 내 자신에 대한 요구가 매우 엄격하다.

要求严格 요구가 엄격하다　严格管理 엄격하게 관리하다　严格检查 엄격하게 검사하다

시험 TIP 독해 시험에서 자주 출제되는 '严格'

'严格'는 5급 독해 제1부분에서 답으로 출제되는 중요한 단어입니다. 특히 '要求严格(요구가 엄격하다)'가 중요하니 꼭 암기해 두세요.

严肃 yánsù

严 yán 형 엄하다, 엄격하다
肃 sù 형 엄숙하다

형 (표정이나 분위기가) 엄숙하다, 근엄하다

不爱开玩笑的他总显得很严肃。 농담을 안 좋아하는 그는 항상 엄숙하게 보인다.

严肃的气氛 엄숙한 분위기　表情很严肃 표정이 매우 엄숙하다

严重 yánzhòng

严 yán 형 심하다, 모질다
重 zhòng 형 무겁다, 심하다

형 (상황이나 정도가) 심각하다, 엄중하다

火灾给人民造成了严重的损失。 화재는 사람들에게 심각한 손해를 초래했다.

严重的损失 심각한 손해　严重的后果 심각한 결과　病情严重 병세가 심각하다

시험 TIP 5급에서 자주 출제되는 '严重'

'严重'도 '严格'와 함께 5급 시험에서 자주 출제되는 단어입니다. 두 단어를 구분해서 공부해 두세요.

435 养 yǎng

羊 양 + 八 여덟
양(羊) 여덟(八) 마리를 잘 기르고(养) 있어요.

동 기르다, 양육하다 养成 | 培养

명 영양 营养

Day 26

养成 yǎngchéng

养 yǎng 동 기르다
成 chéng 동 ~가 되다

동 기르다, 양성하다, 키우다

他早就养成了睡午觉的习惯。 그는 일찍이 낮잠 자는 습관을 길렀다.

养成习惯 습관을 기르다　养成品格 품격을 기르다

시험 TIP 시험에서 자주 출제되는 '养成'의 상용 구문

'~한 습관을 기르다'라는 표현인 '养成……的习惯'은 시험에 꾸준히 출제되고 있는 구문입니다. 꼭 암기해 두세요.

培养 péiyǎng

培 péi 동 기르다, 배양하다
养 yǎng 동 기르다

동 1 (세균 등을) 배양하다, 번식시키다
2 (장기간에 걸쳐) 양성하다, 기르다, 배양하다

这个学校培养了不少优秀学生。 이 학교는 우수한 학생을 많이 길러 냈다. → 동사2 용법

培养兴趣 흥미를 기르다　培养人才 인재를 양성하다　培养好习惯 좋은 습관을 기르다

시험 TIP 搭配로 외우는 '培养'

'培养'은 '(생물학적으로) 배양하다'라는 의미보다는 '(장기간에 걸쳐) 양성하다'라는 의미가 시험에 자주 출제됩니다. 특히 '培养兴趣(흥미를 기르다)'가 많이 출제되었습니다. 위의 호응 관계를 통째로 암기해 두세요.

营养 yíngyǎng

营 yíng 동 꾀하다, 추구하다, 경영하다
养 yǎng 명 영양

명 영양, 양분

这种食物包含哪些营养物质? 이 음식물에는 어떠한 영양물질이 포함되어 있나요?

营养丰富 영양이 풍부하다　营养不良 영양이 불량하다

436 样 yàng

木 나무 + 羊 양
양(羊)이 나무(木) 옆에 있는 형상(样)을 나타낸 글자예요.

명 1 모양, 형상 **样式** | **样子**
2 표본, 견본, 모범, 본보기

양 [사물의 종류를 셀 때 쓰임]

➕ **榜样** bǎngyàng (명+명) 명 모범, 본보기 | **各种各样** gèzhǒng gèyàng (형+형) 명 각양각색 | **看样子** kàn yàngzi (동+명) 관용 보아하니, 보기에는 | **一样** yíyàng (형+명) 형 똑같다, 동일하다 ▶p.417 | **样品** yàngpǐn (명+명) 명 샘플 | **一样东西** yí yàng dōngxi (수+양+명) 한 가지 물건

样式 yàngshì

样 yàng 명 모양, 형상
式 shì 명 양식

명 모양, 형식, 스타일, 디자인

这件衣服的样式很特别。 이 옷의 디자인은 매우 독특하다.

设计样式 디자인을 설계하다　样式很特别 스타일이 독특하다

样子 yàngzi

样 yàng 명 모양, 형상
子 zi 접미 [명사화하는 접미사]

명 1 (사물의) 모양, 형상
2 (사람의) 모습, 표정

看到她生气的样子，他不知说什么好。 → 명사2 용법
그녀가 화내는 모습을 보자, 그는 뭐라고 하면 좋을지 몰랐다.

衣服的样子 옷의 디자인 高兴的样子 기뻐하는 모습 生气的样子 화난 모습

437 业 yè

땅(一) 위에 모(业)를 심어놓는 일(业)을 한다고 상상하세요.

명 1 업계, 업무, 분야 **业务 | 业余 | 农业 | 专业** ▶p.476
2 직업, 사업 **营业**
3 학업

毕业 bìyè (동+명) 동 졸업하다 | **工业** gōngyè (명+명) 명 공업 |
就业 jiùyè (동+명) 동 취업하다, 직장을 얻다 |
作业 zuòyè (동+명) 명 숙제, 과제

业务 yèwù

业 yè 명 업무, 분야
务 wù 명 일, 사무, 업무

명 업무

最近公司的业务怎么样? 요즘 회사 업무는 어때요?

业务能力 업무 능력 业务范围 업무 범위

业余 yèyú

业 yè 명 업무, 분야
余 yú 명 (어떤 상황이나 일) 이외의 시간

명 (업무 외의) 여가
형 아마추어의

业余时间，你都喜欢做什么? 여가 시간에 당신은 무엇을 하는 것을 좋아합니까? → 명사 용법

业余爱好 여가 취미 业余作家 아마추어 작가

참고 '业余'의 파생적 의미
'业余'는 업무 외적인 여가 시간에 뭔가를 할 때 사용하다 보니, '아마추어의'라는 의미가 파생되었습니다.

农业 nóngyè

农 nóng 동 농사짓다
业 yè 명 업무, 분야

명 농업

农业政策直接影响着农村的发展。 농업정책은 농촌의 발전에 직접적인 영향을 끼치고 있다.

农业生产 농업 생산　有机农业 유기농업

营业 yíngyè

营 yíng 동 경영하다, 관리하다
业 yè 명 직업, 사업

동 영업하다

那个商场的营业情况怎么样？ 그 상점의 영업 상황은 어떻습니까?

营业时间 영업시간　营业收入 영업 수입　照常营业 평소대로 영업하다

시험 TIP 듣기 시험에서 자주 출제되는 호응 구문

듣기 영역에서 '营业时间(영업시간)'이라는 구문이 종종 출제됩니다.

438 一 yī　一 나무 하나를 옆으로 뉘어 놓은 모습을 본뜬 글자

수 하나, 일(1) 万一 | 唯一

형 1 온, 전, 모든 一辈子 | 一定

2 같다, 동일하다 一样 | 一致 | 一般

万一 wànyī

万 wàn 수 만 형 매우 많다
一 yī 수 하나, 일(1)

접 만일, 만약, 만에 하나

명 만일, 만약

万一他来，你就让他来找我。 → 접속사 용법

만에 하나라도 그가 온다면, 너는 그에게 나를 찾아오라고 해.

시험 TIP 암기하세요! '万一'의 용법

'万一'는 명사 용법도 있지만 주로 접속사 용법이 출제됩니다. 주로 현실에서 일어나기 어려운 일을 가정할 때 사용하다 보니, 바라지 않는 일을 이야기할 때 많이 씁니다.

唯一 wéiyī

唯 wéi 부 다만, 오로지
一 yī 수 하나, 일(1)

형 유일하다 [= 惟一 wéiyī]

他是我们班唯一的一个男学生。 그는 우리 반에서 유일한 남학생이다.

唯一的方法 유일한 방법　唯一的朋友 유일한 친구　唯一的希望 유일한 희망

一辈子 yíbèizi

一 yī 형 온, 전, 모든
辈 bèi 명 일생, 평생
子 zi 접미 [명사화하는 접미사]

명 일생, 한평생, 전생

结婚是关系到一辈子的大事，不能马虎。 결혼은 일생에 관계된 대사이니 적당히 하면 안 된다.

一定 yídìng

一 yī 형 온, 전, 모든
定 dìng 형 확정된, 규정된 부 반드시, 꼭

부 반드시, 꼭
형 어느 정도의, 일정한

晚上一定有雨。 저녁에는 반드시 비가 올 것이다. → 부사 용법

每个国家都有一定的制度。 모든 국가는 일정한 제도를 가지고 있다. → 형용사 용법

不一定 꼭 그런 것은 아니다　一定程度 일정한 정도　一定的关系 일정한 관계

一样 yíyàng

一 yī 형 같다, 동일하다
样 yàng 명 모양

형 같다, 동일하다

你还跟以前一样年轻、漂亮。 넌 아직도 예전처럼 젊고 예쁘구나.

性格一样 성격이 같다　内容一样 내용이 같다　一样的条件 같은 조건

一致 yízhì

一 yī 형 같다, 동일하다
致 zhì 동 야기하다, ~에 이르다

형 (언행이나 의견 등이) 일치하다
부 일제히, 동시에 함께

双方取得了一致的意见。 양측은 일치된 의견을 얻어 냈다. → 형용사 용법
意见一致 의견이 일치하다　一致认为…… 일제히 ~라고 여기다

시험 TIP 암기하세요! '一致'의 의미
'一致'는 형용사로 많이 쓰이지만, HSK에서는 부사 용법인 '一致认为……'도 출제된 적이 있습니다. 참고하세요!

一般 yìbān

一 yī 형 같다, 동일하다
般 bān 명 종류, 모양

형 1 일반적이다, 보통이다
　2 같다, 비슷하다
부 일반적으로, 보통

他的学习成绩很一般。 그의 학업 성적은 보통이다. → 형용사 용법
我一般晚上10点入睡。 나는 보통 저녁 10시에 잠이 든다. → 부사 용법
一般情况 일반적인 상황　一般人 일반인

시험 TIP '一般'과 '一样'
'一般'에는 '一样'과 같은 의미가 있어서, 5급과 6급에서는 '好像……一样(마치 ~과 같다)'과 같은 의미로 '如同……一般'을 자주 씁니다.

439 遗 yí

⻌ 가다 + 贵 귀하다
먼 길을 갈(⻌) 때는 귀한(贵) 것만 남겨요(遗).

동 1 남기다 **遗憾** | **遗传**
2 잃다, 분실하다
명 죽은 사람이 남긴 것 **遗产**

遗憾 yíhàn

遗 yí 동 **남기다**
憾 hàn 동 **실망하다, 유감이다**

형 안타깝다, 후회스럽다
명 안타까움, 후회

他因为生病没能去考大学，实在太遗憾了。→ 형용사 용법
그는 병이 나서 대학 시험을 보러 갈 수 없게 되어, 매우 안타까웠다.

终身遗憾 평생 후회가 된다　感到遗憾 안타깝다

시험 TIP 듣기 시험에서 자주 출제되는 '遗憾'
말투를 묻는 듣기 문제 중, 녹음에 '遗憾'이 나오고 답으로 '可惜'가 제시되는 경우가 있습니다. 형용사일 때, '遗憾'과 '可惜'는 서로 바꿔 쓸 수 있어요. 유의할 점은 '遗憾'은 부사 용법이 없고 '可惜'는 부사 용법이 있다는 점입니다.

遗传 yíchuán

遗 yí 동 **남기다**
传 chuán 동 **전하다, 전수하다**

동 유전되다

现在医学技术可以改变遗传基因。현재 의학 기술은 유전인자를 바꿀 수 있다.
遗传的疾病 유전되는 질병

✪ **传统** chuántǒng (동+명) 명 전통 ▶p.117

遗产 yíchǎn

遗 yí 명 **죽은 사람이 남긴 것**
产 chǎn 명 **재산**

명 유산

他的父母去世后，给他留下了一大笔遗产。그의 부모는 세상을 뜨신 후, 그에게 거대한 유산을 남겼다.
文化遗产 문화유산　继承遗产 유산을 상속받다

440 意 yì

音 소리 + 心 마음
소리(音)를 마음(心)으로 들으면 그 소리가 전하는 의미(意)를 알 수 있어요.

명 1 뜻, 의미 **意义**
2 의견, 견해 **意见**
3 생각, 의사, 염원 **故意**

동 예상하다, 짐작하다 **意外**

➕ **意料** yìliào (동+동) 동 예상하다, 예측하다 | **意思** yìsi (명+명) 명 (말이나 글 등의) 뜻, 의미 | **意味** yìwèi (명+명) 명 의미, 뜻 [주로 함축적인 의미나 뜻을 가리킴] | **意志** yìzhì (명+명) 명 의지 | **满意** mǎnyì (형+명) 형 (~에 대해) 만족하다 ▶p.275 | **同意** tóngyì (형+명) 명동 동의(하다), 찬성(하다) | **主意** zhǔyì (명+명) 명 생각, 아이디어, 방법 ▶p.471 | **注意** zhùyì (동+명) 동 주의하다, 신경을 쓰다 ▶p.473 | **不好意思** bù hǎo yìsi (부+형+명) 부끄럽다, 쑥스럽다, (인사말로) 미안합니다

意义 yìyì

意 yì 명 뜻, 의미
义 yì 명 뜻, 의미

명 의의, 가치, 의미, 뜻

"改革开放"的伟大意义是什么？ '개혁개방'의 위대한 가치는 무엇입니까?

人生的意义 인생의 가치　历史意义 역사적 의의

意见 yìjiàn

意 yì 명 의견, 견해
见 jiàn 명 생각, 의견

명 1 의견, 견해
2 불만, 이의

这件事应该征求大家的意见。 이 일은 당연히 사람들의 의견을 구해야 한다. → 명사1 용법

征求意见 의견을 구하다　提出意见 의견을 제기하다　很有意见 매우 불만 있다

故意 gùyì

故 gù 부 고의로, 일부러
意 yì 명 생각, 의사, 염원

부 고의로, 일부러

他不是故意这么做的。 그는 고의로 이렇게 한 것이 아니다.

故意批评 일부러 나무라다　故意犯错误 일부러 실수를 하다

意外 yìwài

意 yì 동 예상하다, 짐작하다
外 wài 명 ~이외, ~밖에 접두 [외척임을 나타냄]

형 의외이다, 뜻밖이다

명 뜻밖의 사고, 의외의 재난

他对姐姐要出国的事情感到很意外。 → 형용사 용법
그는 누나가 출국하려는 일에 대해 매우 의외라고 느꼈다.

意外的收获 의외의 수확 意外的结果 의외의 결과
意外的交通事故 뜻밖의 교통사고

시험 TIP 시험에서 자주 출제되는 '意外'
'意外'는 HSK에서 자주 등장하는 중요한 단어입니다. 주로 형용사 용법이 많이 출제되니, 꼭 기억해 두세요.

✪ **外婆** wàipó (접두+명) 명 외할머니

441 英 yīng

艹 풀 + 央 가운데
뛰어난 사람(英)이 풀(艹) 한가운데에(央) 우뚝 서 있어요.

명 재능이나 지혜가 뛰어난 사람 **英俊 | 英雄**

고유 영국

✚ **英语** Yīngyǔ 고유 영어

英俊 yīngjùn

英 yīng 명 재능이나 지혜가 뛰어난 사람
俊 jùn 형 용모가 출중하다, 빼어나다

형 1 재능이 뛰어나다, 출중하다
2 준수하다, 잘생기다

这小伙子真够英俊的! 이 젊은이는 정말 출중하군! → 형용사1 용법
柳老师长得很英俊。 리우 선생님은 준수하게 생겼다. → 형용사2 용법

Day 27

英雄 yīngxióng

英 yīng 명 재능이나 지혜가 뛰어난 사람
雄 xióng 명 강력한 국가, 힘있는 사람 형 수컷의, 웅대한

명 영웅

这本书写的是一位古代英雄的故事。 이 책에서 쓴 것은 고대 영웅의 이야기이다.

✪ **雄伟** xióngwěi (형+형) 형 웅장하다, 당당하다

442 **应** yīng / yìng **부수: 广 넓다**
일이 발생하면 넓게(广), 마땅히 대처해야(应) 하죠.

yīng 조동 마땅히 ~해야 한다
yìng 동 1 응하다, 받아들이다 **应聘** | **应用** | **适应**
2 대처하다, 대응하다 **应付**

应聘 yìngpìn

应 yìng 동 응하다, 받아들이다
聘 pìn 동 초빙하다

동 (회사에) 지원하다, 초빙에 응하다

你知道应聘时应该注意什么吗? 너는 회사에 지원할 때 무엇에 주의해야 하는지 아니?

应聘编辑 편집자에 지원하다　求职应聘 구직 지원하다

시험 TIP 듣기 시험에서 자주 출제되는 '应聘'과 '招聘'

'应聘'은 응시자가 회사의 구직에 지원하는 것을 뜻하고, '招聘 zhāopìn'은 회사가 직원을 모집하는 것을 뜻합니다. 두 단어 모두 HSK 5급 듣기에 자주 등장하는 단어이니, 외워 두세요. ▶p.442

应用 yìngyòng

应 yìng 동 응하다, 받아들이다
用 yòng 동 사용하다

동 응용하다, 사용하다

计算机的应用范围已经很广泛了。컴퓨터의 응용 범위는 이미 매우 광범위해졌다.

应用价值 응용 가치　应用新技术 새로운 기술을 사용하다

适应 shìyìng

适 shì 형 알맞다, 적합하다
应 yìng 동 응하다, 받아들이다

동 적응하다

我一直无法适应南方温暖湿润的气候。나는 줄곧 남방의 따뜻하고 습한 기온에 적응할 수 없었다.

适应环境 환경에 적응하다　适应生活 생활에 적응하다

应付 yìngfù

应 yìng 동 대처하다, 대응하다
付 fù 동 건네다, 넘겨주다, (돈을) 지불하다

동 대응하다, 대처하다

老板也不知道该怎么应付这样的局面了。사장님도 이런 국면을 어떻게 대처해야 할지 모르고 있다.

应付复杂的局面 복잡한 국면에 대처하다 善于应付 대처에 능하다

✪ 付出 fùchū (동+동) 동 (돈이나 대가를) 지불하다, 주다, 내다

443 影 yǐng

景 햇빛 + 彡 길게 자란 머리털
햇빛(景)이 머리(彡) 쪽으로 비치니 그림자(影)가 생겨요.

명 1 그림자 影子 | 影响
2 사진, 영화 摄影

✚ 影片 yǐngpiàn (명+명) 명 영화 | 影戏 yǐngxì (명+명) 명 그림자극 |
合影 héyǐng (동+명) 동 (둘 이상이) 사진을 함께 찍다 명 단체 사진, 합동 사진
▶p.194 | 电影 diànyǐng (명+명) 명 영화

影子 yǐngzi

影 yǐng 명 그림자
子 zi 접미 [명사화하는 접미사]

명 그림자

太阳下，他的影子又细又长。 태양 아래, 그의 그림자는 가늘고 길었다.

影响 yǐngxiǎng

影 yǐng 명 그림자
响 xiǎng 명 메아리, 반향

동 (주로 좋지 않은) 영향을 끼치다
명 영향

这个事件将对他的人生产生重要的影响。 → 명사 용법
이 사건은 그의 인생에 중요한 영향을 끼칠 것이다.

产生影响 영향을 끼치다 受到影响 영향을 받다 影响质量 품질에 영향을 주다

시험 TIP 시험에서 자주 출제되는 '影响'
'影响'은 주로 안 좋은 영향을 끼칠 때 사용합니다. HSK 5급에 자주 등장하는 중요한 단어이니, 꼭 기억해 두세요.

Day 27

摄影 shèyǐng

摄 shè 동 사진을 찍다, 촬영하다
影 yǐng 명 사진, 영화

동 (카메라로) 촬영하다 [= 照相 zhàoxiàng ▶p.390]

我在大学时代就热爱摄影。 나는 대학 시절에 촬영하는 것을 매우 좋아했다.

摄影师 촬영 기사 摄影技术 촬영 기술

444 拥 yōng

扌 손 + 用 쓰다
손(扌)을 사용해서(用) 물건을 품에 안아요(拥).

동 1 껴안다 **拥抱**
2 사람들이 붐비다 **拥挤**
3 가지다, 보유하다 **拥有**

拥抱 yōngbào

拥 yōng 동 껴안다
抱 bào 동 껴안다, (마음 속에 생각이나 의견을) 품다

동 포옹하다, 껴안다

当我感到委屈时需要你的**拥抱**。 내가 속상할 때는 너의 포옹이 필요하다.

✪ **抱怨** bàoyuàn (동+동) 동 불평하다, 투덜거리다 ▶p.79

拥挤 yōngjǐ

拥 yōng 동 사람들이 붐비다
挤 jǐ 동 빽빽이 들어차다

형 (사람이) 붐비다, (장소가) 혼잡하다

上下班时间，公共汽车上特别**拥挤**。 출퇴근 시간에는 버스가 매우 붐빈다.

交通**拥挤** 교통이 혼잡하다　**拥挤**的人群 붐비는 사람들

拥有 yōngyǒu

拥 yōng 동 가지다, 보유하다
有 yǒu 동 가지다

동 (구체적 또는 추상적인 것을) 소유하다, 보유하다

中国**拥有**丰富的石油资源。 중국은 풍부한 석유 자원을 보유하고 있다.

拥有自行车 자전거를 소유하다　**拥有**财产 재산을 소유하다

시험 TIP 유의어 비교 '**拥有**'와 '**具有**'

'**拥有**'는 구체적인 사물 혹은 추상명사를 모두 목적어로 가질 수 있지만, '**具有**'는 일반적으로 '**能力**(능력)', '**条件**(조건)'과 같은 추상명사만을 목적어로 가질 수 있습니다. ▶p.248

445 勇 yǒng

甬 길 + 力 힘

길(甬)을 뚫고 나갈 때 힘(力)을 쓰니 참으로 용감하죠(勇).

형 용감하다 **勇敢** | **勇气**

勇敢 yǒnggǎn

勇 yǒng 형 용감하다
敢 gǎn 형 용기 있다, 용감하다

형 용감하다 [= 大胆 dàdǎn]

我要勇敢地面对困难。 나는 용감하게 어려움에 직면하려 한다.

勇敢面对 용감하게 직면하다　坚强勇敢 강하고 용감하다

勇气 yǒngqì

勇 yǒng 형 용감하다
气 qì 명 (사람의) 기풍, 기질

명 용기

我没有勇气去见他。 나는 그를 가서 볼 용기가 없다.

鼓起勇气 용기를 북돋우다　缺乏勇气 용기가 부족하다

446 用 yòng

집을 둘러싼 울타리 모양의 글자로, 남들이 마구 사용하는(用) 것을 방지한 거죠.

동 1 (사람이나 물건을) 쓰다, 사용하다 **用途**
2 필요하다

명 1 비용 **费用**
2 용도, 효용

➕ **用不着** yòng buzháo (술+보) ~할 필요 없다, 쓸모없다 | **用功** yònggōng (동+명) 동 열심히 공부하다 | **用力** yònglì (동+명) 동 힘을 쓰다 | **用人单位** yòng rén dānwèi (동+명+명) 명 고용 전문회사 | **用心** yòngxīn (동+명) 동 마음을 쓰다, 심혈을 기울이다 | **不用** búyòng 부 ~할 필요가 없다 | **作用** zuòyòng (동+동) 명 작용, 효과 ▶p.488

用途 yòngtú

用 yòng 동 쓰다, 사용하다
途 tú 명 길, 도로 [비유적으로 '방법', '경로'를 나타내기도 함]

명 용도

这套设备有多种用途。이 설비는 많은 용도가 있다.

用途广泛 용도가 광범위하다 实际用途 실제 용도

费用 fèiyòng

费 fèi 명 비용
用 yòng 명 비용

명 비용, 지출

他通过打工承担了大部分出国留学的费用。그는 아르바이트를 통해 대부분의 유학 비용을 부담했다.

出差费用 출장 비용 节省费用 비용을 절약하다

447 优 yōu

亻 사람 + 尤 더욱
다른 사람(亻)보다 더욱(尤) 뛰어나면 우수한(优) 인재가 될 수 있어요.

형 뛰어나다, 우수하다 **优点 | 优惠 | 优美 | 优势 | 优秀**

优点 yōudiǎn

优 yōu 형 뛰어나다, 우수하다
点 diǎn 명 방면, 부분

명 장점, 우수한 점 [= **好处** hǎochu]

他有很多优点值得我们学习。그는 우리가 배울 만한 장점을 많이 가지고 있다.

优点显著 장점이 뚜렷하다 优点突出 장점이 두드러지다

优惠 yōuhuì

优 yōu 형 뛰어나다, 우수하다
惠 huì 동 혜택을 주다

형 우대의, 특혜의 [주로 가격 면에서의 혜택을 뜻함]

节日期间这个商店的许多商品都按优惠价格出售。
명절 기간에는 이 상점의 수많은 상품을 우대 가격으로 판다.

优惠价格 우대 가격 优惠的条件 우대 조건 优惠政策 특혜 정책

시험 TIP 시험에 자주 출제되는 '优惠'

'**优惠**'는 5급과 6급에 정말 많이 출제되는 단어입니다. '**优惠**'는 가격 할인(**打折** dǎzhé), 1+1 행사(1 **加** jiā 1), 할인권(**优惠券** yōuhuìquàn), 포인트 적립(**积分** jīfēn)을 포함한 모든 할인 및 혜택을 포괄하는 단어입니다.

优美 yōuměi

优 yōu 형 뛰어나다, 우수하다
美 měi 형 아름답다, 훌륭하다

형 우아하고 아름답다

这里优美的风景真是迷人。 이곳의 아름다운 풍경은 정말 매력적이다.
风景优美 풍경이 아름답다　环境优美 환경이 아름답다

시험 TIP 주의하세요! '优美'의 용법

'优美'는 주로 풍경이나 여성의 자태가 아름다울 때 사용하는 단어로, 사람에게 직접 쓸 수는 없습니다. 즉, '她很优美(×)'는 틀린 표현입니다. 위의 호응 구문을 꼭 외워 두세요.

✪ 美丽 měilì (형+형) 형 아름답다, 예쁘다

优势 yōushì

优 yōu 형 뛰어나다, 우수하다
势 shì 명 정세, 기세, 형세

명 우세, 우위

这场比赛，对方占了优势。 이번 시합은 상대방이 우위를 점했다.
优势地位 우세한 위치　占有优势 우위를 점하다　发挥自己的优势 자신의 강점을 발휘하다

시험 TIP 주의하세요! '优势'의 의미

'优势'는 상대방에 비해 자신이 가지고 있는 장점이나 우위를 말합니다. 즉, 단어 자체에 비교의 의미가 들어가 있는 셈입니다.

优秀 yōuxiù

优 yōu 형 뛰어나다, 우수하다
秀 xiù 형 뛰어나다, 우수하다

형 (품행, 학문, 성적이) 우수하다, 뛰어나다

他是一位优秀的外科医生。 그는 우수한 외과 의사이다.
优秀作品 우수한 작품　优秀学生 우수한 학생　成绩优秀 성적이 뛰어나다

시험 TIP '优秀'의 대상

'优秀'는 '优秀学生(우수한 학생)'처럼 사람에게 직접 사용할 수 있는 단어입니다.

Day 27

448 悠 yōu

攸 장소 + 心 마음
먼 곳(攸)에 있는 사람의 마음(心)을 얻으려면 시간이 오래(悠) 걸려요.

형 (시간이) 오래다, (거리가) 멀다 **悠久**

悠久 yōujiǔ

悠 yōu 형 (시간이) 오래다
久 jiǔ 형 오래다

형 (역사가) 유구하다, 오래되다

韩国有着悠久的传统文化。 한국은 유구한 전통 문화를 가지고 있다.
悠久的历史 유구한 역사　悠久的文化 유구한 문화

시험 TIP **시험에 자주 출제되는 호응 구문**
'**悠久的历史**(유구한 역사)'는 5급 독해 제1부분에서 2년에 한 번 꼴로 출제되는 구문입니다. 통째로 암기해 두세요.

449 游 yóu

氵 물 + 斿 놀다
물(氵)에서 놀(斿) 때는 헤엄을 칠(游) 줄 알아야 하죠.

동 1 헤엄치다
2 이리저리 돌아다니다 **游览**
3 놀다, 즐기다 **游戏**

➕ **游泳** yóuyǒng (동+동) 동 수영하다

游览 yóulǎn

游 yóu 동 이리저리 돌아다니다
览 lǎn 동 보다

동 (명승지나 풍경을) 유람하다

我们坐船游览了名胜古迹。 우리는 배를 타고 명승고적을 유람했다.
游览名胜古迹 명승고적을 유람하다　游览山水 산수를 유람하다

游戏 yóuxì

游 yóu 동 놀다, 즐기다
戏 xì 명 놀이, 게임, 희극, 연극

명 게임, 오락

我儿子正在家里玩儿电脑游戏。 내 아들은 집에서 컴퓨터 게임을 하고 있다.

电脑游戏 컴퓨터 게임　游戏规则 게임 규칙

✪ **戏剧** xìjù (명+명) 명 연극, 극

450 油 yóu

氵 물 + 由 원인, 이유
물(氵)은 어떤 이유(由)인지 모르지만 기름(油)과 섞이지 않아요.

명 1 기름 **油炸 | 加油站 | 汽油**
2 액체 상태의 조미료 **酱油**

油炸 yóuzhá

油 yóu 명 기름
炸 zhá 동 (기름에) 튀기다

동 기름에 튀기다

我非常喜欢油炸食品。 나는 튀김 요리를 굉장히 좋아한다.

시험 TIP 암기하세요! '油炸'의 호응 구문

5급 듣기에서 '**油炸食品**(튀김 요리)'이 들린 적이 있습니다. 이처럼 기름에 튀긴 음식은 건강에 안 좋다고 해서 '**垃圾食品**(정크푸드)'이라고도 합니다.

✪ **炸酱面** zhájiàngmiàn (동+명+명) 명 자장면

加油站 jiāyóuzhàn

加 jiā 동 더하다, 넣다
油 yóu 명 기름
站 zhàn 명 어떤 업무를 위해 설치된 작업 장소

명 주유소

我的车没油了，前面有没有加油站？ 내 차에 기름이 없는데, 앞에 주유소가 있나요?

참고 표현plus '파이팅!'

'**加油**'는 '차에 기름을 넣다'라는 의미 외에 응원을 할 때, 힘을 내라고 할 때도 사용합니다. 따라서 '**给他加油**'는 '그에게 응원을 하다'라는 의미입니다. 경기장에서 우리나라 사람들이 '파이팅!'을 외친다면 중국인들은 '**加油!**'를 외친답니다.

汽油 qìyóu

汽 qì 명 수증기
油 yóu 명 기름

명 휘발유, 가솔린

我得在前边加油站给车加点儿汽油。 나는 앞에 있는 주유소에서 차에 기름을 좀 넣어야 한다.

汽油涨价 휘발유 값이 오르다　汽油贵 휘발유가 비싸다

酱油 jiàngyóu

酱 jiàng 명 간장
油 yóu 명 액체 상태의 조미료

명 간장

我知道你口重，所以多放了酱油。나는 네가 좀 짜게 먹는 것을 알고, 간장을 좀 더 넣었다.

451 语 yǔ

讠 말씀 + 吾 나
내(吾)가 말(讠)로 얘기하니 말씀 어(语)예요.

명 1 말 **语言** | **谜语**
2 성어, 속담 **成语**

➕ **语法** yǔfǎ (명+명) 명 어법 | **语气** yǔqì (명+명) 명 말투, 어투

语言 yǔyán

语 yǔ 명 말
言 yán 명 말, 언어

명 언어, 말

语言是人类最方便的交际工具。언어는 인류의 가장 편리한 교제 도구이다.

语言环境 언어 환경　优秀的语言 우수한 언어

谜语 míyǔ

谜 mí 명 수수께끼
语 yǔ 명 말

명 수수께끼

你猜猜这个谜语的谜底是什么。이 수수께끼 답이 무엇인지 맞혀 봐.

出谜语 수수께끼를 내다　猜谜语 수수께끼를 맞히다

참고 이렇게 외워 보세요~

'谜'라는 글자를 분해해 보면 '쌀'을 뜻하는 '米 mǐ'에서 발음을 가져왔고, '迷路(길을 잃다)'의 '迷'와 '讠(말)'이란 부수가 합쳐졌음을 알 수 있어요. '말(讠)로써 헤매게(迷) 만드는 것은 수수께끼(谜语)이다'라는 식으로 단어를 외워 보세요.

成语 chéngyǔ

成 chéng 형 미리 정해진, 기존의, 정형의
语 yǔ 명 성어

명 고사성어, 성어

他写文章引用了很多成语。그는 글을 쓰는 데 많은 성어를 인용했다.

引用成语 성어를 인용하다　成语词典 성어 사전

452 预 yù

予 나 + 页 머리
내(予)가 머리(页)를 써서 미리(预) 예견해요.

부 미리, 사전에 **预报** | **预订** | **预防** | **预习**

预报 yùbào

预 yù 부 미리, 사전에
报 bào 동 알리다, 보고하다 명 신문

동 예보하다, 사전에 보고하다
명 예보

天气预报说今天会下一场大暴雨。 일기예보에 따르면 오늘 큰 폭우가 내릴 것이라고 한다. → 명사 용법
地震预报 지진 예보

✪ **报告** bàogào (동+동) 동 알리다, 보고하다 명 보고서, 리포트 ▶p.80 | **报纸** bàozhǐ (명+명) 명 신문 | **报社** bàoshè (명+명) 명 신문사

预订 yùdìng

预 yù 부 미리, 사전에
订 dìng 동 예약하다

동 예약하다

你预订好我们要住的地方了吗? 너 우리가 묵을 곳은 예약했니?
预订机票 비행기표를 예약하다　预订酒店 호텔을 예약하다　提前预订 사전에 예약하다

시험 TIP 듣기 시험에서 자주 출제되는 '预订'
'预订'은 5급 듣기의 남녀 대화 중 장소를 묻는 문제에서 자주 등장하는 단어입니다. 주로 식당(餐厅/饭店)이나 호텔(宾馆)을 예약하는 내용이 나옵니다.

✪ **订购** dìnggòu (동+동) 동 (예약) 주문하다 | **订婚** dìnghūn (동+명) 동 약혼하다

预防 yùfáng

预 yù 부 미리, 사전에
防 fáng 동 막다, 방지하다

동 예방하다

这种药可以预防感冒。 이 약은 감기를 예방할 수 있다.
预防疾病 질병을 예방하다　预防感冒 감기를 예방하다

✪ **防止** fángzhǐ (동+동) 동 (안 좋은 일을) 방지하다 | **防治** fángzhì (동+동) 동 예방 치료하다

预习 yùxí

预 yù 부 미리, 사전에
习 xí 동 배우다

동 예습하다

我一般晚上复习和预习功课。 나는 일반적으로 저녁에 수업을 복습하고 예습한다.

预习功课 수업을 예습하다　课前预习 미리 예습하다

453 缘 yuán

纟 실 + 彖 판단하다
인연(缘)은 실(纟)과 같은 끈으로 연결되어 있어서 좋고 나쁨을 판단하기(彖) 어려워요.

명 1 인연, 연분 **缘分**
2 원인 **缘故**

缘分 yuánfèn

缘 yuán 명 인연, 연분
分 fèn 명 성분, 인연

명 인연, 연분

谁也说不清楚缘分是什么。
누구도 인연이 무엇인지를 뚜렷이 말할 수 없다.

缘故 yuángù

缘 yuán 명 원인
故 gù 명 원인, 사고, 사건 형 원래의, 과거의

명 이유, 원인, 연고

不知什么缘故，她昨天没来开会。 무슨 이유인지 모르겠는데, 그녀는 어제 회의에 오지 않았다.

失败的缘故 실패의 원인　因为……的缘故 ~한 이유 때문에

✪ **故事** gùshi (형+명) 명 오래된 이야기, 고사 | **故乡** gùxiāng (형+명) 명 고향 | **故障** gùzhàng (명+명) 명 (기계 등의) 고장

454 原 yuán

厂 언덕 + 泉(泉) 샘
언덕(厂) 위에 샘물(泉)이 원래는(原) 있었는데, 지금은 없어요.

형 1 원래의, 본래의 **原来 | 原因 | 原则**
2 가공하지 않은 **原料**
동 용서하다 **原谅**
명 넓고 평탄한 곳

➕ **原理** yuánlǐ (형+명) 명 원리 | **原始** yuánshǐ (형+명) 형 원시의 | **原油** yuányóu (형+명) 명 원유 | **高原** gāoyuán (형+명) 명 고원 | **草原** cǎoyuán (명+명) 명 초원

原来 yuánlái

原 yuán 형 원래의, 본래의
来 lái 동 오다

부 1 원래는 ~했는데 [= **本来** běnlái]
2 (몰랐던 상황을) 알고 보니
명 원래
형 원래의

我原来学过计算机，但现在教汉语。 나는 원래 컴퓨터를 배웠는데, 지금은 중국어를 가르친다. → 부사1 용법
我说夜里怎么这么冷，原来是下雪了。 간밤에 왜 이렇게 추운가 했더니, 알고 보니 눈이 왔구나. → 부사2 용법
几年没见，但你还是原来的样子。 몇 년을 못 만났는데, 너는 여전히 원래의 모습이구나. → 형용사 용법
原来的工作 원래의 일　原来如此 알고 보니 이렇구나　比原来更好 원래보다 더 좋다

시험 TIP 듣기 시험에서 자주 출제되는 '原来'

'原来'는 듣기 영역에서 매우 자주 나오는 중요한 단어입니다. 부사 용법 중 '원래는 ~했는데'라는 의미로 쓰일 경우에는 '과거의 상황이 시간이 지나서 변했다'라는 의미로, '本来'와 같은 의미로 쓰입니다. 독해 지문에서는 부사 용법 중 두 번째 의미, 몰랐던 사실을 알았을 때 사용하는 표현인 '알고 보니'가 자주 등장합니다. 형용사와 명사 용법도 듣기와 독해에서 간혹 보이므로 알아 두셔야 합니다.

原因 yuányīn

原 yuán 형 원래의, 본래의
因 yīn 명 이유, 원인

명 (객관적인) 원인

他们找到了事故发生的原因。 그들은 사고가 발생한 원인을 찾았다.
分析原因 원인을 분석하다　根本原因 근본적인 원인

✪ **因素** yīnsù (명+명) 명 요소, 조건 ▶p.355

原则 yuánzé

原 yuán 형 원래의, 본래의
则 zé 명 규칙

명 원칙

我们要坚持自己的原则和信念。 우리는 자신의 원칙과 신념을 고수해야 한다.

基本原则 기본 원칙 坚持原则 원칙을 고수하다

原料 yuánliào

原 yuán 형 가공하지 않은
料 liào 명 재료

명 원료, 원자재

原料涨价了，产品自然也会涨价。 원자재 가격이 올라서 상품도 자연히 가격이 오를 것이다.

工业原料 공업 원료 出口原料 원료를 수출하다

原谅 yuánliàng

原 yuán 동 용서하다
谅 liàng 동 용서하다

동 용서하다

我不能原谅他的错误。 나는 그의 실수를 용서할 수 없다.

请求原谅 용서를 구하다 原谅他 그를 용서하다

✪ **谅解** liàngjiě (동+동) 동 양해하다

455 愿 yuàn

原 원래의 + 心 마음
마음(心)은 원래(原) 뭔가를 항상 원해요(愿).

명 바람, 염원, 소망 **愿望**
동 ~하기를 바라다, 원하다 **愿意 | 志愿者**

愿望 yuànwàng

愿 yuàn 명 바람, 염원, 소망
望 wàng 동 바라다, 희망하다

명 바람, 염원, 희망

哥哥上大学的愿望终于实现了。 대학에 진학하고 싶어하는 형의 바람이 마침내 실현되었다.

实现愿望 염원을 실현하다 满足愿望 바람을 만족시키다 美好的愿望 아름다운 염원

시험 TIP 搭配로 외우는 '愿望'

'愿望'은 동사 '实现'과 자주 호응해서 사용하니, 호응 관계를 꼭 외워 두세요. 5급 독해 제1부분에서 자주 출제됩니다.

愿意 yuànyì

愿 yuàn 동 ~하기를 바라다, 원하다
意 yì 명 염원

동 원하다, 바라다, ~를 하고 싶다

大家都愿意亲近他。 사람들은 모두 그와 가까워지기를 원한다.

愿意接受 받아들이기를 원하다　愿意服从 복종하기를 원하다

시험 TIP 주의하세요! '愿意'의 용법

'愿意'는 뒤에 항상 동사구를 목적어로 가지기 때문에 조동사로 보는 견해도 많습니다. 하지만 '我愿意。'처럼 단독으로 쓰일 수 있기 때문에 본 교재에서는 동사로 표시했는데, 조동사처럼 쓰인다는 것도 알아 두시면 좋습니다.

志愿者 zhìyuànzhě

志 zhì 명 뜻, 포부
愿 yuàn 동 ~하기를 바라다, 원하다
者 zhě 조 [사람을 나타냄]

명 자원봉사자

四川灾区需要志愿者。 쓰촨 재난구역은 자원봉사자를 필요로 하고 있다.

시험 TIP 듣기 시험에서 자주 출제되는 '志愿者'

'志愿者'는 5급 듣기에서 종종 들리는 단어입니다. 꼭 외워 두세요.

456 运 yùn

辶 가다 + 云 구름
구름(云)은 천천히 가면서(辶) 이동해요(运).

동 1 운동하다, 이동하다
2 (물건을) 나르다, 운송하다 运输
3 활용하다, 운용하다 运用

명 운명, 운수 运气 | 命运 ▶p.287

+ 运动 yùndòng (동+동) 명동 운동(하다)

运输 yùnshū

运 yùn 동 (물건을) 나르다, 운송하다
输 shū 동 운반하다, 나르다, 전송하다

동 (물건을) 나르다, 운송하다

他们用飞机运输这些货物。 그들은 비행기로 이 화물들을 운송한다.

运输工具 운송 수단　运输货物 화물을 운반하다

✪ 输入 shūrù (동+동) 동 (데이터를) 입력하다

运用 yùnyòng

运 yùn 동 활용하다, 운용하다
用 yòng 동 사용하다

동 활용하다, 운용하다, 응용하다

老师可以熟练地运用各种知识解答问题。 선생님은 숙련되게 각종 지식을 활용해서 문제에 대답해 줄 수 있다.

运用新技术 신기술을 운용하다　运用理论 이론을 활용하다

运气 yùnqi

运 yùn 명 운, 운명
气 qì 명 기, 기운

명 운, 운수

他运气好，找了个好对象。 그는 운이 좋게도 좋은 결혼 상대를 구했다.

457 载 zǎi zài

부수: 车 차
물건이나 사람을 차(车)에 실어요(载).

zǎi 동 1 (글을) 싣다, 기재하다 记载
zài 　 2 싣다, 적재하다, 태우다 下载

记载 jìzǎi

记 jì 동 기록하다
载 zǎi 동 (글을) 싣다, 기재하다

동 기재하다, 기록하다

他把这件事记载下来。 그는 이 일을 기록했다.

下载 xiàzài

下 xià 동 (위에서 아래로) 내리다
载 zài 동 싣다, 적재하다, 태우다

동 다운로드하다 [↔ 上载 shàngzài]

我怎么才能下载这个文件? 내가 어떻게 해야 이 문서를 다운로드할 수 있죠?

下载歌曲 노래를 다운로드하다　下载软件 프로그램을 다운로드하다

시험 TIP 듣기 시험에서 자주 출제되는 '下载'

최근 컴퓨터(电脑) 관련 대화가 많이 출제되면서 '下载'는 필수 단어가 되었습니다. 호응 구문과 함께 꼭 외워 두세요.

458 赞 zàn

先 먼저 + 贝 조개(재물)
서로 먼저(先) 재물(贝)로 돕겠다고 하니 칭찬할(赞) 만하죠.

동 1 칭찬하다 称赞 ▶p.101 | 赞**美** | 赞**成**
2 돕다, 찬조하다 赞**助**

赞美 zànměi

赞 zàn 동 **칭찬하다**
美 měi 형 **아름답다**

동 칭찬하다, 찬미하다, 칭송하다 [= **赞扬** zànyáng]

她热情的服务态度受到顾客的赞美。 그녀의 친절한 서비스 태도는 고객의 칭찬을 받았다.

赞美祖国 조국을 찬미하다　赞美青春 청춘을 찬미하다

赞成 zànchéng

赞 zàn 동 **칭찬하다**
成 chéng 동 **이루다**

동 찬성하다, 동의하다 [= **同意** tóngyì]

对这种意见，我不赞成。 이러한 의견에 대해 나는 동의하지 않는다.

赞成老师的观点 선생님의 관점에 찬성하다　一致赞成 일제히 찬성하다

赞助 zànzhù

赞 zàn 동 **돕다**
助 zhù 동 **돕다**

동 (주로 경제적으로) 찬조하다, 협찬하다

这家具是那家公司赞助的。 이 가구는 그 회사가 협찬한 것이다.

赞助商 협찬사, 스폰서　赞助演出 찬조 출연

459 造 zào

辶 가다 + 告 고하다
제품을 만들 때는 먼저 공장에 가서(辶) 책임자에게 말하고(告) 만들어야(造) 하죠.

동 만들다, 제작하다 造**成** | **创**造 | **制**造 ▶p.464

造成 zàochéng

造 zào 동 만들다, 제작하다
成 chéng 동 이루다, 완성하다

동 (안 좋은 결과를) 초래하다, 야기하다 [= 导致 dǎozhì ▶p.133]

我给公司造成了极大的损失。 나는 회사에 커다란 손해를 끼쳤다.

造成严重的后果 심각한 결과를 초래하다 造成损失 손해를 초래하다

시험 TIP 시험에 자주 출제되는 '造成'과 '导致'

'造成'과 '导致'는 5급과 6급 전반에 걸쳐 매우 많이 출제되는 단어입니다. 뒤에 '안 좋은 결과'를 초래한다는 점을 암기해 두세요.

创造 chuàngzào

创 chuàng 동 처음으로 하다, 창조하다
造 zào 동 만들다, 제작하다

동 창조하다, 새롭게 만들다

我们无法预测未来，但能够创造未来。 우리는 미래를 예측할 수는 없지만, 미래를 창조할 수는 있다.

创造有利条件 유리한 조건을 만들다 创造奇迹 기적을 창조하다

시험 TIP '创造'의 목적어

'创造'는 '새롭게 만들어 내다'라는 의미의 동사로, 추상명사를 목적어로 가집니다. 5급 독해 영역에서 자주 보이는 단어이니 꼭 외워 두세요.

460 责 zé

부수: 贝 조개(재물)
빚을 져서 재물(贝)을 잃고 질책(责)을 받아요.

동 꾸짖다, 나무라다 责备

명 책임 责任 | 负责

责备 zébèi

责 zé 동 꾸짖다, 나무라다
备 bèi 동 갖추다, 완비하다

동 꾸짖다, 탓하다, 책망하다

他已经承认了错误，别责备他了。 그는 이미 잘못을 인정했으니 그를 나무라지 마라.

责备错误 잘못을 나무라다 责备孩子 아이를 꾸짖다 受到良心的责备 양심의 가책을 받다

시험 TIP 듣기 시험에서 자주 출제되는 '责备'

'责备'는 듣기 영역에서 화자의 말투를 묻는 문제의 답으로 자주 출제되는 단어입니다. 의미를 꼭 알아 두세요.

责任 zérèn

责 zé 명 책임
任 rèn 명 직무, 임무

명 책임

他应该承担法律责任。 그는 당연히 법률상의 책임을 져야 한다.

承担责任 책임을 맡다　责任重大 책임이 무겁다　不负责任 책임을 지지 않다

✪ 任务 rènwu (명+명) 명 임무

负责 fùzé

负 fù 동 (책임을) 지다
责 zé 명 책임

동 책임을 지다

我觉得这件事应该由他来负责。 내 생각에 이 일은 반드시 그가 책임져야 한다.

负责人 책임자　负责期限 보증 기간

시험 TIP 주의하세요! '负责'와 '责任'의 품사

'负责'는 '책임을 지다'라는 동사, '责任'은 '책임'이라는 명사입니다. 두 단어의 품사를 혼동하지 마세요!

461 增 zēng

土 흙 + 曾 일찍이
화분에 흙(土)을 아침 일찍(曾)부터 더해요(增).

동 증가하다, 많아지다 **增加 | 增强 | 增长**

增加 zēngjiā

增 zēng 동 증가하다
加 jiā 동 더하다, 증가하다

동 (수량이) 증가하다, 늘다, 늘리다, 증가시키다

一年下来，她的体重增加了很多。 1년 동안 그녀의 체중이 많이 늘었다.

增加人员 인원을 늘리다　持续增加 지속적으로 늘다

시험 TIP 독해 시험에서 자주 출제되는 '增加'

'增加'는 '수량의 증가'를 강조하는 단어이며, 자동사와 타동사로 모두 쓰입니다.

✪ 加强 jiāqiáng (동+형) 동 (모자라거나 부족한 점을) 강화하다, 보강하다

增强 zēngqiáng

增 zēng 동 증가하다
强 qiáng 형 강하다

동 강화하다, 높이다, 증강하다

这样做有利于增强信心。 이렇게 하는 것은 자신감을 강화하는 데 유리하다.

增强体质 체질을 강화하다　增强信心 자신감을 증강시키다

增长 zēngzhǎng

增 zēng 동 증가하다
长 zhǎng 동 자라다, 증강하다

동 성장하다, 늘리다, 증가하다

大学生们增长了金融知识。 대학생들은 금융 지식을 늘렸다.

增长知识 지식을 늘리다　经济增长 경제가 성장하다

462 展 zhǎn

부수: 尸 시체
시체(尸)에 흰 천을 펴서(展) 덮었어요.

동 1 펴다, 펼치다, 전개하다 展开 | 发展 ▶p.152
2 전람하다, 전시하다 展览

명 전시회, 전람회

➕ 展示 zhǎnshì (동+동) 동 전시하다, 펼쳐 보이다 | 画展 huàzhǎn (명+명) 명 회화전시회 | 开展 kāizhǎn (동+동) 동 전개하다, 확대하다

展开 zhǎnkāi

展 zhǎn 동 펴다, 펼치다, 전개하다
开 kāi 동 열다

동 펴다, 펼치다, 전개하다

大家对这个问题展开了热烈的讨论。 사람들은 이 문제에 대해 열렬한 토론을 전개했다.

展开讨论 토론을 전개하다　展开活动 활동을 전개하다

展览 zhǎnlǎn

展 zhǎn 동 전람하다, 전시하다
览 lǎn 동 관람하다

명 전람, 전시

동 전람하다, 전시하다 [= 展出 zhǎnchū]

我参观了一位名画家的美术作品展览。나는 한 유명한 화가의 미술작품 전시회를 관람했다. → 명사 용법
新出土的文物正在国外展览。새로 출토된 문물이 해외에서 전시되고 있다. → 동사 용법
观看展览 전람회를 구경하다　工艺品展览 공예품 전시회　展览馆 전시관

463 占 zhàn
卜 점 + 口 입
점괘(卜)를 입(口)으로 말하려면 먼저 자리를 차지해야죠(占).

동 차지하다, 점령하다 **占线 | 占有**

占线 zhànxiàn
占 zhàn 동 **차지하다, 점령하다**
线 xiàn 명 **선**

동 (전화가) 통화 중이다
他家的电话一直占线。그의 집 전화는 계속 통화 중이다.

占有 zhànyǒu
占 zhàn 동 **차지하다, 점령하다**
有 yǒu 동 **소유하다**

동 점유하다, 차지하다
这个问题占有重要位置。이 문제는 중요한 위치를 차지하고 있다.
占有重要位置 중요한 위치를 차지하다　占有优势 우위를 차지하다

464 战 zhàn
占 차지하다 + 戈 창
땅을 차지하기(占) 위해 칼과 창(戈)으로 전쟁을 해요(战).

동 전쟁하다, 싸우다 **战争 | 挑战**
명 전쟁, 전투

➕ **战士** zhànshì (명+명) 명 전사, 병사 | **战胜** zhànshèng (동+동) 동 싸워서 승리하다 | **世界大战** shìjiè dàzhàn (명+명) 명 세계대전

战争 zhànzhēng
战 zhàn 동 **전쟁하다, 싸우다**
争 zhēng 동 **다투다, 싸우다**

명 전쟁

战争给人民带来了很多苦难。 전쟁은 사람들에게 많은 고난을 가져다 주었다.
引发战争 전쟁을 일으키다 战争的危害 전쟁의 해로움

✪ 争取 zhēngqǔ (동+동) 동 쟁취하다, 힘써 얻다 ▶p.453

挑战 tiǎozhàn

挑 tiǎo 동 도발하다, 일으키다
战 zhàn 동 전쟁하다, 싸우다

명 도전
동 도전하다

敌人向我们发起了挑战。 적들이 우리에게 도전했다. → 명사 용법
向我们挑战 우리에게 도전하다 面临挑战 도전에 직면하다

465 招 zhāo

扌 손 + 召 부르다
손짓(扌)하여 부르니(召), '모집하다(招)'라는 뜻이에요.

동 1 (오라고) 손짓하다
2 (사람을) 모집하다, 불러모으다 招待 | 招聘

✚ 招手 zhāoshǒu (동+명) 동 (오라고) 손짓하다

招待 zhāodài

招 zhāo 동 모집하다, 불러모으다
待 dài 동 접대하다

동 (손님이나 고객에게) 접대하다

十一期间，我招待过一次亲戚和朋友。 궈칭제 기간 동안 나는 친지와 친구들을 대접했다.
招待会 환영회, 리셉션 招待客人 손님을 접대하다 招待朋友 친구를 접대하다

招聘 zhāopìn

招 zhāo 동 모집하다, 불러모으다
聘 pìn 동 초빙하다

동 (회사가 직원을) 모집하다, 초빙하다

那家公司正在招聘，你可以去试试。 저 회사에서 모집 중이니 너도 가 봐.
招聘专家 전문가를 초빙하다 招聘人才 인재를 모집하다

466 着 zháo zhe zhuó

부수: 目 눈
눈으로(目) 사물을 접촉하는(着) 거죠.

zháo 동 1 접촉하다, 닿다 **着地**
2 (불에) 타다, 연소하다 **着火**
3 (영향을) 받다, 느끼다 **着急** | **着凉**
4 [동사 뒤에 쓰여 동작의 결과를 나타내는 보어로 쓰임]

zhe 조 1 ~하고 있다, ~한 상태로 있다 [동사 뒤에 쓰여 동작이나 상태의 지속을 나타냄]
2 [동사 뒤에 쓰여 개사로 만듦] **随着**

zhuó 동 1 (옷을) 입다
2 접촉하다, 닿다 **着手**

➕ **睡着** shuìzháo (동+동) 동 잠들다 | **沿着** yánzhe (동+조) 개 ~를 끼고, ~를 따라서 | **朝着** cháozhe (동+조) 개 ~로 향하여 | **着重** zhuózhòng (동+형) 동 ~에 중점을 두다, 치중하다 | **穿着** chuānzhuó (동+동) 명 옷차림, 복장

着地 zháodì

着 zháo 동 **접촉하다, 닿다**
地 dì 명 **땅**

동 땅에 닿다, 착지하다

上不着天，下不着地。 위로는 하늘에 닿지 않고, 아래로는 땅에 닿지 않는다. (행방이 묘연하다, 의지할 곳이 없다)

참고 다양한 발음의 '着地'
'着地'는 'zhuódì'라고도 발음합니다. 표준중국어는 'zháodì'를 채택하고 있지만, 실제 중국인들이 말할 때는 'zhuódì'를 쓰기도 합니다.

着火 zháohuǒ

着 zháo 동 **(불에) 타다, 연소하다**
火 huǒ 명 **불**

동 화재가 나다, 불이 나다 [= **失火** shīhuǒ]

着火的时候，不能坐电梯下楼。 불이 났을 때는 엘리베이터를 타고 건물을 내려가면 안 된다.

着急 zháojí

着 zháo 동 **(영향을) 받다, 느끼다**
急 jí 형 **급하다, 조급하다**

형 초조하다, 조급하다

别着急，还是想想办法吧。 조급해하지 마. 그래도 방법을 생각해 보자.

Day 28

시험 TIP 듣기 시험에서 자주 출제되는 '着急'

'着急'는 조급한 심리 상태를 말하며, 5급 듣기 영역에서 가장 많이 등장하는 단어 중 하나입니다.

✪ **急忙** jímáng 부 황급히, 바삐

着凉 zháoliáng

着 zháo 동 (영향을) 받다, 느끼다
凉 liáng 형 차갑다, 서늘하다

동 감기에 걸리다 [= 感冒 gǎnmào]

病人很容易着凉。 아픈 사람은 쉽게 감기에 걸린다.

小心着凉 감기를 조심하다　容易着凉 쉽게 감기에 걸리다

✪ **凉快** liángkuai (형+형) 형 시원하다, 상쾌하다

随着 suízhe

随 suí 동 (~의 뒤를) 따르다, 따라가다
着 zhe 조 [동사 뒤에 쓰여 개사를 만듦]

개 ~함에 따라서

随着生活水平的提高，人们越来越重视精神生活。

생활수준이 향상됨에 따라서 사람들은 갈수록 정신적인 생활을 중시한다.

시험 TIP 독해 시험에서 자주 출제되는 '随着'

'随着'는 5급과 6급 전반에 걸쳐 자주 등장하는 단어이며, '随着……的+동사'의 형식으로 쓰입니다. 이때 '的'는 중국어 문장에서는 관형어이지만 우리말에서는 '~이/가'로 해석하는 것이 자연스럽습니다.

예 随着电脑的普及 컴퓨터가 보급됨에 따라서

着手 zhuóshǒu

着 zhuó 동 접촉하다, 닿다
手 shǒu 명 손

동 착수하다, 시작하다, 손을 대다

他不知道怎样着手做这件事情。 그는 이 일을 어떻게 손을 대야 할지 모르고 있다.

着手进行 진행을 시작하다　着手处理 처리를 시작하다

467 照 zhào

昭 밝다 + 灬 불
불(灬)로 세상을 밝게(昭) 비춰요(照).

동 1 (빛을) 비추다, (빛이) 비치다
2 (사진이나 영화를) 찍다 **照片 | 拍照**
3 보살피다, 돌보다 **关照 | 照顾** ▶p.176

개 ~에 따라, ~대로 **照常 | 按照** ▶p.72

照片 zhàopiàn

照 zhào 동 (사진이나 영화를) 찍다
片 piàn 명 조각, 편

명 사진

我每次去旅行都喜欢照很多照片。 나는 매번 여행을 갈 때마다 사진을 많이 찍는 것을 좋아한다.

放大照片 사진을 확대하다　拍照片 사진을 찍다

拍照 pāizhào

拍 pāi 동 (사진이나 영화를) 찍다, 촬영하다
照 zhào 동 (사진이나 영화를) 찍다

동 사진을 찍다, 촬영하다 [= **照相** zhàoxiàng ▶p.390]

明天我和几个朋友约好一起去拍照。 나는 내일 친구 몇 명과 함께 사진을 찍으러 가기로 약속했다.

关照 guānzhào

关 guān 동 관계되다
照 zhào 동 보살피다, 돌보다

동 1 보살피다, 돌보다
2 주의를 주다, 경고하다

她对我母亲关照十分周到。 그녀는 우리 어머니를 매우 세심하게 돌본다. → 동사1 용법

互相关照 서로 보살피다　细心关照 세심하게 돌보다　关照老人 노인을 돌보다

照常 zhàocháng

照 zhào 개 ~에 따라, ~대로
常 cháng 형 보통의, 평소의

부 평상시처럼, 평소대로, 변함없이

节日期间商店照常营业。 명절 기간 동안 상점은 평소대로 영업한다.

照常工作 평상시처럼 일하다　照常营业 평소대로 영업하다

✪ **常识** chángshí (형+명) 명 상식

468 珍 zhēn

부수: 王 임금
임금(王)은 보물(珍)과 같은 존재죠.

명 보물, 보배 **珍珠**

형 귀중하다, 진귀하다 **珍贵** | **珍稀**

동 중시하다, 소중히 여기다 **珍惜**

珍珠 zhēnzhū

珍 zhēn 명 보물, 보배
珠 zhū 명 진주

명 진주

这颗珍珠非常贵，我根本买不起。 이 진주는 굉장히 비싸서 나는 절대 살 수 없다.

시험 TIP 시험에 출제된 적 있는 '珍珠'

'珍珠'는 HSK 6급 지정단어이지만, 5급 듣기에서 핵심 단어로 출제된 적이 있으니 알아 두세요.

珍贵 zhēnguì

珍 zhēn 형 귀중하다, 진귀하다
贵 guì 형 귀하다, 평가가 높다

형 진귀하다, 귀중하다 [= 宝贵 bǎoguì ▶p.76]

大熊猫是中国的珍贵动物。 판다는 중국의 진귀한 동물이다.

珍贵的纪念品 귀중한 기념품 珍贵的文物 귀중한 문물 珍贵的动物 귀중한 동물

시험 TIP 주의하세요! '珍贵'의 용법

'珍贵'는 희소해서 귀중한 사물이나 동물에 씁니다. '宝贵'와 바꿔 쓸 수 있는 경우가 대부분이지만, 사람의 정신(精神)이나 인품(品质)에는 쓸 수 없습니다. 즉, '宝贵的品质'는 가능하지만 '珍贵的品质'라고는 쓸 수 없습니다.

✪ **贵重** guìzhòng (형+형) 형 귀중하다 | **贵族** guìzú (형+명) 명 귀족

珍稀 zhēnxī

珍 zhēn 형 진귀하다
稀 xī 형 드물다

형 진귀하고 드물다, 희귀하다

国家设置了许多自然保护区，保护珍稀野生动植物。
국가는 자연보호구역을 많이 설치해서 희귀한 야생 동식물을 보호한다.

珍稀动物 희귀 동물

珍惜 zhēnxī

珍 zhēn 동 중시하다, 소중히 여기다
惜 xī 동 아끼다, 소중히 여기다

동 소중히 여기다, 진귀하게 여겨 아끼다

那位教授非常珍惜时间。 저 교수는 시간을 매우 소중히 여긴다.

珍惜时间 시간을 소중히 여기다　珍惜生命 생명을 소중히 여기다

SPEED CHECK

Step 1 한국어 단어를 보고, 그에 해당하는 중국어 뜻을 말해 보세요.

- □ (기뻐서) 흥분하다, 감격하다
- □ 흥미, 재미
- □ 형성하다, 이루다
- □ 묘사하다, 형용하다
- □ 정세, 기세, 형편
- □ (어떤 물체의) 겉모양, 형상
- □ 행동, 행위
- □ 업종, 업계
- □ 운이 좋다, 행운이다, 행운
- □ 다행히, 운 좋게, 요행으로
- □ 겸허하다, 겸손하다
- □ 서술하다, 진술하다, 설명하다
- □ 선포하다, 발표하다
- □ 홍보하다
- □ (사람이나 사물을) 선택하다
- □ (여러 개 중에서) 고르다, 선택하다
- □ 질문하다, 묻다, 문의하다
- □ 자문하다, 컨설팅하다
- □ 찾다
- □ (요구, 관리, 규정이) 엄격하다
- □ (표정이나 분위기가) 엄숙하다, 근엄하다
- □ (상황이나 정도가) 심각하다, 엄중하다
- □ 기르다, 양성하다, 키우다
- □ (장기간에 걸쳐) 양성하다, 기르다, 배양하다
- □ 영양, 양분
- □ 모양, 형식, 스타일, 디자인
- □ (사물의) 모양, 형상, (사람의) 모습, 표정
- □ (업무 외의) 여가, 아마추어의
- □ 영업하다
- □ 만일, 만약, 만에 하나
- □ 유일하다
- □ 일생, 한평생, 전생
- □ (언행이나 의견 등이) 일치하다
- □ 유감스럽다, 안타깝다, 유감
- □ 유산
- □ 의견, 견해, 불만, 이의
- □ 고의로, 일부러
- □ 의외이다, 뜻밖이다
- □ 영웅
- □ (회사에) 지원하다, 초빙에 응하다
- □ 응용하다, 사용하다
- □ 적응하다
- □ 대응하다, 대처하다
- □ 그림자
- □ (주로 좋지 않은) 영향을 끼치다, 영향
- □ (카메라로) 촬영하다
- □ (사람이) 붐비다, (장소가) 혼잡하다
- □ (구체적 또는 추상적인 것을) 소유하다, 보유하다
- □ 용감하다
- □ 용기

SPEED CHECK

Step 2 중국어 단어를 보고, 그에 해당하는 한국어 뜻을 말해 보세요.

- ☐ 兴奋 xīngfèn
- ☐ 兴趣 xìngqù
- ☐ 形成 xíngchéng
- ☐ 形容 xíngróng
- ☐ 形势 xíngshì
- ☐ 形状 xíngzhuàng
- ☐ 行为 xíngwéi
- ☐ 行业 hángyè
- ☐ 幸运 xìngyùn
- ☐ 幸亏 xìngkuī
- ☐ 谦虚 qiānxū
- ☐ 叙述 xùshù
- ☐ 宣布 xuānbù
- ☐ 宣传 xuānchuán
- ☐ 选择 xuǎnzé
- ☐ 挑选 tiāoxuǎn
- ☐ 询问 xúnwèn
- ☐ 咨询 zīxún
- ☐ 寻找 xúnzhǎo
- ☐ 严格 yángé
- ☐ 严肃 yánsù
- ☐ 严重 yánzhòng
- ☐ 养成 yǎngchéng
- ☐ 培养 péiyǎng
- ☐ 营养 yíngyǎng
- ☐ 样式 yàngshì
- ☐ 样子 yàngzi
- ☐ 业余 yèyú
- ☐ 营业 yíngyè
- ☐ 万一 wànyī
- ☐ 唯一 wéiyī
- ☐ 一辈子 yíbèizi
- ☐ 一致 yízhì
- ☐ 遗憾 yíhàn
- ☐ 遗产 yíchǎn
- ☐ 意见 yìjiàn
- ☐ 故意 gùyì
- ☐ 意外 yìwài
- ☐ 英雄 yīngxióng
- ☐ 应聘 yìngpìn
- ☐ 应用 yìngyòng
- ☐ 适应 shìyìng
- ☐ 应付 yìngfù
- ☐ 影子 yǐngzi
- ☐ 影响 yǐngxiǎng
- ☐ 摄影 shèyǐng
- ☐ 拥挤 yōngjǐ
- ☐ 拥有 yōngyǒu
- ☐ 勇敢 yǒnggǎn
- ☐ 勇气 yǒngqì

SPEED CHECK

Step 1 한국어 단어를 보고, 그에 해당하는 중국어 뜻을 말해 보세요.

- ☐ 용도
- ☐ 비용, 지출
- ☐ 장점, 우수한 점
- ☐ 우대의, 특혜의
- ☐ 우세, 우위
- ☐ (품행, 학문, 성적이) 우수하다, 뛰어나다
- ☐ (역사가) 유구하다, 오래되다
- ☐ (명승지나 풍경을) 유람하다
- ☐ 게임, 오락
- ☐ 기름에 튀기다
- ☐ 휘발유, 가솔린
- ☐ 언어, 말
- ☐ 고사성어, 성어
- ☐ 예보하다, 사전에 보고하다, 예보
- ☐ 예약하다
- ☐ 예방하다
- ☐ 인연, 연분
- ☐ 이유, 원인, 연고
- ☐ (몰랐던 상황을) 알고 보니, 원래, 원래의
- ☐ 원칙
- ☐ 원료, 원자재
- ☐ 용서하다
- ☐ 바람, 염원, 희망
- ☐ 원하다, 바라다, ~를 하고 싶다
- ☐ (물건을) 나르다, 운송하다
- ☐ 활용하다, 운용하다, 응용하다
- ☐ 운, 운수
- ☐ 기재하다, 기록하다
- ☐ 다운로드하다
- ☐ 찬성하다, 동의하다
- ☐ 칭찬하다, 찬미하다, 칭송하다
- ☐ (안 좋은 결과를) 초래하다, 야기하다
- ☐ 창조하다, 새롭게 만들다
- ☐ 꾸짖다, 탓하다, 책망하다
- ☐ 책임
- ☐ 책임을 지다
- ☐ (수량이) 증가하다, 늘다, 늘리다, 증가시키다
- ☐ 강화하다, 높이다, 증강하다
- ☐ 성장하다, 늘리다, 증가하다
- ☐ 펴다, 펼치다, 전개하다
- ☐ 전람(하다), 전시(하다)
- ☐ 점유하다, 차지하다
- ☐ 전쟁
- ☐ 도전(하다)
- ☐ (손님이나 고객에게) 접대하다
- ☐ (회사가 직원을) 모집하다, 초빙하다
- ☐ ~함에 따라서
- ☐ 사진을 찍다, 촬영하다
- ☐ 보살피다, 돌보다
- ☐ 진귀하다, 귀중하다

SPEED CHECK

Step 2 중국어 단어를 보고, 그에 해당하는 한국어 뜻을 말해 보세요.

- ☐ 用途 yòngtú
- ☐ 费用 fèiyòng
- ☐ 优点 yōudiǎn
- ☐ 优惠 yōuhuì
- ☐ 优势 yōushì
- ☐ 优秀 yōuxiù
- ☐ 悠久 yōujiǔ
- ☐ 游览 yóulǎn
- ☐ 游戏 yóuxì
- ☐ 油炸 yóuzhá
- ☐ 汽油 qìyóu
- ☐ 语言 yǔyán
- ☐ 成语 chéngyǔ
- ☐ 预报 yùbào
- ☐ 预订 yùdìng
- ☐ 预防 yùfáng
- ☐ 缘分 yuánfèn
- ☐ 缘故 yuángù
- ☐ 原来 yuánlái
- ☐ 原则 yuánzé
- ☐ 原料 yuánliào
- ☐ 原谅 yuánliàng
- ☐ 愿望 yuànwàng
- ☐ 愿意 yuànyì
- ☐ 运输 yùnshū
- ☐ 运用 yùnyòng
- ☐ 运气 yùnqi
- ☐ 记载 jìzǎi
- ☐ 下载 xiàzài
- ☐ 赞成 zànchéng
- ☐ 赞美 zànměi
- ☐ 造成 zàochéng
- ☐ 创造 chuàngzào
- ☐ 责备 zébèi
- ☐ 责任 zérèn
- ☐ 负责 fùzé
- ☐ 增加 zēngjiā
- ☐ 增强 zēngqiáng
- ☐ 增长 zēngzhǎng
- ☐ 展开 zhǎnkāi
- ☐ 展览 zhǎnlǎn
- ☐ 占有 zhànyǒu
- ☐ 战争 zhànzhēng
- ☐ 挑战 tiǎozhàn
- ☐ 招待 zhāodài
- ☐ 招聘 zhāopìn
- ☐ 随着 suízhe
- ☐ 拍照 pāizhào
- ☐ 关照 guānzhào
- ☐ 珍贵 zhēnguì

469 真 zhēn

부수: 目 눈
눈(目)으로 볼 수 있는 것이 진실한(真) 것이죠.

형 진실하다, 참되다, 사실이다 **真理 | 真实 | 真正 | 认真 | 天真**

부 정말, 진짜로

명 (사람의) 모습, (사물의) 모양 **传真**

真心 zhēnxīn (형+명) 명 진심 | **真相** zhēnxiàng (형+명) 명 진상, 실상 | **真挚** zhēnzhì (형+형) 형 참되다, 진실되다

真理 zhēnlǐ

真 zhēn 형 **진실하다, 사실이다**
理 lǐ 명 **도리, 이치**

명 진리

真理是普遍存在的。 진리는 보편적으로 존재한다.

追求真理 진리를 추구하다　发现真理 진리를 발견하다

真实 zhēnshí

真 zhēn 형 **진실하다, 사실이다**
实 shí 형 **진실하다**

형 진실한, 사실의

这篇小说真实地描写了当时的情景。 이 소설은 당시의 정경을 사실적으로 묘사했다.

真实的感情 진실한 감정　真实情况 진실한 상황(진상)

真正 zhēnzhèng

真 zhēn 형 **진실하다, 참되다**
正 zhèng 형 **바르다**

형 진정한, 참된

부 진정으로, 참으로, 정말

你失落时安慰你的才是真正的朋友。 → 형용사 용법
네가 의기소침해 있을 때 너를 위로해 주는 사람이 진정한 친구이다.

我没有真正了解过她。 나는 그녀를 진정으로 이해해 본 적이 없다. → 부사 용법

真正的朋友 진정한 친구　真正的爱情 진정한 사랑

认真 rènzhēn

认 rèn 동 알다, 인식하다
真 zhēn 형 진실하다, 참되다

형 진지하다, 성실하다
동 진지하게 생각하다, 진지하게 받아들이다

同学们都在认真准备期末考试。반 친구들은 모두 진지하게 기말고사를 준비하고 있다. → 형용사 용법
我只是跟你开个玩笑，你千万别认真。→ 동사 용법
나는 단지 너에게 농담한 것뿐이니까 너는 제발 진지하게 받아들이지 마.

认真学习 진지하게 공부하다　工作认真 일을 성실하게 하다

天真 tiānzhēn

天 tiān 형 자연적인, 선천적인, 타고난
真 zhēn 형 진실하다, 참되다

형 천진하다, 꾸밈없다

那个小姑娘天真可爱。저 꼬마 아가씨는 천진하고 귀엽다.
孩子天真 아이가 천진하다　天真的表现 꾸밈없는 표현

传真 chuánzhēn

传 chuán 동 전달하다
真 zhēn 명 모습, 모양

명 팩스
동 팩스를 보내다

我马上给你发传真。내가 바로 너에게 팩스를 보내줄게. → 명사 용법

470 争 zhēng

부수: 亅 갈고리
갈고리(亅)를 서로 휘두르며 싸워요(争).

동 1 (무엇을 얻거나 목적을 위해) 다투다, 싸우다 **争取 | 竞争 | 战争** ▶ p.441
2 논쟁하다, (말로) 다투다 **争论**

争取 zhēngqǔ

争 zhēng 동 다투다, 싸우다
取 qǔ 동 가지다, 얻다

동 힘써 얻다, 최대한 노력하다, 쟁취하다

我们要努力争取别人的支持。 우리는 노력해서 다른 사람의 지지를 얻어야 한다.
争取机会 기회를 쟁취하다 争取实现 최대한 실현하려고 노력하다

시험 TIP 암기하세요! '争取'의 용법

'争取'는 우리말의 '쟁취하다'와 같은 의미입니다. 우리는 평소에 '쟁취하다'라는 말을 잘 쓰지 않지만, 중국인들은 '争取'라는 단어를 일상에서 자주 사용합니다. '争取'는 직접적으로 명사 목적어를 가지기도 하고, 동사 앞에 쓰여 '최대한 노력해서 어떤 동작을 하다'라는 의미로 쓰기도 합니다.

竞争 jìngzhēng

竞 jìng 동 **경쟁하다**
争 zhēng 동 **다투다, 싸우다**

명 경쟁
동 경쟁하다

现代社会竞争十分激烈。 현대사회는 경쟁이 매우 치열하다. → 명사 용법
激烈的竞争 치열한 경쟁 贸易竞争 무역 경쟁

시험 TIP 搭配로 외우는 '竞争'

'竞争'을 공부할 때는 반드시 호응 관계인 '激烈的竞争(치열한 경쟁)'을 암기해 두어야 합니다. 시험에 종종 나오니, 꼭 암기해 두세요.

争论 zhēnglùn

争 zhēng 동 **논쟁하다, (말로) 다투다**
论 lùn 동 **논의하다, 의논하다**

동 논쟁하다
명 논쟁

你们这样争论下去不会有结果的。 너희들이 이렇게 계속 논쟁한다면, 결론이 나오지 않을 거야. → 동사 용법
激烈的争论 격렬한 논쟁 对……进行争论 ~에 대해 논쟁하다

✪ **论点** lùndiǎn (동+명) 명 논점

471 整 zhěng

敕 칙서 + 正 바르다
왕은 칙서(敕)를 내려 세상을 바르게(正) 정리하조(整).

형 1 완전하다, 온전하다 **整个 | 整体 | 完整** ▶p.373
2 가지런하다, 반듯하다 **整齐**
동 정리하다, 정돈하다 **整理 | 调整** ▶p.364

整个 zhěnggè

整 zhěng 형 완전하다, 온전하다
个 gè 양 개 형 단독의, 개별의

형 전체의, 온통의

大家整个假期都在加班。 모두들 휴가 기간 내내 추가 근무를 하고 있다.

整个上午 오전 내내　整个句子 전체 문장　整个社会 전 사회

시험 TIP '整个'의 용법

'整个'는 명사를 수식하는 관형어로만 사용됩니다. 명사 앞에서 직접 수식하기 때문에 '整个的+명사'는 틀린 표현입니다.

整体 zhěngtǐ

整 zhěng 형 완전하다, 온전하다
体 tǐ 명 물체

명 (집단이나 사물의) 전체, 총체

这一批学生的整体水平很高。 이 학생들의 전체 수준은 매우 높다.

整体利益 전체 이익　整体效果 전체 효과

整齐 zhěngqí

整 zhěng 형 가지런하다, 반듯하다
齐 qí 형 가지런하다

형 가지런하다, 반듯하다, 질서가 있다

这些书都已整齐地摆在书架上了。
이 책들은 모두 이미 가지런하게 책꽂이에 놓여 있다.

整齐的街道 정연한 거리　服装整齐 복장이 단정하다

✪ 齐全 qíquán (형+형) 형 완비하다, 완전히 갖추다

整理 zhěnglǐ

整 zhěng 동 정리하다, 정돈하다
理 lǐ 동 정리하다, 가지런하게 하다

동 정리하다, 정돈하다

这些材料要及时加以整理。 이러한 자료들은 제때에 정리해야 한다.

整理房间 방을 정리하다　整理东西 물건을 정리하다

✪ 理财 lǐcái (동+명) 명 재테크 동 재정을 관리하다

472 正 zhèng

一 하나 + 止 머무르다

하나(一)밖에 없는 길에서 잠시 멈춰서(止) 올바른(正) 길을 찾아요.

형 1 (똑)바르다 **正常 | 正确 | 正式**

2 (위치가) 중간에 있다

3 (성질이나 마음이) 정직하다, 정당하다

동 (결점이나 잘못 등을) 바로잡다, 고치다 改正 ▶p.164

부 1 바로, 마침 正好

2 지금, 현재, 막 [동작의 진행이나 상태의 지속을 나타냄]

➕ 正门 zhèngmén (형+명) 명 정문 | 公正 gōngzhèng (형+형) 형 공정하다

正常 zhèngcháng

正 zhèng 형 바르다
常 cháng 형 보통의, 일반적인

형 정상이다, 정상적이다 [↔ 反常 fǎncháng]

他的精神有点不大正常。 그의 정신은 약간 정상적이지 못하다.

气温不太正常 기온이 그리 정상적이지 않다　正常体温 정상체온

正确 zhèngquè

正 zhèng 형 바르다
确 què 형 확실하다 부 확실히

형 (사실, 도리, 표준이) 정확하다

我的选择是正确的，他会支持我。 내 선택은 정확해서 그는 나를 지지할 것이다.

正确的方向 정확한 방향　正确的答案 정확한 답안

✪ 确实 quèshí (부+형) 형 확실하다, 틀림없다 부 확실히, 정말로 ▶p.317

正式 zhèngshì

正 zhèng 형 바르다
式 shì 명 양식, 격식

형 정식의, 공식의, 규정의 [↔ 随便 suíbiàn]

他现在还没有正式职业。 그는 지금 아직 정식적인 직업이 없다.

正式比赛 공식적인 경기　穿得正式一点 옷을 규정에 맞게 입다, 정장 차림으로 입다

시험 TIP 듣기에서 자주 출제되는 '正式'

5급 듣기에서 '파티나 회의에 참석할 옷차림을 규정에 맞게 입다'라는 의미로 '正式'가 종종 들리기도 합니다. '正式'의 의미와 호응 구문을 잘 외워 두세요.

正好 zhènghǎo

正 zhèng 뷔 바로, 마침
好 hǎo 형 좋다

형 (시간, 위치, 수량, 정도 등이) 꼭 알맞다, 딱 좋다
부 마침, 때마침

你来得正好，我正准备去找你呢。 너 마침 잘 왔다. 내가 막 너를 찾아 가려고 했는데. → 형용사 용법

473 证 zhèng

讠 말씀 + 正 바르다
바른(正) 말(讠)로 증명하죠(证).

명 증거, 증명서 **证件 | 证据 | 签证** ▶p.306
동 증명하다 **证明**

证件 zhèngjiàn

证 zhèng 명 증거, 증명서
件 jiàn 명 문서, 문건

명 증서, 증명서

他从书包里掏出证件。 그는 가방에서 신분증을 꺼냈다.
有效的证件 유효한 증서 出示证件 증명서를 꺼내 보이다

证据 zhèngjù

证 zhèng 명 증거, 증명서
据 jù 명 증거, 증서

명 증거

他已经找到了确凿的证据。 그는 이미 확실한 증거를 찾았다.
有力的证据 유력한 증거

证明 zhèngmíng

证 zhèng 동 증명하다
明 míng 형 명백하다, 분명하다

동 증명하다
명 증명서

你的情况我可以证明。 너의 상황은 내가 증명할 수 있다. → 동사 용법
证明资格 자격을 증명하다 证明身份 신분을 증명하다 学历证明 학력 증명서

474 **政** zhèng

正 바르다 + 攵 치다
임금이 정치를 바르게(正) 못하면 때려서라도(攵) 정치(政)를 잘하게 해야 하죠.

명 정치 **政策 | 政府 | 政治**

政策 zhèngcè

政 zhèng 명 **정치**
策 cè 명 **계책, 책략**

명 정책

应该按照实际情况决定我们的政策。 실제 상황에 따라 우리의 정책을 결정해야 한다.
政策灵活 정책이 융통성 있다　制定政策 정책을 제정하다

✪ **策略** cèlüè (명+명) 명 책략, 전략

政府 zhèngfǔ

政 zhèng 명 **정치**
府 fǔ 명 **국가 행정 기관**

명 정부

政府应该满足人民的需要。 정부는 반드시 국민의 요구를 만족시켜야 한다.
中国政府 중국 정부　政府机关 정부 기관

政治 zhèngzhì

政 zhèng 명 **정치**
治 zhì 동 **다스리다**

명 정치

这本书包括政治、历史等各个方面的内容。 이 책은 정치·역사 등 각 방면의 내용을 포함한다.
政治方面 정치 방면　政治条件 정치적인 조건

475 **支** zhī

十 열 + 又 오른손 모양
열(十) 개의 손(又)을 가지고 힘든 상황을 잘 지탱해요(支).

동 1 받치다, 지탱하다, 지원하다 **支持 | 支撑 | 支援**
2 (돈을) 지불하다 **支票 | 开支**
양 [막대기처럼 생긴 물건을 셀 때 쓰이는 양사]

✚ **一支笔** yì zhī bǐ (수+양+명) 펜 한 자루

支持 zhīchí

支 zhī 동 받치다, 지탱하다, 지원하다
持 chí 동 유지하다, 지키다

동 지지하다

王老师一直支持我学习汉语。 왕 선생님은 줄곧 내가 중국어 배우는 것을 지지해 주었다.
支持建议 건의를 지지하다 获得支持 지지를 얻다

시험 TIP 듣기 시험에서 자주 출제되는 '支持'

'支持'는 어떤 사람의 제안이나 행동을 지지한다는 의미로, 5급 듣기에서 자주 들리는 단어입니다.

✪ **持久** chíjiǔ (동+형) 형 오래 유지되다, 지속되다

支撑 zhīchēng

支 동 받치다, 지탱하다
撑 동 떠받치다, 지탱하다, 팽팽해지다

동 떠받치다, 지탱하다, 힘써 견디다

王老师生病了，但仍支撑着给我们上课。
왕 선생님은 아팠지만 그래도 견디면서 우리에게 수업을 해 주셨다.

支援 zhīyuán

支 zhī 동 받치다, 지탱하다, 지원하다
援 yuán 동 돕다, 원조하다

동 (인력이나 물자 등을) 지원하다

全国各地支援了他们三千多名优秀工人。
전국 각지에서 그들에게 3천여 명의 우수한 노동자를 지원해 주었다.

支票 zhīpiào

支 zhī 동 (돈을) 지불하다
票 piào 명 지폐, 표, 증명서

명 수표

我们接受现金、信用卡和支票的付款方式。
우리는 현금, 신용카드와 수표로 계산이 가능합니다.

시험 TIP '票'와 관련된 단어들

车票 chēpiào (명+명) 명 차표, 승차권 | **电影票** diànyǐng piào (명+명) 명 영화표 |
发票 fāpiào (동+명) 명 영수증 | **股票** gǔpiào (명+명) 명 주식 |
门票 ménpiào (명+명) 명 입장권 | **邮票** yóupiào (명+명) 명 우표

开支 kāizhī

开 kāi 동 (돈을) 지불하다
支 zhī 동 (돈을) 지불하다

명 지출, 비용
동 (돈을) 지출하다

我们要大力节省开支。 우리는 최대한 비용을 절약해야 한다. → 명사 용법

节省开支 비용을 절약하다　不必要的开支 불필요한 지출

476 职 zhí

耳 귀 + 只 다만
귀(耳)로 듣고 그 뜻을 오직(只) 새겨서 직무(职)를 열심히 해야 해요.

명 직무, 직책, 직위 **职业 | 辞职**

职权 zhíquán (명+명) 명 직권 [직무상의 권한을 뜻함] | **职员** zhíyuán (명+명) 명 직원 | **职务** zhíwù (명+명) 명 직무, 맡은 일

职业 zhíyè

职 zhí 명 직무, 직책, 직위
业 yè 명 직업

명 직업
형 프로의, 전문의, 직업의

我的职业是教师。 나의 직업은 교사이다. → 명사 용법

选择职业 직업을 선택하다　职业选手 프로 선수　职业演员 직업 연기자

辞职 cízhí

辞 cí 동 사직하다, 그만두다
职 zhí 명 직무, 직책, 직위

동 (회사나 자신의 직무를) 사직하다, 그만두다

我向经理正式提出辞职。 나는 사장에게 정식으로 사직서를 제출했다.

要求辞职 사직을 요청하다　向公司提出辞职 회사에 사직서를 제출하다

시험 TIP 주의하세요! '辞职'의 용법

'辞职'는 이합사이므로 기타 성분이 추가되면 '**辞了职**'와 같이 써야 합니다. 5급 듣기의 녹음에서 '**辞职**'와 함께 직장을 바꿨다는 내용이 자주 등장합니다. '직장을 바꾸다'라는 표현은 '**换工作** huàn gōngzuò' 외에 '**跳槽** tiàocáo'라는 표현이 있습니다. 조금 어려운 표현이지만 5급에 출제되었으니 알아 두세요.

477 执 zhí

扌 손 + 丸 둥글다
손(扌)으로 둥근(丸) 공을 잡아요(执).

동 1 (손으로) 잡다, 쥐다
2 굳게 지키다, 고수하다 **执着**
3 집행하다, 시행하다 **执行**

명 증명서 **执照**

执着 zhízhuó

执 zhí 동 고수하다
着 zhuó 동 접촉하다, 붙다

동 집착하다, 끈기 있다, 끝까지 추구하다

人生需要一种执着的精神。 인생은 끈기 있는 정신이 필요하다.

시험 TIP '执着'의 의미

'执着'는 '执著'라고 쓰기도 하며, 어떤 일을 포기하지 않고 끝까지 추구하는 것을 말합니다. 우리말에서는 '집착하다'는 연인이나 남녀 사이의 특정한 태도를 가리킬 때도 쓰이지만, 중국어에서는 주로 어떤 일에 대한 끈기를 나타냅니다.

执行 zhíxíng

执 zhí 동 집행하다, 시행하다
行 xíng 동 (어떤 일을) 하다

동 (정책, 법률, 계획 등을) 집행하다, 실행하다

国家制定的政策要严格执行。 국가가 제정한 정책은 엄격히 집행해야 한다.

执行任务 임무를 집행하다 执行计划 계획을 실행하다

执照 zhízhào

执 zhí 명 증명서
照 zhào 명 면허증, 허가증

명 허가증, 면허증, 라이센스

我们的营业执照还没办好。 우리의 영업 허가증은 아직 처리가 되지 않았다.

驾驶执照[=驾照] 운전 면허증 营业执照 영업 허가증

시험 TIP 搭配로 외우는 '执照'

'营业执照(영업 허가증)'가 좀 어려운 단어 조합이긴 하지만 5급 듣기 시험에서 출제된 적이 있으니 알아 두세요.

478 指 zhǐ

扌손 + 旨 뜻
손(扌)으로 그 뜻(旨)을 가리켜요(指).

명 손가락
동 1 (손가락으로) 가리키다
2 (의미상으로) 가리키다, 지적하다 **指出 | 指导 | 指挥**

手指 shǒuzhǐ (명+명) 명 손가락 ▶p.342

指出 zhǐchū

指 zhǐ 동 가리키다, 지적하다
出 chū 동 나오다

동 설명하다, 지적하다

专家指出，要控制物价的上涨。 전문가는 물가가 오르는 것을 억제해야 한다고 설명했다.
专家指出 전문가가 설명하기를 指出缺点 단점을 지적하다

指导 zhǐdǎo

指 zhǐ 동 가리키다, 지적하다
导 dǎo 동 지도하다, 이끌다

동 (어떤 방향이나 목적에 따라) 지도하다, 가르치다

她正在指导学生写作文。 그녀는 지금 학생들에게 작문을 지도하고 있다.
就业指导 취업 지도 指导学生 학생을 지도하다

导游 dǎoyóu (동+동) 명 여행 가이드 동 (관광객을) 안내하다 ▶p.133

指挥 zhǐhuī

指 zhǐ 동 가리키다, 지적하다
挥 huī 동 지휘하다, 흔들다

동 지휘하다
명 (상급) 지휘자, (음악) 지휘자

他在灾区现场进行指挥。 그는 재해 지역 현장에서 지휘를 했다. → 동사 용법
今晚乐队的指挥是位女性。 오늘 밤 악단의 지휘자는 여성이다. → 명사 용법
负责指挥 지휘를 책임지다 指挥交通 교통을 지휘하다

挥手 huīshǒu (동+명) 동 (손을 들어 좌우로) 흔들다

479 止 zhǐ　止 사람이 멈추어 선 발목 아래의 모양을 본뜬 글자

동 1 멈추다, 정지하다 **停止**
2 막다, 금지하다 **禁止** | **阻止**

停止 tíngzhǐ

停 tíng 동 **정지하다**
止 zhǐ 동 **멈추다, 정지하다**

동 중지하다, 정지하다, 멈추다

咱们的演出可不能停止下来。 우리의 공연은 결코 멈춰서는 안 된다.

停止演出 공연을 중지하다　停止调查 조사를 중단하다

禁止 jìnzhǐ

禁 jìn 동 **금지하다**
止 zhǐ 동 **막다, 금지하다**

동 금지하다

公共场所禁止吸烟。 공공장소에서는 흡연을 금지한다.

禁止赌博 도박을 금지하다

시험 TIP 시험에서 자주 출제되는 '禁止'

'禁止'는 5급 쓰기 제2부분에서 중요한 단어입니다. '禁止' 뒤에는 주로 동사구가 목적어로 온다는 점을 기억해 두세요.

阻止 zǔzhǐ

阻 zǔ 동 **가로막다**
止 zhǐ 동 **막다, 금지하다**

동 가로막다, 저지하다 [주로 앞으로 나아가지 못하게 하거나 행동을 멈추게 할 때 사용함]

父母应及时阻止孩子不理智的行为。
부모는 아이들의 이성적이지 못한 행동을 제때 막아야 한다.

阻止他们 그들을 가로막다　阻止别人跳舞 다른 사람이 춤추는 것을 저지하다

480 制 zhì

부수: 刂 칼
칼(刂)로 물건을 잘라 제작하죠(制).

동 1 만들다, 제조하다 **制造 | 制作**
2 규정하다, 제정하다 **制定 | 制度**
3 구속하다, 통제하다 **控制 | 限制**

制造 zhìzào

制 zhì 동 만들다, 제조하다
造 zào 동 만들다

동 제조하다, 만들다

他们用塑料制造出一种新的产品。 그들은 플라스틱을 이용해서 새로운 제품을 만들어 냈다.

制造机器 기계를 만들다　制造产品 제품을 만들다

✪ 造成 zàochéng (동+동) 동 (안 좋은 결과를) 야기하다, 초래하다 ▶p.438

制作 zhìzuò

制 zhì 동 만들다, 제조하다
作 zuò 동 만들다

동 제작하다, 만들다

这种工艺品，别的国家制作不了。 이러한 예술품은 다른 나라에서는 제작할 수 없다.

制作蛋糕 케이크를 만들다　制作家具 가구를 만들다

시험 TIP 유의어 비교 '制作'와 '制造'

'制作'와 '制造'는 모두 '제작하다', '만들다'라는 의미의 동사입니다. 다만 '制作'의 대상은 주로 손으로 만든 가구나 공예품이고, '制造'의 대상은 규모도 크고 종류도 많습니다.

制定 zhìdìng

制 zhì 동 규정하다, 제정하다
定 dìng 동 정하다

동 (법규나 계획을) 제정하다, 만들다, 세우다

这些货物的价钱是按照等级制定的。 이 상품들의 가격은 등급에 따라 정한 것이다.

制定计划 계획을 세우다　制定法律 법률을 제정하다

制度 zhìdù

制 zhì 동 규정하다, 제정하다
度 dù 명 법칙, 규칙

명 제도, 규정

你这种做法不符合学校的**制度**。당신의 이러한 방법은 학교의 제도에 부합하지 않습니다.

建立**制度** 제도를 세우다　遵守**制度** 제도를 준수하다

控制 kòngzhì

控 kòng 동 제어하다, 통제하다
制 zhì 동 구속하다, 통제하다

동 통제하다, 억제하다, 컨트롤하다

你必须学会**控制**自己的感情。너는 반드시 자신의 감정을 통제할 줄 알아야 한다.

控制感情 감정을 억누르다　**控制**食欲 식욕을 억제하다　**控制**在我们手中 통제해서 우리 수중에 두다

시험 TIP 시험에서 자주 출제되는 '控制'

'控制'는 5급 독해 영역에서도 간혹 등장하고, 6급에서는 매우 중요한 단어입니다. 잘 숙지해 두세요.

限制 xiànzhì

限 xiàn 동 제한하다
制 zhì 동 구속하다, 통제하다

동 제한하다, 규제하다

명 제한, 규제

你不要**限制**我的行动。너는 나의 행동을 규제하지 마라. → **동사 용법**

我们厂招工没有性别**限制**。→ **명사 용법**
우리 공장은 일꾼을 모집하는 데 있어서 성별 제한을 두지 않는다.

限制年龄 나이를 제한하다　时间**限制** 시간 제한

481 智 zhì

知 알다 + 日 해
아는(知) 것이 많아야 해(日)처럼 세상을 밝힐 지혜(智)가 생겨요.

형 지혜롭다 **智慧**

명 지혜, 견식

+ **智商** zhìshāng (명+명) 명 지능지수, 아이큐(IQ) | **智者** zhìzhě (형+조) 명 슬기로운 사람 | **才智** cáizhì (명+명) 명 재능과 지혜 | **明智** míngzhì (형+형) 형 현명하다, 사리에 밝다 | **智能** zhìnéng (명+명) 명 지능 형 지능을 갖춘 | **智能手机** zhìnéng shǒujī (형+명) 명 스마트폰

智慧 zhìhuì

智 zhì 형 지혜롭다
慧 huì 형 현명하다

명 지혜

古代人类的智慧不断推动着社会文明的发展。 고대 인류의 지혜는 끊임없이 사회 문명의 발전을 촉진한다.

充满智慧 지혜가 충만하다　无限的智慧 무한한 지혜　智慧源泉 지혜의 원천

482 治 zhì

氵 물 + 台 태풍
과거 임금은 물(氵)과 태풍(台)의 피해를 잘 다스려야(治) 했지요.

동 1 다스리다 治安 | 政治 ▶p.458
2 (병을) 치료하다 治疗

治安 zhì'ān

治 zhì 동 다스리다
安 ān 형 평안하다, 안정되다

명 치안

流动人口大量增加，影响了城市的治安。 유동 인구가 크게 증가하여 도시의 치안에 영향을 주었다.

维持治安 치안을 유지하다　治安很好 치안이 매우 좋다

治疗 zhìliáo

治 zhì 동 (병을) 치료하다
疗 liáo 동 치료하다

동 (약물이나 수술을 통해 질병을) 치료하다

这种药物能治疗多种疾病。 이러한 약물은 여러 종류의 질병을 치료할 수 있다.

治疗效果 치료 효과　药物治疗 약물 치료

시험 TIP 알아두세요! '食疗'

治疗의 '疗'를 字로 공부했으니 '食疗 shíliáo'란 단어를 보면 무슨 의미인지 유추가 가능하겠죠? 네, 바로 '먹어서 치료한다'는 의미의 '식이요법'이란 단어입니다. 필수 어휘는 아니지만 6급 듣기 시험에 출제된 적 있으니 함께 알아두세요.

✪ 疗养 liáoyǎng (동+동) 동 요양하다

483 至 zhì

새가 땅을 향하여 내려앉는 모양을 형상하여 '이르다(至)'를 뜻하죠.

동 ~에 이르다 至今 | 至于 | 甚至

부 지극히, 극도로 至少

至今 zhìjīn

至 zhì 동 ~에 이르다
今 jīn 명 현재, 지금

부 지금까지, 현재까지

我至今没弄清楚他们的关系。 나는 지금까지도 그들의 관계를 잘 모른다.

至今不知道 지금까지 모르다　至今不会写 현재까지 (글을) 쓸 줄 모르다

至于 zhìyú

至 zhì 동 ~(의 정도)에 이르다
于 yú 개 ~에 관하여

개 ~에 관해서는

你只管住在这儿，至于一天多少钱就不用管了。

당신은 얼마든지 이곳에서 묵으세요. 하루에 얼마인지에 관해서는 신경 쓰지 않아도 됩니다.

시험 TIP 유의어 비교 '至于'와 '关于'

'至于'는 어떤 화제에 대해 얘기하다가 다른 화제를 꺼낼 때 사용하는 표현입니다. 비슷한 의미의 '关于'는 화제의 전환점에서 쓰는 개사가 아니라 처음부터 하나의 화제에 대해 얘기할 때 사용한다는 점에서 차이가 있습니다. 또한 '至于'는 '关于'와는 달리 동사 용법도 가지고 있는데, 주로 '不至于……(~할 정도는 아니다)' 형식으로 쓰여 어떤 정도에 이르지 못함을 나타냅니다.

甚至 shènzhì

甚 shèn 형 심하다, 지나치다
至 zhì 동 ~에 이르다

부 심지어

접 심지어, ~까지도

这个字甚至连幼儿园的小孩儿也认识。 → 부사 용법

이 글자는 심지어 유치원의 어린아이도 안다.

学了半年汉语，他一点儿进步也没有，甚至到现在也听不懂最简单的日常会话。 → 접속사 용법

반년간 중국어를 배웠는데도 그는 조금도 실력이 향상되지 않았고, 심지어 지금까지도 가장 간단한 일상회화도 알아듣지 못한다.

시험 TIP 암기하세요! '甚至'의 용법

'甚至'는 접속사일 때와 부사일 때의 의미가 동일합니다. 다만 접속사로 쓰일 때는 주로 문장과 문장, 단어와 단어를 연결하는 역할을 하므로 명사 앞에 쓰일 수도 있습니다.

至少 zhìshǎo

至 zhì 부 지극히, 극도로
少 shǎo 형 (분량이) 적다

부 최소한, 적어도

从这儿到那儿坐车至少也要50分钟。 여기에서부터 그곳까지 차를 타면 적어도 50분은 걸린다.

至少有300人 적어도 300명이 있다　至少看一遍 적어도 한 번 봤다

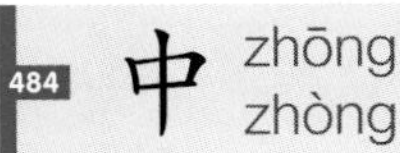

484 中 zhōng zhòng

사물(口)의 가운데를 꿰뚫는(丨) 모양의 글자예요.

zhōng 명 1 중심, 가운데 **中介 | 中心 | 中旬**
2 (범위의) 안, 속 **其中**

zhòng 동 1 (안 좋은 일이나 손해를) 입다, 당하다 **中病毒**
2 맞히다, 당첨되다 **中奖**

中介 zhōngjiè

中 zhōng 명 중심, 가운데
介 jiè 동 매개하다, 중재하다, 소개하다

명 매개, 중개인, 매개물

我们要把销售额的10%作为中介费。 우리는 매상의 10%를 중개비로 삼아야 한다.

婚姻中介 결혼 중매　中介公司 중개회사

참고 짚고 넘어가자! '中介'

'中介'는 HSK 5급 지정단어이지만, 6급 수준이어서 5급 시험에 자주 등장하지는 않습니다. 그래도 알고는 있어야겠죠?

✪ **介绍** jièshào (동+동) 동 소개하다

中心 zhōngxīn

中 zhōng 명 중심, 가운데
心 xīn 명 중심, 한가운데

명 (장소나 사물의) 중심, 한가운데, 센터

这个城市已经成为有名的旅游中心。 이 도시는 이미 유명한 여행 중심지가 되었다.

中心思想 중심 사상　汉语中心 중국어 센터

中旬 zhōngxún

中 zhōng 명 중심, 가운데
旬 xún 명 순 [한 달을 셋으로 나눈 열흘]

명 중순

每个月中旬他都收到儿子寄来的钱。 매월 중순 그는 아들이 보내 주는 돈을 받는다.

참고 '中旬'과 관련된 단어들

上旬 shàngxún (명+명) 명 상순 | 下旬 xiàxún (명+명) 명 하순

其中 qízhōng

其 qí 대 그, 그것
中 zhōng 명 (범위의) 안, 속

명 그 가운데, 그중에서

我们班有15个人，其中10个是女生。 우리 반에는 15명이 있는데, 그중에서 10명이 여학생이다.

中病毒 zhòng bìngdú

中 zhòng 동 입다, 당하다
病毒 bìngdú 명 (컴퓨터) 바이러스

동 (컴퓨터가) 바이러스에 걸리다

我的电脑速度特别慢，是不是中病毒了？ 내 컴퓨터 속도가 매우 느린데 바이러스에 걸린 건가요?

시험 TIP 듣기 시험에서 자주 출제되는 '中病毒'

컴퓨터 관련 용어가 5급 듣기에서 자주 들리는데, 특히 '中病毒'의 출제 빈도가 높습니다. 바이러스가 있으면 그것을 죽이는 백신 프로그램도 있어야겠지요? 백신프로그램은 '杀毒软件 shādú ruǎnjiàn'이라고 합니다.

中奖 zhòngjiǎng

中 zhòng 동 맞히다, 당첨되다
奖 jiǎng 명 상

동 (복권, 상품권 등의 상품에) 당첨되다

中不中奖，对我来说，真不是我最看重的。
당첨이 되나 안 되나는 나에게 있어서 정말로 가장 중시하는 것이 아니다.

시험 TIP 알아두세요! '抽奖'

당첨이 되기 전에 먼저 추첨을 해야겠죠? '추첨하다'는 抽奖 chōujiǎng이라고 합니다.

485 逐 zhú

辶 가다 + 豖 돼지
천천히 가고(辶) 있는 돼지(豖)를 쫓아가요(逐).

동 1 쫓다, 따르다 **追逐**
2 몰아내다, 쫓아내다 **驱逐**
부 순서대로, 차례대로 **逐步** | **逐渐**

追逐 zhuīzhú

追 zhuī 동 추구하다
逐 zhú 동 쫓다, 추구하다

동 쫓다, 추구하다

他一生都在追逐名利。그는 일생 동안 명예와 이익을 추구해 왔다.

驱逐 qūzhú

驱 qū 동 몰다, 쫓아내다
逐 zhú 동 몰아내다

동 몰아내다, 쫓아내다

我们要把旧思想和旧观念从头脑中驱逐出去。우리는 구시대의 사상과 낡은 관념을 머리에서 몰아내야 한다.

逐步 zhúbù

逐 zhú 부 순서대로, 차례대로
步 bù 명 보폭, 단계

부 한걸음씩, 차츰차츰, 단계적으로

我在和他们共同生活中逐步了解了他们。나는 그들과 함께 생활하면서 차츰차츰 그들을 이해하게 되었다.
逐步发展 단계적으로 발전하다　逐步了解 차츰차츰 이해하다

✪ **步骤** bùzhòu (명+동) 명 (일이나 진행의) 순서, 단계, 절차

逐渐 zhújiàn

逐 zhú 부 순서대로, 차례대로
渐 jiàn 부 점차

부 점차, 점점 [= **渐渐** jiànjiàn]

天气逐渐热起来了。날씨가 점점 더워지기 시작했다.

逐渐下降 점점 내려가다　逐渐好起来 점점 좋아지기 시작하다

시험 TIP 유의어 비교 '逐渐'과 '逐步'

'逐渐'은 연속성을 가지고 조금씩 변화하는 것을 말하며, '逐步'는 단계적으로 차츰차츰 변하는 것을 말합니다. 5급 시험에는 '逐渐'이 많이 나오며, '逐步'는 출제 빈도가 낮습니다.

486 主 zhǔ

등잔 접시 위에 불이 타고 있는 모양을 본뜬 글자로, 불이 '주관하다(主)'를 의미해요.

명 1 주인, 지배권자 主人 | 主席
2 주견, 견해 主意
형 1 가장 중요하다 主要
2 자신으로부터 출발한 主动 | 主观
동 1 주관하다, 주최하다 主持
2 주장하다 主张

主人 zhǔrén

主 zhǔ 명 주인, 지배권자
人 rén 명 사람

명 주인

他们终于找到了汽车的主人。그들은 마침내 차 주인을 찾았다.

农场主人 농장 주인　宠物主人 애완동물 주인

主席 zhǔxí

主 zhǔ 명 주인, 지배권자
席 xí 명 자리, 좌석

명 주석, 의장, 대표

中国国家主席胡锦涛明天访问韩国。중국 국가주석 후진타오가 내일 한국을 방문한다.

国家主席 국가주석　选举主席 위원장을 뽑다

主意 zhǔyi

主 zhǔ 명 주견, 견해
意 yì 명 의견, 견해

명 생각, 의견, 아이디어

你替他拿一下主意。네가 그 사람 대신 아이디어 좀 내 봐.

拿不定主意 생각을 결정하지 못하다　好主意 좋은 아이디어

主要 zhǔyào

主 zhǔ 형 가장 중요하다
要 yào 형 중요하다

형 주요한, 중요한

这个会议的主要内容是什么? 이 회의의 주요 내용은 무엇이죠?
这家店主要销售日用品。 이 가게는 주로 일용품을 판매한다.
主要任务 주요 임무　主要原因 주요 원인

시험 TIP 유의하세요! '主要'의 품사
'主要'는 형용사이지만 동사를 수식하는 부사어로 자주 사용된다는 점에 유의하세요.

主动 zhǔdòng

主 zhǔ 형 자신으로부터 출발한
动 dòng 동 움직이다

형 (알아서 먼저) 주동적이다, 적극적이다, 자발적이다

他主动地把座位让给了老人。 그는 자발적으로 노인에게 자리를 양보했다.
积极主动 적극적이고 주동적이다　主动承认错误 자발적으로 잘못을 인정하다

主观 zhǔguān

主 zhǔ 형 자신으로부터 출발한
观 guān 명 인식, 견해

형 주관적이다, 주관적인

这只是你的主观愿望。 이것은 단지 너의 주관적인 바람일 뿐이다.
主观愿望 주관적인 바람　主观思想 주관적인 생각

✪ 观点 guāndiǎn (명+명) 명 관점, 입장 ▶p.181

主持 zhǔchí

主 zhǔ 동 주관하다, 주최하다
持 chí 동 주관하다

동 주관하다, 주재하다, 사회를 보다

他主持今天的晚会。 그가 오늘 밤 파티의 사회를 본다.
主持人 사회자, MC　主持晚会 파티 사회를 보다　主持会议 회의를 주재하다

시험 TIP 함께 알아 두세요!
5급 듣기에서 직업을 묻는 문제 가운데 '主持人'이 평균 2년에 한 번 정도 정답으로 제시됩니다. 사회자(MC)가 가장 많이 쓰는 말인 '各位嘉宾(여러 귀빈 여러분)!' 혹은 '观众朋友们(관중 여러분)'도 함께 알아 두세요!

主张 zhǔzhāng
主 zhǔ 동 주장하다
张 zhāng 동 펴다, 펼치다

동 주장하다
명 주장

他主张大家在工作上首先要团结一致。 → 동사 용법
그는 사람들에게 업무에 있어서 먼저 일치 단결해야 한다고 주장했다.

主张改革 개혁을 주장하다　主张开发 개발을 주장하다

487 嘱 zhǔ

口 입 + 属 무리
무리(属)를 모아서 입(口)으로 당부를 해요(嘱).

동 이르다, 당부하다 **嘱咐**

嘱咐 zhǔfù
嘱 zhǔ 동 이르다, 당부하다
咐 fù [吩咐, 嘱咐의 구성자]

동 당부하다, 이르다, 부탁하다 [= **叮嘱** dīngzhǔ]

同屋嘱咐我别忘了带钥匙。 룸메이트는 나에게 열쇠 챙기는 것을 잊지 말라고 당부했다.

再三嘱咐 거듭 당부하다　嘱咐他几句话 그에게 몇 마디 당부하다

488 注 zhù

氵 물 + 主 주인
손님이 오자 주인(主)이 물(氵)을 부어 줘요(注).

동 1 쏟다, 붓다, 주입하다
2 (정신이나 힘을) 모으다, 집중하다 **注意** | **关注**
3 기재하다, 등록하다 **注册**

注意 zhùyì
注 zhù 동 (정신이나 힘을) 모으다, 집중하다
意 yì 명 생각, 의사

동 주의하다, 조심하다

我对自己的言行非常注意。 나는 나 자신의 언행에 대해 매우 주의한다.

注意身体 건강에 유의하다　注意安全 안전에 주의하다

시험 TIP 암기하세요! '注意'의 의미

'注意'는 어떤 일에 관심을 집중하는 것을 가리킵니다. 핵심 단어는 아니더라도 자주 보이는 단어입니다. '主意(생각, 아이디어)'와 혼동하지 않도록 유의하세요.

关注 guānzhù

关 guān 동 관계되다
注 zhù 동 (정신이나 힘을) 모으다, 집중하다

동 관심을 가지다

这篇报道引起了市民的广泛关注。 이 보도는 시민들의 광범위한 관심을 끌었다.

引起关注 관심을 일으키다　值得关注 관심을 가질 만하다

注册 zhùcè

注 zhù 동 기재하다, 등록하다
册 cè 명 책자

동 (관련 기관, 단체, 학교에) 등록하다, 등기하다

学生每学期开始都要注册。 학생은 매 학기 시작할 때마다 등록해야 한다.

注册商标 상표를 등록하다　新生注册 신입생 등록

489 祝 zhù

礻 보이다 + 兄 형
저 멀리 사라져 보이지(礻) 않는 형(兄)이 행복하길 빌어요(祝).

동 축복하다, 빌다 **祝福 | 祝贺 | 庆祝**

祝福 zhùfú

祝 zhù 동 축복하다, 빌다
福 fú 명 행복

동 축복하다

명 축복

新年里大家互相祝福。 신년에 사람들은 서로 축복한다. → **동사 용법**

真诚的祝福 진심 어린 축복　表示祝福 축복을 표하다

✪ **福气** fúqì (명+명) 명 복, 운

祝贺 zhùhè

祝 zhù 동 축복하다, 빌다
贺 hè 동 경축하다, 경하하다

동 축하하다, 경하하다

명 축하, 경하

祝贺你们获得了冠军! 너희들이 우승을 차지한 것을 축하해! → 동사 용법

祝贺生日 생일을 축하하다　祝贺新年 신년을 축하하다

庆祝 qìngzhù

庆 qìng 동 축하하다, 경하하다
祝 zhù 동 축복하다, 빌다

동 (경사스러운 일을) 축하하다, 경축하다

每年这个时候他们都要举行庆祝活动。 매년 이때가 되면 그들은 경축 활동을 거행한다.

庆祝胜利 승리를 축하하다　庆祝国庆节 궈칭제를 경축하다

참고 '庆祝'의 활용

'庆祝'는 개인적인 일을 축하할 때도 쓰이지만, 주로 공공의 것을 축하할 때 많이 쓰입니다. 특히 '劳动节(노동절)' 등 특정한 날을 축하할 때 '庆祝'를 쓴다는 점에 유의하세요.

490 专 zhuān

부수: 一 하나
정신을 하나(一)로 모아야 전문(专) 분야에 전념(专)해서 일할 수 있어요.

형 전문적이다 **专家 | 专门 | 专业**

동 전념하다, 몰두하다 **专心**

专 zhuān 형 전문적이다
家 jiā 명 어떤 직업이나 전문 활동에 종사하는 사람

명 전문가

他是研究化学的专家。 그는 화학을 연구하는 전문가이다.

法律专家 법률전문가　专家指出 전문가가 설명하기를　专家分析 전문가가 분석하기를

참고 '家'와 관련된 단어들

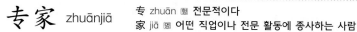

画家 huàjiā (동+명) 명 화가 | 艺术家 yìshù jiā (명+명) 명 예술가 | 音乐家 yīnyuè jiā (명+명) 명 음악가 | 政治家 zhèngzhì jiā (명+명) 명 정치가 | 作家 zuòjiā (동+명) 명 작가

专门 zhuānmén

专 zhuān 형 전문적이다
门 mén 명 방법, 방도

부 1 특별히, 일부러
2 전문적으로, 오로지
형 전문적인

我是专门向你请教来的。→ 부사1 용법
나는 특별히 너에게 가르침을 청하러 왔다.

这是个专门培训汉语教师的学校。→ 부사2 용법
여기는 전문적으로 중국어교사를 양성하는 학교이다.

有专门的起名用的字典吗? 이름 짓는 데 사용하는 전문적인 자전이 있나요? → 형용사 용법

专门人才 전문 인재　专门研究方言 전문적으로 방언을 연구하다

시험 TIP 암기하세요! '专门'의 용법
'专门'은 형용사보다 부사 용법이 중요합니다. 부사 용법을 잘 익혀 두세요.

专业 zhuānyè

专 zhuān 형 전문적이다
业 yè 명 업계, 업무, 분야

명 전공, 전문분야
형 전문의

他不喜欢自己所学的专业。그는 자신이 배우는 전공을 좋아하지 않는다.

物理专业 물리 전공　专业知识 전문 분야의 지식　专业技术人员 전문 기술 인력

专心 zhuānxīn

专 zhuān 동 전념하다, 몰두하다
心 xīn 명 마음

형 전념하다, 열중하다, 몰두하다
부 열중해서, 전념해서

他正在专心打字。그는 지금 열중해서 타자를 치고 있다. → 부사 용법

学习专心 공부에 몰두하다　专心治疗 치료에 전념하다　专心的样子 열중하는 모습

491 转 zhuǎn zhuàn

车 차 + 专 오로지
차(车)는 오로지(专) 바퀴가 회전해서(转) 돌아가는 기계예요.

zhuǎn 동 1 (방향, 위치, 상황을) 바꾸다, 전환하다 **转变**
2 (물품, 의견, 우편물을) 전하다 **转告**

zhuàn 동 (어떤 것을 중심으로) 돌다, 회전하다, 맴돌다, 한바퀴 돌다

예 吃了饭后他到街上转了一圈。
밥을 먹고 나서 그는 거리에 나가 한 바퀴 돌았다.

转变 zhuǎnbiàn

转 zhuǎn 동 (방향, 위치, 상황을) 바꾸다, 전환하다
变 biàn 동 변화하다, 변화시키다

동 ~를 바꾸다, (상황이 점점) 바뀌다

在医生的治疗下，他的病情向好的方向转变了。
의사 선생님의 치료로 그의 병세가 호전되었다.

转变观念 관념을 바꾸다　转变成好人 좋은 사람으로 바뀌다

转告 zhuǎngào

转 zhuǎn 동 (물품, 의견, 우편을) 전하다
告 gào 동 말하다, 알리다

동 전언하다, 전달하다

他要我转告你，他明天有事来不了。
그가 나보고 내일 일이 있어서 못 온다고 너한테 전해 달래.

转告情况 상황을 전언하다　亲自转告 직접 전하다

✪ **告别** gàobié (동+동) 동 (인사나 말로) 이별을 고하다

492 状 zhuàng

丬 나뭇조각 + 犬 개
나뭇조각(丬)으로 개(犬)의 모양(状)을 만들어요.

명 1 외관, 형상, 모습 **状态** | **形状** ▶p.406
2 상황, 정황 **状况**

状态 zhuàngtài

状 zhuàng 명 외관, 형상, 모습
态 tài 명 형태, 상태

명 상태

他最近的精神状态有点儿异常。 그는 요즘 정신 상태가 조금 이상하다.
心理状态 심리 상태

✪ 态度 tàidu (명+명) 명 태도

状况 zhuàngkuàng

状 zhuàng 명 상황, 정황
况 kuàng 명 상황, 사정

명 상황, 사정, 형편 [= 情况 qíngkuàng ▶p.313]

我国今年的经济状况不是很好。 우리 나라의 올해 경제 상황은 좋은 편이 아니다.
生活状况 생활 형편

시험 TIP 유의어 비교 '状况'과 '情况'

'状况'과 '情况'은 거의 같습니다. '情况'의 사용 범위가 '状况'보다 넓으며, 두 단어를 굳이 구분하여 알 필요는 없습니다.

493 准 zhǔn

冫 얼음 + 隹 새
얼음(冫)이 어는 겨울이 되기 전에 새(隹)는 정확히(准) 월동 준비를 해요.

형 정확하다, 확실하다 **准备 | 准确 | 准时**
동 허락하다, 허가하다 **批准** ▶p.301
부 반드시, 기필코
명 표준, 기준

准备 zhǔnbèi

准 zhǔn 형 정확하다, 확실하다
备 bèi 동 준비하다

동 준비하다, ~할 계획이다, ~하려고 하다
명 준비, 계획

这几天我要集中精力准备考试。 요 며칠 나는 정신을 집중해서 시험 준비를 해야 한다. → 동사 용법
我准备下个月去上海一趟。 나는 다음 달에 상하이를 한 번 다녀올 계획이다. → 동사 용법
准备晚饭 저녁 식사를 준비하다 做好心理准备 마음의 준비를 해 두다

시험 TIP 주의하세요! '准备'의 의미

'准备'는 '打算'과 같이 '~할 계획이다'라는 의미로, 듣기에서 자주 들립니다. '准备'의 여러 의미를 잘 알아 두세요.

准确 zhǔnquè

准 zhǔn 형 정확하다, 확실하다
确 què 형 확실하다

형 정확하다, 확실하다

他对这件事的判断很不**准确**。 그는 이 일에 대한 판단이 부정확하다.

判断**准确** 판단이 정확하다　计算**准确** 계산이 정확하다

시험 TIP 암기하세요! '准确'의 의미

'准确'는 행동의 결과가 실제 혹은 예상과 들어맞을 때 사용하며, 오차가 없음을 강조합니다. 5급 독해 제1부분에 답으로 출제된 적이 있는 단어이니, 잘 익혀 두세요.

准时 zhǔnshí

准 zhǔn 형 정확하다, 확실하다
时 shí 명 시간, 때

형 (규정된 시간의) 정각에, 정확한 시간에

会议7点**准时**开始，请大家别迟到。 회의는 7시 정각에 시작합니다. 모두 늦지 않기를 부탁 드립니다.

准时开会 정각에 회의를 열다　**准时**到达 정각에 도착하다

시험 TIP 유의어 비교 '准时'와 '及时'와 '按时'

'准时'는 '(규정된 시간의) 정각에'라는 의미이고, '及时 ▶p.213'는 '그때 그때, 제때에'라는 의미이며, '按时 ▶p.72'는 '정해진 시간에, 제때에'라는 의미입니다. 이 세 단어는 5급 독해 제1부분에서 번갈아 가며 답으로 출제됩니다.

494 资 zī

次 버금가다 + 贝 조개(재물)
사랑에 버금가는(次) 돈(贝)을 열심히 모아야 자산(资)이 쌓여요.

명 1 자금, 재화, 재물 **资金** | **资源** | **工资** | **投资**
2 자격 **资格**
3 재료 **资料** ▶p.268

资金 zījīn

资 zī 명 자금, 재화, 재물
金 jīn 명 돈

명 자금

这个项目需要投入**资金**和精力。 이 프로젝트는 자금과 에너지를 투입해야 한다.

投入**资金** 자금을 투입하다　缺乏**资金** 자금이 부족하다

시험 TIP 듣기 시험에서 자주 출제되는 '资金'

5급 듣기 대화 중에서 경제활동과 관련된 대화에서 '资金'이 자주 들립니다. 호응 구문과 함께 잘 외워 두세요.

✪ **金钱** jīnqián (명+명) 명 금전, 돈

资源 zīyuán

资 zī 명 자금, 재화, 재물
源 yuán 명 기원, 근원

명 자원

我国的自然资源非常丰富。 우리나라의 천연자원은 매우 풍부하다.

地下资源 지하자원

✪ **源泉** yuánquán (명+명) 명 원천

工资 gōngzī

工 gōng 명 작업, 노동
资 zī 명 자금, 재화, 재물

명 급여, 임금 [= 薪水 xīnshui]

她的工资比别人低，心里很不平衡。 그녀의 보수가 남들보다 적어서 마음이 편하지 않다.

工资增加了 월급이 늘었다　工资涨了 임금이 올랐다

投资 tóuzī

投 tóu 동 집어넣다, 투입하다
资 zī 명 자금, 재화, 재물

동 투자하다

명 투자, 투자금

几个人共同投资建立了一家公司。 → 동사 용법
몇 명이 공동으로 투자해서 회사를 하나 설립했다.

投资五百万元 오백만 위안을 투자하다

长期投资 장기간 투자하다

资格 zīgé

资 zī 명 자격
格 gé 명 규격, 격식

명 자격, 경력

他被取消了代表资格。 그는 대표 자격이 취소되었다.

取消资格 자격을 취소하다　具备资格 자격을 갖추다

✪ **格外** géwài 부 특히, 유달리

495 自 zì

自 사람의 코 모양을 본뜬 글자
사람은 코를 가리켜 자기를 나타내므로 '자기(自)'란 뜻이 생겼어요.

대 자기, 자신 **自豪 | 自私 | 自信**
부 1 스스로, 몸소 **自觉 | 自由 | 自愿 | 亲自** ▶p.309
2 자연히, 저절로, 당연히 **自动 | 自然**
개 ~로부터, ~에서 **自从**

自豪 zìháo

自 zì 대 **자기, 자신**
豪 háo 동 **영광으로 여기다, 긍지를 느끼다** 형 **호방하다**

형 자랑스럽다, 자부심을 느끼다, 대견하다

我们为有这样的英雄而自豪。 우리는 이런 영웅들로 인해 자부심을 느낀다.
感到自豪 자랑스러움을 느끼다　为朋友自豪 친구 때문에 자랑스럽다

시험 TIP '自豪'의 문장 형식
'自豪'는 '为……(而)自豪'의 형식으로 자주 쓰입니다. 의미는 '~로 인해 자랑스럽다'입니다. '自豪'의 문장 형식을 잘 기억해 두세요.

✪ **豪华** háohuá (형+형) 형 (생활이) 호화롭다, 사치스럽다 ▶p.201

自私 zìsī

自 zì 대 **자기, 자신**
私 sī 형 **이기적인, 개인의, 사적인**

형 이기적이다

我最讨厌自私的人。 나는 이기적인 사람이 제일 싫다.
为人自私 사람됨됨이가 이기적이다　自私的行为 이기적인 행동

✪ **私人** sīrén (형+명) 형 개인의, 사적인

自信 zìxìn

自 zì 대 **자기, 자신**
信 xìn 동 **믿다, 신임하다**

동 자신하다
형 자신만만하다, 자신감 있다
명 자신감

我很有自信能赢他。 나는 그를 이길 자신이 있다. → **명사 용법**
建立自信 자신감을 가지다　缺乏自信 자신감이 부족하다

✪ **信心** xìnxīn (동+명) 명 자신감, 확신, 신념 ▶p.398

自觉 zìjué

自 zì 부 스스로
觉 jué 동 깨닫다, 깨우치다

동 스스로 느끼다, 자각하다

형 자각적이다

他常常不自觉地想起已故的奶奶。그는 종종 자기도 모르게 돌아가신 할머니를 떠올리곤 한다. → 동사 용법

自觉聪明 스스로 똑똑하다고 느끼다 不自觉地 자기도 모르게, 저절로

自由 zìyóu

自 zì 부 스스로
由 yóu 동 복종하다, 따르다

명 자유

형 자유롭다

现在的年轻人都向往自由恋爱。요즘 젊은이들은 모두 자유 연애를 동경한다. → 명사 용법

自由讨论 자유 토론 获得自由 자유를 얻다

自愿 zìyuàn

自 zì 부 스스로
愿 yuàn 동 바라다

동 자원하다, 스스로 원하다

学生们自愿到农村去学习。학생들은 농촌에 가서 배우기를 자원했다.

自愿报名 스스로 원해서 신청하다 完全自愿 완전히 자원하다

自动 zìdòng

自 zì 부 자연히, 저절로
动 dòng 동 움직이다

부 1 자발적으로, 주동적으로
2 자동으로, 저절로 ['인위적'의 반대 개념임]

형 (기계에 의한) 자동의, 자동적인

这次运动会大家自动参加。이번 운동회에 사람들은 자발적으로 참가했다. → 부사1 용법

大火烧了一天，最后自动熄灭了。큰 불은 하루 동안 타더니 결국에는 저절로 꺼졌다. → 부사2 용법

这玩具是自动的。이 장난감은 자동이다. → 형용사 용법

自动参加 자발적으로 참가하다 自动取消 자동으로 취소되다 自动电话 자동 전화

自然 zìrán

自 zì 부 자연히, 저절로
然 rán 접미 [사물이나 동작의 상태를 나타냄]

명 자연, 자연계
형 자연스럽다, 자연적이다
부 자연히, 저절로

这里的自然环境十分优美。이곳의 자연환경은 정말 아름답다. → 명사 용법
你长大后自然会懂。네가 크면 자연히 알게 될 거야. → 부사 용법
自然资源 천연자원　自然环境 자연환경

自从 zìcóng

自 zì 개 ~로부터, ~에서
从 cóng 개 ~로부터, ~에서

개 ~부터, ~에서 [시간의 기점을 나타냄]

自从毕业以后，他就再也不向家里伸手要钱了。
졸업한 후부터 그는 더 이상 집에 돈을 달라고 손을 벌리지 않았다.

시험 TIP 유의어 비교 '自'와 '从'

'自'가 '从'과 다른 점은 '自'는 동사 뒤에 쓸 수 있다는 점입니다. 따라서 '**来自韩国**(한국에서 왔다)'는 맞는 표현이지만 '**来从韩国**(×)'는 틀린 표현입니다.

496 总 zǒng

부수: 心 마음
모두의 마음(心)을 모아요(总).

동 총괄하다, 모으다 **总共** | **总结**
형 주요한, 우두머리의, 지도적인 **总裁**
부 1 줄곧, 언제나, 늘
2 결국, 어쨌든 **总算** | **总之**

总共 zǒnggòng

总 zǒng 동 총괄하다, 모으다
共 gòng 부 모두, 전부, 함께, 같이

부 모두, 전부, 합쳐서

包括你我在内，总共才五个人。너와 나를 포함해서 모두 5명이다.

✪ **共同** gòngtóng 부 함께, 같이 형 공동의

总结 zǒngjié

总 zǒng 동 총괄하다, 모으다
结 jié 동 끝나다, 종결하다

동 총괄하다, 총정리하다, 총결하다

명 총결산, 최종 결론

他们总结了这次会议的主要内容。 그들은 이번 회의의 주요 내용을 총정리했다. → 동사 용법

总结报告 총결산 보고　工作总结 업무 총결산

总裁 zǒngcái

总 zǒng 형 주요한, 우두머리의, 지도적인
裁 cái 동 통제하다, 다스리다, 판단하다, 결단하다

명 (기업의) 총수, (정당의) 총재

现在这个公司的总裁是谁? 현재 이 회사의 총수는 누구입니까?

✪ **裁判** cáipàn (동+동) 명 (운동 경기의) 심판

总算 zǒngsuàn

总 zǒng 부 결국, 어쨌든
算 suàn 부 결국, 마침내

부 결국, 마침내 [바라던 일이 실현되었을 때 쓰임] [= 终于 zhōngyú]

经过大家的努力，事情总算有了结果。 모두의 노력 끝에 일이 마침내 끝났다.

시험 TIP 암기하세요! '总算'

'总算'과 '终于'는 모두 긴 시간 동안의 노력이나 시도 끝에 어떤 바람이 실현되었을 때 쓰는 부사입니다. 듣기에서 들리면 그 상황을 유추할 수 있는 단서가 되는 단어이므로 잘 알아 두세요.

总之 zǒngzhī

总 zǒng 부 결국, 어쨌든
之 zhī 대 그, 그것

접 한마디로 말하면, 요컨대

有人同意，有人反对，有人怀疑，总之，各有各的看法。
어떤 사람은 찬성하고, 어떤 사람은 반대하고, 또 어떤 사람은 의심한다. 한마디로 각자 자신의 생각을 가졌다.

497 祖 zǔ

礻 보이다 + 且 잠시, 잠깐
꿈에 잠깐씩(且) 보이는(礻) 할아버지가 조상(祖)이에요.

명 1 부모의 윗세대
2 조상, 선조 **祖国 | 祖先**

➕ **祖籍** zǔjí (명+명) 명 본적, 원적

祖国 zǔguó

祖 zǔ 명 **조상, 선조**
国 guó 명 **국가, 나라**

명 조국

我多么希望能早日回到自己的祖国啊!
나는 하루 빨리 내 조국으로 돌아가기를 얼마나 바랐던가!

热爱祖国 조국을 사랑하다 建设祖国 조국을 건설하다

✪ **国籍** guójí (명+명) 명 국적 | **国际** guójì (명+명) 명형 국제(적인) | **国家** guójiā (명+명) 명 국가 | **国庆节** Guóqìngjié 고유 궈칭제 [국경절, 10월 1일]

祖先 zǔxiān

祖 zǔ 명 **조상, 선조**
先 xiān 명 **조상, 선조**

명 조상, 선조

这些宝贵的文化遗产是我们祖先留下来的。
이 귀중한 문화유산은 우리 선조들이 남겨 준 것이다.

498 组 zǔ

纟 실 + 且 잠시, 잠깐

옷을 잠시(且) 들여다보면 실(纟)로 짜여져(组) 있는 것을 알 수 있지요.

동 조직하다, 구성하다 组成 | 组合 | 组织

组成 zǔchéng

组 zǔ 동 조직하다, 구성하다
成 chéng 동 ~가 되다

동 구성하다, 결성하다 [사람과 사물에 모두 가능함]

代表团是由几个学校的老师组成的。 대표단은 몇몇 학교의 선생님으로 구성되었다.

组成部分 구성 부분 人员组成 인원 구성 由……组成 ~로 구성되다

시험 TIP 유의어 비교 '组成'과 '构成'

'组成'은 구성의 대상이 사람과 사물 모두 가능하고, '构成'은 구성의 대상이 사물만 가능합니다. 따라서 '(누구)로 구성되다'라고 표현할 때는 '组成'을 써야 합니다. ▶p.102

组合 zǔhé

组 zǔ 동 조직하다, 구성하다
合 hé 동 합치다

명 조합, 결합, 조립

동 조합하다, 결합하다, 조립하다

词组是词的组合。 구는 단어의 결합이다. → 명사 용법

句子是由词组合而成的。 문장은 구가 조합되어 만들어진 것이다. → 동사 용법

组织 zǔzhī

组 zǔ 동 조직하다, 구성하다
织 zhī 동 짜다

동 조직하다, 모으다, 짜다

명 조직, 시스템, 체계

学校组织学生们到桂林去旅行。 학교에서 학생들을 모아 꾸이린으로 여행을 떠났다. → 동사 용법

组织大家 사람들을 모으다 组织晚会 저녁 파티를 조직하다

시험 TIP 주의하세요! '组织'의 의미

'组织'는 우리말로 '조직하다'라는 의미입니다. 하지만 우리는 일상에서 '조직하다'라는 말을 잘 쓰지 않기 때문에 학생들이 잘 활용하지 못하는 단어 중 하나입니다. '组织'는 흩어져 있는 사람이나 사물을 모아서 일정한 체계성과 완전성을 갖추도록 하는 것을 뜻합니다. 위의 예문처럼 학생 개개인을 모아서 하나의 여행단을 꾸리는 것이 바로 '조직하다', 즉 '组织'인 것이지요. 5급부터 6급에 이르기까지 자주 등장하는 단어이니 의미를 잘 기억해 두세요.

499 尊 zūn

酋 술병 모양 + 寸 마디
술병(酋)을 손 마디(寸)에 잡고 공손히 바치는 것은 존경한다(尊)는 의미지요.

동 존경하다 **尊敬** | **尊重**

尊敬 zūnjìng

尊 zūn 동 존경하다
敬 jìng 동 공손하게 하다, (음식 등을) 공손히 드리다

동 존경하다

学生们都非常尊敬柳老师。 학생들은 리우 선생님을 매우 존경한다.
受人尊敬 사람들의 존경을 받다 尊敬老人 노인을 존경하다

✪ **敬爱** jìng'ài (동+동) 동 경애하다, 존경하고 사랑하다 | **敬酒** jìngjiǔ (동+명) 동 술을 권하다 | **敬礼** jìnglǐ (동+명) 동 경례하다

尊重 zūnzhòng

尊 zūn 동 존경하다
重 zhòng 동 중시하다

동 존중하다

你要尊重别人的意见。 너는 다른 사람의 의견을 존중해야 한다.
尊重领导 지도자를 존중하다 相互尊重 서로 존중하다

500 作 zuò

亻 사람 + 乍 갑자기
사람(亻)이 갑자기(乍) 일을 하면(作) 적응을 잘 못해요.

동 1 (어떤 일이나 활동, 행동을) 하다, 실행하다 **作用**
2 ~로 삼다, ~라고 여기다 **作为**
명 작품, 저술, 저작 **作品** | **作者**

참고 '作'와 '做'

'作'와 '做'는 혼용해서 쓰는 경우가 많은데 '做'는 일반적으로 구체적인 행위나 동작에, '作'는 추상적인 단어에 많이 사용한다는 차이가 있습니다. 대체적으로 '做'의 사용 범위가 훨씬 넓고, 5급에서 많이 출제되니 용법을 잘 알아 두세요.

✚ **作业** zuòyè (동+명) 명 과제, 숙제 | **作文** zuòwén (동+명) 명 작문 | **杰作** jiézuò (형+명) 명 걸작, 뛰어난 작품 | **著作** zhùzuò (동+명) 명 저작, 저서

作用 zuòyòng

作 zuò 동 하다, 실행하다
用 yòng 동 사용하다

명 작용, 효과, 영향

游泳可以起到保持身材的作用。 수영은 몸매를 유지하는 작용을 할 수 있다.

起作用 작용을 하다　发挥作用 영향을 발휘하다　积极作用 긍정적인 작용

시험 TIP 搭配로 외우는 '作用'

호응 관계 '起作用(작용을 하다)'은 5급과 6급 독해 영역에서 자주 출제됩니다. 뒤에 결과보어 '到'가 붙은 '起到……的作用'의 형태로 자주 등장합니다. 꼭 기억해 두세요.

作为 zuòwéi

作 zuò 동 ~로 삼다, ~라고 여기다
为 wéi 동 ~로 삼다

동 ~라고 여기다, ~로 삼다

개 ~로서 [자격이나 신분을 나타냄]

我们选他作为学校的代表。 우리는 그를 학교의 대표로 뽑았다. → 동사 용법

作为一个学生，你当然应该有远大的理想。 → 개사 용법

학생으로서 너는 당연히 원대한 이상을 가지고 있어야 한다.

시험 TIP '作为'의 용법

'作为'의 동사 용법은 把자문에 많이 쓰입니다. 그리고 개사 용법은 사람의 신분이나 사물의 성질을 나타낼 때 자주 사용합니다.

作品 zuòpǐn

作 zuò 명 작품, 저술, 저작
品 pǐn 명 물품

명 작품

他的作品中有很多相似的故事。 그의 작품 중에는 서로 비슷한 이야기가 매우 많다.

优秀作品 우수한 작품　欣赏作品 작품을 감상하다

作者 zuòzhě

作 zuò 명 작품, 저술, 저작
者 zhě 조 [사람을 나타냄]

명 작가

我终于见到了这部书的作者。 나는 마침내 이 책의 작가를 만났다.

참고 '者'와 관련된 단어

读者 dúzhě (동+조) 명 독자 | 患者 huànzhě (동+조) 명 환자 | 记者 jìzhě (동+조) 명 기자 | 学者 xuézhě (동+조) 명 학자 | 志愿者 zhìyuàn zhě (동+조) 명 지원자

SPEED CHECK

Step 1 한국어 단어를 보고, 그에 해당하는 중국어 뜻을 말해 보세요.

- □ 진실한, 사실의
- □ 진정한, 참된, 진정으로, 참으로, 정말
- □ 천진하다, 꾸밈없다
- □ 힘써 얻다, 최대한 노력하다, 쟁취하다
- □ 경쟁(하다)
- □ 논쟁(하다)
- □ 전체의, 온통의
- □ (집단이나 사물의) 전체, 총체
- □ 가지런하다, 반듯하다, 질서가 있다
- □ 정리하다, 정돈하다
- □ 정상이다, 정상적이다
- □ (사실, 도리, 표준이) 정확하다
- □ 증서, 증명서
- □ 증거
- □ 증명하다, 증명서
- □ 정책
- □ 정부
- □ 정치
- □ 지지하다
- □ 수표
- □ 직업, 프로의, 전문의, 직업의
- □ (회사나 자신의 직무를) 사직하다, 그만두다
- □ 허가증, 면허증, 라이센스
- □ 설명하다, 지적하다
- □ 지휘하다, (상급) 지휘자, (음악) 지휘자
- □ (어떤 방향이나 목적에 따라) 지도하다, 가르치다
- □ 금지하다
- □ 가로막다, 저지하다
- □ 제조하다, 만들다
- □ 제작하다, 만들다
- □ (법규나 계획을) 제정하다, 만들다, 세우다
- □ 제도, 규정
- □ 통제하다, 억제하다, 컨트롤하다
- □ 제한(하다), 규제(하다)
- □ 지혜
- □ (약물이나 수술을 통해 질병을) 치료하다
- □ 지금까지, 현재까지
- □ 심지어, ~까지도
- □ 매개, 중개인, 매개물
- □ (장소나 사물의) 중심, 한가운데, 센터
- □ 중순
- □ (컴퓨터가) 바이러스에 걸리다
- □ (복권, 상품권 등의 상품에) 당첨되다
- □ 한걸음씩, 차츰차츰, 단계적으로
- □ 점차, 점점
- □ 주석, 의장, 대표
- □ 생각, 의견, 아이디어
- □ 주동적이다, 적극적이다, 자발적이다
- □ 주관적이다, 주관적인
- □ 주관하다, 주재하다, 사회를 보다

SPEED CHECK

Step 2 중국어 단어를 보고, 그에 해당하는 한국어 뜻을 말해 보세요.

- ☐ 真实 zhēnshí
- ☐ 真正 zhēnzhèng
- ☐ 天真 tiānzhēn
- ☐ 争取 zhēngqǔ
- ☐ 竞争 jìngzhēng
- ☐ 争论 zhēnglùn
- ☐ 整个 zhěnggè
- ☐ 整体 zhěngtǐ
- ☐ 整齐 zhěngqí
- ☐ 整理 zhěnglǐ
- ☐ 正常 zhèngcháng
- ☐ 正确 zhèngquè
- ☐ 证件 zhèngjiàn
- ☐ 证据 zhèngjù
- ☐ 证明 zhèngmíng
- ☐ 政策 zhèngcè
- ☐ 政府 zhèngfǔ
- ☐ 政治 zhèngzhì
- ☐ 支持 zhīchí
- ☐ 支票 zhīpiào
- ☐ 职业 zhíyè
- ☐ 辞职 cízhí
- ☐ 执照 zhízhào
- ☐ 指出 zhǐchū
- ☐ 指挥 zhǐhuī
- ☐ 指导 zhǐdǎo
- ☐ 禁止 jìnzhǐ
- ☐ 阻止 zǔzhǐ
- ☐ 制造 zhìzào
- ☐ 制作 zhìzuò
- ☐ 制定 zhìdìng
- ☐ 制度 zhìdù
- ☐ 控制 kòngzhì
- ☐ 限制 xiànzhì
- ☐ 智慧 zhìhuì
- ☐ 治疗 zhìliáo
- ☐ 至今 zhìjīn
- ☐ 甚至 shènzhì
- ☐ 中介 zhōngjiè
- ☐ 中心 zhōngxīn
- ☐ 中旬 zhōngxún
- ☐ 中病毒 zhòng bìngdú
- ☐ 中奖 zhòngjiǎng
- ☐ 逐步 zhúbù
- ☐ 逐渐 zhújiàn
- ☐ 主席 zhǔxí
- ☐ 主意 zhǔyi
- ☐ 主动 zhǔdòng
- ☐ 主观 zhǔguān
- ☐ 主持 zhǔchí

SPEED CHECK

Step 1 한국어 단어를 보고, 그에 해당하는 중국어 뜻을 말해 보세요.

- □ 주장(하다)
- □ 당부하다, 이르다, 부탁하다
- □ 관심을 가지다
- □ (관련 기관, 단체, 학교에) 등록하다, 등기하다
- □ 축복(하다)
- □ 축하(하다), 경하(하다)
- □ (경사스러운 일을) 축하하다, 경축하다
- □ 특별히, 일부러, 전문적으로, 오로지, 전문적인
- □ 전념하다, 열중하다, 몰두하다
- □ 전공, 전문분야
- □ ~을 바꾸다, (상황이 점점) 바뀌다
- □ 전언하다, 전달하다
- □ 상태
- □ 상황, 사정, 형편
- □ 준비하다, ~할 계획이다, ~하려고 하다
- □ 정확하다, 확실하다
- □ (규정된 시간의) 정각에, 정확한 시간에
- □ 자금
- □ 자원
- □ 급여, 임금
- □ 투자하다, 투자, 투자금
- □ 자격, 경력
- □ 자랑스럽다, 자부심을 느끼다, 대견하다
- □ 스스로 느끼다, 자각하다, 자각적이다
- □ 이기적이다
- □ 자신하다, 자신만만하다, 자신감 있다, 자신감
- □ 자유(롭다)
- □ 자원하다, 스스로 원하다
- □ 자발적으로, 주동적으로, 자동으로, 저절로
- □ ~부터, ~에서[시간의 기점을 나타냄]
- □ 모두, 전부, 합쳐서
- □ 총괄하다, 총정리하다, 총결하다
- □ (기업의) 총수, (정당의) 총재
- □ 결국, 마침내[바라던 일이 실현되었을 때 쓰임]
- □ 한마디로 말하면, 요컨대
- □ 조국
- □ 조상, 선조
- □ 구성하다, 결성하다
- □ 조합(하다), 결합(하다), 조립(하다)
- □ 조직하다, 모으다, 짜다, 조직, 시스템, 체계
- □ 존경하다
- □ 존중하다
- □ 작용, 효과, 영향
- □ 작품
- □ 작가

SPEED CHECK

Step 2 중국어 단어를 보고, 그에 해당하는 한국어 뜻을 말해 보세요.

- ☐ 主张 zhǔzhāng
- ☐ 嘱咐 zhǔfù
- ☐ 关注 guānzhù
- ☐ 注册 zhùcè
- ☐ 祝福 zhùfú
- ☐ 祝贺 zhùhè
- ☐ 庆祝 qìngzhù
- ☐ 专门 zhuānmén
- ☐ 专心 zhuānxīn
- ☐ 专业 zhuānyè
- ☐ 转变 zhuǎnbiàn
- ☐ 转告 zhuǎngào
- ☐ 状态 zhuàngtài
- ☐ 状况 zhuàngkuàng
- ☐ 准备 zhǔnbèi
- ☐ 准确 zhǔnquè
- ☐ 准时 zhǔnshí
- ☐ 资金 zījīn
- ☐ 资源 zīyuán
- ☐ 工资 gōngzī
- ☐ 投资 tóuzī
- ☐ 资格 zīgé
- ☐ 自豪 zìháo
- ☐ 自觉 zìjué
- ☐ 自私 zìsī
- ☐ 自信 zìxìn
- ☐ 自由 zìyóu
- ☐ 自愿 zìyuàn
- ☐ 自动 zìdòng
- ☐ 自从 zìcóng
- ☐ 总共 zǒnggòng
- ☐ 总结 zǒngjié
- ☐ 总裁 zǒngcái
- ☐ 总算 zǒngsuàn
- ☐ 总之 zǒngzhī
- ☐ 祖国 zǔguó
- ☐ 祖先 zǔxiān
- ☐ 组成 zǔchéng
- ☐ 组合 zǔhé
- ☐ 组织 zǔzhī
- ☐ 尊敬 zūnjìng
- ☐ 尊重 zūnzhòng
- ☐ 作用 zuòyòng
- ☐ 作品 zuòpǐn
- ☐ 作者 zuòzhě

색인

A

B

C

D

H

J

K

M

N

O

P

S

T

X

Y

Z

HSK 5~6급 VOCA 礼物

지은이 리우·한난희
펴낸이 정규도
펴낸곳 (주)다락원

초판 1쇄 발행 2018년 12월 10일
초판 3쇄 발행 2021년 12월 6일

기획·편집 정다솔, 이상윤
디자인 김나경
조판 최영란
녹음 王乐, 朴龙君, 조영미

다락원 경기도 파주시 문발로 211
전화 (02)736-2031(내선 250~252/내선 430~439)
팩스 (02)732-2037
출판등록 1977년 9월 16일 제406-2008-000007호

정가 17,000원(핸드북 포함, MP3 파일 무료 다운로드 제공)

ISBN **978-89-277-2244-1 13720**

www.darakwon.co.kr
다락원 홈페이지를 방문하시면 상세한 출판 정보와 함께 동영상 강좌, MP3 자료 등 다양한 어학 정보를 얻으실 수 있습니다.